JN138053

近代人文学はいかに形成されたか

学知・翻訳・蔵書

甚野尚志・河野貴美子・陣野英則［編］

勉誠出版

序言

日本の近代人文学がいかに成立したのか。この問いに対してはふつう、伝統的な儒学や国学の学知を基盤としつつも、明治期にヨーロッパ人文学の大きな影響のもとで日本の近代人文学は誕生した、と答えるのが一般的であろう。近代日本のアカデミズムの研究者も在野の思想家も、ヨーロッパの学知の受容なしには自己の知的な営為を十分に展開できなかったのは明らかである。また大学の制度における「哲・史・文」の学科編制もヨーロッパの学問分類を模倣して成立したものであった。

日本の近代人文学の成立期に、ヨーロッパの「文明」が普遍性を持ち、その「文明」を日本が目指すべきだと明確に主張したのは福沢諭吉である。福沢は『文明論之概略』(一八七五年)において、日本社会がヨーロッパの「文明」に比べて「半開」の段階にあり、何よりもまず日本人は伝統的な因習を捨てて、ヨーロッパの制度や学問を模倣し、「文明」にいち早く到達することが急務であると述べた。福沢は日本の文明開化のために、実学を何よりも重視したが、彼のいう実学にはヨーロッパの人文学も含まれていたといえる。そして、福沢がこの著作を刊行した後、一八七七年には東京大学が創設され、「哲・史・文」の学科編成が導入されて日本の近代人文学がヨーロッパの学問体系を模倣して構築されることになった。

しかし日本の近代人文学の成立について、ヨーロッパの学知の模倣という側面だけを強調するのは一面的でもある。明治期には福沢のように西欧化を礼賛する主張の一方で、日本や東アジア世界の人文学の知の伝統を強調し、そこに西洋文明と対抗しうる価値を見出す思想も存在したからである。たとえば田口卯吉の『日本開化小史』（一八七七―八二年）が、福沢の『文明論之概略』とは対極の立場にあった。田口は日本の古代から近代の歴史のなかに、日本固有の「開化」の相を見出し、社会の発展のみならず古代以来の日本文学の発展についても初めて明確に叙述して、日本文明がヨーロッパに劣らない文明を形成してきたことを主張した。

今述べたのは一つの例であるが、日本の近代人文学の成立過程を、ヨーロッパの学知の受容や模倣を強調して考察するのか、あるいは、日本に固有の儒学や国学の伝統の継承を重んじて考察するのか、という二項対立的な視角は、これまでの多くの学問史的な研究において基本的な枠組みとして前提とされてきたし、また、そのような枠組に依拠して多くの成果が出されてきた。ただ本書で考えたいことは、日本の近代人文学を構成する要素がヨーロッパに起源するのか、あるいは日本や東アジアの伝統に起源するのかというような起源論というよりもむしろ、様々な異文化との出会いにより日本の伝統的学知がどのように化学変化を起こし、新しい学知の創造を成し遂げたのかという学知形成の動態的な側面である。

そのために第一部**「「学知」編制の系譜」**では、日本の近代人文学がヨーロッパの学知をモデルとしつつ、日本や東アジアの伝統的な学知を変容させながら形成される過程を、アカデミズムの制度史を超えて、人文学に取り組んだ学者たちの思想に踏み込んで論じることになる。この部では、日本の近代人文学における学知の編制が、明治の知識人が当時の時代状況のなかで試みた知的な格闘の成果であったことが明らかにされよう。また、**第二部「越境する言葉と概念――他者との邂逅」**で扱われるのは、日本の近代人文学の形成がヨーロッパの人文学の不完全な模倣というよりも、翻訳・翻案による独自の学知の創造とみなすことができるのではないか、という問題である。ヨーロッパの学知が日本語に翻訳され、日本語の文脈のなかで置き直されたとき、元の学知を超えた新しい創造がなされているとすれば、それは日本固有の人文学の形成といえるのではないだろうか。さらに、第三部「蔵書形成と知の体系」では、海外の図書館における日本関係図書の蔵書形成を視野に入れることで、日本の近代人文学が国内だけではなく日本以外の諸地域へと波及するものであることを明らかにする。すなわち、国家の枠を超えた知の国際的ネットワークのなかで、日本の近代人文学を再考する試みといえる。以下では、各部の内容について多少詳しく紹介しておきたい。

まず、第一部「「学知」編制の系譜」では、近代日本の人文学の「学知」編制について、「国史」、「国文学」、「東洋学」といった具体的な学知の編制過程を分析するとともに、「哲・史・文」の三分法が近代日本の人文学にとり、いかなる意味を持ったのかという問題が扱われる。また同時に、近代日本の歴史学を題材としながら、多様な視点から近代人文学のあり方を再考する問いかけがなされる。

廣木尚「「国文」から「国史」へ」は、明治の初期に「国文」の一部とされていた「国史」が、ドイツ人の歴史家ルートヴィヒ・リースが帝国大学の教授に就任して以来、ヨーロッパ歴史学の影響下、「国文」や「国学」から離れ、歴史学の一分野として自立する過程を辿っている。アカデミズムでの「国史」の成立が、一方では「国学」の再編も引き起こしたことも指摘しながら、「国史」という学科が何よりもヨーロッパから移植された歴史学を模倣して形成されたものであることを明らかにする。

陣野英則「明治期の「文学」研究とアカデミズム――国文学を中心に」は、明治期に「文学」研究がいかにしてアカデミズムのなかに位置づけられたのかを考察し、とくに東京帝国大学で国文学の確立に大きな役割を果たした芳賀矢一を取り上げる。芳賀は西欧の人文学を範とした新たな国文学を構想し、またドイツの文献学者ベークの影響を受け、日本文献学というジャンルを打ち立てた。だが日本文献学は体系的に展開されず、国民道徳論と結びつき、ナショナリズムを擁護する学知に変質する過程を分析する。

甚野尚志「日本の近代歴史学を世界に開く――朝河貫一の「比較封建制論」の意義」は、日本の近代歴史学を語る際に、朝河貫一のようにアメリカで多くの成果を出し、国際日本学の基礎を築いた歴史家を再評価すべきことを述べる。朝河はイェール大学で日欧比較封建制論についての多くの業績を出し、欧米の歴史家にはよく知られていた。マルク・ブロックの封建制論にも影響を与えたが、同時代の黒板勝美などの研究者は、その業績を理解できなかった。日本の歴史研究がいかに内向きであったかを指摘する。

伊川健二「近代における天正遣欧使節の再発見」は、天正遣欧使節が明治以来、どのような過程を経て再発見されたのかを考察する。天正遣欧使節の史料は、ローマ、フィレンツェ、ヴェネツィア、ミラノ、ジェノヴァなどの国立文書館に保存されているが、岩倉使節団がヴェネツィアを訪問して使節の書簡を閲覧して以後、明治期には坪井九馬三、村上直次郎、昭和に入ってからは濱田耕作が研究を行った。日本で明治以降、どのような天正遣欧使節団の研究がなされたかを提示する。

渡邉義浩「日本の古典としての漢籍」は、近代日本の「東洋学」形成の過程を考察する。「東洋学」は本来、インド学と漢学という二つの方向性を含んでいたが、近代日本が西洋に対抗すべく、インド学を排除して、中国の古典であった漢籍を日本の古典とすることで形成されたことを指摘する。「東洋」概念は、近代日本が東洋関係の文献を翻訳することにより創造したものであり、それにより「東洋」が同文同種であるという虚像が形成されたことを明らかにする。

飯山知保「近現代中国における碑刻調査——華北の事例から」は、これまで日本の中国史研究において十分に顧慮されなかった碑刻史料を扱う。日本の中国史研究者にとりこれまで現地調査は難しく、碑刻史料は拓本としてのみ利用されてきた。だが最近また日本人が現地の碑刻の研究を行うようになり、中国人研究者との共同研究も始まった。日本の歴史学では、中国の地域と直接関係を結んで史料を収集する機会はこれまで恵まれなかったが、今後、碑刻研究の成果が期待されることを示唆する。

新川登亀男「戦後現代の文・史・哲と人文学の世界」は、「文・史・哲」の三分割の「学知」編制がいかにして日本で成立したのかを考察する。とくに、これまで人文学の「学知」編制が大きな問題として意識されたのは明治初期と戦後の時期であることを指摘し、「人文学の危機」とは人文学に内在する問題というよりも、社会の大きな変化が生じたときに、社会の側が人文学のあり方に関心を寄せ、その結果として危機の言説が発せられるのではないかと述べる。

以上のように第一部では、日本の近代人文学の「学知」編制がどのように形成されたかという問題を主として扱いながら、またそれと関係する具体的なテーマについて論じた論文を集めている。

つづく第二部**「越境する言葉と概念——他者との邂逅」**では、計五篇の論考が並ぶ。言葉と概念の越境がとりあげられるとともに、議論の射程は、人文学の領域、さらには、これからの人文学のありうべき姿にまでおよぶ。
上原麻有子「創造する翻訳——近代日本哲学の成長をたどって」は、翻訳を「創造」の原動力とみる立場から、近代の日本哲学、特に西周、西田幾多郎、三木清の営為をとらえなおす。たとえば、「動態として成長」する「理外の理」という新たな立場を示した西においては、哲学的思索に翻訳行為が表裏一体で付随していたという。また西田の場合は、外国の思想とその翻訳との間の「相互創造性」によって、「生きた」思想を日本的に再生し、かつは「郷土化する」という考えまで示している点が重視される。さらに三木についても、思想を翻訳することの不可能性に言及しつつ、「哲学の原動力としての翻訳という側面、翻訳の創造性」に関する自覚が見いだされることを明らかにしている。

冬木ひろみ「**規範としての英文学――シェイクスピアの翻訳をめぐって**」も、文化的「黒船」として到来したシェイクスピア劇の翻訳における創造性を論じる。たとえば、坪内逍遙訳による『ハムレット』の舞台を夏目漱石は批判したが、「文学」としてシェイクスピアをとらえた漱石に対し、あくまでも劇場のために書かれたことを重視する逍遥は、シェイクスピアの原文には滅多にみられないト書きを自ら適宜補足していたという。そのことは、「シェイクスピアの描く世界の大きさと深さを知っていた」逍遥が、「シェイクスピアの力を借りて日本の演劇を向上させ」ようとした営為として位置づけられる。さらに、「日本人によるアダプテーション」の世界への貢献という、「逍遥の先見性」までもが指摘される。

一方、常田槙子「**日本文学の越境と交流――*Anthologie Japonaise*『詩歌撰葉』をめぐって**」は、日本の詩歌（特に和歌）が海外に越境し、他者とのユニークな邂逅を果たした実例をとりあげる。すなわちレオン・ド・ロニーによってフランス語に訳された*Anthologie Japonaise*『詩歌撰葉』（一八七一年）である。この書では、フランス語の訳に解説が付されているだけでなく、個々の歌から、一〇種を超えるさまざまな言語の詩歌が連想され、かつ紹介されている点が特徴的である。同書のエドワード・ラブレによる序文も、また同時代の書評も、日本もしくは東洋の特殊性より、むしろ詩歌・韻文のもつ普遍性を強調しているのである。

つづいて、**橋本一径「帝王切開と人肉食――日本の科学黎明期から見た人文学と「人間」」**は、まず帝王切開をめぐる歴史の把握から、「人間についての学」である人文科学と自然科学との棲み分けのあり方を問う。西洋において、死にゆく胎児の魂に関わる、洗礼のための（そして「死」のための）帝王切開が、医学の推奨する「生」のための帝王切開へと切り替わったとき、「人間」は「自然科学的な存在」となるものの、「人間」の自然科学への還元は「人間」を「雲散霧消させてしまう」ということが論じられる。さらに、そうした逆説の顕著な事例として、一九世紀の人類学の歴史が明かされ、特に人肉食をめぐる人類学の議論を紹介しつつ、「人間」がいかに制定されてきたのかを問い直す必要性が述べられる。

パトリック・シュウェマー「文明・市場・データ――近代の遺産と人文学の現在」は、現代における最新のテクノロジーによって試みられようとしている「人間中心の社会」が、実はデータ・AIなどに丸投げするようなものとなりかねない状況について、豊富な実例にもとづき鋭く批判する。そして、人間中心のデータ社会を真に実現してゆくためには、「人文学の総動員が必要不可欠である」ということが主張される。そのとき、とりわけ「前近代の人文学」こそが、新たな可能性を秘めていることも明かされる。それは、「「脱人間」としてのトランスヒューマニズムと様々な前近代思考との対話」の試みであるという。

これらの第二部の論考では、近代日本における人文学、演劇・文学のもちえた動態的なありようと可能性が明らかにされながら、一方では近代以前から現在へ、さらに未来へとわたる人文学の課題までが示されているといえるだろう。

第三部「蔵書形成と知の体系」は、日本および中国、英国、米国の近代図書館の蔵書形成に注目し、書物の収集や移動、そしてまたそこに携わった人びとの営みを通して、近代における知の体系の構築を考察するものである。国内外の図書館に直接関わる立場からの論考もあれば、近代図書館の蔵書形成について継続調査を行ってきた立場からの研究成果もある。

雪嶋宏一「早稲田大学の蔵書形成と知の体系――ルートヴィヒ・リースの旧蔵書を中心に」は、早稲田大学図書館が大学図書館としてのスタートを切った一九〇二年に、折しもお雇い外国人教師としての任期を終えて帰国しようとしていたルートヴィヒ・リースの蔵書を購入していた事実を、今も早稲田大学図書館に残るリース旧蔵書の存在とともに明らかにする。二〇〇〇余冊におよぶリース旧蔵書は、早稲田大学図書館の初期の重要な洋書コレクションでありながら、他の蔵書と区別されず混排されてきたが、このたび書き入れやサインを有する四七タイトルのリース旧蔵書の存在が判明した。日本の歴史学の礎を築いたリースは、早稲田大学図書館の洋書コレクションの充実にも大きく貢献していたのであった。

牧野元紀「日本の東洋学における太平洋史研究の構築に向けて――東洋文庫所蔵史料の可能性」は、日本の東洋学を代表する専門図書館としての東洋文庫の蔵書形成の歴史と、研究機関としての歩みを振り返り、近年精力的に展開している普及活動を紹介したうえで、今後の東洋学の新たな活路として太平洋史研究の構築を掲げる。岩崎久彌の英断によって購入が実現したモリソン文庫を基とする東洋文庫は、西洋における東洋学に関わる充実した洋書コレクションと、東洋全域におよぶオリエンタリズムを見渡し得る貴重資料の所蔵を大きな特色とする。中でも旅行記や漂流記といった東洋文庫ならではの資料群は、太平洋史研究という東洋学最後のフロンティアを開拓するものであるとの可能性が示される。

河野貴美子「中国の近代図書館の形成と知の体系――燕京大学図書館を例として」は、漢字漢文文化圏を形成してきた東アジア地域において、近代以降の学問のパラダイムチェンジがいかに行われたのかを、燕京大学図書館の蔵書形成や図書分類目録の作成を例に考察する。燕京大学図書館は一九三一年、ハーバード大学漢和図書館と連携して独自の図書分類法を採用する一方、中国研究、東方学研究推進のために、日本の学界とも盛んに交流し、情報を取り入れていたのであった。近代人文学の形成に際して、中国と日本が歩んだ転換の過程を振り返り、現在の人文学が抱える問題の由縁を探るとともに、東アジアの伝統と経験をふまえて今後の人文学や知の体系のありようを展望すべきことを述べる。

小山騰「英国四大図書館の蔵書形成と知の体系」は、英国の四大日本語コレクションである英国図書館、ロンドン大学東洋アフリカ学院図書館、オックスフォード大学ボードリアン日本研究図書館、ケンブリッジ大学図書館を対象として、日本研究や日本語教育との密接な関係とともになされた蔵書形成について論じる。まず、サトウ、アストン、チェンバレンという英国三大日本学者の蔵書とその目録、現在の収蔵状況が明らかにされる。また一九四七年のスカーブラ報告によって交付された資金によって購書が進められたことや、その結果として日本語書籍専門図書館員が任命されたこと、一九六一年のヘイター報告によって英国の研究図書館同士の協力が強化されたこと等を取り上げていく。

和田敦彦「米国における日本語蔵書の可能性――米国議会図書館所蔵の戦前戦中検閲資料から」は、海外に存在する書物が何故、誰によって、何のために移動したのかという問題意識のもと、そこに存在するさまざまな仲介者に注目することで得られる情報の有効性を説く。具体的には、米国議会図書館所蔵の日本語図書のうち、一九四五年以前に日本で内務省が検閲していた日本語書籍に焦点をあてる。占領期接収資料として米国に渡った当該資料は、二〇一七年に電子化公開された。政治的緊張や文化戦略を背景に有するそれらの資料について、当該論文は文学関係図書一三七二件のデータの中から検閲に関するコメントを取り出して全て翻刻し、読者やメディアに関する情報等について分析を行っていく。

以上、三部からなる本書は、学知、翻訳、蔵書という視点から、近代人文学がいかなる過程を経て形成され、そこにいかなる成果と課題が生じたのかを、現在に続く問題として問い直すものである。近代を再考することは、決して過去の問題ではなく、現在と未来を思考することに他ならない。そのことは、各章の論述がそれぞれ明らかにしているところである。本書が、世界とのつながりの中で日本の人文学のあり方を見つめ直し、人文学を新たな可能性へと導くものとなることを願うものである。

甚野尚志
河野貴美子
陣野英則

目次

第二部　越境する言葉と概念——他者との邂逅

第三部　蔵書形成と知の体系

第一部　「学知」編制の系譜

「国文」から「国史」へ

廣木 尚

はじめに

近代日本の「国史学」の成立過程については、明治政府による正史編纂事業の中心人物にして帝国大学国史科の初代教授となった重野安繹を主な対象に、その思想的特徴が分析されてきた。そこでは「史学の科学性」の強調や(1)「時空認識」(2)など、論者により着眼点に違いがあるとはいえ、おおむね重野と内田銀蔵との、すなわち正史編纂の時代と「考証史学からの脱却の顕著な一歩」(3)が果たされた時代との連続性が重視される傾向にある。

しかし、書かれたものとしての歴史を、対象、方法、素材、書き手といった諸要素からなる構成体と捉えるならば、帝大史学科（一八八七年）、国史科、史学会、『史学会雑誌』（いずれも一八八九年）といったアカデミズム史学を支える諸制度の相次ぐ成立がもたらした影響は無視できない。一八九二年の「神道は祭天の古俗」事件で久米邦武が、翌年には重野が帝大を辞職したのをはじめ、この時期、「国史」を構成すべき書き手や方法に抜本的な変化が起こるからである。帝大に国史科が設置された段階において、「国史」なるものをどのような主体が、いかなる方法で取り扱うのかは、いまだ確定的ではなかった(4)。

以上の観点のもと、本稿では、一九世紀末、帝国大学を拠点として成立したアカデミズム史学を主な対象として、「国史」の枠組みが形成される過程と、その意味について考察を加える。あらかじめ述べておけば、本章が対象とするアカデミズム史学の成立期は、「国史」を叙述するための方法や担い手のあり方が、多くの論者によって自覚的に探究された時期であった。それは、「国史」という分野をどの学知のもとに配置するかということが、歴史に関する学知全体のあり方に関わっていたからである。その探究はいかなるものであり、いかなる影響をもたらしたのか。以下、第一節では設立まもない帝国大学において、「国史」が旧来の広汎な「国文」「国学」から離れ、ヨーロッパから移植された歴史学の下位領域となっていったことを確認する。次いで、第二節では、第一節でみた学問の編成替えに並行して試みられた歴史学者のアイデンティティ構築の営みを瞥見する。その上で、第三節では「国史」の制度化の進展を経て、何のための「国史」かという目的論が、新たな課題として浮上する理路を、國學院への国庫補助問題に端を発する論争に即して検討する。以上の考察を通じて、アカデミズム史学の形成過程において「国史」の位置づけがもった意味を考えたい。

方法の競合(5)

一八八六年、帝国大学が設立されると、その翌年、帝大文科大学に史学科が開設された。しかし、この史学科の教授内容は主に外国史であり、日本史の内容は一八八五年、帝大の前身の東京大学時代に和漢文学科を分離する形で設置された和文学科で教授された。それが、一八八八年の正史編纂事業の内閣から帝大への移管と臨時編年史編纂掛の設置を経て、一八八九年、文科大学国史科の開設をみた。同年、和文学科は国文学科に改称している。

「独立不羈ノ基ヲ建テル」事業に「基礎」を与えるためとして、国史科の開設を主導したのは、時の帝大総長・渡邊洪基とされる。(6) 帝大教授となったものの、和文学科で「国史」を講じる程度と思っていた久米邦武は、国史科の開設は「時期猶早き歟と躊躇したれど、畢竟史学は草創に属すれば、早く其傾向に誘きおくべきに決したり」と回想している。(7) まず学科の枠組みが先行して、後にその内実が整えられていった様子が垣間見られる。

このような制度先行というべき事態に、率直な戸惑いを表明した人物がいる。「近代国学」を代表する帝大教授・小中村清矩である。小中村は、ある「客」と交わしたという「国文」の内容をめぐる次のような問答を記している。

小中村は「国文」の内容について「方今文科大学の学科に国文学科あり又近日の私立にも国文国史講習所ありそれ等の学校にて教習する国文と云は強ちにわか国の文章をのみ習学するにあらず兼て歴史を研鑽して古今の事実を知り法制を練磨して歴史と対考せん事を勉むるにあり故に歴史法制文章（国語も此中にあり）を通して国文と称するもの〻如し」と説明した。いわばそれは、「古く和学国学皇学など云ひし名称の時勢に従ひてかく変遷したるもの」といって良いだろうと。しかし、その「客」は小中村の解答に納得しなかった。彼はすぐさま切り返す。「ぬしの言の如く国文といふ称は広くわか国の事の学ひを指すならば文科大学には国文学科の外に国史科と称するもの無くてもよかるべく又国文国史講習所の称もたゞ国文講習所にて足りぬべし」と。そして、さらに続けて「国文の称をもて国学といへる代用とせんは当らざるが如くにして尋常の人物は猶古くより文章の事を国文と称せるに習ひて此学は文章を書習ひ言詞の活用を知るにありと思ひ惑ふべし」と、小中村の「国文」理解の弊害を指摘した。問い詰められた小中村は「答ふべきすべを知ら」なかったという。(8) 幕末に学問形成を果たしながら、帝大で教鞭をとっていた小中村は、自らが身につけてきた「歴史法制文章（国語も此中にあり）」という広汎な「国文」「国学」と、続々設立される新しい研究・教育機関の分節化された学問編成との間の齟齬、そして、そこで学んでいくであろう「尋常の人物」との意識の懸隔を感ぜざるをえなかったのである。

他方、小中村とは逆の立場から、同じように、自らの学問観と帝大の制度との齟齬を指摘したのが、一八八七年にドイツから迎えられた御雇外国人、ルードヴィヒ・リースである。彼は渡邊洪基帝大総長に宛てた一八八八年一一月三〇日付の意見書において、文科大学の史学科・国史科の卒業生は、ともに「欧洲ノ修史法ヲ日本ノ史料ニ移ス」という共通の任務を担う存在であるとし、「現今ノ史学科ノ学生ハ国史科ノ各講義及演習ニ出席スルノ権ヲ有セシメ且其内ノ或ル学科ハ必ス之ヲ修メシムルノ制ヲ設」けるといった体制を整えることで、両科を「一科ノ如クニ」すべきと「勧告」した。(9) リースにとっては史学科と国史科は、対象は違えど同じ方法に基づく学知を身につける場であり、「各学科共ニ其基礎ヲ確定セサルヘカラサル」という「現況」において両科の教育内容を区別することは得策ではないと考えられたのである。

このように、国史科・史学科の草創期に小中村とリースが指摘した制度と学問内容の齟齬は、ともに「国史」という範疇の位置づけに関わっていた。それを広汎な「国文」「国学」という近世以来の学知の中に収めるのか、それとも「欧洲ノ修史法」という方法に基づく、近代歴史学の下位領域と捉えるのか、両者の相違は「国史」を焦点に、人文学全体の編成に及ぶものであったといえよう。

結果的には、小中村とリースの相違は、帝大の学科体制が後者の構想に沿って整備されたことで決着する。すなわち、一九〇四年、文科大学に哲学科、史学科、文学科の三学科制が採用され、「国史」は史学科の、「国文」は文学科の下位領域となり、最終的に分離されたのである。その間には、歴史学の「補助学科」としてリースが重視した古文書学や歴史地理学が国史科・史学科のカリキュラムに組み込まれる一方、それまで共通性の多かった国史科と国文学科のカリキュラムに隔たりが生まれていくこと、また、一八九三年の講座制導入当初、「国語学国文学国史講座」として、「国史」「国文」をまとめて四講座であったものが、一九〇一年に「国語学国文学」

二講座と「国史」二講座（一九〇五年に「国史学講座」と改称）に分離されることといった段階を経たのだが、その詳細は以前検討した。[10]このように、アカデミズム史学における「国史」学は、制度上、「国文」からの「国史」の分離と「史学」との統合という経緯で成立したのである。

以上のように、二〇世紀初頭、自国を含め、全世界を対象に収める歴史学が形成された。一八九九年、その達成を印象づける言明が、帝大関係者を中心に創立された史学会が十周年に際して開催した第一回大会でなされる。史学科教授として長らく史学研究法を担当した坪井九馬三による講演「文科大学国史科につきて」である。[11]当日の記録によると、初めに坪井は帝大国史科の「起原」と「沿革」に触れ、ついで史学科との関係を論じて、「二科の区分は、全く科学的の根拠あるに非ずして、単に便宜上之を区別したるものに過ぎず、而して現時に於ては、二科の実質もまた殆んど相同じきもの」となったと断じたという。「国文」から「史学」へという、一〇年余りの間に帝大で進展した「国史」の位置づけの変化を端的に意味づけた評価といえる。

もっとも、この講演での坪井の主眼は、史学科の外に国史科をたてる意義を否定することにあったのではない。両科を区別する「科学的の根拠」は否定しつつ、近代歴史学の故地である当のヨーロッパにおいてすら、様々な理由から国史科が設置されていることを、多くの事例を参照して説明するのが坪井の講演の主旨だった。

坪井によれば、「国史」を制度的に独立させている先例には、プラハ、グラーツ、モスクワ、キエフ、カザン、タルトゥ、ローマ、マドリード、アテネ、コペンハーゲン、ペストの諸大学があり、またオランダやスイスの大学でも「国史」が盛んに講じられているという。[12]その上で、坪井は各国が大学に国史科を設け、「国史」の研究を奨励する目的を次の四点に分類した。

（一）自国の国粋ありと信じて飽くまで之を維持し、且益々之を発展せしめんとするの抱負

（二）国家統一の力脆弱にして動もすれば内乱の憂を生じ易き国に於ては、其統一の力を強固ならしむるの要
（三）嘗て隆盛を極めたりし国にして、今衰微せるもの、人心を鼓舞せんとする国民教育の精神
（四）一国の独立を維持するの上に於て、国家的観念注入の必要

これらの相違は、それぞれの国家が置かれた状況に規定されており、「全く学理的に非ずして、政略上又教育上の見地より打算したるもの」だという。要するに、坪井において「国史」とは「科学的」な方法に基づくという点で「史学」一般と「殆んど相同じき」「実質」を有するが、「政略上」「教育上」目的を異にするような範疇だった。

実のところ、坪井のこの説明には一つの矛盾がある。というのも、坪井はよく知られた「純正史学」「応用史学」論において、歴史研究のための「純正史学」と、「政治」や「徳育」に資するための「応用史学」とを区別していたからである。[13] それによれば、「政略上」「教育上」の目的を有するのは、「科学的」な歴史研究の責任の外にある「応用史学」のはずだった。形成途上のアカデミズム史学に学問的な輪郭を与えようとした坪井だが、試行錯誤の中で導き出したであろう彼の立論は、時に矛盾を来す過渡的な整理だったといえる。この矛盾が「国史」をめぐる新たな議論につながっていくことは後に触れたい。

しかし、同じ論稿の中で「史家の論断其正鵠を誤らされは、政治家も倫理家も其材を此に採るを得へきなり」とも述べているように、坪井にあっても「純正史学」が、無目的な〝科学のための科学〟と捉えられているわけではなかった。[14] そもそも、坪井によれば「純正史学」は「立憲政体」を備えた国家ではじめて成立するものであり、「支那朝鮮に於て未た是れなき」「純正史学」の存在自体が、東アジアにおける日本の優越性の証左とされたのである。ランケを創始者とする「純正史学」を生んだヨーロッパにおいてなお、「史学」一般に解消されない

「国史」の領域が存在することは、一面では、「政治」や「徳育」の意図を排した「純正史学」だからこそ果たしうる、より高次の「政略上」「教育上」の目的が存在することを意味していた。言い換えれば、坪井は、日本の「国史」学が、ヨーロッパと同じように、高次の目的に資する、自国を説明する学知となるためにも、方法においては「史学」一般と同じ「科学」でなければならないとしたのである。

本節の最後に、以上のような「国史」の性格とその使命を坪井に先駆けて明示した言説を取り上げたい。六年に及ぶドイツ留学から帰国したばかりの帝大哲学科教授・井上哲次郎が、一八九一年に行った講演「東洋史学の価値」である。(15) そこで井上は、「西洋」において「東洋の歴史」に関する研究が立ち遅れている現状を指摘し、それを「西洋人に知らしめて、学術社会一般の利益を図るのは、日本人の義務」であり、「日本の歴史を欧羅巴に顕はして、彼国に知らしむるのが日本人の急務」とする。それは「斯云ふ国体を往昔より建てゝ、斯云ふ工合に発達したので、決して日本人民は欧羅巴人の侮るべからざるものだと云ふことを知らしむるには、日本の歴史に如かぬ」という、「西洋」に対する自己主張の役割を「日本の歴史」の研究者に期待するからであった。とともに、井上は「歴史」には「国民の理性」を形成する機能があり、自国の歴史を研究することは「国民をして、愛国心を増進せしむる」効果ももたらすとした。

ただし、井上は「此等の事をするには、今後は欧羅巴の学術に通じて居らぬければなりませぬ、是れまでのやうな人が為しては、容易に出来る訳ではありませぬ」として、従来の「漢学者」など「欧羅巴の学術」に精通していない人々ではその役割を果たしえないという。「西洋の学者などは、概括の思想に富で居」り、たとえ専門的な知識が乏しくとも「自称日本の歴史学と云人の書たものよりは、西洋の学者の書た方が概括の気に富で居ると視なければならぬ」というのである。井上は、今後、「西洋」でも「アツシリヤ学」「埃及学」「支那学」等と同様、「日本学」という分野が立ち上がってくると予想した。ただし、それは、あくまで「欧羅巴の学術」を基礎として成り立つ学問であった。「日本だけを国学と申しても通りませぬ、何地の学でも其国では国学です、日本学のことを国学と申しても他国には通しませぬ」との言は、井上のいう「日本学」と「国学」との質的差異を示唆したものということができよう。

他にも「西洋」の状況を参照して、歴史を「人民一般の読む歴史」と「学者間にて研究する歴史」に弁別するなど、井上の議論と坪井九馬三との共通点は多い。先にみた「国史」に関する坪井の解説は、日本の「国史」学が、井上の期待を満たしうる「実質」を備えるにいたったことを明示したものと読むことができる。

史学史叙述の起源

前節では、アカデミズム史学における「国史」の成立が、制度と方法における「国文」からの自立と「史学」との統合という経緯をたどったこと、その背景に、人文学のヨーロッパ由来の学問体制への編成替えという事態があったことを確認した。この点を踏まえ、本節では、同時期に、新たに立ち上げられた「国史」の担い手が登場する経緯を瞥見したい。

三上参次は、東京帝大で長らく国史学科の教授と史料編纂掛の事務主任をつとめた、アカデミズム史学の主導者の一人である。しかし、彼はもともと東京大学の和文学科に学び、国史科から卒業生が輩出されるより前の一八八九年に卒業した人物であり、研究者としての出発点においては、新進の「国文学者」と目された存在であった。[16]学問的出自を「国文」に持つ三上は、どのようにして「国史」学の泰斗となっていったのだろうか。

和文学科での三上は、二人きりの同窓生である高津鍬三郎とともに、小中村清矩、久米幹文、内藤耻叟、栗田寛、物集高見ら国学・漢学の大家に親炙した。[17]彼らは学生の欧米志向をしきりに嘆いていた内藤ですら「三上高津両生ノ如キハ頗ル内外本末ノ軽重先後アル事ヲ知ル者ノ如シ爾後若シ能ク意ヲ皇朝ノ事ニ尽サハ始メテ以テ帝国大学ノ卒業生タルニ耻サラン歟」と一目置かれる存在だった。(18)

だが、彼らは師の教えを遵守するだけの教え子ではなかった。

卒業の翌年、三上と高津が刊行した『日本文学史』(金港堂、一八九〇年)は、イポリット・テーヌ『英国文学史』(一八六三年)にならって著された初の体系的な日本文学史とされ、同年に刊行された上田万年『国文学』、芳賀矢一・立花銑三郎『国文学読本』等と並んで、日本における「国文学」の成立を告げるメルクマールとされる著作である。彼ら自身、緒言で「本書は実に本邦文学史の嚆矢なり」と謳い、その先駆性を強調した。

ところが、この若き俊秀による先駆的な事業は、実は小杉榲邨ら師の世代の学者が先行して着手していた文学史の試みを捨象した上で成立したということが斎藤希史によって指摘されている。(19)東大和文学科を卒業した三上と高津がキャリアの出発点で試みたのは、自分達を高く評価してくれた恩師ではなく、テーヌをはじめとする西欧の研究に範を求めた日本文学史を構築することだったのである。結果としてそれは、「西洋」の日本文学史を「余程粗悪」とする井上哲次郎に、「日本では高津君と三上君と二人にて著はされた、文学史の如きは遥かに優等のものです、彼云ふ風なものが続々出来れば東洋文学の名が光輝を益して来ます」と絶賛されることになった。(20)

同時期、高津鍬三郎は、歴史研究における歴史地理の必要性を説いた「日本歴史地図を製るの必要を論じて臨時編年史掛の諸先生に望む」(『史学会雑誌』三、一八八九年)をはじめ、「文学の目的」(『国文学』二一、一八九〇年)、「日本の法文と文学との関係」(『国文学』二四〜二六、一八九〇年)、「国史の文体」(『史学会雑誌』三三、三四、一八九二年)等、諸学の方法と形式を分析した論稿を矢継ぎ早に発表している。「歴史」「文学」「法制」と、この時、高津が検討した分野は、いずれも前節でみた小中村の「国文」「国学」概念に包括されていたものである。高津は旧来の広範な学問観を腑分けし、より厳密に分節化されたディシプリンへと再編することを目指していたといえる。

そして、三上もまた、おそらくは高津と同様の課題意識を持って、あるテーマに取り掛かった。それが史学史の叙述である。

史学史というテーマのマイナーな位置づけを思えば意外なことだが、日本初の歴史学専門誌である『史学会雑誌』（後の『史学雑誌』）の創刊号には、史学史に関する論稿が二本掲載されていた。一八八九年、史学科初の卒業生となった下山寛一郎の「史学史」と、三上参次「西史叢談」である。

その中で下山は「史学史ハ、古来ヨリ今日マデ、発達変遷シ来レル歴史ノ思想ニシテ、所謂史論発達史トモ云フベキモノ」とする。そして、そのような「史論発達史」としての史学史を、「史学史ノ史学ニ於ケル、其欠クヘカラサル、猶哲学史ノ哲学ニ於ケルカ如シ」と位置づけて、歴史を研究する上で不可欠であることを強調した。下山が構想した史学史は、「正確ナル事実ニ基キ、其事実ノ原因結果」を明示するような「真ノ歴史」の発達過程を、古代ギリシアを起点に、時代を追って祖述するというものであった。以後、下山の「史学史」は『史学会雑誌』第一〇号まで七回連載される。

古代ギリシアから筆を起こした下山に対し、「西史叢談」で三上が取り上げたのは、ギボン『羅馬史』（『ローマ帝国衰亡史』）とヒューム『英国史』という近代の歴史叙述であった。三上は両著の特質を著者の来歴とともに紹介し、長いローマ帝国の歴史を多角的に描き出したギボンの「周密」「明快」「正確」な文体と、「周密」さや「正確」さに難点があるものの、広い視野のもと「明快」な文体で「衆事実を包括」したヒュームの叙述を評価している。

ところが、第二号まで掲載したところで「西史叢談」は中絶する。その理由について、『史学会雑誌』第四号は、「編纂委員三上参次君ノ西史叢談ハ同員文学士下山寛一郎君ノ史学史ト重複ニ渉ル廉アルヲ以テ一先登録ヲ中止シ更ニ史学上目新シキ事実ヲ次回ヨリ掲載スル由同君ヨリ申出タリ」と報じた。

しかし、第二号の時点ではまだ本論に入っていなかったとはいえ、はじめに「古代希臘歴史家ノ思想ヨリ、現時ノ歴史家ニ至ルマテ」との構想が開陳された下山の「史学史」を、ギボン、ヒュームを扱った三上が「重複」と捉えたのは奇異に思える。両者の共通点は、その題材を広い意味での「西洋」に採ったこと以外にはないだろう。それは裏を返せば、三上において、「西史叢談」の執筆動機が、まさに「西洋」の史学史の大枠を示すという点にあったことをものがたっている。一方、三上に道をあけられた形になった下山によれば、「東洋史学史ハ、其発達見ルヘキモノナク、特ニ一大部門ヲ設クルノ必要、更ニ之ナキ」なのであり、描かれるべき「史学史」は「西洋」におけるそれにほかならなかった。下山にとって「史学史」とはなによりもヘロドトスにはじまり、おそらくは彼が現在における到達点とみなすニーブール、ランケに結実する潮流を指すのであり、それこそが日本の歴史研究においても「欠クヘカラサル」ものとされたのである。ここから和文学科出身の三上と史学科出身の下山が、ともに「史論発達史」の範を（ということは、専門家としての歴史学者のアイデンティティを）西洋の学問潮流に求めていたことを看取できる。次代の「国史」学を担うことになる三上参次は、しかし、自らの学問的な出自は、近代歴史学の発生地であるヨーロッパに定めていたのである。「西洋」と遜色のない仕方で自国の歴史を説明するには、「国史」においても、「欧羅巴の学術」（井上哲次郎）、なかんずく、「欧洲ノ修史法」（リース）に精通する必要があったのであり、その任務を担いうるのは、「西洋」で築かれながら、「西洋」を超える〝普遍性〟をもつ「史論発達史」に通じ、自らをその延長上に位置づける歴史学者でなければならなかった。

実のところ、下山の「史学史」はヘロドトスの経歴を紹介し、研究法の吟味を行っただけで、連載長期化を憚り、中断してしまった。そのまま、一八九二年、下山は夭折する。未刊に終わった下山と三上の史学史が、どのような構想を持っていたのか、今となってはわからない。

しかし、帝大に史学科と国史科が並び立ち、史学会という専門学会の設立をみたアカデミズム史学の出発点において、三上と下山がヨーロッパを対象とする史学史を学ぶ必要性を共有していたことは象徴的な意味をもっている。彼らの考える史学史の中に位置づく「国史」学とは、畢竟、日本を対象とするヨーロッパ歴史学にほかならなかった。

「国学」のゆくえ

ここまで、帝大での歴史学の制度化に伴い「国史」が歴史学の下位領域に位置づけられるとともに、方法や担い手といった「国史」の構成要素が見出されてくるプロセスを追ってきた。それを踏まえ本節では、その次なる段階として、いかなる「国史」を描くのかという課題が浮上する理路を負ってみたい。

ここで注目したいのは、一八九六年三月、衆議院議員・山田泰造が議会に提出し、可決された「国費ヲ以テ國學院ヲ保護スル建議案」をめぐるある応酬である。

一八九〇年に設立された國學院は、当時、脆弱な財政を補うために、全国の神職へ募金を呼びかけ、賛助員を募り、はては校地を抵当に入れて銀行から資金を借り入れるなど、困難な経営を強いられていた(21)。右の建議案は、「其ノ歴史ノ保存ヲ図リ、其ノ国語ノ発達ヲ図ルハ、国家ノ成立ヲ保チ、国家ノ独立ヲ全フスルニ於テ国家ノ要務、否国家ノ義務」とする立場から、國學院の苦境に際して、「其ノ衰頽スル所ニ委スルハ、国学ノ保存発達上、決シテ得策ニ非ス」として国費による保護の必要性を訴えるものだった(22)。

ところが、右の動きに対し疑義を唱えた雑誌があった。帝大文学科関係者によって組織された帝国文学会の機関誌『帝国文学』である。同誌の二巻四号（一八九六年四月）は「貴衆両院議員の蒙を啓く」と題する無署名記事を掲載し、建議案が主張する國學院の存在意義を批判して、次のように述べる。

國學院を保護する必要性を訴える議員の念頭にある「国学」とは、「古代国史、古代法制、古代言文、此三科を包含するもの」であろう。しかし考えてみてほしい、かつて同様の目的で帝国大学に古典講習科が設置されたが、同科を出た学者たちは、今、「国学」全般に通暁し、「国学」の教育を行い得る存在となっているだろうか。[23]「試に見よ。某氏の如きは単に国語国文に精しきのみならずや、某氏の如きは国史国法には精しけれども国語国文はその能くせさる処ならずや」。國學院の実情も古典講習科と大差はない。「若し諸士が意に遵ひて、学制を変更し、課程を改革して、同院生徒は必す古代国史、古代法制、古代言文の三科を兼修するものとし、且つその程度の如きはかの古典科に於けりしよりも遥に高尚なるものを教授することゝせざらん限は、國學院は到底諸士が希望を満すこと能はざるべく、又到底相当の報恩を我国家に致すこと能はざるべきなり」。

『帝国文学』記者はこのように述べて、「国学」の名に値する研究・教育を行い得ていないとみなす國學院への国庫補助に反対した。この記事の末尾で、記者は念を押すように次のように述べている。

諸士、乞ふ刮目して之を見よ。国文国語を主とし国史国法を兼修するもの、現に、文科大学に国文科あるにあらずや。国史国法を主として国語国文を兼修するもの、文科大学に国史科あるにあらずや。

ここには、かつて小中村清矩を詰問した「客」の指摘の反転した姿をみることができる。たしかに「国学」が「国史」「法制」「言文」を包含した総合性を有しているなら、「国文学科」の他に「国史科」などいらないかもしれない。しかし、もし「国学」なるものの現状が、その名に値する実態を備えていないのであれば、もはや帝国大学文科大学の外に國學院なるものは「無くてもよかるべく」ということになるのではないか。

しかし、このような『帝国文学』の批判に対しては、國學院同窓会の発行による『新国学』がすぐさま反論を寄せた。以下、少し長くなるがその主張を引用しよう。

国学とは、自国の道義言文歴史を講究する学科なり。されば、その事業たるや、国人の共に翼賛して、国家の隆盛を謀るべきはいはずともあれ、苟しくも自国の学問中、国学ばかり最高最貴なるはあらざるなり。切に言はゞ、国学といふものありて、はじめて国家あるべきなり。〔中略〕実に国学は現世界の生存競争修羅呑攘の必勢上より、又は自国の保存安全を謀らむ為に、最肝要にして、一日も欠くべからざるものなり。されば、その最要最貴なる国学をまなぶ国学者を作るは、又、これ今日国家の最大要務たるべきなり。如何にして之を要請すべきか。曰はく、帝国大学文科を改作するにあり。欧米の諸大学校に於いて、神学科といへるものが大学校中の最高最貴なるものとして設置せらるゝ如く、吾が大日本帝国大学校にても、国学科を以て、他の五大学科、即、法、理、医、工、農の上におかざるへからず。(24)〔改行〕帝国大学文科の改作もしならずとせば、国学者の大学は、別に之を建てざるべからず。〔中略〕曰はく、國學院を拡張すべし。(25)

『新国学』の記者は、「国学」をキリスト教世界における「神学」に比肩しうる「最高最貴なる」学問だとした。「国学」を振興するのは「国家の最大要務」であり、本来であれば、帝国大学の学制を改め、欧米の大学の神学科のように他学科の上にたつ「国学科」を設置するべきなのである。それが適わないのであれば、國學院に国家的保護を与えるしかない。

『帝国文学』が「国学」の特色をその総合性に求めたのに対し、『新国学』は他の学問に対する「国学」の価値的優位性を主張した。『新国学』はその次の号にも「帝国文学記者に告ぐ」を掲載し、「国学科をして泰西の大学校の神学科に於ける如き位置と勢力とを持たしめよ」と繰り返した。「国学」が講究すべき「国是の大真理」は「科学の研究の結果いかむによりて絶えず変動する者」ではない。「日本は無比の国体なれば、比較的講究を加ふる余地なければなり」と。(26)

日本の「国体」は「万邦無比」、すなわち他国と「比較的講究」する余地などない超絶した「大真理」である。当然、それは西洋由来の「科学」によって明らかにすることなどできず、ただ、日本固有の学知である「国学」だけが、それをよくなしうるのである。他の諸学を価値的に凌駕する「国学」の優位性を強調する中で、その価値を保証する上位概念として「国体」が呼び出される。

ただ、この反論は『帝国文学』記者を説得することはできなかった。同誌は、約一年後、改めて次のような主張を掲げた。

自国の道義をのみ専修する学科は則ち既に国学にてはあらぬなり、自国の言文をのみ専修する学科は則ち既に国学にてはあらぬなり、自国の歴史をのみ専修する学科は則ち既に国学にてはあらぬなり。是固より明白なること、特更に弁を要せさるなり。〔改行〕聞説く、國學院は道義、言文、歴史の三科に分れ、各専修なりといふ。信に然るや、否や。果して然かく三科に分れ居りて各専修ならば、則ち國學院は既に国学の学校にあらすして通常の専門の学校たるなり。もし三科を専修する学校にして真の國學院といふを得ば、文科大学は又当に国学大学とも呼ぶを得べし。(27)

学問の制度性をあくまで重視する『帝国文学』は、分節化された学科編成で営まれる國學院の教育内容を「国学」とは認めなかったのである。國學院に対する国庫補助の建議案は一八九九年まで貴衆両院で繰り返し可決されたものの、結局、政府が予算措置を講じることはなかった。

こうして、「国学」の概念をめぐる『帝国文学』と『新国学』との応酬は平行線のまま収束した。ただし、「国学」の価値的優位性を強調する『新国学』も、『帝国文学』が主張した國學院の学制を「古代国史、古代法制、古代言文の三科を兼修」し、なおかつ古典講習科より「遥に高尚な」教育を提供するというような、多分に皮肉を込めた改善案にとりあうことはなかった。『新国学』の記者にとっても、かつて小中村清矩が説いた「国文」「国学」の姿をそのまま再生させることは現実的ではなかったといえる。この時点で、「国学」は、ヨーロッパ由来の「科学」とは別の学問体系ではなく、かつて「国学」として指示されていた学統を継承する意志をもった、一群の学者たちの営みを指すものへと変容していたといえるかもしれない。

ただし、『帝国文学』からの批判に対して、『新国学』が「国体」という至上の価値を持ちだして反論したことは、「国史」をめぐり展開されるであろう次なる競合関係を示唆する言説として重要である。「国文」「国学」を継承するにせよ、ヨーロッパの学問体系に拠るにせよ、その方法をもってどのような「国史」を描くのか。「国史」の価値と目的をめぐる議論が「国体」を基準として問われることになるのである。

「国体」を盾に「国学」の価値を強調する『新国学』の主張は、「国学」「国文」から歴史学への編成替えの過程を辿ってきた目からすると、現実を無視した強弁のようにもみえる。ただし、そこで提起された学問の目的をめぐる議論は、制度化を急ぐアカデミズム史学が等閑に付してきた問題でもあった。

一八九九年の史学会第一回大会で、ヨーロッパ各国がその国情に応じた「国史」の目的を設定していることを説明した坪井は、しかし、ヨーロッパと同様の道具立てを備えた日本の「国史」を、どのような思想に基づいて構成するかという肝心の点について、具体的には何も論じていない。むしろ、坪井に続いて登壇した井上哲次郎が歴史学の目的を究明する「歴史哲学」の必要性を主張したのに対し、坪井は史学界はいまだ「材料蒐集の時期」であり、「理論的講究」に取りくむのは「少しく早計に失すべき」と苦言を呈したのだった(28)。

時期尚早を理由に目的論を封じ込めようとする坪井に対し、井上は、歴史的事実が無尽蔵である以上、坪井の主張は歴史の「理論的講究」を永遠に先送りするものに他ならないと反論した(29)。前に見たように、日本の歴史学者が「西洋の学者」の「概括力」に学ぶ必要を説いていた井上にとって(30)、歴史を「概括」するための「理論的講究」は不可欠の作業と考えられたのである。

何のための歴史か。この課題に向き合ったのは、帝大で彼らの教えを受けた、より若い世代の研究者だった。一八九六年に帝大国史科を卒業した内田銀蔵である。まだ二〇代の若さだった内田が、坪井と井上の議論を受けて世に問うたのが、日本の歴史学にとって「考証史学からの脱却の顕著な一歩」をなしたとされる論文「歴史の理論及歴史の哲学」だった(31)。

内田は、哲学の一部である「歴史哲学」と、歴史学が取り組むべき「歴史理論」とを峻別して井上の主張に留保をつけつつ、「専門史学家」が「歴史理論」に取り組めば、坪井の危惧は解消されるとした。内田によれば、「歴史理論」で講究されるべき対象とは、「意識的活動を為す社交的生物としての人類の生活経歴」であり、「人類の生活」は、さらに「個人的生活」「氏族的生活」「社会団集的生活」「国民的生活」「民族的生活」に分節化される。このように整理した上で、内田は、この対象に対応する「歴史理論」として、「第一民族経歴論、第二国民経歴論、第三社会団集経歴論、第四氏族経歴論、第五個人経歴論」の五つの部分からなる「体系」を提示したのだった。ここに「科学」の客観性の下に、「国民史」や「民族史」の「経歴」を構築する経路が用意された。「欧洲ノ修史法」を共有しつつ、しかし、「史学」一般とは目的を異にする「国史」の枠組みにおいて、「国体」を指導理念とする「民族史」「国民史」を叙述するための装置が、ここに形成されようとしていた。

おわりに

アカデミズム史学における「国史」の成立は、帝国大学設立後、諸学が同時並行的に成立していく過程の中で、旧来の広汎な「国学」「国文」を否定的媒介に、日本を対象とするヨーロッパ型の歴史学として成立した。

かつての総合性を失い、『帝国文学』から有名無実化を指摘された「国学」の担い手たちは、至上の価値としての「国体」を闡明する学問として「国学」の価値的優位性を押し出した。しかし、井上哲次郎が、「欧羅巴人」に日本の「国体」を知らしめる役割は「欧羅巴の学術」に通じた学者でこそ果たされるとしたように、「国体」は「国学」の専有物ではなかった。以後、いかなる学知がよりよく「国体」を闡明しうるかという競合関係の中に、「歴史理論」を踏まえて、「民族史」や「国民史」を射程におさめた「国史」学も参入することになる。

内田銀蔵と同年に国史科を卒業した黒板勝美は、前節でみた歴史哲学をめぐる議論が交わされている最中に、歴史学の「徒らに考証に走り、唯末節に拘々として歴史の大体を観ざる弊」を指摘し、その「打破」を訴える「少壮史家」として出発した。[32] やがて、黒板は一九〇八年、アカデミズム史学による本格的な日本通史として特筆される主著『国史の研究』を刊行する。そして一九一一年の南北朝正閏問題を経て刊行された同書の再訂版において、黒板は「国史の範囲」「国号と民族」「国史研究上の注意」等の章を加筆して、「国史」の周到な意義づけを行った。そこでは、「国史は歴代の天皇の御聖徳を証明するものであると同時に、又国民が如何に天皇の御聖徳によつて支配されて皇室に対し忠実なりしかを明にし、我が国体の尊厳なる所以を教ふる学問」と高らかに謳われ、それを担う「科学」であるアカデミズム史学の確固とした地位が誇示されるのである。[33]

もちろん、「国学」と同様、黒板の「国史」も、「国体」を独占することはできない。大正期に台頭する文化史や民俗学といった新たな歴史的想像力は、一面では、アカデミズム史学とは異なる「国体」像を提示する役割を果たすことになる。そのような「国体」をめぐる競合関係の先には、「国体」という審級自体の妥当性に疑問を投げかける唯物史観も登場するだろう。このような競合関係を軸に大正期以降の史学史を描く作業は依然として残された課題である。

注

（1）桂島宣弘「近代国史学の成立――「考証史学」を中心に」（桂島『思想史の十九世紀――「他者」としての徳川日本』（ぺりかん社、一九九九年）。

（2）池田智文「近代「国史学」の思想構造」（『龍谷大学大学院文学研究科紀要』二五、二〇〇三年）。また、「国史」という枠組みの問題性を長期的視野から検討した論稿として、黒田俊雄「「国史」と歴史学――普遍的学への転換のために」（『思想』七二六、一九八四年）。

（3）柴田三千雄「日本におけるヨーロッパ歴史学の受容」（『岩波講座世界歴史』三〇、岩波書店、一九七一年）。

（4）一八九八年、重野が再び帝大教授に返り咲いた時、その所属が漢学科であったことは、この未確定性をよく示している。

（5）本節の内容は拙稿「一八九〇年代のアカデミズム史学――自立化への模索」（松沢裕作編『近代日本のヒストリオグラフィー』山川出版社、二〇一五年）と重なる部分が多い。あわせて参照されたい。

（6）「明治二一年一〇月　内閣臨時修史局の事務を大学に属せしむる件につき帝国大学総長上申書」（『東京大学史料編纂所史史料集』東京大学史料編纂所、二〇〇一年）三八～三九頁。

（7）久米邦武「歴史地理の根本に就て」（『歴史地理』三―三、一九〇一年）。

（8）小中村「諸君に質す」（『国文学』二一、一八九〇年）。

（9）『東京帝国大学五十年史』上（東京帝国大学、一九三二年）一二九九～一三〇三頁。

（10）前掲注（5）拙稿「一八九〇年代のアカデミズム史学」。

（11）以下、坪井の講演については「本会の大会」（『史学雑誌』一〇―五、一八九九年）。

(12) ただし、坪井によれば「学術の淵叢と称せらるゝ」ドイツでは、史学科内でドイツ史を精密に研究するのみで、別に国史科を設けている例はないという。
(13) 坪井「史学に就て」(『史学雑誌』五―一、一八九四年)。
(14) 同右。
(15) 『史学会雑誌』二四～二六(一八九一～一八九二年)。
(16) 「国文学諸家」(『早稲田文学』四、五、一八九一年)。ただし、同記事は三上を「従来の国学家と趣を異にし単に国学として歴史を研究せずして広く歴史として国史を研究」する「広き意味にていふ歴史家」と評している。
(17) 三上参次『明治時代の歴史学界――三上参次懐旧談』(吉川弘文館、一九九一年)二九～四一頁。
(18) 内藤「日本支那古代法律日本及支那歴史支那哲学教授内藤耻叟申報」(東京大学史史料研究会編『東京大学年報』五、東京大学出版会、一九九四年)。
(19) 斎藤希史『漢文脈の近代――清末=明治の文学圏』(名古屋大学出版会、二〇〇五年)第一章。
(20) 前掲注(15)井上「東洋史学の価値」。
(21) 『國學院大学百年史』上(國學院大学、一九九四年)第三編第一章。
(22) 同右、二九〇～二九二頁。
(23) 古典講習科については「国費ヲ以テ國學院ヲ保護スル建議案」も言及している。同案は古典講習科を「国学専門ノ生徒ヲ養成シ来リ、国文教育上非常ノ裨益ヲ与ヘ、今日国文ノ発達進歩ニ与テ力アル物ハ本課出身ノ生徒ニアラサルナシ」と評価し、國學院は短期間で廃止された古典講習科の役割を継承する機関と位置づけられた(同右二九一頁)。古典講習科についてはさしあたり藤田大誠『近代国学の研究』(弘文堂、二〇〇七年)第五章を参照。
(24) 「国学者を養成する法」(『新国学』七、一八九六年四月)。
(25) 「国学者の大学を建つべし」(同右)。
(26) 『新国学』八(一八九六年五月)。
(27) 「国学と文科大学の諸学科」(『帝国文学』三―四、一八九七年四月)。
(28) 前掲注(11)「本会の大会」。
(29) 井上「歴史哲学に関する余が見解」(『史学雑誌』一〇―八、九、一八九九年)。

(30) 前掲注(15)井上「東洋史学の価値」。
(31) 内田「歴史の理論及歴史の哲学」(『史学雑誌』一一―五、七、八、十、十二、一九〇〇年)。なお、歴史哲学をめぐる論争については、前掲拙稿「一八九〇年代のアカデミズム史学」。
(32) 前掲注(5)拙稿「一八九〇年代のアカデミズム史学」。
(33) 黒板『国史の研究』総説の部(文会堂書店、一九一六年)三一三〜三一四頁。黒板の通史叙述については拙稿「黒板勝美の通史叙述――アカデミズム史学による卓越化の技法と〈国民史〉」(『日本史研究』六二四、二〇一四年)。

[第一部 「学知」編制の系譜]

明治期の「文学」研究とアカデミズム――国文学を中心に

陣野英則

はじめに

明治期において「文学」の研究はいかにしてアカデミズムの中に位置づけられてゆくのか。本章では、特に「国文学」という領域を中心にみてゆく。日本の国文学、すなわち日本語による文学を研究するための学問は、明治維新後もなおしばらく、その体をなしてはいない。もちろん、江戸時代以来の国学、考証学などは、間違いなく明治期の国文学へと連なる面をもつが、そもそも明治前半期は、高等教育機関における学制の複雑きわまりない転変がつづいていた。帝国大学の文科大学（現在の文学部）に「国文学科」ができるのは明治二二年（一八八九）で、このときを「学問としての国文学の誕生のときとすることができる」(1)ともいわれるが、実際は、後述のように未だ学問としての体系化にはほど遠かったのである。まずは、学制の転変のあり方をおさえておく必要がある。

その一方で、明治期の「文学」は長きにわたって、かなり多義的、あるいは多層的というのが実状であった。たとえば、「文学」が「人文学」全般を意味するような例は明治三〇年代末までつづいていることが確認されている。(2) そうした状況にあって、現代の私たちになじみの「文学」の研究、すなわち言語藝術に関する研究というのも、自明のものとはいいがたかった。学知の編制という問題をとらえる際、とりわけ文学研究の領域に関しては、当時の「文学」それ自体のわかりにくさにも留意する必要がある。

本稿では、まず前半において以上の二つの問題を整理したのち、東京帝国大学文科大学にあって、国文学の確立に大きな役割を果たした芳賀矢一（一八六七―一九二七）と藤岡作太郎（一八七〇―一九一〇）の二人に焦点をしぼってみる。彼らは明治維新のころに生まれ、「帝国大学令」が発布された明治一九年（一八八六）以降の帝国大学文科大学の学生であった。さらに明治三〇年（一八九七）に帝国大学から東京帝国大学と改称された直後、明治三一年には芳賀が、また同三三年には藤岡が、それぞれ相次いで着任している。彼らは、国学から国文学への転変期を経験し、西欧の人文学を範としつつ、あらたな国文学という学問を構想した世代の人たちであったといえよう。

芳賀と藤岡が活躍をし始めた明治二〇～三〇年代は、「文学史」の濫造された時代であった。そして、それは日清・日露の両戦争において日本が勝利する時期でもあった。国文学がアカデミズムの中に定着してゆく時期が、戦勝によって勢いづく国民国家の欲望が肥大化する局面でもあったのである。それは、芳賀の「国民性」をめぐる論述、あるいは藤岡の文学史叙述におけるトーンの変化にも関わることであろう。その変化こそが、「近代国民国家という〝想像の共同体〟を「一国文学史」の成立という「文学」によって実現させようという試み」(3) などと批判される彼らの学問、ひいては近代日本の国文学という学問の、負の側面を如実に示しているということを確認してゆきたい。

なお、病弱の藤岡は短命であったが、芳賀は東京帝国大学で、さらに國學院大學学長としても活躍をつづけた。その芳賀は、大正期に入ってから東京帝国大学文科大学について批判的に述べた文章をのこしている。本稿の終盤では、この発言にも注目してみる。近代日本の国文学という学問領域の基本的な性格づくりに関わった当人の認識は、もちろん時代の制約を受けてもいるだろうが、一方では今日にまでつづく日本の人文学、あるいは文学部（と人文系の学部・研究科など）のもつ問題のありかを夙に指摘している面もあるようだ。その確認は無駄なことにはならないだろう。

明治二〇年代までつづく学制の転変

江戸時代の後期の主要な学問としては、幕藩体制を支える儒学のほか、国学と蘭学があった。明治期に入ると、それぞれ漢学、皇学、洋学と呼ばれるようになるが、幕末から明治初期において大学設立のベースとなった幕府の学問所の中に、国学（皇学）はふくまれていない。すなわち、漢学については林羅山（一五八三―一六五七）の家塾を淵源とする昌平坂学問所（昌平黌）が、また洋学に関しては安政四年（一八五七）に開校する蕃書調所《ばんしょしらべしょ》があった。後者は、洋書調所、さらに開成所と名が改められてゆく。また西洋医学を教育する幕府の機関として、種痘所（のちに西洋医学所、さらに医学所と名を変更）もあった。

　あたらしい時代が到来しつつあった中、開国によって洋学の興隆はたしかなものとなる一方、漢学は幕府の権威失墜とともに力を失う。それに対して国学（皇学）は、尊皇攘夷運動を支え、天皇を中心とする国体の形成にも一役買った。その学問をあつかう高等教育機関は、明治維新に際して京都に開設された。すなわち、慶応三年（一八六七）一二月の王政復古を経て、翌年、元々漢学を中心としていた京都の旧学習院を基盤に、まず漢学所が九月に、つづいて皇学所が同年一二月に、それぞれ開講したのである。しかし、この皇学所は短命であって、明治二年（一八六九）二月に一時閉鎖となったのち、同年一二月に漢学所と合併して大学校代となるものの、明治三年七月には廃校となってしまった。この二年にも満たない間に、政治の中心は江戸（東京）へと移ったのである。

新政府は幕府の学問所を管理下におさめ、明治二年六月、昌平学校（かつての昌平坂学問所）を大学校とし、開成学校（かつての開成所）、医学校（かつての医学所）を大学校の分局とした。同年中に、大学校は大学（または大学本校）と改められ、開成学校は大学南校、医学校は大学東校にそれぞれ改められた。翌明治三年（一八七〇）の二月、「大学規則」が制定される。その際の学科体制は、あきらかに西欧の学問体系にもとづくものとなり、漢学と皇学とはかなり軽視されることとなった。これ以降、洋学派と漢学派・皇学派との対立は激しさを増し、結局、同年七月には大学本校が廃されてしまうこととなった。このようにして、元々昌平坂学問所の流れを汲む教育機関の命運は早々に尽きてしまう。

その後、明治四年七月に文部省が設けられた。この明治四年から七年にかけて、当初は分局として位置づけられた二つの学校は、それぞれ次のように名を変えてゆく。

・大学南校→南校（明治四年）→第一大学区第一番中学（明治五年）→開成学校（明治六年）→東京開成学校（明治七年）

・大学東校→東校（明治四年）→第一大学区医学校（明治五年）→東京医学校（明治七年）

そして、明治一〇年（一八七七）の四月、右の二つの学校が合併し、東京大学となる。以下、『東京大学百年史――部局史 一』(4)に拠りながら、この東京大学の誕生以降の「文学」研究、特に「国文学」に関係する転変のありようを箇条書きで示してみよう。

明治一〇年（一八七七）**東京大学創立**。法・理・医・文の四学部うち、**文学部**は「**史学、哲学及政治学科**」と「**和漢文学科**」の二学科体制をとる。

明治一五年（一八八二）「**古典講習科**」が文学部附属の機関として設置される。

明治一八年（一八八五）「和漢文学科」が「**和文学科**」と「**漢文学科**」に分かれる。

明治一九年（一八八六）「帝国大学令」発布により、東京大学が帝国大学となる。それまでの文学部は**文科大学**となり、「**哲学科**」「**和文学科**」「**漢文学科**」「**博言学科**」の四学科体制をとる。

明治二〇年（一八八七）帝国大学文科大学に「**史学科**」、そして「**英文学科**」と「**独逸文学科**」が新設される。

明治二一年（一八八八）「**古典講習科**」、二回目の卒業生を出して廃止される。

明治二二年（一八八九）文科大学に「**国史科**」を開設。一方、「和文学科」が「**国文学科**」に改称される。

明治二三年（一八九〇）「**仏蘭西文学科**」が新設される。


なお、こののち明治三〇年（一八九七）に帝国大学は東京帝国大学と改称される。次々と組織の改変、新設などがつづいているが、以下、国文学に関わる留意点をおさえておく。

明治一〇年（一八七七）創立の東京大学文学部の二学科のうち「史学、哲学及政治学科」が西洋を扱うのに対して、「和漢文学科」では「和漢」の思想も政治学も歴史学もあつかわれた。ちなみに、二学科のうちの前者の「史学」は、おもに外国史であった。一方、後者は明治一八年に「和文学科」と「漢文学科」に分かれ、さらに帝国大学文科大学へと変わったのち、「和文学科」は「国文学科」と名を変えているが、そのころまでの教育内容を確認すると、今日の「文学」に相当する内容は乏しい。さらに驚かされるのは、「和漢文学科」の出身者の少なさである。明治一八年までの卒業生は、田中稲城（一八五六—一九二五）と棚橋一郎（一八六三—一九四二）のわずか二人しかいない。(5) あきらかに振るわない学科であったというべきだろう。

この間に、注目すべき組織が文学部（のち文科大学）の附属機関として設置された。和漢の古典籍を扱う「古典講習科」である。まず明治一五年に甲部（国書課）が、次いで翌年には乙部（漢書課）が生徒募集を行った。その背景には、旧東京大学の法・理・文三学部の綜理であった加藤弘之（一八三六―一九一六）の、文学部和文学科の惨状を打開せんとする意向、ならびにそれまでの行き過ぎた欧化主義への反動という面があったようだ。

この別科設置に関して藤田大誠の研究(6)によりながら整理してみると、まずは明治一二年（一八七九）に、儒教的倫理と皇国思想に基づく「教学聖旨」が国民教化の方針として示されていた。和漢文学科があまりに振るわないので、この「教学聖旨」に即した分野の学者・教育者を養成するための機関設置が急務と判断され、古典講習科の誕生につながったとみられる。その教育の中心を担ったのは国学者の小中村清矩《きよのり》（一八二一―九五）である。所属する生徒は正規学生とはされなかったものの、たくさんの応募があり、たとえば萩野由之・関根正直・落合直文（以上第一回入学者）、佐佐木信綱・黒川真道（以上第二回入学者）など、のちに活躍する国文学者たちが輩出する。だが、生徒募集はわずか二回で中止、明治二一年（一八八八）に二回目の卒業生を出して、この講習科は廃止される。これまた短命の機関ではあったが、後継者養成という点で一定の役割は果たした。

なお、明治二〇年（一八八七）には、文科大学に史学科とともに英文学科と独逸文学科が新設され、その三年後には仏蘭西文学科も設けられる。このように西欧文学の学科が相次いで成立したことにより、この時期に近代的「文学」が成立したと解する立場もある。(7) しかし、鈴木貞美は、「西欧近代的な「文学」観念」の安定といっても、「帝国大学の関係者（中国研究者を除く）やその周辺」にみられた事態であって、実際には「ほぼ明治期をとおして、「文学」の用法はかなり多重的」であったということを論じている。(8)

また、「仏蘭西文学科」は、現代の私たちになじみの「文学」の学科に相当するといえるものの、同じ西欧文学の学科にもみえる「英文学科」と「独逸文学科」は、実は語学の修得に力点をおく学科であった。というのも、柄谷行人が述べるように、「ドイツ語は「国家」の言語であり、英語は、経済的で実用的な言語」[9]として、いずれも国家と産業の発展に欠かせないとされていたのである（周知のとおり、ドイツ語は特に法学および医学の言語として重んぜられる）。帝国大学文科大学というのは、「帝国大学ハ国家ノ須要ニ応スル学術技藝ヲ教授シ及其蘊奥ヲ攷究スルヲ以テ目的トス」という、よく知られた「帝国大学令」第一条に明記されているとおり、「国家ノ須要ニ応スル」ことこそが真っ先に目的として示されるような機関である。和文学科、のちの国文学科も、「帝国大学令」第一条に記された目的にかなうべきものとしてあったはずである。日本の「文学」の研究が「国家ノ須要」に関わるとはどういうことか――その点は、本稿の後半でとらえてゆくこととし、次節では、「文学」という、literatureに対応した言葉のあり方について、特に明治三〇年代あたりまでの多義的であった様相を粗々ながらおさえておくこととする。

「文学」概念がゆらぐ中での「文学史」濫造[10]

ラテン語のlitteraに由来するliteratureという語も、元々は多義的もしくは多層的であり、ひろくは書き言葉による著述全般を意味していたが、西欧では一九世紀を通じて、近代的な言語藝術を指示するようになっていた。一方、漢語の「文学」は古代中国以来の長い歴史を有するが、日本の江戸時代後期における「文学」は、儒学と漢詩文、すなわち「文章についての学」といった限定的な意味を表していた。その「文学」が英語literatureの訳語に充てられることにより、その語義は大きく、かつは複雑に変化してゆく。

明治初期の洋学者たちの用法では、おおよそ学術一般と言語藝術とをあわせて「文学」と呼んだようであった。[11]

しかし、福地源一郎（一八四一—一九〇六、号桜痴）が明治七年（一八七四年）の一二月二日、『東京日日新聞』において最初に執筆した社説では、「文」の「学」びとしての「文学」に言及している。つまりそれは、文章を書くための学問のことである。福地の「文学」もやはり多義的であったろうが、文章改良がさまざまに試みられた当時、福地は、右のような意味でも「文学」を考えていたのである。(12)

そうした明治の前半期にあって、今日の一般的な「日本文学史」にある程度近い内容を有する著述も、早々と上梓されている。それは、明治一〇年（一八七七）から明治一五年にかけて六冊本として刊行された、田口卯吉（一八五五—一九〇五）の『日本開化小史』(13)、その「巻之四」に相当する「第七章 日本文学の起源より千八百年代まで」および「第八章 鎌倉政府創立以後戦国に至る間日本文学の沿革」である。田口が叙述する「日本文学」には、「情の文章に現はるゝもの」と、「智の文章に現はるゝもの」との二つがふくまれている。これらのうち前者は「記事体」とされ、「歴史、小説の類之に属す」と述べている。これに対して後者の方については「論文」と呼び、「学文、論説之に属す」とする。つまり、狭義の言語藝術と歴史叙述とをあわせて「情」の文学としつつ、一方では朱子学などの学問をふくむ「智」の文学までが、田口のとらえる「文学」のなかに包含されるのである。

ここまでごく一部の特徴的な「文学」の事例をあげてみたが、明治時代にあっては、「文学」という語は学術全般、もしくはもう少し限定的に人文学全般を意味する場合が多かったようである。江戸時代後期の儒教的学問を意味した「文学」は、明治一〇年代後半から二〇年代あたりにかなり後退する一方で、西欧的な「文学」として、「人文学的評論を意味する傾向と、修辞学を意味する傾向」がつよくなり、さらに「人文学的述作」という意味での「文学」の用例は、明治三〇年代末あたりまでつづいた。(14)

このように明治中盤以降も、「文学」は狭義の言語藝術を意味する概念として定着していたわけではなかったのだが、一方で前田雅之が注意を向けているように、(15)明治二三年（一八九〇）は、『日本文学全書』と『日本歌学全書』（ともに博文館）、さらに『校正補註国文全書』（国文館）などの叢書の刊行が開始する年であり、初の本格的な日本の「文学史」として知られる三上参次・高津鍬三郎の共著『日本文学史』上・下巻（金港堂）が刊行された年でもある。また同年には、芳賀矢一・立花銑三郎共編『国文学読本』（冨山房）、および上田萬年《かずとし》編『国文学』（双双館）も刊行されている。なお、三上、高津、芳賀、立花、上田の五名は皆、元治・慶応年間（一八六四―六七）の生まれであり、上記の書籍の刊行時、いずれも二〇代半ばであった。

この明治二三年以降が、膨大な数の「国文学史」あるいは「日本文学史」の書籍が刊行される時代、いわば文学史濫造の時代ともいいうる。[16] 明治三〇年代後半以降に早稲田大学で「文学史」を講じていた永井一孝《ひでのり》（一八六八―一九五八）による明治四三年度版の講義録では、[17] 明治四一年までに刊行された計三二点もの書籍が紹介・批評されている。

これほどたくさんの文学史がうみだされた事情として、まずは先述の「教学聖旨」における国民教化の方針が関係するだろう。それらの書籍の多くは教科書として編纂され、当時の大学・高等学校・中学などで用いられたのであった。また一方では、行き過ぎた欧化主義への反動で、明治一〇年代以降に国民の文化的アイデンティティとして古典籍が重視されるようになっていたことも、看過しがたい背景としてある。

ところで、明治四三年度版講義録に紹介されている書籍の大半に対し、永井はかなり批判的であるが、推奨している書籍が八点ある。それらの中には、芳賀矢一の『国文学史十講』（冨山房、一八九九年）、および藤岡作太郎の『国文学全史 平安朝篇』（東京開成館、一九〇五年）と『国文学史講話』（東京開成館、一九〇八年）がふくまれており、当時からこの両者の著述が定評を得ていたことがうかがえる。東京帝国大学教授となった芳賀は、国文学の形成期にもっとも大きな役割を果たすことになる。一方の藤岡は、短命ながら芳賀のもとでその才知を活かし、活躍した。しかし、国文学の展開は順調とはほど遠いようでもある。次節では、「国民性」という言葉を手がかりに検討してみよう。

「国民性」をめぐる問題、もしくは可能態としての国文学

明治三〇年代前半、芳賀矢一と藤岡作太郎は相次いで東京帝国大学において講座を担当し始める。藤岡の明治三三年(一九〇〇)の助教授就任は、ドイツ・ベルリンに留学することとなった芳賀に代わって講座を担当することを意味した。芳賀は同年九月、「文学史攷究法研究」を命ぜられ、横浜を出発した。英文学ではなく英語教育法の研究のためにロンドン留学を命ぜられた夏目金之助(漱石)らも一緒であった。ベルリン留学から芳賀が帰国するのは二年後の八月である。

芳賀に与えられた使命は、上記のとおり「文学史」研究である。二〇代前半で立花銑三郎と『国文学読本』(冨山房、一八九〇年)を著し、さらに留学の前年には『国文学史十講』(冨山房、一八九九年)という、講義にもとづく「文学史」の著述まで公にしていた芳賀ではあったが、当時は、日本における文学史研究を支えるような理論も方法も整っていない時代であった。それどころか、長島弘明が指摘するとおり、そもそも「文学史攷究法」の「基礎になる「文献学」そのものの体系と理論が構築されていなかった」ため(18)、芳賀は「ドイツ文献学Deutsche Philologie」を学ぶことに主眼をおいたようである。具体的には、オーギュスト・ベーク(一七八五―一八六七)などをはじめとする一時代前のドイツ文献学を学んだとされていて、現に帰国の翌年に行った講演に基づく「国学とは何ぞや(19)」では、「ベイツク」すなわちベークの文献学の目的を紹介し、さらにはカール・ヴィルヘルム・フォン・フンボルト(一七六七―一八三五)、ヘルマン・パウル(一八四六―一九二一)らの名をあげ、文献学が「国民の学問」(Wissenschaft der Nationalität)に相当すること、あるいは「国民に特有な精神生活を知るといふのが文献

学の目的である」ということなどを確認している。そして、このドイツ文献学に照らし、日本の国学、特に清朝考証学などの影響を受けた幕末の文献考証学的な国学を評価しつつも、一方ではその偏狭さ、また徹底した尚古主義などを批判し、「日本文献学」を標榜してゆく。

しかし、芳賀はドイツ留学前から、すでに「西洋学者」の「フイロロギー」に言及し、「国学者が二百年来やつて来た事」が「日本のフイロロギーであつた」[20]とまで述べていたのである。長島はこれを要して、「芳賀が留学から得た一番の成果は、国学こそが「日本文献学」であること」の、「発見」ではなくて「再認識」だと断ずる。[21]

それでは芳賀の留学は、単なる国学の焼き直しに終わったのかといえば、さすがにそうではあるまい。ドイツ文献学に学ぶ芳賀は、そこでいわれる「国民性」に注目する。それは、「心性」の面における「其民族的性質」であり、「その国の文化に影響して、政体、法律、言語、文学、風俗、習慣等に印象を与える」とともに、「政体、法律、言語、文学、風俗、習慣等の文化の要素は亦逆に国民の性質を形造る」[22]という。しかし、近代日本にとってドイツが一九世紀における国民国家形成の範たりえたとしても、芳賀のドイツ文献学の摂取にはかなりの問題がある。たとえばベークから受けた影響がみとめられるとはいえ、清水正之が指摘するように、「文献学、国学を「一国の国民性」解明と規定する」のは、ベークの古典的文献学の「埒をふみこえかねない方向」[23]とみうけられよう。清水は、ベークとの「際だつ違い」として、(一)「古代という対象」への「他者性の自覚」、(二)「言語の個的性格と類的性格の〈循環〉」という視点、(三)「文献を読み込む主体、解釈の主体」を「方法的に問う視点」、以上の三点が芳賀には欠如していたことを指摘している。

右のように決定的ともいうべき限界があって、芳賀の日本文献学は、方法的にも体系的にも展開・整備されるということにはならなかった。そして、芳賀以降の国文学・日本文学領域に関する「文献学」といえば、書誌学と本文批判が中心であり、あるいは注釈をふくめる場合もあろうが、いずれにしても国文学・日本文学という研究領域にあっては、基礎にあたる部分を担う分野とみなされている。幕末の国学・考証学を継承しながら、精密な調査と実証を重んずる近代の学問らしさを装うことにはなったものの、芳賀が述べる「歴史・美術・文学・法制の間に、一貫した所の関係を見出す」(24)ような、スケールの大きな学問からは相当にかけ離れたものとして、今日に至ったといわざるをえない。

加えて、芳賀の「国民性」をキーワードとする日本文献学が、日清・日露の両戦争の時代において醸成され、学問的真実よりも国民道徳の方が優先されるような方向へ進んだという大きな問題もある。『国民性十論』の初版刊行は明治四〇年(一九〇七)の一二月、日露戦争で日本が辛勝した二年後のことである。同書は版を重ねた上、昭和一三年(一九三八)には、久松潜一(一八九四―一九七六)の校註付きで、「冨山房百科文庫」の一冊としても刊行される。

あわせて注意しておきたいのは、ほぼ同時期における藤岡作太郎の微妙な、しかし決定的ともいえる変化である。『国民性十論』の初版発行からまもない一九〇八年三月に、藤岡の『国文学史講話』が刊行される。『国文学全史 平安朝篇』(以下『平安朝篇』と略す)の刊行からわずか三年後であるが、河添房江が指摘するように、『平安朝篇』の「のびやかな精緻さ」から「国粋主義的な主張」への「傾斜」が著しくなるのである。(25)なお、鈴木貞美は、『国文学史講話』について、「日露戦争後のリベラリズム、女性解放運動を受け」つつ、特に「女性の手になる平安朝物語」を称賛している点など、ポジティヴな特徴として評価している。(26)だが、そうした特徴はまず『平安朝篇』にみとめられることとしてある。『平安朝篇』に比べると、『国文学史講話』における急激なナショナリズムの「浸食」には驚きを禁じえない。なお、藤岡の『国文学史講話』もまた、「改造社文庫」の一冊として昭和一五年(一九四〇)に刊行されていることも付記しておく。

それでは、これらの著述において、「歴史・美術・文学・法制の間に、一貫した所の関係を見出す」ための手がかりは何もないのかといえば、少なくとも部分的には可能性が拓かれつつあったとも評価しうるだろう。

たとえば、夙に麻生磯次は、藤岡の『国文学史講話』が有する思想性をとらえていたが[27]、鈴木貞美は、より具体的に『国文学史講話』「総論」の「第二章 自然の愛」、さらに「太古」の部の「第三章 大化より奈良朝の終まで」にみられる議論を高く評価している。とりわけ、後者における山部赤人の短歌をとりあげた一節にみえる、「その主観を対景の中に没入し去る」などといった藤岡の論述に関しては、西田幾多郎（一八七〇―一九四五）の「純粋経験」との関わりをみようとしている[28]。藤岡と西田は、鈴木大拙（貞太郎）（一八七〇―一九六六）とともに、金沢の第四高等中学校の同級生であった。藤岡と西田の交際が長くつづいたことは藤岡の日記からも確認可能である。また、ほかならぬ『国文学史講話』には、西田が「序」を寄せている。西田の高名な著書『善の研究[29]』の刊行は一九一一年であり、『国文学史講話』刊行の三年後、そして藤岡逝去の翌年にあたる。二人の親しい交流がそれぞれの思考、発想、著述などにいかなる影響を与えあったのたかという点については、より具体的に今後の調査・検討を試みたいと考えている。なお、「純粋経験」は元々ウィリアム・ジェイムズ（一八四二―一九一〇）の晩年の著述にみられる概念であり、西田のみならず、同時代の日本の知識人たちがかなり影響を受けていたことにも留意しておく。

とにかく、国文学という学問領域がようやく体をなしつつあった時代、それは、たまたまナショナリズムともっとも結びつきやすい時代でもあった。藤岡はそうした時代に翻弄されそうになりながら、一方では狭義の「文学」だけでなく、西田との交際がつづく中で、自身も思想の議論に関わりうる端緒をつかみつつあったようである[30]。ただし、それはあくまでも「可能態としての国文学」にとどまるというべきではあるが。

文科大学の問題点

ここであらためて、芳賀矢一の記した言葉に注目してみる。その「文科大学論」と題した小文は、大正七年（一九一八）、東京帝国大学教授として長年勤めてきた彼の、人文学の学制に対する率直な見解である。[31] ちなみに定年退官の四年前である。一部抜粋してみよう。

・今日の我が文科大学があまり細かな各学科に分れて居つて、最初から間口の狭い、奥行の深い学者を造るやうに出来て居るのは、或点から見れば、あまり多くを大学在学の三年間に望んだわけで、大学教育の重要な目的は其処にあるにしても、もう少し基礎となり、根柢となる学科を在学中に博く学ばせて、間口を今一層広くさせる必要があると思ふ。

・文科出身者が世間へ出ての使はれ途の少いといふことも、一つはあまりに偏して居るといふ事が原因である。学問を研究するのは研究するとして、其の趣味をあくまでもたせると同時に、もう少し融通が利いて、いはゆるパンを得る方法をも得させなければならぬ。

・（引用者注、幅広い就職に対応しうるのが望ましいことを述べた上で）それ故文科大学の学科はすべて随意科として、国史なり、国文学なり、外国文学なり、美学なり、哲学なり、社会学なり、宗教学なり、外国史学なり、多くの講義を開いて、勝手に聴講させるがよい。又法科でも医科でも理科でも、勝手に聴講させるがよい。

東京帝国大学文科大学は、明治三七年（一九〇四）にそれまでの九学科制から「哲・史・文」の三学科制へと改められ、あわせて単位制も採用された（個々の学問領域は、一九の「受験学科」とされた）。これによって、学生は

「最初から自分の専攻学科を狭く限定する必要がなくなり、広い範囲の中から次第に専修科目を決定して行くことが出来るようになった」[32]という。その後、明治四三年（一九一〇）に受験学科は専修学科と改称されるなどの変更があったが、右の芳賀の文章が書かれた翌年、すなわち大正八年（一九一九）には、文科大学などの東京帝国大学の各科大学は「学部」となり、それにあわせて文科大学も文学部に改称される。注目すべきは、そのときの大幅な内部改編である。それは、「哲・史・文」の三学科制を廃し、一九の学科を独立させるというものであった。つまり、芳賀が望んだのとはまったく逆の方へと編制替えがなされたわけである。

当時の帝国大学と、大衆化が極限まですすんだ現在の日本の大学とを直接比較するのは無理がありすぎるかもしれないが、それにしても、今からほぼ一〇〇年前にあたる大正七年の芳賀の文科大学批判は、いわゆる「蛸壺化」が進行しつづけた二〇世紀の各大学文学部（また人文系の大学院研究科など）の各学科（また専攻・専修・コース等々）への批判として、そのまま読み替えることが可能にすらみえるだろう。なお、戦後の東京大学では、旧制第一高等学校の流れを汲む教養学部の後期課程（三、四年）が、芳賀が想定したような学際的な学部として位置づけられようか。

一方、人文系学部の学生たちに「パンを得る方法をも得させなければならぬ」という芳賀の示した課題は、おそらく今日の世界中の人文系学部における重要な課題でもあろう。

おわりに

本稿では、国文学を中心に明治期の「文学」の研究がどのように揺れつづけ、またその揺れの中で今度はいかに近代的な学問の体裁を整えてゆく、あるいは整えきれずにしぼむ、というような事態を重ねてきたのかをおさえてみた。国文学以外の「文学」研究の編制という問題にはほとんどふれていないが、「文学」という概念自体が長らく定まらない中で、外国文学の各学科でもさまざまな紆余曲折があったことはたしかであろう。

国文学という学問領域が近代において形成され、確立してゆく上で、芳賀矢一の存在を逸することはできない。しかし、彼のベルリン留学には、西欧の文学研究の新しい方法を学び、それを日本に導入するといった積極的な意義があったとは到底いいがたい。渡欧前にもある程度なじんでいたであろうドイツ文献学による、江戸時代後期からの国学、考証学の学的意義の「確認」という意味はあった。その際、「国民性」というキーワードにもとづいて芳賀の「文献学」は狭義の「文学」を超えてゆく途もありえたのだが、そもそも芳賀自身が、そこまでスケールの大きな学問へと練り上げてゆくだけの構想を持ちえていたとは考えられない。

三歳年下の藤岡が短命でなければ、あるいは異なる展開がありえたかもしれないが、藤岡にとっての晩年にあたる明治四〇年代初頭、芳賀の『国民性十論』と藤岡の『国文学史講話』とは、先述のとおり、時代的な昂揚の中でアカデミズムよりもむしろナショナリズムの方へと寄ってしまう面が否めなかった。明治末年にようやく体をなしつつあった国文学が背負い込んだ負の側面といえるだろう。一方、芳賀の大正期の発言によれば、芳賀においてはなお、「蛸壺化」しない人文学、また国文学を理想としていたことが垣間見えた。現在とこれからの人文学のありようについて、あらためて考えさせられる。

注

（1）諏訪春雄『国文学の百年』（勉誠出版、二〇一四年）、「I　国文学の誕生」。

（2）和田繁二郎「明治初期における「文学」の概念」（『近代文学創成期の研究――リアリズムの生成』桜楓社、一九七三年）。

（3）川村湊「国文学にひとまずの別れを」（『GYROS』三、勉誠出版、二〇〇四年六月）。なお、引用した一節にみられる「想像の共同体Imagined Communities」は、ベネディクト・アンダーソン（一九三六―二〇一五）の著名なナショナリズム論にもとづく。

（4）東京大学百年史編集委員会 編『東京大学百年史――部局史 一』（東京大学出版会、一九八六年）。なお、長島弘明 編『国語国文学研究の現在』（放送大学教育振興会、二〇一一年）、「2　大学の設置と国文学研究」（長島弘明執筆）において要を得た整理がなされている。

（5）このあたりの事情については、神野藤昭夫「始発期の近代国文学と与謝野晶子の『源氏物語』訳業」（『中古文学』九二、中古文学会、二〇一三年一一月）に紹介・整理がある。なお、田中稲城は、帝国図書館（のちの国立国会図書館）の初代館長を務めた人物であり、棚橋一郎は、井上円了の創設した哲学館（のちの東洋大学）の講師となって倫理学などを講じたのち、衆議院議員、また東京市会議員となっている。

（6）藤田大誠『明治国学の研究』（弘文堂、二〇〇八年）。

（7）磯田光一『鹿鳴館の系譜――近代日本文芸史誌』（文藝春秋、一九八三年）。

（8）鈴木貞美『日本の「文学」概念』（作品社、一九九八年）、「V　観念とその制度」。

（9）柄谷行人「近代の超克」（『〈戦前〉の思考』（文藝春秋社、一九九四年）。なお、高田里惠子『文学部をめぐる病　教養主義・ナチス・旧制高校』（松籟社、二〇〇一年）の「病原　さらば、東京帝国大学」では、この柄谷論文にもふれながら、帝大独文科の「語学教師養成所としての機能」と、上田整次（一八七三―一九二四）ら同学科教授たちの「文学」からの「遠さ」とが、つぶさに述べられている。

（10）この節の叙述では、拙稿「学問と「文学」――明治期の「文学」史」（河野貴美子・Wiebke DENECKE・新川登亀男・陣野英則 編『日本「文」学史 第三冊「文」から「文学」へ――東アジアの文学を見直す』勉誠出版、二〇一九年刊行予定）の内容と重複する点が少なくないことをおことわりする。

（11）注（8）前掲論に詳しい。

（12）山田俊治「福地源一郎の「文」学」（河野貴美子・Wiebke DENECKE編『日本における「文」と「ブンガク《bungaku》」』アジア遊学一六二、勉誠出版、二〇一三年）。

（13）田口卯吉『日本開化小史』は自費出版で刊行された。のち改造文庫（一九二九年）、岩波文庫（一九三四年）、講談社学術文庫（一九八一年）などでも刊行される。
(14) 注（2）前掲論による。
(15) 前田雅之「「国文学」の明治二十三年――国学・国文学・井上毅」（前田雅之・青山英正・上原麻有子 編『幕末明治 移行期の思想と文化』勉誠出版、二〇一六年）。
(16) この国文学史（日本文学史）の濫造の時代については、注（10）拙稿でより詳しくとりあげている。
(17) 永井一孝 講述『国文学史 早稲田大学四十三年度文学科講義録』（早稲田大学出版部、一九一〇年ごろ？）、「緒論」－「第二章 国文学史に関する著作」。
(18) 注（4）前掲『国語国文学研究の現在』の「3 文献学の成立」（長島弘明執筆）。
(19) 芳賀矢一「国学とは何ぞや」（芳賀矢一選集編集委員会編『芳賀矢一選集 第一巻 国学編』國學院大學、一九八二年↑初出は一九〇三年）。
(20) 芳賀矢一『国学史概論』（注（19）前掲書所収）。なお、同書が国語伝習所から刊行されたのは明治三三年（一九〇〇）の一一月だが、その内容は同年八月に実施された講演の速記録であり、留学に出発する直前にあたる。
(21) 注（18）前掲論。なお、杉山和也の「国文学研究史の再検討――『今昔物語集』〈再発見〉の問題を中心に」（『説話文学研究』五一、説話文学会、二〇一六年八月）など、一連の論考では、留学前の芳賀が帝国大学のドイツ文学講師を務めていたカール・フローレンツ（一八六五―一九三九）より学んでいたことが論じられている。
(22) 芳賀矢一『国民性十論』（冨山房、一九〇七年）。
(23) 清水正之「文献学・解釈学・現象学――哲学と思想史研究の間」（『中央大学文学部紀要 哲学』中央大学文学部、五八、二〇一六年二月）。
(24) 注（19）前掲論。
(25) 河添房江「藤岡作太郎・国文学全史の構想」（『東京学芸大学紀要（人文社会科学系Ⅰ）』六八、東京学芸大学学術情報委員会、二〇一七年一月）。
(26) 鈴木貞美『日本人の自然観』（作品社、二〇一八年）、「第十一章 「自然を愛する民族」説の由来」。
(27) 麻生磯次「あとがき」（藤岡作太郎『国文学史講話』岩波書店、一九四六年）。
(28) 鈴木貞美『「日本文学」の成立』（作品社、二〇〇九年）、第四章「九、『万葉集』と『源氏物語』評価の組み替え」。また、注（26）前掲論。

（29）西田幾多郎『善の研究』（弘道館、一九一一年）。

（30）たとえば、藤岡作太郎「我国の文芸に現はれたる国民思想の変遷」という文章がある（『明治文学全集44 落合直文 上田万年 芳賀矢一 藤岡作太郎集』筑摩書房、一九六八年）。生前に発表されなかった覚書のような文章だが、津田左右吉の『文学に現はれたる我が国民思想の研究』（洛陽堂、一九一六〜一九二一）を想起させるようなタイトルのこの短文は、藤岡の文学史、文化史、あるいは彼の国文学が、思想史にまで拡がる可能性を有していたことを示唆するだろう。

（31）芳賀矢一「文科大学論」（芳賀檀編『芳賀矢一文集』冨山房、一九三七年↑初出は一九一八年）。

（32）注（4）前掲『東京大学百年史――部局史 一』、第二編-第一章-第三節―「三　教育体制の変化」。

［第一部「学知」編制の系譜］

日本の近代歴史学を世界に開く
――朝河貫一の「比較封建制論」の意義

甚野尚志

はじめに

朝河貫一は二〇世紀前半にイェール大学の歴史学の教員を務め、比較封建制論の研究で多くの業績を上げ、イェール大学の歴史学教授となった人物である。朝河自身、日本で卒業した東京専門学校ではとくに歴史学を専攻したわけでなく、彼の歴史学の学問形成はアメリカのダートマス大学に留学してからであった。朝河はダートマス大学卒業後にイェール大学の大学院に進学し、欧米の歴史学の方法を身に付け、日本のアカデミズムとは無縁の世界で比較封建制論に関する多くの優れた業績を出したが、その業績が英語であったこともあり、同時代の日本ではほとんど理解されなかった。また現在に至るまで、朝河の歴史学上の業績は日本の史学史のなかで正当に位置づけられているとはいえない。

しかし、朝河のように二〇世紀前半のアメリカで活躍した歴史家を今改めて評価することは、日本人が行った近代人文学の研究が日本だけに閉じられたものではなく、欧米の人文学の世界に通用するものでもあったことを例示することになろう。また、朝河の英語による業績が欧米での日本史研究の基礎文献になったことも考えると、人文学がグローバル化している現在、彼の業績が世界の歴史学に与えた影響を再評価することはきわめて時宜にかなっている。以下では朝河の比較封建制研究の内容を紹介し、その史学史における意義について考えてみたい。

朝河のダートマス大学での卒業論文

最初に朝河貫一（一八七三―一九四八）とはどのような人物かを簡単に触れておこう。朝河は福島県の二本松で二本松藩士の息子として生まれ、福島県尋常中学を卒業し、上京して東京専門学校に学んだ。卒業後、ダートマス大学に留学し、さらにイェール大学の大学院に進み、博士論文で「大化改新」に関する論文を書き、一九〇二年にダートマス大学の講師となり一九〇七年にイェール大学の講師となる。その後一九一〇年代から二〇年代にかけて、比較封建制論の視点から日本封建制に関する論文を次々と発表しアメリカの歴史学界で比較法制史家としての地位を築いた。一九二九年に刊行した『入来文書（The Documents of Iriki）』では、入来院家の文書の英訳と解説により日本封建制の特徴を明らかにし、マルク・ブロックなどのヨーロッパの中世史学者から高い評価を受けた。朝河は一九三七年に彼の比較封建制に関する業績が認められイェール大学の歴史学教授となる。また彼は日本を巻き込んだ国際紛争に際して著作や書簡を通じて警告を発し続け、平和主義者としても活動した。すなわち、ポーツマス条約後の日本外交に対しては『日本の禍機』（一九〇九年）で厳しく批判し、一九四一年の日米開戦に際してはルーズベルト大統領から天皇宛の親書案を作成し、親書送付による開戦阻止を試みたことで有名である。(1)

では朝河は、どのような経緯で比較封建制論を自身の専門としたのだろうか。彼は東京専門学校在学中には、まだ明確に歴史学を専門にしてはいない。その当時、とくに関心があったのは西洋哲学とキリスト教である。イェール大学スターリング図書館にある「朝河貫一文書(Asakawa Papers)」には、彼が東京専門学校時代に受講した大西祝の西洋哲学史の詳細なノートが残されており、彼が当時、西洋哲学に大きな関心を持っていたことがわかる。(2) また朝河は東京専門学校の在学中に横井時雄により洗礼を受けクリスチャンになっており、キリスト教への関心も人一倍持っていた。

実際に朝河が歴史学に開眼するのは、ダートマス大学に留学してからである。彼はダートマス大学の在学時に、日本の歴史をヨーロッパの歴史と比較しつつ分析したいという野心を持つようになる。その結果、朝河はダートマス大学の卒業にあたり、卒業論文として「日本封建制の予備的研究(A Preliminary Study of Japanese Feudalism)」という論文を書き、そこで日本とヨーロッパの封建制を比較しつつ日本史の推移を古代から近代まで概観した。朝河は卒業論文の序文で、自身がダートマス大学で西洋史を学ぶなかで日本とヨーロッパの封建制の相違は何かという問いに関心を持ち、ヨーロッパの封建制を独学で学び始めていたと述べ、そのような勉学の結果、人類の進歩にとり封建制がどのような意義があったのか、という問いが自身の重要な関心となり、日本の封建制の歴史を卒論のテーマに選んだと語る。(3)

朝河は卒業論文で、日本で「大化改新」が破綻して荘園が生まれ、荘園が武士の封土となり、日本の封建制が誕生する過程をヨーロッパの封建制と比較して描こうとした。ただ、この卒業論文は政治史の叙述が中心で、彼が後に行った精緻な比較封建制の議論をまだ見出すことはできないが、日本でもヨーロッパと同じような封建制を経験したことが強調されている。この卒業論文は一八九九年二月に書き終え大学に提出されたが、おそらくこの論文はダートマスの教員だけでなく、その後、進学したイェール大学大学院の歴史学の教員も読んだと思われる。ともあれ朝河の卒業論文は、日本人が欧米の大学で初めてヨーロッパの封建制と比較して日本の封建制を分析し、日本史をヨーロッパ史との対比で叙述した論文といえる。

ちなみにこの一年後の一九〇〇年に、福田徳三がドイツのミュンヘン大学で経済史家ブレンターノの指導下、ドイツ語での博士論文『日本の社会的・経済的発展（Die gesellschaftliche und wirtschaftliche Entwicklung in Japan）』を書いたが、そこでも朝河と同じように、日本史をヨーロッパ史と同じような発展を遂げた歴史として描いている。福田はこの論文で、日本史にヨーロッパ史の時代区分をあてはめ、九三一年から一六〇二年の時代を「封建制」の時代、一六〇三年から一八六七年の時代を「専制的警察国家」の時代と定義した。それはまさに、ヨーロッパ史での封建制の時代と絶対主義の時代をそのまま日本史に適用した議論であり、福田はこの論文で、日本がヨーロッパと類似した二つの時代を経験した結果、明治維新後の近代国家の形成が可能になったという立場で日本史を叙述している。(4)

日欧封建制の比較の開始

このようにほぼ同時期に、二人の日本人が海外の大学で日欧の封建制を比較する論文を書いたことは興味深いが、ここからは明治維新後の日本人にとり、日本の近代化を説明するためにヨーロッパ史と日本史を比較することが切実な意味をもっていたことがよくわかる。以下では、朝河が卒業論文を書く以前に、日本においてどのような形で日本史とヨーロッパ史の比較、とくに日欧の封建制の比較が始まったのか概観してみたい。

そもそも日本史とヨーロッパ史の比較の議論は、ギゾーやバックルの影響のもとで書かれた福沢諭吉の『文明論之概略』（一八七五年）や田口卯吉の『日本開化小史』（一八七七―八二年）がその始まりといえる。『文明論之概略』は西洋文明との比較の上で日本の歴史が辿った「半開」の状態を批判し、一方で『日本開化小史』は、日本でも古代以来、固有の文明が開化したことをギゾーやバックルの手法に則って主張したが、いずれにしてもこの二つの著作ともヨーロッパ史学の影響のもとで日本史を論じた最初の試みであった。その後、大学の歴史学アカデミズムが成立すると、歴史研究者の間で日本史とヨーロッパ史との比較がなされるようになる。その大きな契機となったのは、帝国大学での史学科の創設（一八八七年）とドイツ人の歴史学者ルートヴィヒ・リースの招聘である。ルートヴィヒ・リースは史学科と国史科（一八八九年に創設）で、歴史学の方法論とヨーロッパ史を英語で学生たちに教えたが、その影響下、日本人の研究者による日本史とヨーロッパ史を比較する研究が生み出される。(5)

その例としては、後に京都帝国大学の教授となった三浦周行がまず挙げられる。三浦は東京帝国大学国史科の第一期生としてリースの指導を受け、史料編纂掛の職員となり『大日本史料』の編纂を軌道に乗せたことで知られるが、彼の関心は法制史であり、法科大学や国史科で法制史を講じるようになる。三浦は一九〇四年から一九〇五年の時期に「武家制度の発達」という論文を執筆するが、そこで西洋の封建制と日本の封建制の類似性を指摘して、論文の冒頭で次のように述べる。「欧州の中世に於ける封建制度は実に領主の私領すなわちベネフィースの借地より領主と旗下の士との間に生ぜる従属関係に基づきしなり。わが国における封建制度の成立は、未だ必ずしもこれと其揆を一にするものとあらずと雖も、又大に類似の点を発見せざるにあらず」と。これが日本の中世にヨーロッパの中世と類似の封建制が存在したことを指摘する最初の論文となる。そして三浦はこの論文で「武家制度の発達」を、ヨーロッパの封建制の成立を念頭に置いて、「私領の性質」、「荘園の発達」、「荘園管理の状態」、「地方制度の紊乱に伴える兵力の必要」、「門閥政治に伴える兵力の要望」という順に議論し、日本中世における荘園の成立が「武士勃興の原因」となったと説明している。(6)

また同じくリースの教えを受け、京都帝国大学の教授となった原勝郎も日本とヨーロッパの中世を比較したことで有名である。原はリースの指導を受けて一八九六年に帝国大学の国史科を卒業し、その後、新設された京都帝大の西洋史の教授となるが、西洋史の教授でもあったにもかかわらず日本中世史も研究し、日欧の中世を比較する立場から名著『日本中世史』（一九〇六年）を書いた。彼はこの書物で、日本の東国の武士をゲルマン人に比較し、さらには鎌倉時代における新仏教の興隆を中世ヨーロッパの教会改革と対比して、法然をアッシジのフランチェスコと類似の宗教家とするなど、日本の中世をヨーロッパ中世と比較できる社会として描いている。(7)

さらにこの時期、日欧の封建制の類似性を論じた研究者としては、法制史学者の中田薫が挙げられよう。中田は東京帝国大学法科大学の法制史学の教授となった人物だが、彼は明治三九年（一九〇六年）に「コムメンダチオと名簿捧呈の式」と「王朝の庄園に関する研究」の二つの論文で日欧の封建制の類似性を指摘した。彼は「コムメンダチオと名簿捧呈の式」で、「欧州の封建制度が、土地恩給制と家人制との、結合により成立したるが如く、我日本の封建制も亦、不思議にもこの源を、此両種の制度に発したるものなり。即ち、我封建制は庄園を中心に発達したる土地恩給制が、武士階級の間に特殊の発育を見たる、家人制と結合したることに起因し、其結合の始期は遠く、これを平安の中葉に求め得べきなり」と述べ、ヨーロッパの封建制において家士設定の関係が恩貸地を媒介にしているように、日本でも、庄園の土地恩給制が武士の家人制の根幹にあることから、日欧の封建制の類似性を指摘した。(8)中田は、日本の荘園制の成立とともにみられる土地恩給を重視し、荘園制と恩給制をもって日本封建制の成立としたが、荘園制と封建制とを直結させるこの学説はその後の日本史研究において長く継承されていくことになる。このように、日欧封建制の比較の視点は、日本のアカデミズムのなかでは、リースの直接の教え子である三浦、原、そして法制史の専門家の中田らにより詳細に展開され日本中世史の基本的な概念となる。

朝河の日本封建制の見取り図

今述べた三浦、原、中田の日欧比較の業績は、日本の史学史のなかでつねに取り上げられるが、同時期に朝河がアメリカで行った比較封建制論の研究が史学史で言及されることはほとんどない。しかし朝河の比較封建制論は、西欧の封建制の概念を用いつつ、西欧との比較の上で日本封建制の特徴を分析した点でまったく独自のものであった。朝河が一九一〇年代から二〇年代にかけて発表した日本封建制論の要点は以下のようなものである。

「荘園」の「封土」への変容

朝河はまず、一九一四年に刊行した「日本における封建的土地保有の起源（The Origin of the Feudal Land Tenure in Japan）」で、日欧比較の視点から日本封建制の成立過程の見取り図を提示した。(9) 彼がこの論文で扱った問題は、律令国家崩壊後、八世紀に寺社などの私的所領として成立した「庄（shō）」（＝「荘園」）がいかにして武士たちによる「封建的土地所有（feudal land tenure）」（＝「封土」）に変容するのかという問いであった。日本の歴史学ではこの当時、中田薫が定式化したように、荘園制成立とともに武士への土地恩給が始まり、それをもって封建制の成立だとみなしていた。だが朝河はこの論文で、八世紀に出現した「庄」とともに封建制が成立するのではなく、武士が「庄」を「封建的な土地所有」つまり「封土」として支配するのが明確になるのは一三世紀以降であり、それが完成するのは一五世紀から一六世紀の時代を待たねばならないことを主張している。

彼の議論を要約すれば次のようになる。日本では、新たに開墾された土地である「庄」が八世紀に出現するが、「庄」は大寺院や公家への寄進により「不輸・不入の権」を獲得できたので、一二世紀末までに「庄」は公領にも匹敵するほどの規模となった。「庄」は通常、不在領主である公家か大寺院に代わって「庄」に住む代理人が支配するが、代理人の他にも、様々な人間が「領主職」、「土地所有者職」、「小作人職」などの「庄」からの収益を得る権利を保持していた。このように様々な「職」が一つの土地には存在したので、「庄」における土地に対する権利はきわめて錯綜したものとなっていたが、「庄」の土地所有の権利関係は一三世紀から一六世紀にかけて西欧の封土のようなものに変化する。この変化は、武士という軍事貴族階級が出現し、それまで多くの「職」により錯綜していた土地の権利関係を実力で一元化し、土地を自身のみの権利で支配するようになることで生まれる。これにより、上位の武士が下位の武士に土地を封土として授封するような関係が一三世紀には明らかに出現し、一五世紀から一六世紀の時代にそれは完成する。朝河はこのように、日本における「封建的土地所有」の形成を理論化したが、この議論は、彼が西欧と日本の土地所有の特徴を比較することで初めて可能になったものであった。

「庄（shō）」と「マナー（manor）」の比較

さらに朝河は、日本の「庄」と西欧の「マナー」との間には大きな相違があることを指摘した。それは一九一六年に刊行された「中世日本の寺院領の生活（The Life of a Monastic *Shō* in Medieval Japan）」などの論文で明確に提示されている。(10) つまり彼によれば、西欧の「マナー」では農民が整然と区分された帯状の耕地を保有し農作業を共同で行い、農村共同体の規制が強かったが、日本の「庄」は逆に耕地の形も規模も定形ではなく、また農民の保有者が耕地を独自に管理し、また保有者が意のままに土地に付随する「職」を他人に譲渡できた。つまり日本では土地に対する権利が錯綜しており、不在領主のもとで諸権利がゆるやかに束ねられていた。また日本の場合は、領主と小作人の農民との関係は主として経済的なものにすぎず属人的なものではなかった。小作人の農民は保有地の絶対的な所有者に近くそれを分割できるだけでなく、自由に譲渡できた。

朝河によれば、このような日本の「庄」の特色は何よりも日本の農業の性格により生まれた。日本では水稲耕作中心の農業であり、水稲耕作では集約的で多様な種類の人間労働を必要とするが、西欧の「マナー」でのような村落全体の共同作業を必要としない。「マナー」では農民が村落共同体を形成して、共同利用の牧草地を管理し、共同で耕地での耕作を行ったのと対照的である。日本では農民が耕地の個人的財産権を保持し、それに対する外部からの侵害に抵抗するため、収益の権利である「職」を有力者に譲渡してその土地保有を確実に守っていた。このような「庄」における複雑な「職」の権利関係が武士の登場とともに整理され一元的に支配されるようになるとき、中世の「庄」は終わり新しい村落共同体が形成され、それが武士の封土となる。このようにして日本の封建制が一五世紀から一六世紀には完成する。

封建制の構成要素とその成立の前提

このように朝河は、日欧の封建制を比較することで、それまでにない日本封建制の見取り図を提示したが、彼は一九一八年に刊行した論文「日本封建制の時期区分（Some Aspects of Japanese Feudal Institutions）」では、ヨーロッパと日本で成立した封建制の特徴を理論化している。[11] 朝河によれば、封建制を構成する要素は以下の三つである。①支配階級は武士の集団であり、領主と家臣間の軍事上の私的協約が武士の集団の絆となる。②土地への権利はあくまでも相対的保有権である。③私的な集団である武士層が国家の公的機能を果たす。

また、封建制が生まれるための条件は以下の三つである。①血縁関係により支配されていた社会が一度、集権的な国家の経験を経ながらも大きな混乱に陥り、国家が力を失い古い氏族生活の慣習に戻ろうとしたとき、社会は自衛と攻撃のために武装した小さな私的集団に分裂する。その結果、この集団がかつては国家に属していた機能を私的に行使するようになる。②貨幣経済が浸透せず、経済が土地を中心としている。③社会不安が十分に長く続く。この三つの条件があれば封建制は誕生するが、ヨーロッパと日本ではこれらすべての条件がそろっていた。朝河によれば、これらの条件がそろうことは世界史のなかでも幸運な例外といってよい現象とされる。

朝河の黒板勝美への批判

朝河が提示した日本封建制論は、西欧の封建制の概念を用いて分析した議論であったが、彼が英語で論文を書いたこともあり、同時代の日本でその学説はほとんど理解されなかった。それを端的に表す事件が、黒板勝美による朝河論文の誤った紹介と、それに対する朝河からの反論である。

当時、東京帝国大学の助教授であった黒板勝美は、一九一五年の「読史会」において、朝河がその前年の一九一四年に刊行した「日本における封建的土地保有の起源（The Origin of the Feudal Land Tenure in Japan）」の内容を紹介し、その紹介は『史学雑誌』に記事として掲載された(12)。しかし朝河はこの紹介記事に不満を持ち、『史学雑誌』の三号後に、黒板が自身の論文を理解していないことを指摘する反論を寄稿している。朝河は、黒板の批評が自身の議論の「論点を誤り公正を失したるもの少なからず」と述べ、黒板が自分の論文を精読していないと批判した(13)。

朝河の不満は、黒板が、朝河論文が荘園の起源に関して論じたものとみなした点にあった。黒板が朝河論文を荘園の起源を扱う論文だと誤解した理由は、黒板も中田薫のように、荘園制の成立とともに封建制が成立すると考えていたことによる。しかし朝河自身の論文での意図は、すでに触れたように、荘園制の成立をもってただちに封建的土地制度の成立とはみなすことはできず、荘園制と封建的土地制度の成立とは区別すべき問題であるということであった。朝河はとくにこの批判において、中田薫の荘園制研究との差異を強調し、「中田氏の着眼は主として法制的なり、余のは主として法制史的なり。氏は主として荘園そのものを説き、余は広く荘園制と封建土地制との因果関係を見んとせり」と述べている。その上で、自分が最も重要だとみなすことは、一三世紀に明確に出現し、一六世紀には完成したと考えられる日本の封建的土地制度が、どのようにして王朝期の荘園制から成立したのかという法制史的な難問だと語る。つまり、鎌倉時代の御家人領でみられる封建的土地制度がどのようにして発生したのか、そこから遡って王朝期の末期にその発生の萌芽があったかどうかを考察することが自分の問いだと述べる。

朝河にとり重要であったのは、一三世紀に出現し一六世紀には完成する日本の封建的土地制度がどのようにして生まれたかという法制史上の問いであった。朝河はこの反論で次のようにいう。封建的土地制度の前段階の土地所有には二種類あった。一つは、武士が軍事貴族に土地を寄進するが、実質的に自身で土地を保有する場合であり、もう一つは武士が軍事貴族から恩給として土地を授与される場合である。日本では封建時代に入るまで、長い間、この二つの異なる起源の土地保有、つまり比較的自由な土地保有権と不自由な土地保有権が並立していた。この二つの土地保有が同化し、一元的な封建的土地所有となる傾向が一三世紀に見出され、一五世紀から一六世紀にかけて完全に同化し封建的土地保有が完成する。

朝河は黒板への反論の最後で、磊落高明なる黒板氏の許しを乞い、重ねて、氏および他の諸賢に向かい、海外の孤独なる研究者を助成されるように祈りたいと述べ、また同時に、この反論が、朝河個人のためではなく、欧米の学者からみて極めて重要な日本史上の問いに関する問題を明確にするためであるとも語る。朝河はここで、封建的土地所有がどのように形成されたのかという問いが、日欧の封建制を比較する際に重要な問題であることを示唆している。いずれにせよ朝河の黒板への反論からは、朝河がヨーロッパの封建制との比較により、日本の荘園制の成立が封建的土地所有の発生と結びつかないことをこの時期に明確に実証していたことがわかり、また一方で同時代の日本の学界では、朝河の封建的土地所有の成立に関する議論がほとんど理解されていなかった事実も見て取れるのである。

西欧をモデルとしない封建制概念の構想

朝河はこのように日欧の封建制の相違を明確にしつつ、日本封建制についての斬新な歴史像を打ち立てたが、一九二九年に出版された彼の主著『入来文書』では、入来院家の文書の英訳と注釈という形で、一地域の封建社会の成立から解体までの全体像を描くことに成功する。その意味で朝河の比較封建制研究が、一地域の歴史の分析として結実したのがこの書物であった。彼は『入来文書』の冒頭の「論点の要約（A Summary of Points）」で日欧封建制の類似性と差異性をまとめているが、そこでは彼がすでに先行する論文で提示していた論点のみならず、新たな論点も加えて日欧封建制の比較を行っている。この『入来文書』は、マルク・ブロックやオットー・ヒンツェといったヨーロッパの歴史家にも高く評価され、朝河の比較法制史学者としての名声は欧米の世界で高まる。[14]

しかし、朝河が成し遂げた比較封建制論の業績はこれだけではない。彼は一九二三年からはイェール大学大学院で西洋中世の封建制の演習と講義を担当していたこともあり、一九三〇年代になると、日欧の封建制を比較する理論的な考察にも取り組み、それを一つの著作にまとめることを目指していた。結局、その成果は論文や著作の形で刊行されなかったが、イェール大学にある彼の遺稿を集成した「朝河貫一文書（Asakawa Papers）」には、彼がこの時期に取り組んだ日欧比較封建制論の草稿群が残されている。その草稿群は一四の草稿からなり、その多くの草稿には「封建社会の性質（Nature of Feudal Society）」といったタイトルが付けられているので「封建社会の性質」草稿群と呼ばれている。「封建社会の性質」草稿群にある草稿のうち最も時期が早い草稿は一九三二年のものであり、最も遅い時期の草稿でもおそらく一九四〇年頃のものと思われるが、これらのうちいくつかの草稿で

は、封建制の定義がなされている。(15)

彼の封建制の定義は、この草稿群でも基本的に一九一〇年代の定義と変わらないが、重要な点は、この草稿群では封建制の理論的な考察がなされていることである。この草稿群のうち最初に書かれた一九三二年の草稿では、すでに触れた一九一八年の論文「日本封建制の時期区分」での封建制の定義がさらに短い文章にまとめられているが、彼はこの草稿の最初の部分で、「封建制をあたかもそれが一つのシステムであるかのように定義することには無理がある。封建制は国によってもどの時代においても一貫したシステムであることはなかった」と述べ、またさらに「通常の定義では封建制がただ一つの進化の段階をたどり、ただ一つの形態と性格を持つものと考えるがそれにも無理がある」と語る。これは当時の欧米の歴史学における封建制概念への批判を意図している。つまり、封建制を奴隷制、資本主義体制などと同じく、一つの社会を根本的に規定する社会構造とみなす理解がこの時代に広く欧米の歴史学で受け入れられていた。また、ヨーロッパ外の歴史も含めて世界の歴史全体が奴隷制から封建制そして近代の資本主義体制へと移行するとみなす発展段階論が歴史学で語られる時代になっていた。だが朝河はこの草稿で、封建制社会が一定の歴史の発展段階において必然的に到達するような社会の形態ではなく、いくつかの要素が融合することである種、偶然に生まれる社会の形態だと述べる。そして封建制の構成要素を以下の三つとする。(16)

①農民により扶養される戦士の集団が封建制社会の基本単位となる。戦士集団では一人の主君と家臣が相互の忠誠と義務の人的な絆で結ばれる。家臣の奉仕は封土と呼ばれる土地の保有で報いられる。そこでは農民の人格と土地保有は隷属的である。

②封建社会の経済的な基礎は土地である。社会の構成員は土地に対して相対的な権利と義務を有する。土地の

利益は戦士と農民に土地の保有権に応じて分配される。

③戦士階層が政治権力を分有する。

この三つの封建制の構成要素は、一九一八年の「日本封建制の時期区分」で述べられたものとほぼ同じといってよいが、この簡潔な定式の内容が「封建社会の性質」草稿群の他の草稿で拡大され、ヨーロッパと日本の事例を挙げて詳しく論じられている。

また一九一八年の「日本封建制の時期区分」では、封建制成立の前提となる社会的要因も論じられたが、「封建社会の性質」草稿群でも同じように社会的要因を論じる草稿がある。それは日付のない草稿で一九三〇年代後半に書かれたと思われるが、そこでは一九一八年の論文と類似の議論がなされるだけではなく、封建制について西欧を普遍的モデルとしない柔軟な概念として理解すべきことが語られる。この草稿では封建制について次のようにいわれる。「封建制は多くの国で生じたが、それぞれの封建制の形態はほとんど互いに似ていない。また封建制でその発展の完成形態に達したものはなく、西欧の封建制のモデルが他の封建制に十分に適合することもない」。そして封建制の成立に共通する社会的な諸要因は以下の三つとされる。

①一度統一された国家が数多くの自治的な人々の団体へと解体する。

②これらの人々は条件付き保有地からの収益で生活する。

③これらの団体の主たるメンバーは戦士であり、彼らは互いに強固な個人的忠誠と相互の義務の協定によって同盟する。

朝河によれば、この三つの条件が揃えば封建制と呼びうる社会が生まれる。そして、「西欧の封建制も歴史の諸段階で世界のことなる諸部分で生じた多くのものの一つ」にすぎない。封建制のモデルとして「提示される均整のとれた像は、西欧史のことなる時代、西欧のことなる国から取ってこられた理念の恣意的な産物」でしかなく、また「封建制の完成形態はいかなる場所、いかなる時代にも実在しない」とされる。(17)

ここで述べられる封建制成立の社会的要因は、内容的に一九一八年の論文とほぼ変わらないが、この草稿では考察が理論的になり、西欧をモデルとしない価値中立的な封建制のモデルの必要性が語られている。この草稿での議論は、おそらく朝河が西洋中世の封建制について研究を深化させるなかで、一九三〇年代に到達した封建制理解といえる。この草稿からはこの時期に朝河が、マルクス主義歴史学の発展段階論が日本で隆盛を迎えるなか、封建制論を世界史の発展段階論から解き放し、一種の歴史社会学的な概念として構築することを試みていたことが見て取れる。

朝河の欧米の歴史学に対する影響

朝河の日欧の比較封建制研究は英語で書かれたこともあり、日本ではごくわずかの研究者しか内容を理解することができなかった。朝河による日本封建制の論点を継承した研究者としては、清水三男の中世村落研究などが挙げられるが、同時代の日本の学界で朝河の研究の意義を評価できた者はごく少数だったといってよいだろう。(18)実際、朝河の英語での研究は日本よりも欧米の歴史学に対して大きな影響を与えたといえる。とくに欧米の日本研究者にとり、朝河が書いた論文や著作は二〇世紀前半の時期に英語で読むことができる数少ない日本史研究であったので、多くの欧米の研究者が朝河の研究により影響を受けている。朝河の遺稿集『荘園研究』に序文を寄せた日本史学者ジョン・ホイットニー・ホールによれば、とくに朝河の影響を受けた研究者は、ジョージ・サンソムとエドウィン・ライシャワーである。サンソムはイギリスの外交官として第二次大戦前の時代に日本に長く滞在し、朝河とも文通していた日本史研究者であるが、彼は、日本の封建制と土地保有制度に関する理解で朝河の研究を継承している。またライシャワーは朝河との直接の交流はなかったが、彼の研究でも随所に朝河の封建制や土地保有制に関する理解の影響が見て取れる。(19)また第二次大戦後に、比較史家ラッシュトン・クールボーンがプリンストン大学で主催した封建制についての研究集会の論文集において、クールボーンは十分に検証された封建制は、西欧と日本にしかないことを指摘しているがこの議論にも朝河の比較封建制の議論が影響を及ぼしているといえよう。(20)

ともあれ朝河の英語での業績が欧米における日本史研究に大きな貢献をしたことは疑いない。なぜなら朝河は自身の研究のなかで、日本史用語について英語での対応する概念を定めていったが、それにより朝河が、その後、欧米の研究者の共有財産となる英語による日本史用語の基礎を作ったといえるからである。たとえば彼は、immunity（羅 immunitas）＝「不輸・不入の権」、commendation（羅 commendatio）＝「寄進」、benefice（羅 beneficium）＝「恩給」というように、ヨーロッパ史の対応する用語で日本封建制の用語を翻訳していった。また明確に対応する言葉が英語にない用語は、shō＝「庄」、shiki＝「職」のように日本語の原語そのままを使い説明を加えている。また、著書の『入来文書（The Documents of Iriki）』には、注とインデックスにおいて日本史の史料用語の詳細な解題が付いている。その部分は、欧米の日本史研究者にとっては一種の日本史事典の役割を果たしたであろうと思われる。

また朝河は、欧米の日本史研究者だけでなく、西洋史研究者に対しても影響を与えている。さきほど言及した日本史研究者ジョン・ホイットニー・ホールは、その代表として朝河と密接な文通を行ったマルク・ブロックを挙げている。マルク・ブロックは、封建制を一つの社会類型として理解すれば、日本のようなヨーロッパ外の封建制とも比較可能であることを示唆しているが、そのようなブロックの封建社会論には朝河の議論と共通のものを見て取ることができる。[21] 朝河は、ドイツのオットー・ヒンツェなどとも書簡を通じて意見を交換したが、それ以外にも様々な西洋史研究者との交流があったことが書簡から知ることができる。

例を挙げれば、朝河はイギリスの中世史家アイリーン・パウアとも文通していた。パウアは当時ロンドン大学教授で社会経済史研究者として著名であった人物である。福島県立図書館所蔵「朝河貫一書簡」には、パウアから朝河宛の一九三四年一〇月二三日の書簡がある。この書簡は、朝河が彼女の姉妹とボストンで会ったことを伝えたことへの返事として書かれたものだが、パウアは次のように書いている。「私は、あなたの仕事に大きな関心をもってきましたので、私もそこ［ボストン］にいることができたらと思うのみです。東西の封建制を比較はとても示唆するものが多く、それがもっと行われたらよいと思います」と述べている。この文面からは、いかに朝河の業績がイギ

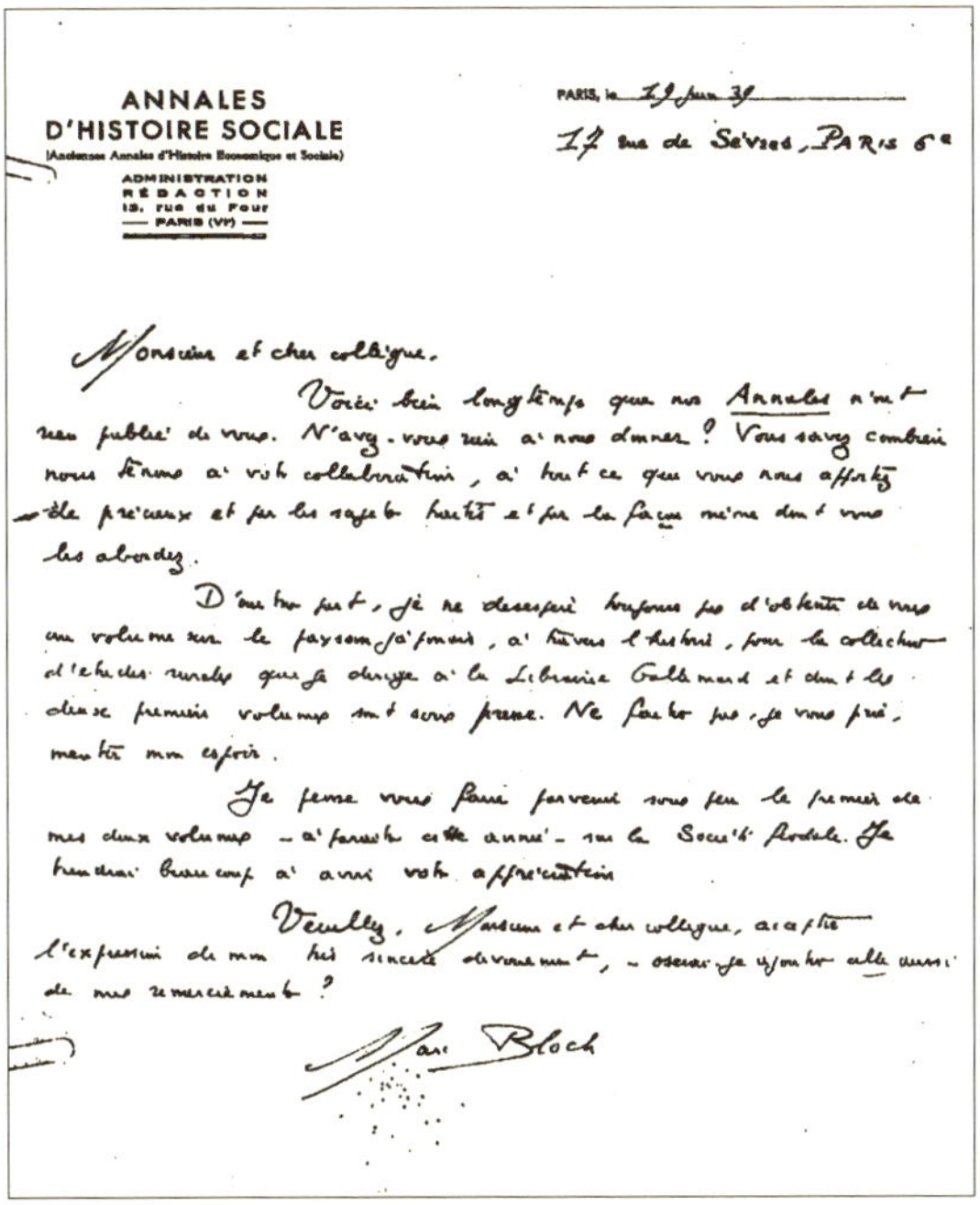

ANNALES
D'HISTOIRE SOCIALE
(Anciennes Annales d'Histoire Économique et Sociale)
ADMINISTRATION
RÉDACTION
13, rue du Four
— PARIS (VI°) —

PARIS, le 19 juin 39
17 rue de Sèvres, PARIS 6e

Monsieur et cher collègue,

Voici bien longtemps que nos Annales n'ont rien publié de vous. N'avez-vous rien à nous donner ? Vous savez combien nous tenons à votre collaboration, à tout ce que vous nous apportez de précieux et par les sujets traités et par la façon même dont vous les abordez.

D'autre part, je ne désespère toujours pas d'obtenir de vous un volume sur le paysan japonais, à travers l'histoire, pour la collection d'études rurales que je dirige à la Librairie Gallimard et dont les deux premiers volumes sont sous presse. Ne faites pas, je vous prie, mentir mon espoir.

Je pense vous faire parvenir sous peu le premier de mes deux volumes — à paraître cette année — sur la Société féodale. Je tiendrai beaucoup à avoir votre appréciation.

Veuillez, Monsieur et cher collègue, accepter l'expression de mon très sincère dévouement, — oserai-je ajouter celle aussi de mes remerciements ?

Marc Bloch

マルク・ブロックから朝河宛書簡（1939年6月19日付）
（福島県立図書館所蔵）
ブロックからの依頼で朝河は、日本の農民についての書物をフランスで出版することになっていた。この書簡でブロックは朝河に早く執筆するように催促している。

リスにいるパウアにも知られ、評価されていたかがわかる。(22)

福島県立図書館所蔵「朝河貫一書簡」には、朝河が受け取ったアメリカ人の研究者からの多くの書簡が残されているが、そのなかでも、アメリカ人のイエズス会士で西洋中世史学者でもあったレイモンド・J・グレイという人物から来た数通の書簡は興味深い。グレイからの書簡には、朝河から西洋中世史に関する文献を紹介してもらったことへの感謝を表すものが数通ある。そこではたとえば、ビザンツ史のオストロゴルスキーの研究、マルク・ブロックの「中世における金」の論文、パーシー・シュラムの王権の権威と象徴に関する研究などが言及され、そこからは朝河がいかに同時代の中世ヨーロッパ史の研究動向を熟知していたかがわかる。(23) いずれにしても朝河は、イェールの大学院では西洋中世史を担当しながらアメリカ人の西洋史研究者に教育を行っていたので、日本史以外のヨーロッパ史やアメリカ史を専門とするアメリカ人の歴史学者にも大きな影響を与えたことは疑いない。

おわりに

朝河貫一のように、欧米の歴史学のネットワークのなかで研究活動を行った日本人歴史家は二〇世紀前半にはだれもいない。同時代の日本の学界に対する影響力はほとんどなかったが、欧米の歴史学者に対しては様々な形で影響を与えていた。このような日本人の歴史家の存在は、日本の近代歴史学が二〇世紀前半に世界とつながっていたことを示す格好の例となろう。朝河の学者としての経歴は、グローバル化時代の人文学が目指すべき理想を先取りしているようにも思える。

ただ近年の日本中世史研究では、封建制概念は、日本の歴史のなかに西欧的な要素を発見しようとする一種の脱亜的なナショナリズムに基づいた概念として、日本史の分析概念としては放棄するのが妥当との意見もあり、また、日本の歴史的な社会構成は、封建制のようなヨーロッパ史の概念で分析するのではなく、まずは東アジア社会の社会構成との相互影響と相互対比のなかで捉えられねばならないという主張もなされている。

しかし、ここで述べてきた朝河の比較封建制論は、ヨーロッパの封建制概念をそのまま日本の中世社会に適用するようなものではない。朝河は、西欧をモデルとしない社会学的な封建制概念の構築を考えており、彼が理論化しようとしていた封建制概念は、戦士集団が土地を媒介として支配した社会類型の概念である。いずれにしても朝河の比較封建制論は、マルクス主義歴史学のように封建制を歴史の発展段階論に位置づけるような理解とはまったく無縁であった。彼は史料の膨大なデータを集め比較検討し、そこから一般化できるものを導くという精神で研究を行っていた。彼が行った比較史の方法は、彼が一九一七年にイギリス人の日本史研究者ジョン・ケリー・ホールに送った以下の書簡によく示されている。

あなたもお気づきのように日本の封建制の研究は人類の社会的進化の比較研究において一つの重要な位置を占めるでしょう。西欧と日本において封建制度が十分に開化したのみならず、そこには膨大な量の文書があることで研究ができるのです。私は日本の［封建制］の経験との比較から、ヨーロッパ史にも新鮮な光をあてることができるのではないか、と大胆にも考えています。——私が荘園の歴史を研究する方法は、荘園を一つずつ研究して、起源、成長、衰退における共通の特徴を調べ、なぜそれらの共通の特徴があるのか理由を考えることです。(24)

朝河の比較封建制研究の方法は、まず膨大な史料のデータを調べ、それらの共通の特徴を確認して概念化し、比較するという手法であった。彼の日欧の封建制比較の原点には、日欧には膨大な文書が残されているという前提がある。その意味で朝河の研究は、実証的な積み上げから出発した概念化と比較の試みであったといえる。

朝河は、一九二三年からはイェール大学で西洋中世史の授業を担当するようになるが、自身の西洋中世の封建制の授業が学生にとり有益となることについて友人ウィリアム・ブースへの書簡で、「私自身、比較制度史を行うためのたぐいまれな資質を持っていると思います。私は、フランスの封建制に関してヨーロッパのことしか学ばない者には思いつかない問題に気づいているからです」と述べている(25)。

朝河は自身が日欧両方の封建制に精通していることで、ヨーロッパ史研究者も気づかない視点を提示できるという自負をもっていた。朝河が行った比較封建制論の研究から我々は、歴史研究における比較史の意味を改めて学ぶことができるのではないだろうか。

注

（1）　朝河の生涯については、阿部善雄『最後の日本人――「朝河貫一の生涯」』（岩波書店、一九八三年、岩波現代文庫版、二〇〇四年）などを参照。

（2）　朝河が没後に残したノート、メモ、日記などがイェール大学のスターリング記念図書館に「朝河貫一文書（Kan'ichi Asakawa Papers）」として保管されている。以下ではこれをAsakawa Papersと表記する。朝河の東京専門学校時代に学んだ大西祝の「近世哲学史」の講義ノートはAsakawa PapersのBox46のFolder 190,191にある。

（3）　朝河の卒業論文はAsakawa PapersのBox8のFolder92にある。

（4）　Tokuzo Fukuda, *Die gesellschafliche und wirtschaftliche Entwicklung in Japan*, München 1900. これは後に日本語に訳されている。福田徳三（坂西由蔵訳）『日本経済史論』（寶文館、一九〇七年）。

（5）　ルートヴィヒ・リースの功績については以下を参照。マーガレット・メール『歴史と国家――19世紀日本のナショナル・アイデンティティと学問』（東京大学出版会、二〇一七年）、一二一―一二九頁。土肥恒之『西洋史学の先駆者たち』（中央公論新社、二〇一二年）、三―三九頁。西川洋一「東京とベルリンにおけるルートヴィヒ・

リース」（東京大学史料編纂所編『歴史学と史料研究』山川出版社、二〇〇三年）、二〇二―二三三頁。

（6）三浦周行『続法制史の研究』（岩波書店、一九二五年）、五二八頁。上横手雅敬「封建制概念の形成」（『日本法制史論集：牧健二博士米寿記念』思文閣出版、一九八〇年）、一五六―一五七頁、参照。

（7）原勝郎『日本中世史』（平凡社、一九六九年）。原著は一九〇六年に刊行された。

（8）中田薫『法制史論集第二巻』（岩波書店、一九三八年）、九三三―九三四頁。上横手雅敬「封建制概念の形成」、一五七―一六一頁、参照。

（9）K.Asakawa, "The Origin of the Feudal Land Tenure in Japan," *American Historical Review*,vol.XX, no.1, 1914, pp.1-23.［翻訳「日本における封建的土地所有の起源」、矢吹晋訳『朝河貫一比較封建制論集』柏書房、二〇〇七年、一一八―一三九頁］。なお、朝河が英文で刊行した全論文が、朝河貫一『荘園研究』（日本学術振興会、一九六五年、英文タイトル：Kan'ichi Asakawa, *Land and Society in Medieval Japan*, Tokyo 1965）に所収されている。

（10）K.Asakawa, "The Life of a Monastic *Sho* in Medieval Japan," *Annual Report of American Historical Association for 1916*, I, 1916, pp.311-42.［翻訳「中世日本の寺院領の生活」、『朝河貫一比較封建制論集』、一四〇―一七九頁］

（11）K.Asakawa, "Some Aspects of Japanese Feudal Institutions," *The Transactions of the Asiatic Society of Japan*, vol.XLVI, no. 1, 1918, pp.77-102.［翻訳「日本封建制の時期区分――封建社会Ⅰ・Ⅱ・Ⅲ」、『朝河貫一比較封建制論集』、八一―二七頁］

（12）『史学雑誌』二六編第三号（一九一五年）の彙報欄（一〇〇―一〇一頁）に「第二十四回読史会」の記事として、黒板勝美の「朝河氏の『日本荘園の起源』を読む」がある。

（13）朝河貫一「日本封建制度起源の拙稿につきて」（『史学雑誌』第二六編第六号、一九一五年）、九六―一〇〇頁。

（14）『入来文書』の欧米での評価については、矢吹晋訳『入来文書』（柏書房、二〇〇五年）の解題を参照。

（15）「封建社会の性質」草稿群の全体像については以下の拙稿を参照。甚野尚志「朝河貫一と日欧比較封建制論――「朝河ペーパーズ」の「封建社会の性質」草稿群の分析」（海老澤衷・近藤成一・甚野尚志編『朝河貫一と日欧中世史研究』吉川弘文館、二〇一七年）、二一―四〇頁。

（16）「同論文」、八―九頁、参照。

（17）「同論文」、一五―一六、二三―二四頁、参照。

（18）清水三男『日本中世の村落』（岩波文庫、一九九六年）。原著は一九四七年に刊行。朝河の清水三男への影響については、堀米庸三が最初に指摘した。堀米庸三「封建制再評価への試論――近代化論の再検討」(『展望』一九六六年三月号、後に堀米庸三『歴史の意味』中央公論社、一九七〇年、一四六―二〇八頁、に所収)。

(19) J.W.Hall,"Kan'ichi Asakawa:Comparative Historian", pp.15-16, in; Kan'ichi Asakawa, *Land and Society in Medieval Japan*. ライシャワーの日本封建制の議論が朝河の研究に依拠していることについては、堀米庸三の前掲論文を参照。

(20) ed.R. Coulborn, *Feudalism in History*, Princeton ,1956.

(21) J. W.Hall, "Kan'ichi Asakawa:Comparative Historian",p.16. マルク・ブロックは、彼の主著『封建社会(*La société féodale*, Paris, 1939-40)』の第二巻「諸階層と人間の支配」の最後に「社会類型としての封建制とその影響(la féodalité comme type social et son action)」という約一五頁の篇を付け加え、そこでヨーロッパの封建制と日本の封建制との比較を試みている。この「社会類型としての封建制」の理解に朝河の影響を見ることができる。

(22) 福島県立図書館所蔵「朝河貫一書簡」の「朝河受信書簡(欧文)」E-331にアイリーン・パウア(Eileen Power)からの書簡がある。パウアは『中世に生きる人々』の翻訳書で日本でもよく知られた歴史家である。

(23) 同「朝河受信書簡(欧文)」のE-140-1からE-140-7にレイモンド・J・グレイ(Raymond J.Gray)から一九三二年から一九三九年の時期に来た書簡がある。なお福島県立図書館所蔵「朝河貫一書簡」については、以下の目録が最近刊行された。福島県立図書館・甚野尚志編『朝河貫一資料目録』(改訂版、二〇一九年一月、福島県立図書館)。この目録では朝河の送受信書簡の解題も付されており、彼がどのような書簡をやり取りしたのか概観できる。

(24) Asakawa Papers, Box 5, Folder 51に朝河の一九一七年から一九一九年にかけての日記がある。一九一七年一二月二日の日記のなかで、自身がロンドンにいるジョン・ケリー・ホール(John Cary Hall)宛に書いた書簡の抜粋を書いている。ここで引用したのはこの抜粋の文章である。

(25) Asakawa Papers, Box 4, Folder 41. Letter to William Booth, Oct.21, 1923. またこのウィリアム・ブース宛の書簡については、甚野尚志「朝河貫一の西洋中世史の研究と教育活動――イェール大学所蔵『朝河貫一文書(Asakawa Papers)』の分析から」『早稲田大学大学院文学研究科紀要』第六三輯(二〇一七年度)、二〇一八年三月、五六二―五六三頁、参照。なお、朝河の歴史研究の全体像については、以下の拙稿も参照。甚野尚志「朝河貫一の一九三〇年代以降の歴史研究」(海老澤衷・近藤成一・甚野尚志編『朝河貫一と人文学の形成』吉川弘文館、二〇一九年二月刊行予定)。

［第一部　「学知」編制の系譜］

近代における天正遣欧使節の再発見

伊川健二

はじめに

天正遣欧使節は、天正一〇年正月二八日（一五八二年二月二〇日）に長崎を出発し、マカオ、ゴア、セントヘレナ、リスボン、マドリードなどを経て、ローマに至り、天正一八年六月一七日（一五九〇年七月一八日）にふたたび長崎の地を踏んだ使節のことである。当時の元号により、日本の学術用語としては天正遣欧使節などとよばれている一方、ヨーロッパ言語では「The（First）Japanese Mission to Rome」などといわれる。

彼らは、その往復行の過程で、多くの貴族や聖職者と対話し、その模様は記録に留められ、とりわけイタリアではそれらの記録がローマ、フィレンツェ、ヴェネツィア、ミラノ、ジェノヴァなどの国立文書館に保存されている。翻って日本では、使節たちは帰国後に京都で行列を組んで、豊臣秀吉との謁見に臨むなど、同時代に注目された形跡がないではないが、近世のキリスト教禁教の時代を経て、ふたたび日本で注目を集めるのは、岩倉使節団がヴェネツィアを訪れた時を待たなくてはならない。本稿では、岩倉使節団を起点として、天正遣欧使節に関する情報の蓄積が一定の水準に達する昭和初期、とりわけ昭和六年頃までの情報環境を追跡することで、天正遣欧使節の実証的研究の環境がどのように形成されたのかを考えてみたい。

岩倉使節団のヴェネツィア訪問

岩倉使節団は、岩倉具視を中心に約五〇名で構成され、各国への修礼と条約改正を主な任としていた。一行は、明治四年一一月一二日（一八七一年一二月二三日）に横浜を出発し、アメリカ、イギリス、フランス、ベルギー、オランダ、ドイツ、ロシア、スウェーデンなどの滞在ののち、明治六年五月八日（明治六年に日本でも太陽暦が採用される）にヴェローナ、九日にフィレンツェ、一一日にローマ、二〇日にナポリ、二三日にローマへ戻り、二七日にヴェネツィアへ到着した。そののち、オーストリー、スイス、フランスを経て、同年九月一三日に横浜へ戻り、岩倉は翌日に太政官正院で復命をしている。

使節に随行した久米邦武は、太政官少書記官として、明治一一年（一八七八）一〇月に『特命全権大使　米欧回覧実記』をまとめあげた。これにより詳細を知ることができる。彼らがヴェネツィアに滞在したのは、明治六年五月二七日から六月二日のことであり、五月二九日に「アルチーフ」を訪問する。「アルチーフ」とは現在、国立文書館（Archivio di Stato di Venezia。以下ＡＳＶＥ）とよばれている施設である。当該記事の冒頭には、その概要が紹介される。

九時半ヨリ艇ニ上リテ、府中ナル「アルチーフ」ノ書庫ニ至ル、此庫ニハ、紀元七百年来ノ文書典冊ヲ蓄蔵ス、スヘテ一百三十万冊ニ及フ、大造営ノ屋館ニテ、下層ニハ古キ地図ヲ張リタリ、山ヲ画キ河ヲ彩セル状ハ、東洋人ノ地図ヲミルニ異ナラス、(1)

それらの「文書典冊」を保存する意義を「器械ノ利ハ、必ス蒸気電気ヲ用ヒテ、後ニ其妙トスルニ非ス」などとする解説がつづく。おそらくは文書館員などの説明に基づいているのであろう。すなわち、機械文明の優越は、必ずしも蒸気、電気の力ばかりによるのではなく、古史料類を軽んずることは「国ノ典法モ亦廃ス」ることにつながるのだとされる。その上で注目されるのは以下の記述である。

此書庫ニ、本朝ノ大友氏ヨリ遣ハセシ、使臣ヨリ送リタル書翰二枚ヲ蔵ス、其遣紙ヲ一見センコトヲ望ミシニ、挟紙ヨリ取出シテ示シタリ、皆西洋紙ニ羅甸文ニテ書セル書翰ニテ、末ニ本人直筆ノ署名アリ、鋼筆ニテ書セルモノナリ、岩倉大使、余ヲシテ摸写セシム、左ノ如シ(2)

大友氏が派遣した使者の書簡二枚の閲覧を希望したところ、出納された。書簡はラテン語で記され、使者自筆の署名があると述べ、久米の模写とされる図が掲げられている。これらの署名は、同館が所蔵する「**Collegio, Lettere Principi 12**」の配架番号の古文書と一致する(図1)。天正遣欧使節がローマへ持参した書簡のひとつが大友義鎮のものであることを想起するならば、「書翰二枚」が彼らに関連するものであると連想される。ところが、これらの書簡は天正遣欧使節に関わるものではない。署名の模写の隣には、それぞれの日付が一六一五年二月二四日および一六一六年と記されている上、署名は「支倉六右衛門長恒」とある。日付から前者は『大日本史料』等で既刊の、ルイス・ソテロおよび支倉常長の連署書簡であると容易に確認できる(3)。書簡の全文をみると「一六一五年二月二四日」の日付は、ふたりの署名の下、紙面の下端に書き添えられているが、本文の末尾には一六一六年二月二四日とあることがわかる(4)。

後者の書簡は、『米欧回覧実記』では月日を欠くものの、支倉たちがヴェネツィアに宛てた書簡は限られてい

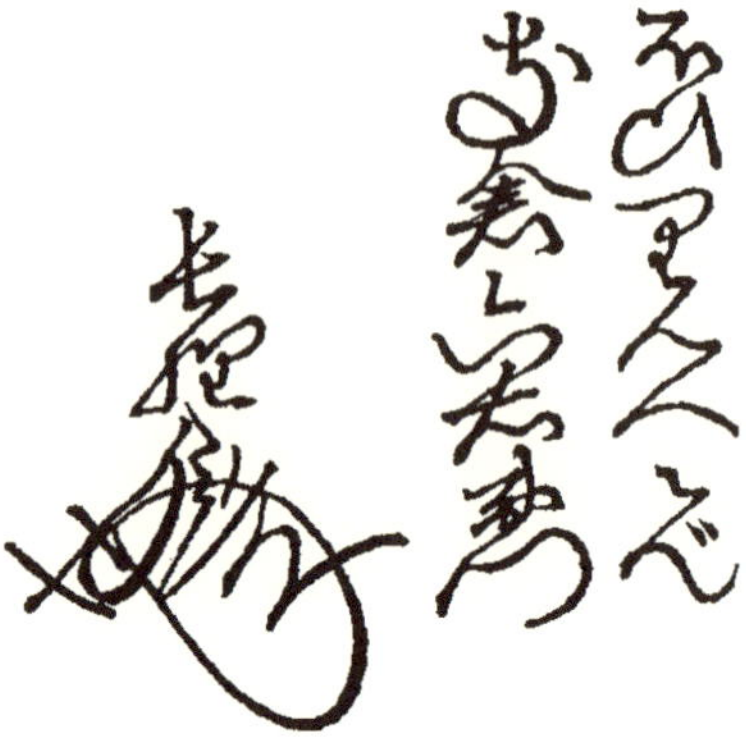

図1-1　1616年2月24日付支倉・ソテロ連署書簡（上：米欧回覧実記、下：ASVE）

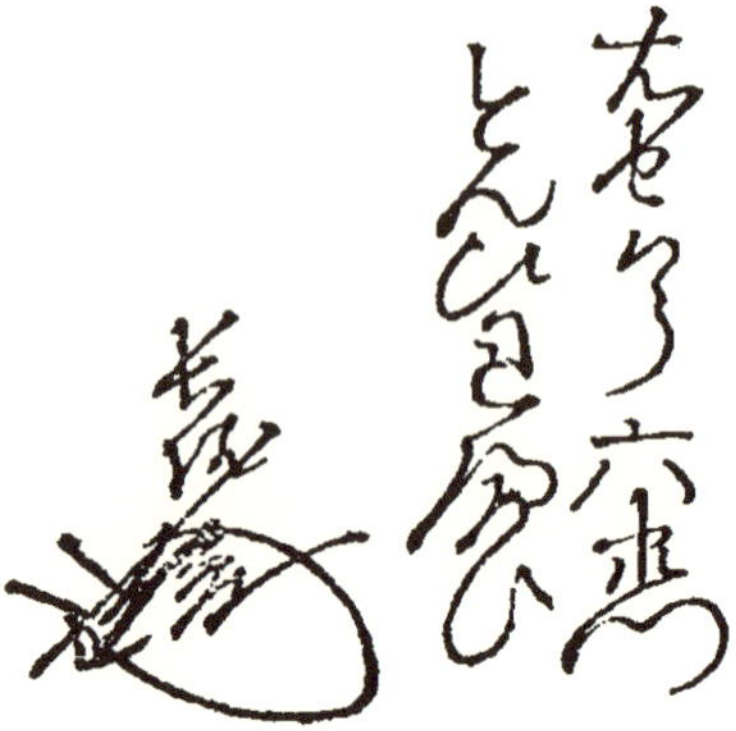

図1-2　1616年1月6日付支倉・ソテロ連署書簡（同右）

るため、一六一六年一月六日ローマ発ヴェネツィア総督宛のものと確定できる。(5) 以上により『米欧回覧実記』所収の署名は、いずれも慶長遣欧使節のものであることは明白といわざるをえないのだが、彼らは慶長遣欧使節の書簡のみを閲覧したのかといえば、そうではなく、次のような記述がつづいている。

外ニ日本使臣書翰五葉アリ、皆横文字ナルユエ、筆者ニ写取ラシメ、贈与アランコトヲ嘱請シテ帰レリ、其五葉ノ書ハ、一千五百八十五乃至七年〈我天正ノ季〉マテ、大友家ノ使臣、羅馬《ローマ》、及ヒ威尼斯《ヴェネツィア》ニ至リシトキノ往復文ナリ、此支倉六右衛門ハ、是ヨリ三十年モ後レテ至リタレハ、大友家ノ使臣ニハ非ルヘシ(6)、

久米邦武も上述二件の古文書と天正遣欧使節の滞在年次のズレには気づいていたものとみられる。「支倉六右衛門ハ、是ヨリ三十年モ後レテ至リタレハ、大友家ノ使臣ニハ非ルヘシ」と指摘した上で、一五八五年から一五八七年までの年次がある五通の「日本使臣書翰」を、後日の贈与を期して筆写しているからである。本稿の関心から興味深いのは、むしろこれらの書簡である。右の要件を確実に満たす事例のうち、筆者が把握しているものは次の三件である。

ひとつめは、一五八五年七月二日付書簡で、宛先は書かれていないもののヴェネツィアの記念として書かれたものである（以下、「岩倉閲覧一号文書」とする）。そもそも日本語で書かれたものがイタリア語訳され、邦文はヴァチカン教皇図書館（Biblioteca Apostolica Vaticana）(7)に、伊語訳はＡＳＶＥに架蔵されている。(8) 邦文には伊東マンショ以下四名の花押がすえられており、七月二日付。伊語訳は六月二日付であるが、六月二日はローマを出発する前日であるため、ヴェネツィアへの謝意を記した同書簡の日付としては不自然である。邦文に記されている、ヴェネツィア滞在中にあたる七月付が妥当である。邦文、伊語訳が基本的には同内容であり、ともにヴェネツィアへ

宛てられたものである以上、当初は両者がヴェネツィアに伝来したはずであるが、『米欧回覧実記』がマンショの花押の筆写を掲げていないことから推察するならば、この時点ではすでに邦文はヴェネツィアにはなく、岩倉らが閲覧したのは伊語訳のみであったのであろう。伊語訳について、『大日本史料』では「日本使節が記念の為めに遺したる書翰（Letter left in Memory by the Japanese Embassy at Venice, translated into Italian）」との表題が付けられているが、ASVEの稿本を確認したところ「日本貴族たちが遺した書簡のイタリア語訳（Traduttione Italiana della carta lasciata dalli Sig.ri Giapponesi）」であった。微妙な違いではあるが、彼らを「使節（Embassy）」として処遇するか否か、その立場を王子と認識するか否かについて、ヴェネツィア大使や政庁を巻き込んでの論争が持ち上がったこと(9)を想起するならば看過することはできない。内容は、彼らがヴェネツィア滞在を熱望し、ヴェネツィア共和国から期待以上の栄誉と厚遇を受けたために、記念（per memoria nel tempo da venire）に書面を残したのだとされる。邦文では「向後の覚えのため」と表現されている。

ふたつめは、一五八六年四月二日付ヴェネツィア総督宛伊東マンショ書簡(10)である（以下、「岩倉閲覧二号文書」）。この書簡はイタリア語で書かれ、末尾に花押ではなく伊東マンショの署名が添えられている。発信地はリスボンで、同月八日とも一二日または一三日ともいわれる出発日の直前に書かれたもので、滞在中の礼とともにヴェネツィア共和国および総督の繁栄を祈る内容である。

三件目は、一五八七年一二月一〇日付ヴェネツィア総督宛伊東マンショ書簡(11)である（以下、「岩倉閲覧三号文書」）。この書簡はスペイン語で書かれ、末尾に伊東マンショの署名が添えられている。発信地はゴアである。この書簡には、滞在中の礼のほか、ゴア到着が同年五月二九日であること、日本へはアレッサンドロ・ヴァリニャーノ（ビジタドール）が同行することなどの近況が添えられている。

岩倉使節団が閲覧した「日本使臣書翰」五通のなかに上記三通が含まれていたことは確実であるが、あとの二通は判然としない。駐ローマ大使ロレンツォ・プリウリもしくは慶長遣欧使節の通訳ルイス・ソテロの書簡が混在していたものと推測する。

久米邦武は、ASVE見学記事の末尾に次のような聞き書きを残している。

且又之ヲキク、荷蘭《オランダ》某地ノ博物館ニ、日本使臣ノ画図ヲ存ス、其説ニヨレハ、日本使臣ハ、葡萄牙《ポルトガル》ノ船ニテ、「リスボン」ヨリ、威尼斯ニ来リ、夫ヨリ羅馬ノ法皇ニ謁シ、逗留数年ノ後ニ、陸路ヨリ荷蘭佗ヲ過リ、該国ノ船ニ上リテ帰国セリト、是ハ元和以後ニ、葡国ト日本トノ交通絶タルニヨリ、搭船ヲ蘭国ニ求メタルニ似タリ、然則支倉カ日本ニ帰リタルモ、略其踪跡ノ証スヘキアリ、或ハ謂フ、支倉ハ仙台ノ伊達政宗ノ家臣ナリト、伊達氏ノ西洋ニ交通スルハ、殆ト怪ムヘキニ似タリ、聞ク所ヲ録シ、史家ノ考ニ備フ(12)

後半の支倉常長が伊達政宗の家臣であったことを訝しがる記述がある反面、前半の航路こそ荒唐無稽というほかない。当該航路が天正遣欧使節を想定したものか、慶長遣欧使節を想定しているのかは必ずしも明確ではないが、リスボンからヴェネツィアへ入り、その後ローマにて教皇謁見ののち、数年滞在し、オランダを経て帰国したというのである。久米が前半部分にとくに疑義をはさんではいないらしい点は興味深い。「荷蘭某地ノ博物館」が所蔵するとされる画図は、筆者が把握する限り現在でも確認されていない。

ASVE見学ののち、一行は『「サンタマリヤ」寺』へ移動する。現在サンタ・マリア・デッラ・サルーテ(S. Maria della Salute)教会とよばれ、サン・マルコ広場からも大運河を隔てて望むことができる(図2)。

図2　サン・マルコ広場付近からサンタ・マリア・デッラ・サルーテ(S. Maria della Salute)教会を望む(2018年8月29日撮影)

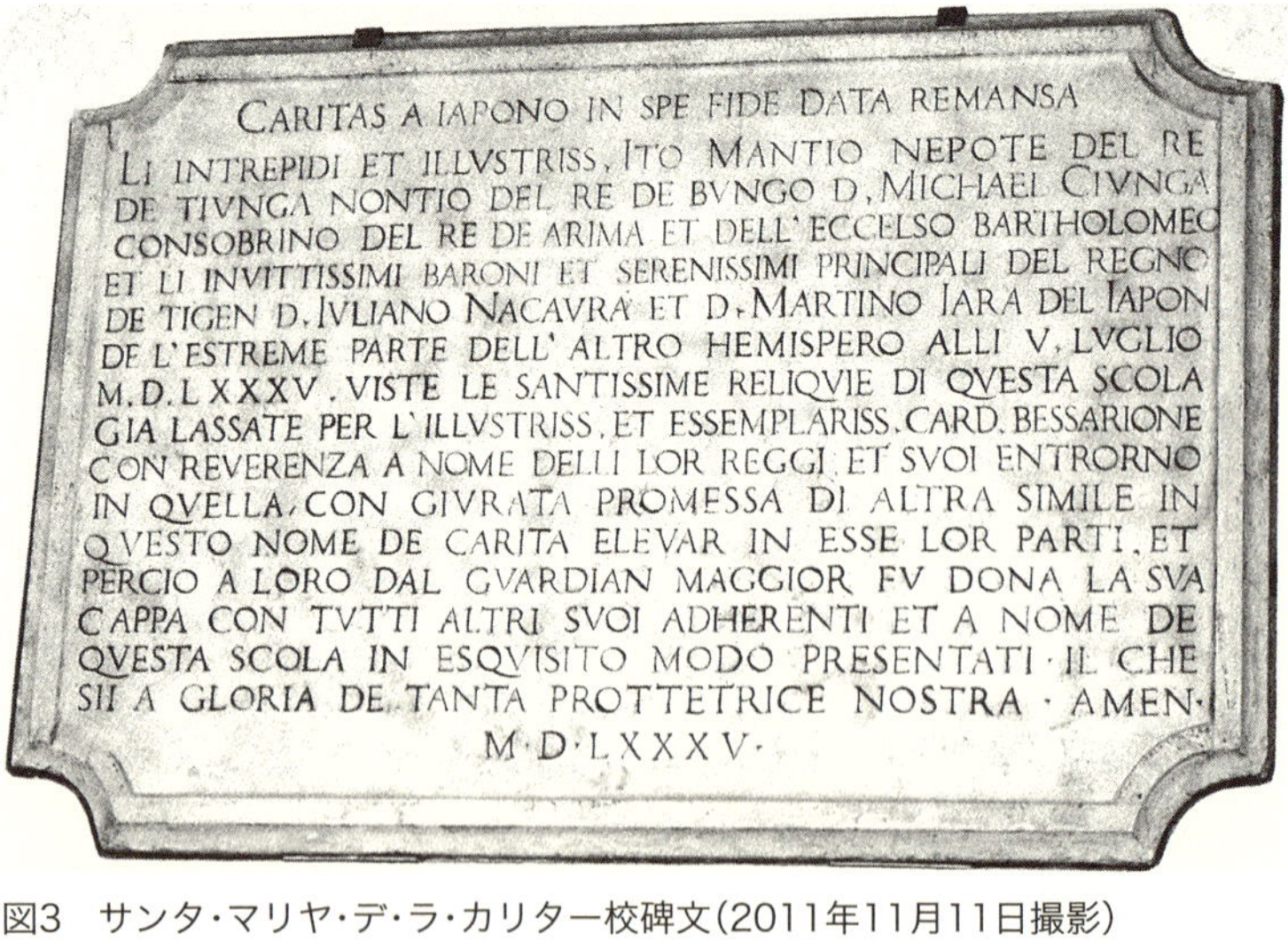

図3　サンタ・マリヤ・デ・ラ・カリター校碑文(2011年11月11日撮影)

夫ヨリ「サンタマリヤ」寺ニ至ル、旅館ノ前ニアル一大寺ナリ、此寺廊ノ壁ニ、日本使臣ノ記念石ヲ掲ケタリ、其文ハ、蓋シ各使臣ノ名字、及ヒ年記ヲ白石ノ板ニ彫シ、廊壁ニ嵌ス、一千六百三十年ト記セリ、其他此ニ列国ノ使臣ノ記念石甚タ多シ[13]

この教会に「日本使臣ノ記念石」があると伝えている。現在「サンタ・マリヤ・デ・ラ・カリタ一校碑文」として知られているものであろう[14]（図3）。サンタ・マリヤ・デ・ラ・カリタ一校は、サンタ・マリア・デッラ・サルーテ教会に付属する学校であり、現在はヴェネツィア総大司教神学校（Seminario Patriarcale di Venezia）とよばれている。この碑文は、現在も同学校内の壁にかけられているが、引用部で一六三〇年の年号が書かれているとする点は未詳とするほかはない。五〇を意味する「L」を、一〇〇と理解するなどの錯誤があったのだろうか。サンタ・マリヤ・デ・ラ・カリタ一校の碑文は、当該碑文を含めて、使節団滞在の少し後にヴェネツィアで出版された[15]。

岩倉使節団訪問以後、明治期の動向

岩倉使節団以降の研究の展開は、ルイス・フロイス（岡本良知訳）『九州三侯遣欧使節行記』（東洋堂、一九四二年）序論に略述されている。

顧れば遣欧使節に對する最初の關心は、明治六年に於ける我が特派大使岩倉具視一行のヴェネチヤ訪問の際其の文庫に使節關係文書を偶然に發見したときに起り、夫れに應じてベルシェーの古文書五十三通を附録した両度の使節記が刊行されるに至ったのである。次いで其の後七年にして、濱田博士の解説がある如く、べ

ルシェーに關聯してフェララにある天正使節のみの資料がラゴッチによって公刊された。（前掲書序論二頁）

「ベルシェーの古文書五十三通を附録した両度の使節記」および「フェララにある天正使節のみの資料がラゴッチによって公刊」がとくに強調されている。これらについては、濱田耕作『天正遣欧使節記』（岩波書店、一九三一年）四五〇―四五一頁の解説が参考となる。前者（Guglielmo Berchet, *Le Antiche Ambasciate Giapponesi in Italia* (Venezia: Marco Visentini, 1877)）（以下「ベルシェー一八七七」）は、岩倉使節団ヴェネツィア滞在時の接伴委員のひとりであったグリエルモ・ベルシェーが、ヴェネツィア、モデナ、フィレンツェにおいて史料採訪をおこなった成果で、日本における諸研究にも大きく影響することになる。岩倉使節団が、ベルシェーにさらなる研究を委託したことが契機となった。同書は、はじめに岩倉使節団の概略およびヴェネツィア訪問から説き起こされ、ベルシェーにこのテーマが託されることになった経緯が述べられている（五―六頁）。六頁の末尾には、濱田の解説のとおり、岩倉具視の誘いによるものであることが明記されている。また、使節団が閲覧した文書の一部はすでに出版されていることも指摘される。岩倉使節団訪問時に際して、こうした情報により天正遣欧使節関係文書が準備されたものと推定できる。[16]

刊行の経緯につづいて、マルコ・ポーロから明治にいたる日欧関係の概説、天正遣欧使節の旅程および慶長遣欧使節にも言及した上で、五三件の原典史料を掲げる。岩倉閲覧一号文書（八〇―八一頁）、岩倉閲覧二号文書（九一頁）、岩倉閲覧三号文書（九二―九三頁）もこれらのなかに含まれている。最後に、『行列の記録（Descrizione della Processione）』[17]が引用される。

他方、「フェララにある天正使節のみの資料がラゴッチによって公刊」は、Paride Zajotti, *L'Ambasciata Giapponese del MDLXXXV*, (Venezia: Gazzetta, 1884) がそれに当たると思われる。濱田耕作の解説によれば、ベルシェーの二女の結婚記念に、友人がフェッラーラの関係史料を出版したものである。(18) 内容は、ベルシェーに宛てた序文のほかは、一行のフェッラーラ滞在に関する、モデナ国立公文書館所蔵の三件の古文書であり、いずれも『大日本史料』に採録されている。一点目は一五八五年六月二五日付デステ枢機卿宛レオナルド・コノシウーティ書簡（三―四頁）、(19) 二件目は一五八五年六月二六日付デステ枢機卿宛フィリッポ・モンテカティノ書簡（五―六頁）、(20) 三件目は一五八五年六月付「（デステ）家の経理帳簿のうちパンの帳簿にみえる、日本使節のために一五八五年にフェッラーラの書類により執行された支出の資料（Notizie della spese fatte dalla Carte di Ferrara nel 1585 per l'Ambasciata Giapponese,tratte dai libri d'Amministrazione della Casa Dal libro del Pane）」（七―二四頁）(21) である。

同時期の日本に目を転じると、明治九年（一八七六）の仙台博覧会においてローマ教皇グレゴリオ一三世および支倉常長の肖像が展示されていたとする証言がある。(22) 現在、仙台市博物館が所蔵し、国宝・世界記憶遺産に登録されている支倉常長像およびパオロ五世の肖像画を指しているものと思われる。この証言には錯誤が散見するのであるが、かりに博覧会実施年に誤りがないとするならば、『米欧回覧実記』が「伊達氏ノ西洋ニ交通スル」ことを訝しんでいた疑問に、岩倉使節団帰国後間もない時点で日本側からも風穴が開けられたことになる。

明治一一年には、ジャン・クラッセ『日本西教史』が太政官本局翻訳係によって邦訳された。同書の第七章が天正遣欧使節に割り当てられている。医者であり、南蛮文学の作家としても著名な木下杢太郎（太田正雄）は、濱田『天正遣欧使節記』が刊行されるまでは、日本では同書から天正遣欧使節について知るのみだったと記している。(23) 昭和初期までの研究水準のなかでの『日本西教史』の重要性をうかがえる証言ではあるが、現在では誤訳が目立つこと、原文も日本に関する知識を欠いたままイエズス会の視点から編集されていることなどの問題点が指摘されている。(24)

明治初期段階における日伊の研究動向は以上のとおりであるが、明治後半にふたたび顕著な動きが見られる。

『九州三侯遣欧使節行記』序論では前掲引用部につづいて次のように語られる。

> 次いで明治三十年代の中頃に官命を帯びて在ヨーヨ《（ママ）》ッパの日本關係資料を採訪された坪井九馬三博士と村上直次郎博士、殊に村上博士がヨーロッパの諸文庫と徹底的に調査されるに及んで、両度の使節の委細と其の資料の大部分とが明かになった。　（二頁）

すなわち、この時期における坪井九馬三と村上直次郎の重要性が強調されている。

坪井九馬三は、明治二〇年から同二四年（一八九一）一〇月までベルリン、プラハ、ウィーン、チューリヒに留学し、帰国後に天正遣欧使節に関する情報をいくつか紹介している。ひとつ目は、岩倉閲覧一号文書の邦文である（坪井九馬三「大友大村有馬三家使節ゑねちあ政府へ呈せし感謝状」（『史学雑誌』一一―一二、一九〇〇年）。岩倉使節団は、伊語訳をＡＳＶＥで閲覧したのであるが、坪井によれば、邦文は渡邊昇が明治二一年二月にローマのプロパガンダ・フィデ文書館で発見し、渡邊は『史論』誌上に発表した（渡邊昇「大村藩より羅馬に遣したる使節の書状」『史論』二、一八九三年）。坪井はそれを参照しつつ、ベルシェー一八七七における二四号史料の抄出と二三号文書全文を引用する。ところが、渡邊の記事には誤りが多いため、明治三二年（一八九九）に留学中の村上直次郎とともにプロパガンダ・フィデ文書館の調査を試みたものの所在を確認することはできなかった[25]と述べる。現在ではヴァチカン教皇図書館が所蔵していることがしられていることは先述のとおりである。この年に坪井が村上とおこなった調査の成果のもうひとつは、一五八三年一二月一五日付ローマ教皇グレゴリオ一三世宛アレッサンドロ・ヴァリニャーノ書簡[26]である。明治三二年一一月二九日に「法皇庁古文書局」すなわち現在にいうヴァチカン官房文書館（Archivio Segreto Vaticano）において発見した旨を『史学雑誌』誌上で発表した。坪井は東京帝国大学で

天正遣欧使節の講義をし、それを聴講した学生の一人に、幸田成友がいた。(27)

坪井の渡欧中、明治二四年九月にウィーン全権公使渡邊洪基がヴェネツィアを訪れ、サンタ・マリヤ・デ・ラ・カリター校（慈恵教院）において彫文を「発見」し、原文および英訳を史学会へ寄贈した。正確には発見ではなく、すでに岩倉使節団が見学していることはいうまでもない。三上参次が邦訳を付し、小倉秀貫が考証を加え、『史学（会）雑誌』誌上に紹介しているのだが、(28)この記事の原文には、必ずしも実物に忠実ではない箇所が散見する。

村上直次郎は、明治三二年五月二六日に文部省から満三年の期間で、スペイン、イタリア、オランダの三ヶ国への留学が命じられ、同三五年一二月二一日に帰国した。(29)当初は三年間であったものが半年間延長された模様である。その滞在中に収集された情報は、「外交史料採訪録」（『キリシタン研究』一二、一九六七年）などで知ることができる。同採訪録は、史料情報よりもポルトガル、イタリア、ロンドン、スペイン、オランダ、パリの風土、習慣などの叙述に多くの分量が割かれてはいるものの、スペインのシマンカス（六二―六六頁）およびイタリア諸都市の項目のなかに、天正遣欧使節関係の史料情報が比較的まとまって確認できる。岩倉関覧一号文書については、「その内日本文のはその後ローマのプロパガンダ・フイデーの博物館に渡り、今はどこにあるかわからない。但しイタリヤ訳文は前述の式部日記に載せてある。（九七頁）」と記している。

坪井との共同調査による成果のほか、村上の事績のなかでとりわけ看過できないのは、彼の調査が『大日本史料』第一一編之別巻における諸記録、古文書情報につながっていったことであろう。東京大学史料編纂所編『大日本史料』第一一編之別巻之一（東京大学、一九五九年）例言には「別巻に収めたヨーロッパ各地の図書館、古文書館所蔵の記録、古文書は、明治三二年以降における元史料編纂官村上直次郎の採訪にかゝるものである」と明記されている。このほか、「いもら文書」「もでな文書」「まんとわ文書」と題する邦文感謝状三通の紹介をして

いる。(30)

この時期の天正遣欧使節への関心は、芸術の分野にも及んでいる。「日本近代絵画の先駆者」といわれる寺崎武男(31)は、明治四〇年（一九〇七）に東京美術学校西洋画科本科を卒業すると、同年四月に農商務省留学生としてヴェネツィアへ渡航し、フレスコ画を中心とした研究活動をおこなった。翌年、ヴェネツィア商業学校（現在のカ・フォスカリ大学）日本語講座教授に就任し、日本語教科書『日本のことば（Lingua Giapponese）』を執筆した。帰国は大正五年（一九一六）である。ヴェネツィアでの居所は、現在のサンタ・ルチア駅にほど近いリオ・ヌオヴォ（Rio Nuovo）だったといわれている。寺崎は、東京美術学校校長正木直彦の依頼によりヴィチェンツァ・オリンピコ劇場にある天正遣欧使節歓迎の場面を描いた壁画を模写し、正木へ送っている。模写は明治四三年におこなわれ、現在は東京藝術大学大学美術館に「イタリア・ヴェチェンツァ市オリムピア劇場壁画日本使節」という資料名で保存されている。また戦後になって、昭和三一年（一九五六）には五年かがりの「キリシタン文化史的絵画――天正少年使節伝」一四連作を完成させた。

寺崎が模写をおこなった明治四三年にヴェネツィアを訪れたもうひとりの日本人がいた。西村天囚である。西村は、同地で是非探求したいものがあり、その年の六月に訪問している。それは西村の通信文「威尼西の古碑――日向伊東氏の遊踪」(32)の題名が語っているように、「サンタ・マリヤ・デ・ラ・カリタ―校碑文」にほかならない。同通信文によれば、西村は『米欧回覧実記』から「サンタ、マリア寺」に件の古碑があることを知り、探索を開始するが、サンタ・マリアを名称に含む教会は複数あり、容易にたどりつけない。そこで「アルチーフ図書館長」と連絡をとった結果、教会を特定できた。アルチーフが現在のASVEであることはいうまでもない。同月の二〇日、ゴンドラを雇い、サンタ・マリア・デッラ・サルーテ教会を訪れるのだが、当初対話をした修道士たちは誰一人古碑の存在を知らなかった。ところが、壁の碑板を確認していたところ、ついに件の古碑にたどり着いたとのことである。こののち、濱田耕作や泉井久之助など関西圏で、天正遣欧使節への関心が醸成されることになるが、西村の探求はその先駆と位置づけうるのかもしれない。

彼らがヴェネツィアへ渡航した頃に、イタリアでも新たな刊行物が登場する。ひとつめは、Francesco Boncompagni-Ludovisi, *Le prime due Ambasciate dei Giapponesi a Roma* (*1585-1615*)（Roma: Forzarni & Comp., 1904）で、全体を解説部分（九一頁まで）と史料集部分に分割し、各々の部分がさらに天正・慶長両遣欧使節に関する内容にわかれている。天正遣欧使節の史料は、五一件が要約もしくは原文の形で掲載されていて、そのうちほとんどがヴァチカン官房文書館および教皇図書館所蔵のものである。ボンコンパーニ家は、天正遣欧使節を謁見した教皇グレゴリオ一三世の子孫の家で、ヴァチカン官房文書館内の同家の文庫所収とおぼしき史料（archivio Boncompagni, cod. D-5）が、一九号文書「ソーラ公爵ジャコモ・ボンコンパーニの招待に関する、教皇家の管理人でイモラ司教のアレッサンドロ・ムソッティ閣下による報告の抜粋（Estratto dalla relazione diretta da Monsig. Alessandro Musotti Vescovo d'Imola, Maestro di Casa di S. Santità, scritta per invito di Giacomo Boncompagni, Duca di Sora.）」として収められており、とくに注目を要する。

一九〇五年には、サン・ベネデット・ポーの修道院に関する書籍（Rosolino Bellodi, *Il monastero di S. Benedetto in Polirone nella storia e nell'arte*（Mantova: Eredi Segna, 1905））が上梓され、同修道院にある天正遣欧使節来訪の記念碑のラテン語原文とイタリア語訳、およびその解説が紹介される（一〇七―一〇九頁）。[33] この碑文の文面は、すでにベルシェー一八七七、八六頁でも紹介されているが、同書の注ではおそらく修道院の廃止により失われたとの推測とともに、現存しない旨が記されている。これに対し、ベッロディ一九〇五、一〇八頁ではサン・シメオーネの回廊にあることが明記され、約三〇年のあいだに碑文の現物が確認されたことを示唆する。

昭和初期の展開

明治が終わり、大正年間には際立った業績は日本では確認できない。[34] 昭和に入ると、さらに詳細な情報が邦文でも刊行される。また、このころの出版物から「天正遣欧使節」およびそれに類する語が散見する。現在われわれが一般に用いるこの語は、この時期に翻案されたものではなかろうか。

昭和に入ってからの関係文献のなかで、はじめに指摘するべきは、木下杢太郎『えすぱにや・ぽるつがる記』(岩波書店、一九二九年)であろう。書名が示しているとおり、スペインおよびポルトガルの滞在記であることを基本とするばかりではなく、パリ、ボルドー滞在と日本関係原典史料情報を加えている点が、とくに注目される。木下がヨーロッパ留学へ出発したのは、大正一〇年(一九二一)五月のことである。[35] ロンドン滞在中に「南蛮熱が復活」し、[36] 一〇月末にはパリへ移動する。大正一二年初頭から三ヶ月間かけてイタリアへ旅行し、ヴェネツィアへ滞在し、天正遣欧使節の史料を筆写し、帰国後に小説『安土城記』を執筆する。スペイン、ポルトガルへは帰国の予定を延期してまでキリシタン研究を目的に訪れている。スペインへ出発したのは、大正一三年五月末頃であり、その後ポルトガルへ移動して同年の九月一日に帰国した。[37]

さて、『えすぱにや・ぽるつがる記』のなかでも、本稿の観点から特筆に値するのは、リスボン滞在中の記録(二〇七―二三八頁)および史料情報の具体性であろう。「懐古的情緒を動かすに足るものは一つもない」都府リスボンを散策し、植物園、古書店からカモンイス広場、ドン・ペドロ四世広場を訪れ、終夜爆竹が鳴ることを記した後で、図書館の記述がはじまる。現在、ポルトガル国立図書館、リスボン科学学士院図書館、アジュダ図書館、トーレ・ド・トンボ国立文書館とよばれている諸機関(以下、参照の便宜上、機関名、古典籍名は原文表記ではなく、現在の一般的呼称を用いる)に言及し、ポルトガル国立図書館とアジュダ図書館について史料の詳細を記す。ポルトガル国立図書館は、天正遣欧使節に関しては、『デ・サンデ天正遣欧使節記』を所蔵する（一一四頁）。同書は、アジュダ図書館、トーレ・ド・トンボ国立文書館にも所蔵されている。さらには解題をも付している（三一四―三三九頁）。ポルトガル国立図書館は、現在は『デ・サンデ天正遣欧使節記』のほかに『九州三侯遣欧使節行記』を所蔵していることが知られているが、この時点ではまだ同館の所蔵には帰していない。

アジュダ図書館では、今日「アジアのイエズス会士（Jesuitas na Asia）」として知られる、イエズス会の稿本コレクションが紹介される（一二二―一二四頁）。そのなかでも「ドン・マンシオ・伊東其他三人の青年が長の旅路を後にして、アレッサンドロ・ワリニヤニ師に連れられて久しぶりに墳墓の地に復帰した数丁の記録（一二三頁）」を閲覧したことがとくに愉快だったとしている。使節一行の帰国時の様子を伝えており、かつ先述「アジアのイエズス会士」のコレクションに含まれているとする条件を満たす史料として、現在はフロイス『日本史』第三部第二五章と認識されている部分が相当すると考えられる。[38]『えすぱにや・ぽるつがる記』を読み進めていくと、この比定がより確実なものと思えてくる。「アジュダ文庫に在る日本関係の未刊書に関する覚書」と題する章によれば、該当史料の第二五章は「四遣欧使節の帰朝」（三八二頁）であることが明記されるばかりか、岡本良知によるその箇所の訳注（四二六―四三九頁）が掲載されているからである。

木下の他の仕事との関係で看過しえないのは、『日本遣欧使者記』に関する章（三九七―四二五頁）であろう。この部分は『思想』昭和二年五月号の再掲であり、同書の解題につづいて、第五章のリスボン入市から第六章スペインを経て、第六（衍）章ローマ到着以前の部分の邦訳を掲載する。これが四年後にグイド・グアルティエーリ（木下杢太郎訳）『日本遣欧使者記』（岩波書店、一九三三年）として完訳されることになる。完訳書における「訳者の序」によれば、木下は『えすぱにや・ぽるつがる記』刊行後、三年間を決して空しく過ごしたのではなく、他の章をも邦訳していたのであるが、一定の購読者を得ることが困難と判断されたこと、詳しい注解をつけることに躊躇があったことが理由で遅延していたものが、濱田耕作『天正遣欧使節記』が刊行されたことで注解の必要がなくなったのだと述べる。

奇しくも『えすぱにや・ぽるつがる記』の刊行と同じ昭和四年（一九二九）、上記濱田の関与のもとに、新村出・濱田耕作解説『京都帝國大學文學部所蔵天正年間遣欧使節關係文書』（史学研究会、一九二九年）が刊行される。現在は京都大学総合博物館が所蔵する、大友義鎮からローマ教皇宛(39)、有馬鎮貴から枢機卿宛(40)、大村純忠からイエズス会総会長宛(41)の三通の邦文書簡および包紙の写真、翻刻、解説である。同書の緒言によれば、これら一連の古文書は、在華イタリア公使館員ロス（Ross. Rossi?）がローマに秘蔵していたものを、奉天南満医科大学の黒田源次郎の厚意により、昭和四年前半に京都帝国大学文学部が購入したとされる。

これらの刊行の翌年には、岡本良知『ポルトガルを訪ねる』（日葡協会、一九三〇年）が上梓される。昭和五年一〇月三〇日付のはしがきによれば、同書は前年九月四日から一二月三一日のポルトガル滞在期間の成果報告書である。謝辞のなかに柳田國男、新村出などとともに太田正雄、すなわち木下杢太郎の名があることが注目される。同書は、全体を「見物の記」と「未刊書の記」にわけ、前者はさらにリスボン、エヴォラ、ポルトとコインブラに分けられている。岡本はリスボンを評して「粗野な首府」としながらも、「中世の趣を脱してゐない（二頁）」と述べている。古書店をめぐった記事のあとに、国立図書館（七―八頁）、アジュダ図書館（八―一〇頁）、トーレ・ド・トンボ国立文書館（一〇―一一頁）、科学学士院図書館ほか（一一頁）の叙述、さらに刊本情報がそれにつづく。「未刊書の記」（二七頁以下）は、イエズス会士たちの日本関係書簡集の目録（二九―七八頁）、「アジアのイエズス会士」目録（七九―一八九頁）、「アジアのイエズス会士」中のヴァチカン教皇図書館所蔵ポルトガル関係文書目録ほか（一九〇―二〇二頁）、エヴォラ公共図書館目録（二〇三―二一七頁）、国立図書館ほか（二一七―二二三頁）の各項目から構成される。木下と同様に「アジアのイエズス会士」への着目が目立つ。同コレクションは現在では、イエズス会ローマ文書館所蔵の日本・中国部と双璧をなす、日本のキリスト教布教研究の必須情報と位置づけられるのであるが、後者が公開されていなかった当時における「アジアのイエズス会士」の存在感のほどを垣間見ることができる。

昭和五年は、泉井久之助による『デ・サンデ天正遣欧使節記』の邦訳の発表がはじまった年でもあった（『歴史と地理』二五—二以下連載）。これはのちにアレッサンドロ・ヴァリニャーノ著（ドゥアルテ・デ・サンデ、ラテン語訳、泉井久之助邦訳者代表）『デ・サンデ天正遣欧使節記』（雄松堂書店、一九六九年）として刊行される。同書「訳者のことば」における回想によれば、昭和初年のこのころには京都を中心として「南蛮・切（利）支丹」研究が光彩を放っており、そのなかにあって天正遣欧使節行が一種の憧憬、甘美な眼差しの的となっていたが、濱田・泉井の態度はそれとは一線を画し、あくまで「ヨーロッパに対する文化史的な興味であり、日欧交通史的な興味」から研究を推進するものであった。翌年には、泉井久之助訳「天正遣欧使節　原マルチノの演述」（『史学雑誌』四二—一〇、一九三一年）が発表される。ゴアでおこなわれた、使節行に感謝する原マルチノのラテン語による演説の邦訳で、のちに文中の「ゼスス会」を「イエズス会」に改めるなどの微調整を経て、泉井久之助邦訳者代表一九六九の付録として再録される。

昭和六年四月には、ついに濱田耕作『天正遣欧使節記』（岩波書店、一九三一年）が出版される。木下杢太郎が二年後に『日本遣欧使者記』を刊行した時、「訳者の序」において『天正遣欧使節記』を高く評価する一文を草していることからもしられるとおり、明治以降の使節研究の到達点と位置づけても差し支えない著作である。同年正月付の自序によれば、濱田は東京帝国大学における村上直次郎の講義を聞いて、天正遣欧使節の存在を知り、深く心を動かされた。その後、大正年間に留学をし、同五年の帰国の船上で『日本西教史』の邦訳を通読し、上田敏の遺書中にベルシェー一八七七を見出し、昭和二年の海外留学に際しては、南欧訪問こそほとんどかなわなかったものの、イギリス滞在時に『日本遣欧使者記』を、ローマの旧知「メンガレリー翁」との面会時にダニエルロ・バルトリ編『イエズス会史』を得たことを記している。ここで『日本遣欧使者記』を入手したことをことさらに強調しているのは、木下杢太郎訳が進行中だったこの時点に同書を使用することへの配慮であろうか。

自序は以上のほか、京都帝国大学が三通の書簡を購入し、出版をしたことに言及した上で、同書の上梓にあたって、『史学雑誌』上の村上論文、『えすぱにや・ぽるつがる記』を参照したことはもとより、協力者のなかに泉井久之助、幸田成友[42]、新村出などがいたことを明らかにする。泉井はすでに『デ・サンデ天正遣欧使節記』の邦訳を着手していることにも言及する。

同書の内容は、伊東マンショらの出自、アレッサンドロ・ヴァリニャーノの同行、一行の長崎出航から説き起こし、マカオ、ゴア、リスボンなどを経てローマへ到り、長崎帰帆までの旅を詳説し（三―二五七頁）、「使節後記」として豊臣秀吉謁見、ヴァリニャーノの動向、四名の後半生をまとめる（二五八―二七二頁）。後半の「史料文書」では、三〇件の古文書類の原文、邦訳の片方もしくは双方を紹介している（三〇五―四三〇頁）。「史料文書」の情報源は、京都帝国大学蔵の三通（一号、二三号、二四号）、『日本遣欧使者記』からの引用（五〜七号）、『史学雑誌』一二―四上の村上論文（一二、一三、二〇号）、サトウ氏『日本亜細亜協会雑誌』（一六号邦文文書）、幸田成友採訪史料（ヴァチカン官房文書館 Segr. Stato, Spagna 38, ff.484-486v）[43]（二九号、三〇号。後述）、上記以外はベルシェー一八七七からの情報である。使節一行の旅程を詳細に取り上げる形式の叙述は、のちに松田毅一『天正遣欧使節』（講談社学術文庫、一九九九年）や若桑みどり『クアトロ・ラガッツィ』（集英社、二〇〇三年）にも引き継がれ、天正遣欧使節叙述の一種の基本形となった。

ヴァチカン史料の写真提供者として『天正遣欧使節記』にも登場した幸田成友は、昭和六年二月に「サンデの遣欧使節記につき」をキリシタン研究会の小冊子上に発表した[44]。このなかで、幸田は昭和三年の冬にポルトガルを訪れ、国立図書館、アジュダ図書館、トーレ・ド・トンボ国立文書館、エヴォラ公共図書館において『デ・サンデ天正遣欧使節記』を閲覧し、昭和四年の冬には大英博物館にて同書を閲覧したことを記している[45]。この文章は『デ・サンデ天正遣欧使節記』についてまとめたもので、幸田の在外研究の全貌をうかがうことはできないが、ローマにも赴いて、濱田へ提供したヴァチカン官房文書館蔵の二件のローマ教皇宛伊東マンショ書簡の写真を撮影したものと思われる。『天正遣欧使節記』四三〇頁には「以上二文書は幸田博士が最近採訪せられ、其の写真を齎されたる珍貴の史料」と紹介されている。『天正遣欧使節記』所収二文書のうち、一五八七年一二月一日付ゴア発のもの（二九号）は『大日本史料』には採録されておらず、結城了悟『天正少年使節——史料と研究』（純心女子短期大学長崎地方文化史研究所、一九九三年）五〇—五二頁に邦訳がある[46]。年月日欠マカオ発のもの（三〇号）は管見の限り、他の文献では刊行されていない。これらの二件について、幸田は、泉井、上原専禄と連名で「伊東満所の二書翰」（『史林』一六—二、一九三一年）を発表している。

おわりに

明治六年（一八七三）五月二九日、岩倉使節団がヴェネツィア国立文書館を訪問してから、おおむね昭和六年（一九三一）に濱田耕作『天正遣欧使節記』が上梓される頃までの、天正遣欧使節に関する研究の軌跡を概観した。岩倉使節団がヴェネツィアで委嘱した作業によりイタリアで天正遣欧使節の存在が共有され、いくつかの著作が刊行される。それらが日本へ紹介され、日本でも本格的な研究がはじまる。明治後半には坪井九馬三や村上直次郎のように在外史料採訪の動きが見られだす。西村天囚のヴェネツィア訪問も異彩を放つ。

大正年間には表立った著作の発表は途絶えるが、木下杢太郎や濱田耕作が在外研究をすることで情報を蓄積していた。寺崎武男の帰国も大正五年である。昭和初年の華々しい成果の数々はこの時期に準備されていたと位置づけることもできよう。

昭和初年には木下杢太郎『えすぱにや・ぽるつがる記』、岡本良知『ポルトガルを訪ねる』、濱田耕作『天正遣欧使節記』といった、現在の研究の礎といっても過言ではない精緻な研究が登場する。前二者は、松田毅一『在南欧日本関係文書採訪録』（養徳社、一九六四年）にみられるような、南欧における日本関係史料所蔵機関をひとつずつ丁寧に調査して記録を残す手法の嚆矢といえる内容を含んでおり、濱田耕作『天正遣欧使節記』は、使節の旅程と関係史料をより精緻にまとめていく、これまた現在に通じる使節研究の一類型が成立した著作と位置づけることができよう。

昭和六年は政治外交史のなかでは満州事変が発生するなど、軍靴の響きが強まる時代とみなされる。その一方で、泉井が回顧するように、ヨーロッパへの憧憬をもって使節研究が一般に受け入れられ、松田毅一一九九九巻末の「天正遣欧使節関係文献目録」を一瞥するだけでも関係文献の出版が、戦中、戦後へと継続していく状況がわかる。また、泉井や濱田らの研究者は、決して憧憬を研究の根底に置いていたのではなく、木下や岡本もまたリスボンを必ずしも讃美していない姿勢をとっていることから、使節研究をあくまで研究対象として冷静に眺める姿勢が早くから形成されていたことがうかがえる点も見過ごすことはできない。

上記関係文献目録には、本稿では扱いきれなかった多くの文献がほかにも列挙されている。また、本稿では目録未収の文献を適宜追加している。これらは、本稿が関係文献を網羅することを意図するのではなく、使節研究がどのような流れの中で展開していったのかを概観することを目的とし、それに応じて対象文献を選択したことによるものである点を附記したい。

注

（1）久米邦武編（田中彰校注）『特命全権大使　米欧回覧実記』四（岩波文庫、一九九二年）三五〇頁。以下、久米編一九九二と示す。

（2）久米編一九九二、三五一頁。

（3）東京大学史料編纂所編『大日本史料』第一二編之一二（東京大学出版会、一九九六年）原文三三三―三三四頁、抄訳三七六頁（一七〇号文書）および仙台市史編さん委員会編『仙台市史　特別編』八（仙台市、二〇一〇年）邦訳三二三―三二四頁（二五八号文書）。

（4）この一年の違いは、前者はヴェネツィアの暦に則った年月日であることが指摘されている（『仙台市史　特別編』三二四頁）。この書簡はジェノヴァで書かれたものであるため、本文の末尾には一六一六年二月二四日と記されているが、ヴェネツィアの暦では一月には年が改まらないことに顧慮して、本文とは別に一六一五年の日付を書き添えたのであろう。

（5）『大日本史料』一二―一二、原文三二八―三二九頁、邦訳三七〇―三七二頁（一六六号）および、『仙台市史　特別編』八、三二〇―三二一頁（二五四号）。

（6）久米編一九九二、三五二頁。ルビは伊川による。

（7）東京大学史料編纂所編『大日本史料』第一一編之別巻之二（東京大学、一九六一年）一三三―一三四頁（一三六号）および写真。Biblioteca Apostolica Vaticana, Borg.cin.536.

（8）『大日本史料』一一―別二、原文一〇九頁、邦訳一三五―一三六頁（一三六号）。ASVE, Collegio, Cerimoniali, Registri 1, f.120.

（9）一例として、駐ローマ、ヴェネツィア大使ロレンツォ・プリウリの見解については、伊川『世界史のなかの天正遣欧使節』（吉川弘文館、二〇一七年）一五九―一六二頁参照。

（10）『大日本史料』一一―別二、原文二一六―二一七頁、邦訳二六七―二六八頁（一九二号）。ASVE, Collegio, Lettere cardinali e vescovi, Pezzo 6.

（11）『大日本史料』一一―別二、原文二二五―二二七頁、邦訳二七七―二八〇頁（一九四号）。ASVE, Collegio, Lettere Principi 12, ff.150-151v.

(12) 久米編一九九二、三五四頁。ルビは伊川による。
(13) 久米編一九九二、三五四—三五五頁。
(14) 『大日本史料』一一—別二、原文一〇八頁、邦訳一三二—一三三頁（一三五号）。
(15) Giuseppe Tassini, *Iscrizioni dell'ex Chiesa. Convento e Confraternita di S. Maria della Carita in Venezia*（Venezia: Tip. del Commercio di M. Visentini, 1877）。同書四三—四七頁（九号碑文）に当該碑文および解説がある。
(16) Fabio Mutinelli, *Storia Arcana ed Aneddotica D'Italia Raccontata dai Veneti Ambasciatori*. vol.1（Venezia: Pietro Naratovich, 1855）pp.240-260に関連する記述があり、岩倉閲覧一号文書（二四四—二四五頁）および岩倉閲覧三号文書（二四五—二四六頁）が掲げられている。
(17) 注16前掲書二四六—二六〇頁に同文の引用がある。ベルシェー一八七七、一二三頁ではFrancesco Sansovino, Venetia città nobilissima et singolare（Venezia: Jacomo Sansovino, 1581）所収とあるが、出版年次があわない。
(18) 濱田一九三一、四五一頁。
(19) 『大日本史料』一一—別二、原文三二—三四頁、邦訳三九—四一頁（一〇九号）。
(20) 『大日本史料』一一—別二、原文三四—三六頁、邦訳四一—四三頁（一一〇号）。
(21) 『大日本史料』一一—別二、原文三六—五七頁、邦訳四三—七五頁（一一一号）。
(22) 村上直次郎「思い出話」（『キリシタン研究』一二、一九六七年）四〇—四一頁。
(23) グイド・グアルティエーリ（太田正雄訳）『日本遣欧使者記』（岩波書店、一九三三年）序文一頁。
(24) 五野井隆史『日本キリシタン史の研究』（吉川弘文館、二〇〇二年）一七—一八頁。誤訳が多い点は濱田一九三一、四五〇頁でもすでに指摘されている。
(25) 結局、翌年に「サトウ氏」による写真を参照した上で修正版を『史学雑誌』一二—五誌上に再掲した。
(26) 坪井九馬三「羅馬府ばるべりに図書館所蔵日本古文書（其二）」（『史学雑誌』一一—一一、一九〇〇年）九一—九六頁。この書簡は、『大日本史料』一一—別一、原文三一—三四頁、邦訳三六—三九頁（六号）にも掲げられている。
(27) 幸田成友『幸田成友著作集』七（中央公論社、一九七二年）八八頁。
(28) M・S訳、小倉秀貫考「威尼斯慈恵教院の紀念石文」（『史学会雑誌』三—二七、一八九二年）。

(29)「村上直次郎先生略歴」(『キリシタン研究』一二、一九六七年)二頁。

(30)村上直次郎「大友大村有馬三家使節の感謝状　三通」(『史学雑誌』一二—四、一九〇一年)。「いもら文書」は『大日本史料』一一—別二、邦文・伊語訳三二—三三頁、「もでな文書」は同書邦文一三六—一三七頁、伊語訳一一〇—一一一頁、「まんとわ文書」は同書邦文・伊語訳二〇六—二〇七頁参照。

(31)寺崎武男については、館山市立博物館編集・発行『寺崎武男の世界』(二〇〇三年)に詳しい。

(32)後醍院良正『西村天囚伝』下(朝日新聞社　社史編修室、一九六七年)三〇五—三〇九頁に引用されている。

(33)この碑文の概略は、伊川二〇一七、一三三頁参照。

(34)新村出『南蛮広記』『続南蛮広記』(岩波書店、一九二五年)は、南蛮研究のなかでは看過しえないものがあるが、天正遣欧使節に直結する著作とは判断しない。

(35)以下、木下の留学については、畠中美菜子『杢太郎と留学』(杢太郎会、一九九八年)に詳しい。

(36)大英博物館(同館における当該コレクションは、現在は大英図書館へ移管されている)では、すでに南方熊楠が調査をしており、南蛮関係の史料が所蔵されていることがしられていた。木下の南蛮熱には、この点が関係しているのかもしれない。南方の調査については松居竜五「『ロンドン抜書』の中の日本　南方熊楠の文化交流史研究」(小峯和明監修『文学史の時空』笠間書院、二〇一七年)、同館関係史料の概要については伊川『イタリア史料の収集および整理による中近世移行期日本史像の再検討』(平成二二〜二四年度　日本学術振興会科学研究費補助金報告書、若手研究B、課題番号：二二七二〇二四四、二〇一三年)参照。

(37)畠中一九九八、一〇—一二頁。

(38)松田毅一・川崎桃太訳『フロイス日本史』一一(中央公論社、一九七七〜八〇年)第八六章。同邦訳書では該当部分を第三部第一章と表現しているが、アジュダ図書館本の章番号は第二五章であり、後述するように、木下も第二五章と認識している。とはいえ、当時はこの箇所がフロイス『日本史』の一部であるとの認識に至っていなかったため、木下一九二九、一二四頁では『日本寺院史』と表記されている。アンリー・ベルナール、アブランシェス・ピント、岡本良知編訳『九州三侯遣欧使節記　続編』(東洋堂、一九四八年)でも訳出されている。配架番号：**49-IV-57: Apparatos para A Historia Ecclesiastica do Bispado de Japam. Noticias do anno de 1588, f.121v.** これら、フロイス『日本史』の全体構成については、伊川「フロイス史料研究事始」(『多元文化』八、近刊予定)を参照。

（39）『大日本史料』一一―別一、邦文三二〇―三二一頁にも掲げられている。

（40）『大日本史料』一一―別二、邦文三〇二―三〇三頁にも掲げられている。

（41）『大日本史料』一一―別一、邦文三一九―三二〇頁にも掲げられている。

（42）幸田もまた、オランダ滞在中に『えすぱにや・ぽるつがる記』を読んでいる（『幸田成友著作集』七、二九一頁）。

（43）濱田『天正遣欧使節記』には「羅馬ヴァチカノ圖書館」蔵とあるが、後掲幸田『史林』論文では「ヴチカン文書館」蔵とされる。

（44）幸田成友『幸田成友著作集』三（中央公論社、一九七一年）五二七頁。

（45）幸田一九七一、四二〇―四二一頁。

（46）ただし同書の典拠はイエズス会ローマ文書館（ARSI, Jap.Sin.33, ff. 38-39v; 40-41lv）である。

［第一部「学知」編制の系譜］

日本の古典としての漢籍

渡邉義浩

はじめに

本稿の課題は、東洋文献・史料の翻訳の学問史を明示することにある。その場合に「東洋」とは何か、という問題から始めなければならないところに、近代日本の「東洋学」の特徴がある。早稲田大学文学部の東洋哲学コースの開祖である津田左右吉が、「東洋といふ呼称のあてはめられる地域をどれだけのものとするにせよ、文化的意義に於いてはそれが一つの世界として昔から成立つていたことが無く、東洋史といふ一つの歴史も存在せず、従って東洋文化といふ一つの文化があるといふことは、本来、考へられないことである」と述べているように[1]、「東洋」という枠組みは、無媒介に前提されるものではない。

それは、津田左右吉が、「西洋の文化に対立するものを日本みづからのみには求めかね、彼等が崇敬していた支那の文物、特に儒教、を味方とし、むしろそれに依頼しようとしたところから生じたものである、といつても甚だしき過言ではあるまい」と述べているように[2]、「東洋」概念とは、近代日本が西洋に対する対抗上、中国の古典に依拠しながら構築したものであることによる。

したがって、本稿は、まず近代日本における「東洋学」がどのように構築されたのかを確認し、その中で文献・史料の翻訳が、どのような意図で行われたのかを論ずることにより、翻訳という営為の中で、近代日本が「東洋学」、就中、中国学に何を求めたのかを解明するものである。

「東洋学」の形成

津田左右吉が、「東洋史」という場合の「東洋」と、「西洋文明に対する一般的概念としての、または西洋文明に対する東洋文明といふ場合」の「東洋」との間では差異があると述べるように[(3)]、近代日本の「東洋学」は二つの方向性を持っていた。前者がインド学、後者は漢学に代表される。

このように、近代日本のインド学は、ヨーロッパからインド学の方法を導入することで生まれた。このため、『大正新脩大蔵経』を編纂し、近代日本のインド学の基礎を築いた西本願寺の高楠順次郎は、ケンブリッジ大学のマックスミュラーに師事し、ドイツでPh.Dを取得した。帰国後、一九〇〇年に、大蔵経の講究を目的に「帝国東洋学会」を創設、一九〇一年には、帝国大学の「梵文学講座」の初代教授となった[(4)]。

ヨーロッパの枠組みとしての「東洋」、すなわち中国だけではなく、インド・日本などを含む「東洋」学の一つとして、現在に至るまで、ヨーロッパの「東洋」学と強く繋がりを持ちながら発展している。これが、津田の言う「東洋史」という場合の「東洋」である。ここには、西洋への対抗意識はない。

これに対して、近代日本における東洋文献・史料の翻訳について、中心となるものが、津田の言う「西洋文明に対する一般的概念」の「東洋」、端的に言えば、漢字を用いる地域としての「東洋学」である。そこには、中国だけではなく、日本・朝鮮・ヴェトナムが含まれる。津田は、日本思想を中国思想とは全く異なるものと考えたが、それは例外的な屹立した視座であり、またそれは両者を無前提に一体と考える近代日本における「東洋学」のあり方を批判するものであった(5)。

近代日本における高等教育は、一八七七年、開成学校と東京医学校を合併して、法・理・文・医の四学部から成る東京大学を創設したことから本格的に開始される(6)。このうち文学部は、「史学哲学及政治学科」と「和漢文学科」から構成されていた。このうち「和漢文学科」は「滔々たる欧化の風潮から和漢文学が衰亡する傾向を防止する意図」から作られたとされている(7)。津田の言う「西洋文明に対する東洋文明」という対抗意識の中で「和漢文学科」は、創設されたと考えてよい。

一八八一年、東京大学の文学部は、「哲学科」・「政治学及理財学科」・「和漢文学科」に改組された。その際、哲学科の講義に従来の西洋哲学の外に印度及支那哲学が加えられた。翌八二年には、臨時コースの「古典講習科」が設置され、そこでは正史・雑史・法制・故事・辞章・事実考証・支那法制・支那歴史・漢文が教えられた。そして、八五年には、「和漢文学科」が「和文学科」と「漢文学科」に分離される。しかし、八六年に帝国大学が発足するまでの間、中村正直・島田重礼など著名な漢学者を教員とする漢文学科の卒業生は、わずか二人に過ぎなかった。

これに対して、臨時のコースで、学士号も得られない「古典講習科」のうち、漢籍古典を習得する乙部は、滝川亀太郎（編著に『史記会注考証』）・林泰輔（著書に『周公と其時代』）・市村瓚次郎（著書に『支那史研究』）・長尾雨山（書家）など、錚々たる人材を輩出した(8)。この古典講習科の卒業生を中心に、八八年には「東洋学会」が発足し、『東洋学雑誌』が刊行される。和漢文学科と同様、あるいは英語の試験が課されなかったという意味で、古典講習科は和漢文学科以上に、「西洋」に対抗する意識が強かった。その卒業生たちにより、漢学を中心とする「東洋」は生まれたのである。

このように、インド学の「東洋」がヨーロッパ的な「oriental studies（東洋学）」であることに対して、漢学から起こった「東洋」は、「西洋」への対置概念としての「東洋」であった。したがって、それは、中国・日本・朝鮮をあわせた漢字文化圏の地域の古典文化を研究することを中心とした。幕末から近代へと漢学を伝承したものは、後者の「東洋」古典の研究者たちであった。

古典講習科の漢学についての教授陣は、東京大学教授の中村正直（漢文学・支那哲学）・三島毅（漢文学）・島田重礼（漢文学・支那哲学）・助教授の井上哲次郎（史学・東洋哲学史）であった。授業は、漢籍講読と輪読、そして漢作文が毎月一篇ずつ課された。古典講習科の卒業生たちは、江戸より続く漢学塾の育ちではあったが、「左国史漢」（春秋左氏伝・国語・史記・漢書）と漢詩の習作を中心とした幕末の漢学とは異なり、これらの教授陣より「皇清経解」（清朝考証学の成果をまとめた叢書）などにより、実証的な学問を受けた。かれらはそれを土台に、漢学の研究領域を拡大しつつ、新しい学問をも見い出していった。こうして、江戸時代の漢学は、その高い水準を維持しながら、近代的な研究へと生まれ変わっていったのである。

しかし、東洋文献・史料の翻訳の中心となった者は、漢文の読み書きは自由自在に行い得たものの、おしなべて外国語を得意とはしなかった古典講習科の出身者たちではない。漢文をそのまま理解し、漢文によって表現できるかれらには、翻訳の必要性がなかったと考えてよい。東洋文献・史料の翻訳の中心は、一時ハーバード大学の教授も勤め、清から「文化進士」を授与された語学堪能な服部宇之吉と、英語からの「学」の独立を掲げる早稲田大学であった。

服部宇之吉と「漢文大系」

古典講習科の出身者たちよりも、少しだけ遅れて、一八六七年に生まれた服部宇之吉は、漢学だけではなく、数学・英語を私塾で学び、八三年に大学予備門（のちの旧制第一高校）に合格し、八七年には帝国大学文科大学（のちの東京帝国大学文学部）に入学した。(9) 九〇年に卒業した服部は、教授の島田重礼の三女と結婚したのち、九一年に第三高等学校、九四年に東京高等師範学校（現在の筑波大学）の教授となった。九九年には東京大学の助教授として、清国・ドイツに四年間の留学を命じられ、義和団事変の際には、北京で籠城する。その後、ドイツに渡り帰国すると、一九〇二年に東京帝国大学文科教授となった。さらに北京に赴き、大学堂速成師範館（大学教育部）の総教習に任ぜられたのちに、帰国した明治四二（一九〇九）年から大正六（一九一七）年にかけて、冨山房の坂本嘉政馬社主が発案した叢書「漢文大系」の編集を手がけたのである。

のちに服部宇之吉は、「漢文大系」の出版意図を次のように述べている。

> 明治四十二年頃には漢文を専攻する学生を有する学校は両帝国大学文科大学・両高等師範学校・早稲田大学・國學院大学・二松学舎等が数えられるだけであった。その後帝国大学法文学部の増設、私立高等専門学部の増設の為め漢文専攻又は国語漢文兼修の学生生徒著しく増加した。此に於て漢籍の需要著しく増大し、従って漢籍専門の書店も増加したのは勿論、兼ねて漢籍を取扱ふものも大分見える。東洋学研究熱の更新と相伴ふ当然の現象である。
>
> かかる時運に際し、冨山房が「漢文大系」の刊行を目論んで之を実行したのは一方から言へば奎運を開導せるものであり、他方から言へば時運に順応するものである。

国文の方では早く国文学の常識とも言ふべきものを養ふに資すべき書を叢書の形式にて印行せられたが、漢文の方面でも同一の性質のものを備へる必要があることは勿論のことであるが、未だ何処でもそれを為して居なかった。支那では種々の叢書や叢刻があるが、漢文の常識養成の目的を以て編纂されたものは未だなかった。我国には古いところでは「経典余師」があるが、余りに卑近に過ぎ且採択の範囲も狭い。近いところでは早稲田大学出版部の「漢籍国字解」があるが、国字解たるを以て教科書として使用するには都合が悪い。そこで範囲は経史子集に亘り、漢文の注釈書を選び叢書形式にて刊行し之を「漢文大系」と名づけた。採択すべき書物の撰定、句読・訓点・欄外註等担任者の撰定は自分が之に任じた。(10)

冨山房は、「漢文専攻又は国語漢文兼修の学生」が著しく増加したことを機に「漢文大系」の刊行を目論み、服部はそれを「奎運を開導し時運に順応するもの」として評価する。そのうえで、国文では、「国文学全書」などの出版により、「国文学の常識」が養われているが、漢文ではそれがないことを遺憾とする。そして、漢文の教科書として使用するため「漢文の注釈書を選び」、これを叢書として刊行したと言うのである。

この記述からは、服部の東洋文献・史料翻訳の学問的な位置を窺うことができる。すなわち、服部は、国文が「国文学全書」などの出版より、近代国語の形成に資する「国文学の常識」を養成していることに対抗して、「漢文大系」を出版した。そこでは、漢文は国文と同様、近代国語の形成に資する「教科書」として用いられることが前提されている。現在に及ぶまで、中等教育の国語の中には古典が置かれ、古典として日本の古文と共に漢文が学ばれている。その発想の出発点の一つは、漢文を日本の古典とするための「常識」を「養成」しなければならないという服部の主張に求められる。東洋文献・史料は、日本の古典を形成するという意図に基づき翻訳されたのである。

中国を起源とする漢文を日本の古典とするために、服部は、「教科書」とすべき書籍を選定し、「句読・訓点・欄外註」の担当者を定め、また自らもこれを担当する。書籍の選定と担当者を具体的に掲げよう［○付数字と経史子集の分類は渡邉が附した］。

第一巻［①経］大學説（章句）・［②経］中庸説（章句）・［③経］論語集説・［④経］孟子《もうじ》定本、①〜④のすべてが安井衡（注）、服部宇之吉（解題）

第二巻［⑤集］箋解《せんかい》古文眞宝（林以正〈注〉）・［⑥集］増註三體詩（円至〈注〉）・［⑦集］箋解唐詩選（戸崎允明〈注〉）、⑤〜⑦のすべてが服部宇之吉（解題）

第三・四巻［⑧集］唐宋八家文［上・下］三島中洲（評釈）、児島献吉郎（解題）

第五巻［⑨史］十八史略（曾先之〈編〉、重野安繹〈解題〉）・［⑩経］小學箋註（高愈〈注〉、星野恒〈解題〉）・［⑪経］御《ぎょ》註《ちゅう》孝経（玄宗〈注〉、星野恒〈解題〉）・［⑫子］弟子《ていし》職（朱長春〈評〉、服部宇之吉〈解題〉）

第六・七巻［⑬史］史記列伝［上・下］凌稚隆（輯校）、重野安繹（解題）

第八巻［⑭子］韓非子翼毳《よくぜい》、太田方（注）、服部宇之吉（解題）

第九巻［⑮子］老子翼・［⑯子］荘子翼、ともに焦竑（輯）、服部宇之吉（解題）

第十・十一巻［⑰経］春秋左氏會箋《かいせん》、竹添光鴻（會箋）

第十二巻［⑱経］毛詩（鄭玄〈箋〉・朱子〈注〉、服部宇之吉〈解題〉）・［⑲経］尚書（蔡沈〈撰〉、星野恒〈解題〉）

第十三巻［⑳子］列子（張湛〈注〉・諸葛晃〈考〉）・［㉑子］七書（孫子十家〈注〉ほか）、服部宇之吉（解題）

第十四巻［㉒子］墨子間詁《かんこ》、孫詒譲《いじょう》（撰）、戸崎允明（考）、牧野謙次郎（解題）

第十五巻［㉓子］荀子、王先謙（集解）、久保愛増（注）
第十六巻［㉔経］周易（王弼〈注〉、伊藤長胤〈通解〉、星野恒〈解題〉）・［㉕子］伝習録（三輪希賢〈標注〉、安井小太郎〈解題〉）
第十七巻［㉖経］禮記、鄭玄《じょうげん》（注）、服部宇之吉（解題）
第十八巻［㉗集］文章軌範（海保元備〈補注〉、島田鈞一〈解題〉）・［㉘集］古詩賞析（張玉穀〈選解〉、岡田正之〈解題〉）
第十九巻［㉙史］戰國策正解、横田惟孝（著）、安井衡（補正）、安井小太郎（解題）
第二十巻［㉚子］淮南子《えなんじ》（許愼〈注〉、服部宇之吉〈解題〉）・［㉛子］孔子家語《けご》（王肅〈注〉、何孟春〈補注〉、服部宇之吉〈解題〉）
第二十一巻［㉜子］管子纂詁《さんこ》（安井衡〈纂詁〉、小柳司気太〈解題〉）・［㉝子］晏子春秋（孫星衍〈校〉、小柳司気太〈解題〉）
第二十二巻［㉞集］楚辭（朱子〈集注〉、王逸〈注〉、岡松甕谷〈考〉、岡田正之〈解題〉）・［㉟子］近思録（葉采〈集解〉、井上哲次郎〈解題〉）

全二二巻三五種のうち、服部宇之吉の解題は、一六種［①～⑦⑫⑭～⑯⑱㉑㉖㉚㉛］に及ぶ。「漢文大系」は服部宇之吉の力量に依ることが一目瞭然である。また、四部のうちでは、経部・子部に厚く、史部・集部に薄い。史部が少ないのは、『史記』『漢書』『後漢書』『三国志』『資治通鑑』といった史部の書は圧倒的に大部であることによる。これらのうち、『史記』は一九二二年に国民文庫刊行会から出版され始める「国訳漢文大成」に、『資治通鑑』も「続国訳漢文大成」に収録されることになるが、『漢書』『後漢書』『三国志』は、「博文館校注漢文叢書」（三島毅・服部宇之吉・高瀬武次郎〈監修〉、一九一三―一四年、博文館）、「有朋堂文庫漢文叢書」（塚本哲三〈編〉、一九一九―二二年、有朋堂書店）、「詳解全訳漢文叢書」（一九二六―二九年、至誠堂）など、こののち陸続と出版された漢文の叢書にも収録されることはなかった。(11)

一方、集部は、『文選』や文章作法の書として著名な『古文辞類纂』が選ばれず、[12]平俗とされる『古文眞宝』や『文章規範』が採られているが、それは史部の『十八史略』と同じく、これらが中等教員検定試験の指定参考書であることによる。服部が近代国語の形成に資する「教科書」として用いられるべし、と言ったとき、それは抽象的な意味であると共に、具体的には検定試験の「教科書」であったのである。『文選』は、やがて「国訳漢文大成」に採録される。

町田三郎によれば、[13]「漢文大系」の特徴は、第一に系統的に中国古典の代表的なもの、常識的なものを精審な原注で紹介すること、第二に幕末から明治にかけての邦儒の秀れた研究業績を組み入れて世間に知らしめることにあったという。第一巻の「四書」は、その特徴が明確に現れる。朱子学の基本経典である『論語』『孟子』『大学』『中庸』は、幕末から明治初年にかけて活躍した安井息軒の注釈である。これらは、『論語集説』が刊行されていた以外は、未刊の稿本として外孫の安井小太郎家に蔵されていた。服部宇之吉の解題によれば、安井息軒の学問は次のような特徴を持つという。

先生四書ニ於テ亦古註本ヲ本トシ兼ネテ朱説ヲ取リ、清人考証ノ説等ニ於テモ亦善ヲ択ビテ之ヲ取ル。

すなわち、安井息軒の「四書」は、古注本（『論語』は何晏注、『孟子』は趙岐注、『大学』『中庸』は鄭玄注）を底本としながらも、朱子の学説を取り、さらに清朝考証学者の説をも選び取ったものであるという。こうした古注・今注の別をなくし、清朝考証学の成果をも活かして、最も良い解釈を求めていく、という幕末から明治の邦儒の方法論を服部が顕彰することで、近代日本の経典解釈の方向性もまた定められていく。

このように、服部宇之吉は、日本人が江戸期を中心に読んできた中国の漢籍を翻訳により日本の古典にしようと試みたのである。ただし、その読解のための方法は、「句読・訓点・欄外註」を附するに止まった。これでは、国民に広く漢籍を普及させ、近代国語の形成に資することは難しい。これに対して、早稲田大学出版部が企画した「漢籍国字解全書」は、漢籍の普及に大きく貢献する。

早稲田大学出版部の「漢籍国字解全書」

明治一九（一八八六）年、「通信講義録」による通信教育のために設立された、日本最初の大学出版部である早稲田大学出版部は、[14]明治四二（一九〇九）年から大正六（一九一七）年にかけて「漢籍国字解全書」を出版した。[15]まず、全体の書名と講述者を掲げよう［〇付数字と経史子集の分類は渡邉が附した］。

第一巻［①経］孝経（熊沢蕃山）・［②経］大学・［③経］中庸・［④経］論語（②から④まで中村惕斎）
第二巻［⑤経］孟子（中村惕斎）・［⑥子］帝範・［⑦子］臣軌（⑥⑦とも市川鶴鳴）・［⑧子］朱子家訓私抄（講述者不明）
第三・四巻［⑨経］周易（真勢中州）附易学啓蒙（榊原篁州）・易学階梯附言（谷川順祐）・本筮《ほんぜい》指南（谷川順祐）
第五巻［⑩経］詩経（中村惕斎）附詩経図解（淵景山）
第六巻［⑪経］尚書（太田錦城）
第七巻［⑫経］小学（中村惕斎）附童子通（山本蕉逸）
第八巻［⑬子］近思録（中村惕斎）附用字格（伊東東涯）
第九巻［⑭子］老子（山本洞雲）・［⑮子］荘子（毛利貞斎）・［⑯子］列子（太田玄九）
第十巻［⑰子］孫子（荻生徂徠）・［⑱集］唐詩選（服部南郭）

巻十一巻〔⑲集〕古文真宝前集（榊原篁洲）
巻十二巻〔⑳集〕古文真宝後集（林羅山）
第十三～十五巻〔㉑経〕春秋左氏伝（加藤正庵）
第十六巻〔㉒子〕伝習録（三輪執斎）
第十七巻〔㉓集〕楚辞（浅見絅斎）
第十八・十九巻〔㉔子〕管子（菊池三九郎）
第二十・二十一巻〔㉕子〕墨子（牧野謙次郎）
第二十二・二十三巻〔㉖子〕荀子（桂五十郎）
第二十四・二十五巻〔㉗子〕韓非子（松平康国）
第二十六・二十七巻〔㉘経〕礼記《らいき》（桂五十郎）
第二十八・二十九巻〔㉙子〕荘子《そうじ》（牧野謙次郎）
第三十・三十三巻〔㉚集〕唐宋八大家（松平康国）
第三十四巻〔㉛集〕文章軌範（松平康国）
第三十五巻〔㉜集〕続文章軌範（松平康国）
第三十六・三十七巻〔㉝史〕十八史略（桂五十郎）
第三十八～四十巻〔㉞史〕戦国策（牧野謙次郎）
第四十一・四十二巻〔㉟史〕国語（桂五十郎）
第四十三・四十四巻〔㊱子〕淮南子（菊池三九郎）
第四十五巻〔㊲子〕蒙求《もうぎゅう》（桂五十郎）

全四五巻三七種のうち、第一七巻に収録される二三種目の『楚辞』までが、「先哲遺著」であり、第十八巻以降は、松平康国（㉗㉚㉛㉜㊲）・桂五十郎（㉖㉘㉝㉟）・牧野謙次郎（㉕㉙㉞）・菊池三九郎（㉔㊱）という四名の早稲田大学教授による新講である。(16)

このうち、最多の五種を担当した松平康国は、東大予備門で英語を学び、ミシガン大学で政治・法律を修めた。帰国後、読売新聞の新聞記者となったが、清朝の直隷総督であった袁世凱に招かれ、さらに湖広総督の張之洞に呼ばれて顧問となった。「漢文大系」の中心である服部宇之吉と同様、松平康国も、英語・中国語をよくし、海外の事情に広く通じていた。(17) そして、松平康国は、「漢籍国字解全書」に関わった四人の教授のうちで唯一、明治四五（一九一二）年、早稲田大学創立三〇周年を記念して、高田早苗の発案で定められた「早稲田大学教旨」の起草委員となっている。(18) 早稲田大学教旨は、「学問の独立」・「学問の活用」・「模範国民の造就」を三つの柱とするが、ここでは「学問の独立」に関して述べる部分までを引用しよう。

早稲田大学教旨

早稲田大学は学問の独立を全うし、学問の活用を效し、模範国民を造就するを以て建学の本旨と為す。早稲田大学は学問の独立を本旨と為すを以て、之が自由討究を主とし、常に独創の研鑽に力め、以て世界の学問に裨補せん事を期す。

早稲田大学を創立した大隈重信は、一九〇七（明治四〇）年四月、創立以来二五年目にして、早稲田大学初代総長となった。(19) 大隈は、早稲田学校の創立にあたっての自らの「理想」を次のように述べたことがある。維新後、あらゆる学問が西洋の学問になってしまった。これでは、「日本の学問の根底がない、此日本といふ大国に少しも学問の根底がない」。「外国の法」によって日本人が教育されるのでは、「国の独立」が危ない。「どうしても学問は独立させなければいけない」。「日本語を以て十分高尚の学科を教へる所の学校を拵へることが必要である」（『早稲田学報』五、一八九七年）。帝国大学が英語をはじめとする外国語で高等教育を行うことに対して、大隈は、日本語によって高等教育を行わなければ、「学問の独立」は成立しないと考えたのである。

こうした学問観を持つ大隈重信が初代総長となった翌年、早稲田大学に学科増設のため皇室から恩資金が賜与された。これに大隈と早稲田大学は自信を深める。「漢籍国字解全書」の出版は、その翌年、明治四二（一九〇九）年から始まった。松平康国ら四人の早稲田大学教授が中心となって、漢籍を中国のものとしてではなく、「国字解」すなわち口語訳して出版した理由はここにある。東京帝国大学の服部宇之吉は、漢文体の原典原注主義、言い換えれば、あくまで中国古典の訓読として近代日本語の形成に資することを目的として「漢文大系」を主導した。これに対して、早稲田大学は、やがて教旨となる「学問の独立」に基づき、漢籍を直接日本語として、言い換えれば、日本の古典として翻訳したのである。それはあたかも、東京帝国大学が外国語による教育によって、先端的な研究を追究したことに対して、早稲田大学が、「模範国民の造就」のため、日本語による教育によって、日本、さらには受けいれた多くの留学生を通じて中国をはじめとするアジア全体に高等教育を普及していったという、大学全体の傾向とも符合する。さらに言えば、日韓併合の年にあたる翌一九一〇年、白鳥庫吉が「倭女王卑弥呼考」を発表して、国学者の本居宣長以来の国体護持の思想を継承しながら、邪馬台国九州説を発表したことと時代的な背景を共にする。白鳥によれば、中国文化の影響を受ける以前の日本本来の心を追究する国学の立場からは、日本の皇后が中国に朝貢するなどあってはならないことであった。[20] そうした時代の中から、「漢籍国字解全書」は、漢籍を日本語により日本の古典として普及させようとしていく。

「漢籍国字解全書」に「先哲」として収録される林羅山⑳・荻生徂徠⑰・熊沢蕃山①・中村惕斎《てきさい》②〜

⑤⑩⑫⑬）ら漢学者もまた、国文を得意とした。最も多く採択される中村惕斎は、ほぼ独学で朱子学を修め、その学識を伊藤仁斎と比較されるほどであったが、書籍を刊行して名を求めることは恥であると考えた。このため、著書の大部分は、その講義を弟子が筆記したものであった。したがって、たとえば中村惕斎の「四書」②～⑤では、中国とは異なる独自の解釈が行われていた。中国の経典を素材としながらも、日本独自の学問がそこにある。それを当時の口語で表現しているものが「国字解」であった。大隈が唱える「学問の独立」の先駆者たちと位置づけることができよう。

松平康国たちが、同年より刊行されつつあった帝国大学の「漢文大系」を見ながらも、「国字解」を早稲田大学出版部から刊行し続けたもう一つの理由は、「通信講義録」の伝統による。明治一九（一八八六）年に東京専門学校（のちの早稲田大学）が刊行を始めた通信講義録は、昭和三一（一九五六）年に募集を停止するまで、二〇〇万人を超える人々に購読された。(21)通信講義録の購読者は、「校外生」と呼ばれ、規則に明記された早稲田大学の構成員であった。居ながらにして最新の学問に触れることができる講義録は、早稲田大学が自校の教育をキャンパスの外に普及させる格好の媒体であり、講義録だけを頼りに独学に励む校外生たちは、「在野の精神」を体現した存在でもあった。「国字解」という先哲の、そして松平康国ら現任の早稲田大学教授の講義録が予約販売により、「爆発的な売行きを示し、出版部はじまって以来の成功をおさめた」(22)のは、「通信講義録」の伝統と販路があったことによる。もちろん、独学は難しい。「通信講義録」の修了者は、十人に一人と言われる厳しさであった。それでも、その中から早稲田大学の教員となる者も現れた。その一人が津田左右吉なのである。

おわりに

「東洋」概念とは、近代日本が西洋に対する対抗上、中国の古典であった漢書を自らの古典としながら、構築することで形成された。近代日本が「東洋学」、就中、中国学に求めたものは、中国の古典を日本の古典とするための「翻訳」であった。明治四二（一九〇九）年から服部宇之吉を中心に編纂された「漢文大系」は、漢文を日本の古典とするための常識を養成するために出版された。ただ、その翻訳は訓読に止まり、服部の意図とは異なり、近代日本の古典として漢籍を広く普及するものとはならなかった。同じく明治四二（一九〇九）年から、早稲田大学出版会により刊行された「漢籍国字解全書」は、漢籍を直接、日本語の口語に翻訳するもので、国民に広く中国の古典をあたかも自国の古典のように受容させ、近代国語の形成に資すると共に、漢籍の普及に大きく貢献した。

外国語習得促進と書記言語習得の負担軽減を目的とした漢字制限の議論は、前島密の「漢字御廃止之議」（一八六七年）や福沢諭吉の『文字之教』（一八七三年）以来、数多く述べられてきた。しかし、「国語」が未確立の明治前期にあって、漢作文や漢籍講読は、洋学を吸収する際の言語や概念の基盤として有効であった(23)。したがって、漢文訓読体を基本とした文体に、西洋語の翻訳によって造られた多くの新漢語が盛り込まれることで、近代日本語は次第に形成されていく。そうした近代日本の養成に、中国学、とりわけ早稲田大学は、「国字解」の出版により応えたのである。それは、早稲田に通信講義録の伝統があったことと深い関わりを持つ。

明治二一（一八八八）年に、通信講義録の購入により、東京専門学校政治科校外生となった津田左右吉は、明治二三（一八九〇）年、東京専門学校邦語政治科二年に編入した。卒業後、津田左右吉は、白鳥庫吉に就いて西洋歴史教科書の編纂に従事する。津田が『新撰東洋史』を著したのは、換言すれば「東洋」を意識したのは、明治三四（一九〇一）年のことであった。「漢籍国字解全書」の出版が開始された明治四二（一九〇九）年には、津田はすでに白鳥庫吉を主任とする満鮮歴史地理調査部の研究員に前年より就職していた。すなわち、津田は、日本近代が「漢籍国字解全書」や「漢文大系」により、中国の古典を日本の古典とすることで、西洋に対抗する「東洋」という価値観を創造していく以前に、「一家の学」を建てていた。そのため、こうした「東洋」から自由であることができた。それにより、翌年の日韓併合から日中戦争へと高まり続けていく、「東洋」という概念によるアジアの一体視、その背後にある日本のアジア侵略に対して、批判的な視座を持ち続けることができたのである。逆に言えば、近代日本が、東洋文献・史料の翻訳により創造した「東洋」という概念のもとで、自らの知的体系を構築していった者たちには、「大東亜共栄圏」など「東洋」が「同文同種」であるとの虚像を打ち破ることは難しかったのである。

注

（1）津田左右吉『シナ思想と日本』（岩波書店、一九三八年）。なお、東洋哲学という現行のコース名称は、津田左右吉の退職後に定められたものである。

（2）津田左右吉『シナ思想と日本』（岩波書店、一九三八年）。

（3）津田左右吉「白鳥博士小伝」（『津田左右吉全集』第二四巻、岩波書店、一九六五年）。

（4）高楠順次郎については、前嶋信次「史話・高楠順次郎」（『大法輪』一八―七～一〇、一九五一年）、鷹谷俊之「大正新修大蔵経と高楠博士」（『大法輪』二三―四、一九五六年）を参照。

（5）江戸時代の儒者から「東亜共同体論」に至るまでの日本の中国認識については、松本三之介『近代日本の中国認識』（以文社、二〇一一年）などを参照。

（6）本節は、中見立夫「日本的「東洋学」の形成と構図」（『「帝国」日本の学知』第三巻 東洋学の磁場、岩波書店、二〇〇六年）に多く依拠した。

（7）『東京帝国大学学術大観』文学部（東京帝国大学、一九四二年）。

（8）古典講習科については、町田三郎「東京大学『古典講習科』の人々」（『九州大学哲学年報』五一、一九九二年、『明治の漢学者たち』研文出版、一九九八年に所収）を参照。

（9）服部宇之吉については、山根幸夫「服部宇之吉と中国」（『社会科学討究』三四―二、一九八八年）、水野博太「一九世紀末における漢学と「支那哲学」――服部宇之吉の学問的可能性と清国留学への道程」（『思想史研究』二一、二〇一五年）を参照。

（10）服部宇之吉「冨山房五〇年記念に際して」（『冨山房五〇年史』冨山房、一九三六年）。

（11）『漢書』の全訳は、小竹武夫『漢書』（筑摩書房、一九七七―七八年）、『三国志』は、今鷹真・井波律子・小南一郎『三国志』（筑摩書房、一九七七―八九年）、『後漢書』は渡邉義浩（主編）『全訳後漢書』（汲古書院、二〇〇一―一七年）として出版された。

（12）和刻本としては、姚鼐（撰）、竹添進一郎（鈔録）、竹添利鎌（点）『古文辞類纂 評定箋註』全三冊が、奎文堂より明治一七（一八八四）年に刊行されている。

（13）町田三郎「『漢文大系』について」（『九州大学文学部九州文化研究所紀要』三四、一九八九年、『明治の漢学者たち』前掲に所収）。

（14）早稲田大学出版部については、中西敬二郎「早稲田大学出版部小史」1～5（『早稲田大学史紀要』三・四・六・七・一〇、一九七〇・七一・七三・七五・七七年）を参照。

（15）町田三郎「「漢籍国字解全書」について」（『東洋の思想と宗教』九、一九九二年）を参照。

（16）なお、編纂の主旨を明確にするため、先哲遺著の正編一二巻と続編一五巻に分けた第二次出版が昭和二〈一九二七〉年に行われている。

（17）松平康国については、森銑三「松平康国翁著「天行詩文鈔」（早稲田人・名著紹介）」（『早稲田大学史紀要』二―二、一九六八年）を参照。

（18）早稲田大学教旨については、大日方純夫「日本近代史のなかの早稲田大学教旨」（『早稲田大学史紀要』四五、二〇一一年）、ほかに島善高「早稲田大学「教旨」について」（『早稲田大学史紀要』四二、二〇一六年）を参照。

正田健一郎「高田早苗論――早稲田大学「教旨」をめぐって」(『早稲田大学史紀要』三〇、一九九八年)もある。
(19) 大隈重信については、真辺将之『大隈重信――民意と統治の相克』(中央公論新社、二〇一七年)を参照。
(20) 渡邉義浩『魏志倭人伝の謎を解く――三国志から見る邪馬台国』(中央公論新社、二〇一二年)。
(21) 廣木尚「二〇一六年度春季企画展「早稲田の通信講義録とその時代 1886-1956」」(『早稲田大学史紀要』四八、二〇一七年)。
(22) 早稲田大学出版部(編)『早稲田大学出版部一〇〇年小史』(早稲田大学出版部、一九八六年)。
(23) 町泉寿郎「漢学」(河野貴美子・Wiebke Denecke ほか編『日本「文」学史』第二冊「文」と人びと――継承と断絶、勉誠出版、二〇一七年)を参照。

近現代中国における碑刻調査——華北の事例から

飯山知保

はじめに

当初、筆者に与えられたテーマは、ヨーロッパの学知の受容とともに形成された近代日本の人文学という文脈における、「東洋史学の成立」であった。だが、この問題については従来さまざまな形で議論が深化してきており[1]、あえて屋上屋を架す必要はない。そこで本稿では、自らの経験と問題関心にもとづき、歴史研究にとって根本的な問題である史料収集とその進展に焦点をおき、「ヨーロッパの学知の受容」と時を同じくして形成された、前近代からの東アジアにおける学術伝統の継続性の中での、「東洋史学」とその研究対象地域の関係の一端について考えたい。

なお、周知の通り、「東洋史学」とはその形成の初期から、「世界史」の重要な一部としてのアジアの歴史を包括的に研究することを主要な目的としており[2]、それは紆余曲折を経た今日も基本的に変わっていない。このため、「史料収集」と一言で言っても、東は朝鮮半島から西はボスポラス海峡（場合によってはさらに西方）に至る諸地域における、様々な言語・形態の歴史史料の収集が含まれ、その方法論や歴史的経緯は、まさしく千差万別である。遺憾ながら、筆者にそれらを俯瞰的に考察する力量はない。そこで本稿では、筆者のこれまでの研究経験にもとづき、「中国本土China proper」の北部である「華北」地域における、おおよそ一〇～一九世紀に作成された碑刻（本稿では、モノとしての碑そのものと、そこに刻まれた碑文を総称してこのように呼ぶ）史料を対象とした、前近代から今日に至る中国での調査を振り返り、あわせて日本を拠点とする東洋史研究者が直面する問題をとくに論じる。

持ち運びが容易で、江戸時代以前からすでに大量に日本に持ち込まれていた典籍や書画とは異なり、一般的に運搬を想定して作成されない碑刻は、明治時代以前においては、主に拓本としてのみ将来が可能であった。結果的に、現在の日本の主要な図書館・研究機関において、所蔵される拓本が典籍に比して明らかに数的に見劣りするという現実は、前近代日本における前者の文化的・学術的な重要性が、後者に比して必ずしも高くはなかったことを如実に表しているだろう。その一方で、早くも宋代に欧陽脩《おうようしゅう》（一〇〇七―七二）が『集古録』を著して以来、中国においては碑刻が、まずは書法的な鑑賞の対象として、後には文献史料を補う（そして時には相対化する）史料群として、収集・研究の対象となっていた。また、文化的なエリートを自認する人々の間で、著名な碑刻の拓本は盛んに蒐集され、真贋の判別を含めたその鑑賞能力は、知識人のあるべき教養の一部として早くから認識されたのである。[3] 一八世紀に至ると、碑刻の史料的な価値を高く評価する学術的風潮の高揚のもとで、編者あるいはその代理人が現地調査を実施して碑刻を調査し、碑文を採録して大きさなども記録した碑刻集録が出版されるようになる。畢沅《ひつげん》（一七三〇―九七）の『関中金石記』『中州金石記』『山左金石記』、阮元《げんげん》（一七六四―一八四九）の『両浙金石志』、胡聘之《こへいし》（一八四〇―一九一二）の『山右石刻叢編』など、地方別の大部の集録はもちろん、王昶《おうちょう》（一七二四―一八〇六）の『金石萃編』、陸耀遹《りくよういつ》（一七七一―一八三六）の『金石続編』、孫星衍《そんせいえん》（一七五三―一八一八）の『環宇訪碑録』、陸増祥《りくぞうしょう》（一八一六―八二）の『八瓊室金石補正』といった、歴史的な「中国」で作成された碑刻を、時代別・地域別に網羅しようとする気宇壮大な著作は、現在に至るまでのその学術的な価値を全く失っていない。

一般的に、編者による詳細な考察が個々の碑刻に付されたこうした集録は、周知の通り清代金石学の精華であるのみならず、世界的に見ても、モムゼン（Christian Matthias Theodor Mommsen, 1817-1903）が主唱し、現在も分冊が発表され続けている『ラテン碑文集成 *Corpus Inscriptionum Latinarum*』と、その網羅的な収録数や学術的考察の深さにおいて、文字通り肩を並べるといえよう。

こうした碑刻集録は同時代の日本にも将来されたが、時を同じくして、日本においても日本歴代の碑刻が「日本史」研究の史料群として注目され始める。[4] しかし、中国をはじめとする東アジア諸地域の歴史・文化の考察に、碑刻が用いられることは依然として稀であった。現地に赴いて碑刻を実見することが基本的に不可能であり、拓本の将来数も多くはない状況下で、これはある意味当然のことであったろう。だが、前述の清代の碑刻集録により、著名な碑刻の存在や、碑刻研究の盛行は日本で知られるところとなり、明治時代以降、大陸への渡航が可能となると、少なからぬ学者・官吏や好事家が現地での文物調査を行う中で、碑刻に関する記録を残すようになる。それぞれの動機や目的は様々であったが、関野《せきの》貞《ただし》（一八六八―一九三五）、塚本《つかもと》靖《やすし》（一八六九―一九三七）、常盤《ときわ》大定《だいじょう》（一八七〇―一九四五）、鳥居《とりい》龍蔵《りゅうぞう》（一八七〇―一九五三）、桑原《くわばら》隲蔵《じつぞう》（一八七一―一九三一）、西川《にしかわ》寧《やすし》（一九〇二―八九）らをはじめとした考古学・民俗学・文化人類学・宗教学・歴史学研究者により記録・採拓され、日本に紹介された中国の碑刻は、新興の東洋史学に従事する研究者たちに大いに注目され、今日でもなおその最も重要な研究史料群となっている。[5]

その一方で、碑刻史料と日本在住の研究者との関係は、現在も基本的に江戸時代から変わっていない。すなわち、碑刻を研究対象とする、あるいは研究史料として利用するに際しては、絶対的と言える空間的な懸隔がそこに横たわっている。碑文を移録する際に避けがたい誤読・誤記を考えれば、現地調査は不可欠なのであるが、留学などの機会を除いて、長期間にわたる悉皆調査を行うことは、経済的、あるいはなんらかの職に就いている場合には避けがたい時間的な制限により、現実的にはかなり難しい。もちろん、綿密な事前調査により、ピンポイントで重要な碑刻を選んで調査し、画期的な研究成果を挙げることは十分に可能であるし、実際そうした事例は存在する。(6) しかし、ある程度まとまった数の碑刻を研究対象とする場合には、後述のように前近代からの重厚な金石学（碑刻学）の伝統を受け継ぐ中国の研究者からの助力が欠かせない。この、史料へのアクセスという、歴史学研究において關鍵といえる問題に、どのように取り組んでゆけばよいのだろうか。以下、筆者がこれまでの研究で何回か訪問してきた、山西省定襄県の事例を対象として論じてゆく。

定襄県における碑刻研究の歴史

中国における碑刻研究は、二〇世紀半ばの断絶期を除き、網羅的な碑刻収集への熱意や碑刻集録のスタイルなどの点で、前近代からかなりの継続性を有している。二〇世紀初頭の大清帝国崩壊を経ても、それとともに碑刻の収集・整理・刊行を行う研究者が減った形跡はみられず、むしろ民国時代の地方志における「金石志」や、単独で著された碑刻集録などの形で、新たな研究が次々と発表された。このような前近代からの学術的継続性という点において、定襄県はまさしく典型的な地域である。本節ではまず、定襄県における碑刻研究の歴史を確認する。

一九世紀以前の定襄県で作成された碑刻について、その碑文や大きさなどを最も網羅的に収録するのは、牛誠修（一八七八―一九五四）の『定襄金石攷』四巻（一九三二年刊行）である。編者の牛誠修は、定襄県待陽村の出身で、字を明允、号を松台山人といった。(7) その一族は清代におそらく何人かの挙人を輩出しており、誠修自身は設立（一九〇二年）間もない山西大学堂に入学している（後に病気のため中退）。『定襄金石攷』の他にも、定襄に関連する文章の来歴や真偽を考究した『定襄文献索真』(一九三七年ごろ)、定襄県に伝わる医薬について記した『験方偶存』一巻(編纂年不明)、詩文遺稿集『雪華館詩抄選』二巻が著書・遺稿としてあったことが分かっている。また、自らの家宅で印刷活動を行い、『定襄金石攷』や、定襄県の明清時代の先人の著書一六種を「雪華館叢書」と名づけて刊行している。

このように、牛誠修はその著作や刊行物の数という点において、まさしく民国時代の定襄県を代表する著述家・出版者であったが、同時代人にとっては、もうひとつ重要な一面が彼にはあった。すなわち、革命家、そして政治家としての一面である。山西大学堂を中退してから、牛誠修は日本で結成された中国同盟会について知り、「同志数十人」と郷里の書斎「雪華館」で密議をこらすようになる。折よく、定襄出身で、留学中の日本ですでに中国同盟会に参加していた賀炳煌(一八八二—一九二八)と斉宝璽(一八七九—一九六四)[8]が、一九〇七年に帰国し、その紹介で牛誠修も同盟会に加入することになる。その後、一九〇九年には定襄県に自治所を設立し、その所長に就任。翌年には県城の福慧庵に光華女子小学堂を創建した。

一九一一年に辛亥革命が起きると、太原で発生した反清叛乱に合流し、定襄民団団練処の処長に、その翌年には定襄県議会議長に推挙されている。議長の在任期間は一九二六年までの一四年間に及び、その間に綿花栽培運動や、県城での女子小学堂・新華勧業工廠の設立、後に「雪華館叢書」として刊行される県内の伝世文献の収集などを行った。民国時代の碑刻集録の多くが県レベルの地方官により、地方文化の振興の一環として行われたことを考えれば、牛誠修の経歴は二〇世紀前半の中国金石学において、ある意味典型的ともいえる。その後、一九二六年に猗氏県長に転任し、一九二八年には国民政府内政部参事と、国民党政権での官職を順調に勤め上げていったように見えるが、一九三〇年夏に、それらを辞して帰郷してしまう。

その後の牛誠修については、張淑琳「定襄牛明允先生暨徳配韓夫人墓誌銘」[9]が「庚子(一九三〇年)夏、国政が日に日に悪くなり、人心が日ごとに離れてゆくのを目撃し、そこで世事から離れて帰郷し、仕官の意を絶ったのである」、牛元成「牛誠修晩年郷居散記」[10]は「一九三〇（民国一九）年に蔣介石と閻錫山・馮玉祥が中原大戦を引き起こすと、国民党の権力闘争が国家と国民に災いをもたらすことを非常に憎み、「戦時は年々頻発し、人々の生活は日ごとに難しくなる」ことを深く感じて孫中山に申し訳なく思い、憤ったのちに辞職して故郷に帰った」などとそれぞれ記すが、いずれの場合も国民党の北伐完了後に、蔣介石と閻錫山・馮玉祥ら華北の諸軍閥が争った、いわゆる「中原大戦」と呼ばれる一連の戦役がその政治的引退の契機となったとする。共産党の執権後に記された如上の記録は、いずれも閻錫山に対する牛誠修の考えや、両者の関係について触れないが、山西省における辛亥革命にあたっての蜂起に大きな役割を果たした中国同盟会員であり、中華民国発足当初から山西省の督軍であった閻錫山と、定襄県議会議長の牛誠修が全く没交渉であったとは到底考えられないだろう。中原大戦の後、閻錫山は一時的に下野したが、こうした情勢と牛誠修の辞職には、おそらくは何らかの関連があったのではなかろうか。ともかく、辞職後の牛誠修は再び官職に就くことはなく、日本軍の占領下でも県政府からの任官要求を拒絶し、一九四〇年あるいは四三年に晋察冀辺区参議参議員に推挙されたことがあるとされるが、それ以外は郷里に隠棲したとされる[11]。

県議会議長としての牛誠修の施政は、男女平等思想・学校教育（女子学校を含む）の普及、産業の育成、郷里の文化・文化財の保護といった、「郷治政策」と呼ばれる閻錫山の施政方針の影響を色濃く反映していた。『定襄金石攷』の編纂と刊行は、こうした民国期の新たな政治・文化運動の産物であり、当然ながら清代までの金石史料集の編纂とはその目的をいささか異にしていた。『定襄金石攷』に付された自叙において、牛誠修はその編纂の目的と経緯を次のように記している。

金石が考証に資するに足るのは、その文字が優れているからということでは必ずしもない。長い年月を経て残欠してしまった碑碣も、みな採るべきであり、それによって見聞を補い、誤りや欠落を正すのだ。しかし風雨にさらされ、荒れ野で摩滅してしまい、〔それを気に留める〕人がいなかったならば、そこを通り過ぎてたずねても、朽ちてしまい世間に知られない。定襄は面積が狭小で、地方志も粗略であり、金石の蒐集についてもいままで専著がなかった。『山西通志』金石記と『山右石刻叢編』には、わずかに宋金元の十三種が収められ、埋もれているものはなお数十種あるが県内の知識人は考究を行わず、これが遺憾でないことがあろうか。私は庚申（一九二〇年）の春より、世の中の激しい移り変わりに感じるところがあり、志をもって現地調査を行って、およそ墳塋・寺観・峭壁・懸崖で、古い碑碣があると聞けば、馳せ参じて調査しないことはなかった。危険な場所を踏破し、野外生活の艱難を経験しながら、〔碑刻の上の〕苔を剝がし、倒れた墓碑を起こして、拓本を採るものは採り、抄写するものは抄写すること五・六年にして、〔北〕魏についは三種を得、斉は一種を得、唐は三種、宋は十種、金は十六種、元は五十二種〔であり〕、撫でさすりつつ鑑賞して、それらが集まって書物となった。ここにおいて見聞の及ぶところにそれぞれ考証を加え、検討して四巻に分ち、金についてはわずかに二種を〔さらに〕巻末に付した。(12)

民国時代の地方志には、郷里の文化遺産を保護・記録するという意図のもと、広汎な収集作業に基づいた碑刻の移録や、場合によってはその写真が収録される事例が往々にしてみられるが、牛誠修の編纂目的も、それらと軌を一にすると考えてよいだろう。光緒二三（一八九七）年の挙人であり、後に山西大学文史系の教授となって『定襄金石攷』にも序を寄せた、張友桐（一八六八―一九四四、山西代県人）(13)は、牛誠修の碑刻収集について次のように総括している。「明允が〔この事業を〕始めるや、これまでの地方志の採集が粗略で漏れが多く、誤りもあり、情報の収集がいまだ精確でないことを憂えた。ここにおいて省志〔『山西通志』〕〔で碑刻の所在地など〕を探求し、著名な金石集で裏づけを取り、およそ定襄に関連するものは記録した。少しでも時間があれば県内を巡り、山川・寺院・墳墓を捜索し、峻厳な地形の中で探究を行い、荒廃していた〔碑刻を〕明らかにしたのだ」[14]。つまり、清代以前の碑刻研究を引き継ぐ形で、朽ち果てる故郷の文化遺産の記録のため、「墳塋・寺観・峭壁・懸崖」あるいは「山川・寺院・墳墓」という、いわば碑刻が設置されそうな全ての場所での悉皆調査を志していた。その努力は、合計八五座という大量の新出碑刻の収録に結実しており、牛誠修自身もその自叙で、「庚午（一九三〇年）の夏に北帰し、また先生（張友桐）と数ヶ月間相談し、はじめて〔刊行の〕準備が行えた。ああ、この編著が収録したのは、わずかに定襄という限られた一地域のみのものである。その浅薄さを深く知っているし、譏りを受けるのを免れはしない。しかし一〇年間の精力を積んではじめて編著をなすことができ、文献を考証するさいにも、資するところが無いわけではない」と、定襄県内に関しては十分な収録が行われたことに対する自信がうかがえる述懐を残している。

それでは、牛誠修らが「粗略」と評した明清時代の定襄県の地方志は、どのように碑刻を収録していたのだろうか。現存する記録から分かる限り、最も古い定襄県の地方志とされるものは万暦七（一五七九）年に知県の安嘉士により編纂されたが[15]、これは現存していない。万暦丙辰（一六一六）年に当時の知県王立愛により増補・続修された県志が伝存しているが、現存するのは巻一から三までであり[16]、残念ながら「碑文」が収録された巻八芸文志は失われている。その後、この万暦県志に基づいて編纂された康熙『定襄県志』[17]と、さらにそれを重修した雍正『定襄県志』[18]の芸文志「碑文」には、元好問（一一九〇―一二五七）・徐階（一五〇三―八四）など、歴代の著名な文人官僚が定襄県に関連して撰述した墓表や水利碑、そして各時代の定襄出身の挙人・進士やその家族の墓碑が主に収録されており、県内の碑刻に対してかなり広汎な目配りがなされている。毎次の続纂に際しては、ある程度の実地調査が行われていたようであり、康熙『定襄県志』の編纂者である当時の知県王時炯は、その「漏澤園記」（雍正『定襄県志』巻八芸文志・碑文）で「私は県志を続纂するので、古蹟をあまねく訪ね歩き、崩れ落ちたり埋もれてしまったものについては全て、地図（あるいは図経）を参照して探した。壇壝や墳墓などで遺制が明らかなものは、記録をしっかりと示し、どうして小民に侵奪・併呑させて、〔原状を〕はっきりと恢復させないことがあろうか」と言明している。

実際、墳墓については、歴代の県志の地理志の「邱墓」「墳墓」の項目でかなり仔細に記録され、編纂者の興味関心が特に高かったことを示している。光緒『定襄県補志』[19]の編纂者王仲熹は、建置志・冢墓の末尾の按語で忠臣・孝子・烈女・貞女の墳墓を増補したことを明記しており、[20]とくに明清時代の墳墓については、その数が大幅に増加し、もしそこに碑刻があった場合には、それに対する言及がなされた。牛誠修の功績は、その調査の範囲を有力家系の墳墓だけではなく、寺院・道観・廟や山間部の磨崖碑文、そして出土した墓誌銘などにまで拡大した点にある。なお、前掲の『定襄金石攷』自叙で言及されるように、牛誠修の調査におよそ三〇年先だって、『山西通志』の編纂に参与し、山西省全体の碑刻集録『山右石刻叢編』を編纂した山西布政使胡聘之も、定襄県の碑刻を少なからず採録しており、牛誠修もそれを参照している。

『定襄金石攷』において、牛誠修は明清時代の碑刻を集録していない。この点については、一切その理由が書き残されていないが、後年彼がさらに『定襄文献索真』という網羅的な史料集録を編纂したことを考えれば、あるいは明清碑についてはこちらに収録する構想があったのかもしれない。牛誠修は「民国廿六年九月」の日付をもつ「『定襄文献索真』弁言」において、「私は、県志重修の責任を全面的に担うこととし、そこで羅先正の遺著を広くさがし求め、あつめて『雪華館叢編』とし、全県の碑碣を採集して、編集して『定襄金石攷』とした。さらに〔歴代山西〕省志と各地の県志〔に収録された〕関連文献を博覧し、近年の変化に関する現場からの資料を調査して、それらを種別ごとに分類して冊子に録した。しかる後に雍正年間の旧〔定襄県〕志および李子畬太守の県志初稿を参酌し、徹底的に調べ尽くし、虚偽を排除し、少しでも欠けるものがあれば妥協しなかった」(21)と記しており、『定襄文献索真』は彼の定襄における史料収集の集大成となるべき著作であった。実際、その目次には「巻七　第一〇章　金石」という項目がみえる。(22)牛誠修の死後、この文献は抄本がその族子の牛元成に託され、文化大革命の際に損害を受けたものの、保管され続け、文革終了後には、牛誠修の長男に返還されたとされるが、(23)いまだに刊行はされておらず、その所在も不明である。(24)

このように、清代から継続する重厚な碑刻研究の伝統は、二〇世紀に入ってさらに緻密化し、県単位で同様な悉皆調査が少なからず行われ、それが主に河北・山東・山西などの民国地方志における「金石志」の充実などに帰結した。そしてそれに後続する形で、今世紀における碑刻集録刊行の盛行が現在進行形で起きているのである。それでは、我々日本に研究基盤を置く研究者は、こうした調査対象地域の先学の重厚な業績にもとづき、いかにして碑刻の利用をさらに行ってゆくべきなのだろうか。次節では、この点について、定襄県の現状を踏まえて考えたい。

碑刻の現状と調査の課題

牛誠修の生前、『定襄金石攷』が学術的に注目されることはほとんどなかった。そもそも、当初印刷された部数はおそらくそれほど多くはなく、とくに中国国外の研究者にとっては、その閲覧自体が困難であった。そうした状況が変化するのは、台湾の新文豊出版公司が刊行した大部の碑刻史料集『石刻史料新編』第一三冊に収録されて、『定襄金石攷』のリプリント版が出版された一九七七年であった。

従来個別に閲覧・研究されていた歴代碑刻集録を網羅的に収録した『石刻史料新編』が東洋史学研究、なかんずく歴史的「中国」を対象とした研究に与えた影響は、文字どおり絶大であった。一九七九年にはその続編である『石刻史料新編第二輯』、一九八六年には『石刻史料新編第三輯』が出版され、現在でも基本的な碑刻史料集成として利用されている。同時に、『北京図書館蔵中国歴代石刻拓本匯編』(全百冊、中州古籍出版社)をはじめとして、中国大陸でも大部の碑刻集成が陸続と出版され、また二一世紀に入ってからは、三秦出版社(陝西省)、三晋出版社(山西省)、斉魯書社(山東省)など各地の省レベルの出版社も、それぞれの地方の碑刻の拓影・録文を載せた史料集を出版している。こうした史料環境の激変は、歴史学研究のあり方にも直接的な影響を与え、碑刻は歴史的「中国」の研究において、それまで以上に枢要な地位を占めるようになった。(25)

当然、録文には誤りが存在する可能性が常にあるし、モノとしての碑刻を書籍の中で完全に記録・再現することも難しい。また碑刻集録は往々にして碑陰や碑側の文字などを省略するため、碑刻史料の使用に際しては、それが現存するのであれば、できる限り原碑の実見調査を行わなければならない。この点について特筆すべきは、一九八〇年代から進展した中国国内旅行の簡便化により、中国国外に研究拠点を置く研究者たちが、十全に碑刻を史料として扱うことが可能となったことである。中国への留学も盛んに行われ始め、戦後長らくの中断を経て、出土資料(木簡・竹簡など)や檔案史料の場合と同じく、日本の東洋史学は研究対象とする地域の現地史料群と大規模な再接触を果たすこととなった。

先述した、桑原隲蔵らによる二〇世紀前半の、文字どおり手探りの調査と異なり、今日我々は比較にならないほど豊富な関連情報を閲覧し、調査にそなえることができる。中でも、一九五六年以来、三回にわたり中国政府により実施された「全国文物普査(全国的な文物の悉皆調査)」の成果は、省ごとの文物の現状が詳細に記録される『中国文物地図集』シリーズや、省ごとの碑刻目録、そして『山西石刻大全』シリーズのように、省や県ごとの碑刻集録といった形で出版され、広く研究者に共有されてきた。もちろん、文物の保存状態や存在位置は不断に変化しており、完璧な事前準備は不可能なのであるが、「どこにどんな文物があるか」という大体の予測をつけて調査に臨むことができるようになったことは、長足の進歩である。しかし、碑刻の現状が予測可能なことと、碑刻を実際に利用することの間には、乗り越えるべき多くの問題が存在する。

筆者が定襄県をはじめて訪れたのは、二〇〇一年五月五日、陝西省・山西省において金代（一一一五—一二三四）とモンゴル時代（一二三四—一三六八）の碑刻をできるだけ多く実見する調査行を、船田善之氏・井黒忍氏と共に行っていた際にであった。(26)筆者が最も実見したかった「故左副元帥権四州都元帥宣授征行千戸周侯神道碑」（『定襄金石攷』巻二に収録）は、定襄県の南部に位置する南王村の村はずれに、おそらくは牛誠修が調査した当時と変わらぬまま立っており、自らも「歴史」の一部となったような新鮮な感激を抱いたことを、今でもよくおぼえている。しかし、牛誠修が収録した碑刻全体から見れば、これは少数の幸運な事例に属すことが、のちに明らかになる。すなわち、牛誠修と我々を隔てる八〇余年の間、抗日戦争・「集体化（土地や財産の集団所有制度の施行）」・大躍進運動・文化大革命が巨大な社会変動をもたらした二〇世紀を経て、大多数の碑刻はその位置を変え、あるいは失われてしまった。そしてその背景には、碑刻をめぐる権利関係・社会関係の劇的な変化がある。

一例を挙げてみよう。南王村の北東に位置する留暉村は、一見何の変哲も無い華北の村落である。しかし、村の大通りに立ってその側溝を眺めてみると、その印象は一変する。側壁に使われている、一見コンクリートの板に見えるものが、大量の、おそらくは主に清代の墓表であることに唐突に気づくことになるからである（図1）。慌てて大通り沿いに側溝をたどってみると、墓表が目視できる限り途切れなく側壁として「再利用」されていることが確認できるだろう（図2）。それらの大部分は張姓の人々の墓表・墓碑である。かつては威勢を誇った一族の墓地に林立していたであろう碑刻が、そのまま側溝建設の資材となったのである。他方で、この村には、山西省の文物保護単位に認定されている、洪福寺という仏寺がある。その中には、仏殿などの重修に献金した人々の名が記され、それぞれ光緒一八（一八九二）年と二四（一八九八）年に立石された二つの碑（図3・4）があり、任姓とともに多く張姓の人物を確認することができる。もしこれらの張姓の人物が、側溝の墓表・墓碑と関連するのであれば、一九世紀末から二一世紀初頭の間に、彼らとその後裔になにが起きたのだろうか。

　二〇世紀における社会的・文化的断絶と、その間に発生した文物の状態の変化は、定襄県のみならず広く中国各地で見られる、歴史研究に対する大きな障害となっている。複雑に絡み合った人間関係や過去の出来事を踏まえた上で、文物の移動の軌跡と現在の所在地、そしてその所有権を明らかにするには、現地での粘り強い、長期間にわたる調査が必要となる。結果的に、中国国外の研究者は、十分な時間的・金銭的余裕を持つ、中国の研究機関に在籍している研究者の研究成果に、ほぼ全面的に依拠する状況が往々にしてみられる。

　無論、中国で活動する研究者への依存が問題であるわけでは全くない。当たり前のことだが、そうした研究者の不断の努力無しにして、東洋史学という学問分野自体が存続することはおそらくできなかったし、研究対象の地域の研究者がその当該分野をリードすることは、史料

図1　留暉村側の溝の碑刻①

図2　留暉村側の溝の碑刻②

図3　留暉村洪福寺の碑①

図4　留暉村洪福寺の碑②

へのアクセスや言語的な利便性もあいまって、至極当然である。しかし、前述したような誤記・誤録の可能性を考慮する場合、原碑の実見を伴わない研究には、どうしても不安がつきまとう。さらに、碑刻とはそれ自体が文化的・社会的な象徴性を有するモノであり、その時々の需要によりたびたび所在地を変えてきたため、碑刻自身への考察と同等あるいはそれ以上に、「なぜそれがそこにあるのか、誰がどういった経緯でそれをそこに設置したのか」といった、所在地の社会的・歴史的な文脈の中に碑刻を位置づける努力が重要となってくる。そして、前述の近年の碑刻史料集が、こうした問題に関心をむけることは稀である。

　前述した留暉村の側溝の例に戻れば、「再利用」された碑刻を丹念に調査し、碑文を分析すれば、それらを立てた家系の系図の復元や、政治的な浮き沈みなどをある程度理解することは可能だろう。しかし碑刻の全面的な活用のためには、もともとそれらの碑刻が墓地にどのような位置関係で立っていたのか、墓地はどれほどの規模であったのか（墓地は一つだったのか複数だったのか）、そして墓地はどこに位置していたのか、その維持のための財源はいかにして確保されたのか（維持費をまかなうための田地、いわゆる祭田の類はあったのか）といった諸点の解明が不可欠である。また、そもそも、墓地の碑刻が余すところなく全て側溝の建築資材として「再利用」されたのかといえば、それを確言することは難しい。見栄えの良い、サイズの大きな碑刻はより大きな建築物の資材とされたかもしれず、あるいは好事家に売却されたかもしれない。もし可能であれば、聞き取りを通じてこうした疑問への回答を、できる限り探さねばならない。しかしその際には当然、数十年前に側溝の建設を主導した人々と、碑刻を「供出」させられた人々、およびその子孫がまだ同じ村に住んでいることを十分に留意しなければならない。

さらに、碑刻をめぐる権利関係も、非常に敏感な問題である。通常、中国の研究者に「誰が碑刻の使用権を与えるのか」と質問すると、「碑文が判読できる形で出版されていれば、自由に使用出来る」という答えが返ってくる。しかし、現地調査で発見する碑刻には、未公表のものも当然多く含まれる。こうした場合、現地の研究者の助けを借り、まずは中国で研究を公表してもらい（あるいは共同研究を行い）、その後で使用するというのが最も穏当な手段であるが、全ての碑刻に同様な手続きを行うのは実質的に不可能である。さらに、稀ではあるが、碑刻の設置者の子孫が、その使用の可否を決定する権利を主張することもあり、この場合は彼らとの直接交渉が必要となる。また、問題が最も難しくなるのが、碑刻が民間の博物館などに購入された場合である。まず、博物館に購入された事実を知ることが容易ではないうえ、新たな所有者とどのような経路で面識を得るかも難しい問題である。牛誠修が調査した定襄県の碑刻のうちのいくつかも、民間の博物館の手に渡ったと仄聞するが、場合によっては文物保護法に抵触する形で行われた売買を追跡し、所有者から使用権を得るのは、それ自体がひとつの込み入った調査である。

全てのこうした懸案に取り組む際の重要な鍵のひとつは、当然ながら中国における研究人脈の形成であろう。刻々と変化する現地の状況を知ることからして、日本からでは明らかな限界がある。二〇世紀後半の中断をはさみながらも続く、中国における碑刻研究・調査の伝統に、いかにして自らを結びつけてゆくのかが、中国を研究対象とする日本の東洋史学研究者が現在直面する、大きな課題である。もちろん、これまで碑刻調査を行ってきた研究者のほとんどは、一九八〇年代以降、様々な方途により自ら人脈を作り上げてきた。だが、その人数は多くはなく、ひるがえって中国は広く、碑刻は数多い。無論、全ての碑刻を悉皆調査する必要は、個人の研究者にはないし、また不可能である。しかし、個々人の研究課題の追求に柔軟に対応できるよう、異なる時代や事象を専攻する研究者同士の結びつきと人脈の共有が、現状に対処する有効な手段であると思われる。

おわりに

有史以来、日本で研究を行う者が、中国において碑刻の現地調査を行ったのは、二〇世紀前半と、ここ三〇年のふたつの時期に限られる。碑刻研究というと、なにか長大な伝統を感じがちであるが、実際にはきわめて若い研究分野であるといえよう。とくに、中国現地の研究者との協力関係という点では、その端緒が開かれてからまだそれほど時間が経っておらず、その方途を模索する時期をまだ脱したとはいい難い。碑刻について集中的に議論する場は、単発的な学会に限られ、人脈の形成は、主に他の主題での会議で、大体の場合は偶発的になされることが多いのが現状である。

そうした中、二〇一四年に厦門大学民間文献研究中心により発行された『碑銘研究』(27)は、同研究センターが刊行する『民間歴史文献論叢』の一部であるが、碑刻を主題に中国語で発行された数少ない論集である。どうやら単発的な刊行物であるようだが、こうした碑刻の収集・分析を目的とした研究プロジェクトは、現在中国で少なからず立ち上げられている。中国の研究者の問題意識に、自らのそれを同化させるべきということではない。むしろ日本で議論される問題意識や視野を念頭におきながら、変革期にある中国の学術界と良好な関係を築き上げてゆくことが肝要であろう。

碑刻調査をめぐる二〇世紀初頭以降の状況は、本書のテーマである日本の近代人文学の学知とは、必ずしも全てヨーロッパの学知の受容をもって共時的かつ体系的に形成されたのではなく、異なる研究分野・環境において相当に異なる経緯をたどって形成され、場合によっては前近代東アジアからほとんど直線的な継続性をも有していることを示している。そうした中、近代人文学としての東洋史学、とくに中国を対象とする研究は、戦争や外交関係の途絶などをはさみ、研究対象の地域と直接関係を取り結び、史料を収集・分析するという機会に、ながらく恵まれてこなかった。本稿で概観した課題は、現在研究を行う我々が、我々の努力により先駆的に解決しなければならないのである。

注

(1) 例えば、岸本美緒〔責任編集〕『岩波講座「帝国」日本の学知　第三巻　東洋学の磁場』(東京：岩波書店、二〇〇六年)所収の諸論文などを参照。

(2) 前掲『岩波講座「帝国」日本の学知　第三巻　東洋学の磁場』所収の岸本美緒「東洋のなかの東洋学」、中見立夫「日本的「東洋学」の形成と構図」、吉澤誠一郎「東洋史学の形成と中国――桑原隲蔵の場合」を参照。

（3）中砂明徳『中国近世の福建人――士大夫と出版人』（名古屋：名古屋大学出版会、二〇一二年）、一三―三六頁。

（4）神田喜一郎「日本金石学の沿革」『神田喜一郎全集　第八巻　扶桑学志・芸林談叢』（京都：同朋舎、一九八七年）、三四四―三五八頁。

（5）杉山正明「碑はたちあがり歴史は蘇る」『世界の歴史　巻九　大モンゴルの時代』（東京：中央公論社、一九九七年）。

（6）例えば、筆者が研究対象としてきた時代・地域であるなら、中村淳・松川節「新発現の蒙漢合壁少林寺聖旨碑」『内陸アジア言語の研究』八、一九九三年、一―九三頁。

（7）以下、牛誠修の経歴については、李召軒「牛明允先生事略」および張淑琳「定襄牛明允先生暨徳配韓夫人墓誌銘」（定襄県政協文史資料委員会［編］『近現代定襄先賢録　定襄文史資料（第四輯）』、定襄：定襄県政協文史資料委員会、一九九一年）、そして山西省政協文史資料委員会［編］『山西辛亥人物伝』（太原：三晋出版社、二〇一一年）所収「牛誠修」（二六一―二六三頁）を参照した。なお、これらの資料の入手にあたっては、山西大学中国社会史中心の李嘎副教授と趙中亜副教授のご協力を賜った。謹んで感謝する。

（8）この両者の事績については、陳応謙「賀炳煌斉宝璽事略」、牛誠修「献給賀輝斎的詩」、張淑琳「先烈賀君輝斎紀念碑碑文」、「漫憶祖父斉宝璽」（いずれも前掲『近現代定襄先賢録　定襄文史資料（第四輯）』所収）を参照。

（9）前掲『近現代定襄先賢録　定襄文史資料（第四輯）』五〇―五一頁。張淑琳（一八八二―一九五四）は、五台県出身で山西大学堂に入学後、推薦により翌一九〇三（光緒二九）年の西安での郷試に赴き、これに合格して挙人となり、民国時代には山西省議員や山西工業専門学校の教授となっている。

（10）前掲『近現代定襄先賢録　定襄文史資料（第四輯）』三七―四三頁。作者の牛元成は一九九一年当時「離休教師」であり、牛誠修を「族祖」と呼ぶ。

（11）前掲の『山西辛亥人物伝』所収の伝記では、「一九四三年一月、晋察冀辺区参議会成立、牛誠修被推挙為辺区参議員」、同じく前掲の牛元成「牛誠修晩年郷居散記」では「一九四〇年、晋察冀辺区参議会成立、老先生被推挙為辺区参議員」と、ほぼ同文の記載があるが、後者には「編者按、拠彭伯周同志托智秉錚来信説、当時牛誠修〝未就〟参議員」との按語が附せられる。

（12）『定襄金石攷』第三葉、牛誠修「自叙」。なお、本稿で使用する『定襄金石攷』は、『石刻史料新編　第二輯』

第一三冊（台北：新文豊出版公司、一九七九年）所収の、中央研究院史語所傅斯年図書館所蔵の民国二一年雪華館刊行本である。

（13）その経歴については、謝江「張友桐先生伝略」（文史月刊雑誌編輯部・山西省政協文史資料委員会『文史月刊』一九九四年第五期）を参照。

（14）『定襄金石攷』第一―二葉、張友桐「敘」。

（15）金恩輝［主編］：胡述兆［共同主編］『中国地方志総目提要（上冊）』（台北：漢美図書有限公司、一九九六年）、四-五一頁。なお、孫能伝『内閣蔵書目録』巻六には、「定襄県志二冊全。万暦乙卯、邑人傅納誨修」という記述があり、それ以前に、定襄県南関都傅氏の傅納誨も県志を編纂していたことを伝えている。

（16）王立愛［続修］・劉国治［続纂］万暦『定襄県志』（『明代孤本方志選』（北京：中華全国図書館文献縮微複製中心、二〇〇〇年）所収）。

（17）康熙五〇（一七一一）年刊。王時炯［増修］・牛翰垣［続纂］康熙『定襄県志』。

（18）雍正五（一七二七）年刊。王会隆［続修］雍正『定襄県志』（『中国方志叢書』華北地方第四一三号、台北：成文出版社有限公司、一九六八年）。

（19）光緒六（一八八〇）年刊。王仲壽［修］・邢澍田［纂］光緒『定襄県補志』（東洋文庫蔵）。

（20）光緒『定襄県補志』巻三建置志・冢墓・第五九葉表「余補修志、大約惟賢者、必顕者、或志至如補簡子孝粛之遺志、以伝信、糾嫖姚武節之誤、志以決疑其原志載入郷賢補志採入忠孝及烈女之殉夫報国者、亦表其墓、以垂不朽、実為生者勧云」。

（21）牛誠修「『定襄金石攷』弁言」（前掲『近現代定襄先賢録　定襄文史資料（第四輯）』）六八―六九頁。

（22）「『定襄文献索真』目次」（前掲『近現代定襄先賢録　定襄文史資料（第四輯）』）七一頁。

（23）牛元成「牛誠修晩年郷居散記」三九頁。

（24）筆者が確認した限り、山西省を中心とした中国大陸およびその他の国家の図書館では所蔵が確認できない。なお、インターネット上の記録では、二〇〇八年にある出版社がその公刊を予告したとされるが、二〇一八年一〇月時点ではその刊行は確認できない。

（25）森田憲司『元代知識人と地域社会』（東京：汲古書院、二〇〇四年）、五三―五八頁。同じく、森田憲司「第七

章　金・元」、礪波護・岸本美緒・杉山正明（編）『中国歴史研究入門』（名古屋：名古屋大学出版会、二〇〇六年）、一八四―一八六頁も参照。

(26)　飯山知保・井黒忍・舩田善之「陝西・山西訪碑行報告（附：陝西・山西訪碑行現存確認金元碑目録）」『史滴』第二四号、二〇〇二年、九六頁。

(27)　鄭振満［主編］『碑銘研究』（北京：社会科学文献出版社、二〇一四年）。

［第一部「学知」編制の系譜］

戦後現代の文・史・哲と人文学の世界

新川登亀男

はじめに

本稿論題における「文・史・哲」とは、「文学・史学・哲学」の略称である。これは、近代に創られた、いわゆる文科系（近年は「人文」学系などともいう）を代表する学問領域群とその区分であり、学制（学科制）区分でもある。しかし、「文・史・哲」という表記は、主として中国において、あるいは中国研究にかかわるところでなされており、日本では「哲・史・文」（哲学・史学・文学）と書き、また称するのが慣例である。ただし、運用上、この順序には多様性もみられる。

ところが、この学問・教育領域群とその区分については、以下のような指摘がなされている。二〇〇八（平成二〇）年三月に開かれた文部科学省の学術研究推進部会「人文学及び社会科学の振興に関する委員会（第一〇回）」の「人文学」関係意見案：配布資料二は、「人文学の現状と課題」について、冒頭、次のように記している。

・大学における教養教育の衰退に伴って、「哲学」、「歴史」、「文学」といった、人文学の中核をなしてきた枠組みや名称が、教育の場面から急速に失われている。しかし、一方、研究の場面においては、「哲史文」の枠組みが、研究者の帰属意識として十分に引き継がれている。

・一般的に社会が「哲史文」に求める役割や機能、即ち、「人間」や「歴史」に対する大きな認識の枠組みの構築と提供に対して、あまりにも研究の細分化、固定化が進んでしまっているという現状に留意する必要がある。

以上のように記したあと、人文学の機能として「教養教育」、「社会的貢献」、「理論的結合」の三機能をあげ、その研究対象として「精神的価値」、「歴史時間」、「言語表現」の三対象をあげている。この三対象とは、まさに「哲・史・文」である。

この意見案に対しては、さまざまな見方があろう。ただ言えることは、「人文学」をふたつの方向からみているることである。ひとつは、研究対象および研究共同体の側面からであり、そこに「哲・史・文」の区分けが岩盤的な存在として確認されている。いまひとつは、社会的な資質としての要請や貢献の側面からであり、それに対して細分化され、固着化された「哲・史・文」が応えていないということである。

たしかに、「哲・史・文」と「人文学」をめぐる問題は、現在、大きな課題となっている。この課題の所在を確認し、それをいかに克服したらよいのかを認識するためには、戦後現代に至る近代史とその知の構築を問い直してみることが不可欠であろう。ここでは、その扉を開いてみたい。

学制と「哲・史・文」

現代東アジアの「文・史・哲」概観

日本の課題を問い直すにあたり、はじめに現代東アジアの場合を概観しておきたい。まず、中国でも、現在、「文・史・哲」の編制が北京大学などにみられる。北京大学の場合は、一九九九年に設置された人文学部(日本の学部組織とは異なる)のなかに中国語言文学系、歴史学系、哲学(宗教学)系の三系がある。この組み合わせと区分は、辛亥革命後の一九一二年に北京大学となる以前、つまり一八九八年設立の京師大学堂の時代にさかのぼる。しかし、その時は、中国文学門が中心であり、これに史学堂が加わる。そして、この系譜が北京大学へと継承されるのであるが、哲学系(哲学門)の立ち上げは北京大学になってからである。逆に言えば、北京大学の創設とともに「文・史・哲」がそろうことになる。

このような沿革から、つぎのようなことが言えよう。まず、北京大学では、新制人文学部のもとに「文・史・哲」の三系が編制されている。そして、設置順にも連動するのであるが、その冒頭に位置づけられるのは「文」であり、ついで「史」であって、「哲」ではない。それは、北京大学の前身である京師大学堂の時代を踏襲したものでもあった。いわば言語学を尊重する「文」が「史・哲」をも包括し、あるいは「文」と「史」が「哲」を包括し、兼通するという伝統的な意識が読み取れようか。そして現在、「人文」呼称のもとで「文・史・哲」の編制がみられるのである。

ついで、韓国の場合、たとえばソウル大学校人文大学、延世大学校文科大学、高麗大学校文科大学などでは、北京大学のように三区分編制が明示されておらず、学科の併記にとどまる。しかし、基本的には「文・史・哲」の意識が潜在しているかのようである。

ソウル大学校の場合は「文・史・哲」の順に学科がならべられており、「文」に言語学が含まれている。その意味では、中国の北京大学に近い。ついで、延世大学校でも「文・史・哲」の順に学科がならべられており、ソウル大学校の場合に似ている。その意味では、中国の北京大学に近い。

ただ、高麗大学校では、「文」「史」「哲」がいささか不規則にならんでいるかのようである。学科の設置が、国語国文学科、英語英文学科、哲学科、史学科（のち韓国史学科・史学科に分かれる）の順ではじまっていることを考慮すれば、「文・哲・史」となる。しかし、いずれにせよ、ソウル・延世両大学校の場合と異なるところがある（以上、鄭淳一、生江麻里子両氏のご教示も得た）。

ただし、現在、上記の三大学校の学制が、ともに「人文」ひいては「文科」呼称のもとで「文」「史」「哲」の三区分や組み合わせを潜在させるか、一部残存させていることでは共通している。そして、これに心理学や社会学、諸外国語文学その他が加わる。

ついで、三区分のうちでは「文」を、しかも自国の語文学を筆頭にかかげることでも共通している。この点は、中国の北京大学でも同様である。しかし、韓国の上記三大学校の場合は、学科の並列に終始して、「文」「史」「哲」の学区分と組み合わせが一義的には示されない方法をとっているから、この点では中国の北京大学の例と相違している。

京城・台北帝国大学の場合

さかのぼって、いわゆる日帝時代の一九二六年、日本の植民地大学である京城帝国大学が法文学部と医学部の二学部体制（のち理工学部が加わる）をもって発足した。そして、法文学部には法学科、哲学科、史学科、文学科が置かれ、法学と、いわゆる「哲・史・文」三学との区分および組み合わせがみられる。しかも、三学の場合は、文字通り「哲・史・文」の順であった（『京城帝国大学一覧』。酒井哲哉・松田利彦編『帝国日本と植民地大学』ゆまに書房、二〇一四年など）。

同じく、日本の植民地大学として、一九二八年、台湾に台北帝国大学が設立された。当初は文政学部と理農学部の二学部体制であったが、のち医学部、工学部が増設され、理農学部は理学部と農学部に分かれた。このうち、文政学部には哲学科、史学科、文学科、そして政学科が置かれ、ここでも「哲・史・文」の順で三学区分とその組み合わせが施行された。

このような体制は京城帝国大学と酷似している。「哲・史・文」三学科と法や政治（経済なども含む）を学び教え、研究する学科とが抱き合わせでひとつの学部を構成するという点においても京城・台北両帝国大学はよく共通していた。つまり、「哲・史・文」と「法」ないし「政」とは不可分な関係にあるとみられていたのである。

このような関係は、後述する東京帝国大学文科大学時代（一九〇四―一九一九年以前）の「哲・史・文」編制に准じる一方で、それ以前の旧制東京大学時代にみられる「法」や「政」との結びつきをも再現するものであった。逆に言えば、同時代のいわば内地の東京帝国大学文学部にみられる「哲・史・文」の解消と、国文学科、国史学科を先頭にした「帝国」中心型編制とをそのまま採用していないのである。もちろん、「帝国」中心主義は潜在しているが、「哲・史・文」編制の導入および移出にこだわりをみせている。ただし、募集人数や応募人数の比率は「文」や「哲」が多く、「史」がもっとも低い（『台北帝国大学一覧』。酒井哲哉・松田利彦編『帝国日本と植民地大学』ゆまに書房、二〇一四年など）。

近代日本の大学と「哲・史・文」

では、植民地をのぞいた近代日本の場合はどうか。たとえば、慶応義塾大学では、大学部が開設されて二〇年後の一九一〇（明治四三）年、理財科・法律科とならぶ「文学科」のなかに「文・哲・史」の三専攻が置かれた。その後、一九二〇（大正九）年、大学令にもとづく文学部設置とともに「文・哲・史」の三学科制が敷かれた。以後、分化や追補を含む改編を経ながら、また、いわゆる敗戦後の一九四九（昭和二四）年における新制大学発足後も、基本的には、この「学域」編制（哲・史・文の順にかわる）が継承される。

ただし、二〇〇〇（平成一二）年、文学部は「人文社会学科」の一学科となる。これは、行政上の措置でもあり、「哲・史・文」の区分がまったく解体されたわけではないが、統合的な再編形態を示している。しかし、学会組織とその発行誌（三田文学・史学・哲学）は堅持されている（『慶応義塾百年史』別巻大学編、一九六二年。『慶応義塾大学文学部創設百二十五年』、二〇一五年など）。

また、早稲田大学（東京専門学校）では、一八九一（明治二四）年、政治経済学科・法律学科・物理学科とならぶ英語学科（文学科）から改称された文学部に「哲・史・文」の三課目制が敷かれ、一八九九（明治三二）年には「哲・史・文」の三学科制が明確になる。以後、（旧制）大学となり、さらに、いわゆる戦後の新制大学となるのであるが、その間、さまざまな改編を経る。しかし、「哲・史・文」の「学域」編制は基本的に継承された（『早稲田大学文学部百年史』、一九九二年など）。

一方、新制大学発足後、文学部は第一と第二に分かれ、第二文学部は勤労学生に門戸を開いた。このうち、「哲・史・文」の「学域」編制は第一文学部に顕著であったが、二〇〇二（平成一四）年、慶応義塾大学と相前後して「総合人文学科」の一学科に統合された。その後、第一・二文学部制度は廃止され、あらたに文学部と文化構想学部が開設される。新文学部には「哲・史・文」の枠組みとコース区分が潜在しているが、文化構想学部はこれと異なり、論系ごとにあらたな融合と枠組みが目指されている。しかし、いずれにせよ、「哲・史・文」のあり方が問われているのである。

さらに、東京大学の場合、その前史は複雑であるが、一八八六（明治一九）年、帝国大学令にもとづき、「国家ノ須要ニ応スル」帝国大学となる。そして、法・医・工・文・理の分科大学制がとられた。ついで、一九〇四（明治三七）年、東京帝国大学（京都帝国大学設立により、一八九七〈明治三〇〉年、帝国大学を東京帝国大学に改称）文科大学は、これまでの九学科並列体制をあらため、「哲・史・文」の三学科制を発足させた（以下、『東京大学百年史』資料一・二、一九八四・一九八五年、同部局史一、一九八六年。中山茂『帝国大学の誕生』中公新書、一九七八年。天野郁夫『大学の誕生』上・下、中公新書、二〇〇九年。吉見俊哉『大学とは何か』岩波新書、二〇一一年など参照）。

ところが、一九一九（大正八）年、分科大学制が学部制に改組されるとともに、文学部における「哲・史・文」の三学科制は廃止され、「国文学・国史学」を筆頭とする十九学科並列型になる。それは様々な理由によるのであろうが、日本「国」を中心にして、これに「支那」（中国）、「東洋」がつづき、「西洋」がそのあとに位置づけられていることに留意するなら、日本「帝国」構想と無縁であったとは思えない。

その後、いわゆる戦後の新制東京大学においても、この体制は基本的に続いたが、一九六三（昭和三八）年、第一類（文化学）、第二類（史学）、第三類（語学文学）、第四類（心理学、社会学）に分別され、「哲・史・文」型が改編追補されて復活した。第一類（文化学）は主として哲学系である。さらに、一九九五（平成七）年、第一類（文化学）は思想文化学科、第二類（史学）は歴史文化学科、第三類（語学文学）は言語文化学科、第四類（行動学に改称）は行動文化学科にそれぞれ名称変更された。すべてに「文化学」という語が付されたのである。

ところが、現在、さらにあらたな改編がみられる。すなわち、二〇一五（平成二七）年、文部科学省は国立大学法人などに対して人文社会系学部の廃止や分野転換を要請した。これにもとづき、二〇一六（平成二八）年、東京大学文学部は四類制度を廃止して、「人文学科」という一学科に統合することにした。ここに、学科編制上は「哲・史・文」型その他が解消し、すべての専修課程が「人文学」のもとで並列型となるのであり、既述した慶応義塾大学文学部や早稲田大学文学部・文化構想学部などの形態に類似することになる。すなわち、いわゆる文科系（とくに大学の文学部）の学問と教育は、「法」や「政」の分野を切り離したうえで、一九〇〇年前後から一世紀以上にわたって、細分化や改編（中断を含む）などを経ながらも、基本的には「哲・史・文」の枠組みと区分を整え、あるいは維持してきた。しかし、二一世紀に入り、「人文」学という呼称に表象されるような一学科として「哲・史・文」の枠組みと区分が再統合される傾向へとすすむ。

上述の例は限られたものであるが、大きな潮流の好例となろう。しかし、研究組織や体制は「哲・史・文」の枠組みと区分を固持しており、その成果が教育に還元されるのであるから、事態はさまざまな矛盾と限界をかかえている。

そこで、以下、現今の学制と教育とがかかえる難題の所在を、もう少し探ってみよう。

「哲・史・文」の由来

実は、「哲・史・文」の区分と組み合わせが、なぜ誕生したのかは明らかでない。たとえば、伝統的「文学」である経（儒学）と子（思想）が「哲学」となり、史が「史学」となり、子（思想）と集（詩文）が「文学」になったという、中国的伝統に準拠した図解がある（鈴木貞美『「日本文学」の成立』作品社、二〇〇九年）。しかし、この図解には、ためにしたところがあろう。

一方、明治初年、西周は『百学連環』総論朱書（乙本頭注）において、漢学には「経学家、歴史家及び文章等の区別あり」と言うから、この区別が、あたかも「哲・史・文」の区分にあたるかのようである。ただし、その漢学の区分について西は、「学域」（後述）をなしていないというのであるから（前掲甲乙両本）、「経学家、歴史家及び文章等」と「哲・史・文」とを直結させることには躊躇を覚える。

また、一八七〇(明治三)年の「大学規則及中小学規則」によると、文科の教授・学習は紀伝学、文章学、性理学(心理学ではなく宋学)に三区分されており、これまた「史・文・哲」を思わせる。しかし、「史・文・哲」の各用語とは距離がある。

とすれば、明治のはじめに、あるいはそれ以前から、「哲・史・文」と称する三区分制が成立していたとは言い難い。しかし、その前史が胚胎していた可能性までを否定することはできない。

ただ、一八七七(明治一〇)年、帝国大学以前の東京大学文学部学科課程制定によると、史学・哲学・政治学科からなる第一学科と、和漢文学科からなる第二学科とが置かれた。これによると、いわゆる「哲・史・文」の原型がみられるようである。しかし、政治学が含まれており、また、課目には英吉利語(イギリス語)や英吉利文学(イギリス文学)なども混在しており、史はもっぱら欧米史学であった。したがって、「哲・史・文」型の淵源はこの段階に見出せるとしても、その後、紆余曲折を経て整備がすすみ、その確立には時間を要したことになる。

その過程のなかで、以下のことに留意したい。まず、一八八七(明治二〇)年の第二回帝国大学卒業式において、初代総長渡辺洪基は「文科大学ハ哲学ヲ以テ主要ノ学科トス、其学タル事物形而上ノ原理ヲ究ムル者ニシテ、形而下ノ理ヲ究ムル理学ト相出入シテ万般ノ学理ヲ統一スルモノナリ」と述べている(中野実『近代日本大学制度の成立』吉川弘文館、二〇〇三年参照)。すなわち、「形而上」の学を担う文科大学では哲学がもっとも重要であり、「形而下」の学を旨とする理学科大学の「理学」とならぶが、さらに哲学はすべての学を統一する位置にあると説くのである。しかし、哲学の卒業生は少なかったというから、現実社会では理解されず、理念先行型であったとも言える。ドイツの大学ないし哲学理念に倣うところがあったのであろうか。

一方、同時期と思われる森有礼の「学科及び教授法草案」一(清書)には、「文学・史学ノ教授法ハ、国基ヲシテ強弱ヲ異ニセシムルニ足ルヘキ影響ヲ有スルモノナリ、故ニ最モ深ク注意シテ之ヲ行ハサル可ラス」(同全集一、宣文堂店、一九七二年：昭和四七）とある。ここでは、「国基」に直結する文学と史学の枢要性が特筆されているが、哲学に触れるところはない。

これは、さきの渡辺と森との立ち位置の違いにも由来すると思われるが、一八八七（明治二〇）年段階（実際にはその翌年・翌々年か）ではまだ、「哲・史・文」の三「科学」が「国家ノ須要ニ応スル」ところの「学問」として並び称される位置を等価的には獲得していなかったことを示唆していよう。その意味からも、東京帝国大学文科大学に「哲・史・文」の三学科制が明確な形で打ち出されたのが一九〇四（明治三七）年段階であったと言うことができる。時に、日清戦争開戦後一〇年、日露戦争が勃発している。

なお、「哲・史・文」の三区分とその組み合わせについて、プラトン以来の知・情・意の魂三区分を反映させたものだという理解があることにも触れておきたい（前掲『早稲田大学文学部百年史』の岩波哲男序文）。

たしかに、知・情・意については、たとえば、一八九〇（明治二三）年、金港堂から刊行された三上参次・高津鍬三郎『日本文学史』上巻総論で触れるところがある。すなわち、フランスのテーヌが文学史をあらわして、心理学を研究した。その心理学において「心内の現象、智情意の三者」を知るのであるから、この「日本文学史」も日本「国民の心」を窺うことになる、というのである。

また、西周は、一八七四（明治七）年、『明六社雑誌』一四で「知説一」を書き始めるにあたって、「智は人心一部の本質、意と情と伴たるものなり」と述べ、意と情は「智の管轄を受け」るともいう（岩波文庫本）。これは、ジョセフ・ヘブンの『心理学』（Mental Philosophy、一八五七年。西周訳）に倣ったものとされている。

同じく西周は、知・情・意のうちの知（智）は「学」のもとであり、「智の戦を学という」とも説いている（「知説一、三」）。そして、『百学連環』第二編の「哲学」（Philosophy）のなかにおいて、知・感（情のこと）・意の作用を取り上げている。

この見解によると、知のもとに情・意があり、その総体は「哲学」であるが、知を筆頭にして情と意がつづく知・情・意の組み合わせと区分があるともとれる。後者であれば、「哲・史・文」ないし「哲・文・史」への道筋が想定できるかもしれない。

しかし、かの西周は、文（文章学：Literature）、史（歴史：History）、地（地理学：Geography）、そして数（数学：Mathematics）の四学を束ねて普通学（Common Science）とする認識を示している（『百学連環』、「知説五」）。とすれば、知・情・意から「哲・史・文」や「哲・文・史」へただちに向かうとは言えないであろう。

たしかに、一九世紀後半には、知・情・意の組み合わせと区分は移入されていた。そして、知・情・意の解明が心理学や文学史の研究に託され、国民としての確認と構築が目指される例があったと言える。しかし、知・情・意が「哲・史・文」や「哲・文・史」とどのような個別的対応関係を結ぶのかは何ら述べるところがないのである。

「科学」と「人文」

「科学」の誕生

つぎに、「哲・史・文」の分化と組み合わせが生まれる本源と背景を問うことにする。これについて、まずもって注視したいのは、近代日本の造語「科学」の意味するところである（辻哲夫『日本の科学思想』こぶし文庫、二〇一三年、もと中公新書、一九七三年。鈴木修次『日本漢語と中国』中公新書、一九八一年など参照）。この造語は、後述するように一九四五（昭和二〇）年の敗戦以後、あらたな一般教育理念のもとで出現した三「科学」呼称としても流布し、慣用語として現在でも生きている。しかし、現在は、違った意味で用いられることが多い。

この造語「科学」の早い用例としては、やはり西周が「知説四」において「いわゆる科学」と述べたところである。この「科学」は、「学と術」が混合したものであり、Science の訳語を「学」にあてている。また、「学術」は Science and art の訳語であり、「学」は真理を講究し、「術」はその真理を活用することを意味するという（『百学連環』総論乙本、前掲「知説四」）。

要するに、西は「科学」を「学」ないし「学術」の同義語とした。そして、このような「科学」には「学域」というものがあり、「洋学」では、みだりにその境界を越えず、区別を旨としているという（前掲『百学連環』）。「一学一術」といったのも、そのことである（「知説三」）。

これと似た発言が、同時期の福沢諭吉にもみられる。それは、一八七一（明治四）年起筆の『学問のすゝめ』初編にみえる「一科一学」である。「一科一学」とは、西の言う「一学一術」と呼応する表現であり、それぞれ「科学」と「学術」になる。

また、西によると「科学」は「学」ないし「学術」なのであるが、福沢は「科学」を、「実なき学問」とは異なる「学問」とみた。ただ、その「学問」にも二種あって、ひとつは「人間普通日用に近き実学」であり、もうひとつは「高遠」「高尚」「学術の真面目」なる「真の学問」であるという（同初編・九編・十編）。また一方では、「無形の学問」「形なき学問」（心学、神学、理学等）と「有形の学問」「形ある学問」（天文、地理、窮理、化学等）の二種があるとも説いている（同二編）。

この無形・有形の区別は、西が言う「心理上ノ学問」および「此観」と、「物理上ノ学問」および「彼観」との区分にほぼ対応し（『百学連環』哲学）、一八八二（明治一五）年に発刊された加藤弘之の『人権新説』第一章においても、「心理ニ係レル」諸科・学と「物理ニ係レル」学科との区分がみられる。さらに、このような区別は「形而上」と「形而下」との「学問」とも言われた。その好例は、中村正直の「西学一斑」（『明六社雑誌』一六、一八七四年）にみられるが、既掲の渡辺洪基発言も同様である。
これらの区分は、現在にも通じるところがあり、およそ文系と理系との区分けとなる。いわゆる形なきものを対象とする「学問」を「心理上」「此観」「形而上」などと称し、形あるものを対象とする「学問」を「物理上」「彼観」「形而下」などと称したのである。これに倣えば、いわゆる文系とされる「哲・史・文」は、前者の形なき「学問」に属する。

そこで、あらためて問うべきは、訳語「科学」が意図する意味である。この場合の「科学」が、現在流布している理系限定の「科学」と異なる意味をもっていたことは、それが「学問」「学術」と同じ意味に用いられていることからも明らかである。むしろ、いわゆる敗戦後の一般教育理念のもとで立ち上がった三「科学」のそれに重なり合うのであり、その「科学」呼称は「自然」のみでなく、「人文」にも「社会」にも付せられている。

福沢が『学問のすゝめ』六編において「文学科学」と言ったのも、この観点から理解すべきであろう。この用語について、慶応義塾大学出版会の『福澤諭吉著作集』三「学問のすすめ」注は、「ここでは文学、哲学、社会科学などの総称」としている。たしかに、この「文学科学」とは、現在からみると不可解な表現であり、「文学と科学」という意味にとることもできず、付注を必要とする。

その際、この「文学科学」が「語学」とことさらに区別して用いられていることに注意したい。つまり、「語の学」に対して「文学の科学」ないし「文学科の学」と言いたいのであろう。ただし、「文学の科学」とは、今日いう理系の「科学」をさすのではなく、「一科一学」の「科学」であり、「文学科の学」もその意味となる。これに対して、「語学」とは「一科一学」をなさない「学」とみられている。

そこで、再び確認しておきたいのは、「一科一学」が「科学」になるという道筋であって、その逆ではないということである。つまり、あらかじめ「科学」という用語や概念が厳存していたのではなく、「一科一学」の意味から「科学」という言葉や概念が創り出されたのであり、「科学」が造語である所以はここにある。

要するに、いわゆる文系と理系を問わず、すべての「学問」が「科の学」でなければならない。あるいは逆に「科の学」として存在し得るのが真の「学問」であると言いたいのである。さらに言えば、福沢の場合、古来世間の儒者・和学者・漢学者が尊重するような「実のなき文学」は「実なき学問」なのであり、「所謂論語よみの論語しらず」にほかならない（『学問のすゝめ』初編・二編）。よって、そのような「文学」は「科の学」ではない。逆に言えば、「科の学」たるべき「文学」でなければならないというのである。「語学」が「語科学」とは言われていない理由もここにあろう。

あたらしく「一学一術」をとなえ、旧来の漢学には「学域」がないと説いた西の考え方は、この点、福沢の認識と重なり合うところがある。そして、「科の学」である「科学」は「学問」たるのであるが、その「学問」は洋学の場合、「学域」を構成しているというのである。

「文学」の二重構造

では、問題の「文学」についてはどうか。前掲の三上参次・高津鍬三郎『日本文学史』上巻総論は、一八九〇（明治二三）年段階のこととして、次のように述べている。すなわち、「学問」は「分派」が盛んであり、「一部分のことを精確に攷究する」。かくして、法律学、政治学、理財学、道義学、審美学、哲学、歴史学も、それぞれ「一科専門の学」をなし、「文学」と相並んでいるという。

要するに、「一科一学」からなる「科の学」こと「科学」は、次第に分派を重ね、正確度を増し、そして専門化していき、それぞれの「学域」を構築しているというのである。それは、「一科一学」や「一学一術」の理念が必然的にたどる現象であった。

ただ、かの『日本文学史』は、「文学」も「科の学」として確立しているかのように述べているが、「科学」としての「文学」の危うさもよく承知していた。つまり、福沢の言う「実のなき文学」、つまり「科学」でない「文学」認識、あるいは「科学」認識から疎外されがちな「文学」に対峙していたのである。

そこで、「文学」は周知の諸「科学」と似たところが多いだけでなく、東西古今、文字に依拠して「無形の事理を攷究する」ところの「文学」こそが、同じく文字に依っている諸「科学」を包摂する位置にさえあるとも強弁しながら、「文学」の「科学」化を、しかも周知の諸「科学」とも区別される「学域」としての「科の学」への自立を試みる。それが『日本文学史』の趣意（の枢要な側面）なのである。

以上のことからも明らかなように、「科の学」である「科学」には、本来、分派、一部分化、専門化、それにともなう精密化を促す含意が込められていた。「文学」でさえ、その方向に忠実であった。

ところが、「文学」には、さらに別な含意が交差していた。それは、文字にもとづいて研究する諸「科学」を包摂した広義の「文学」あるいは「文の学」と、「一科一学」として相対的な自立をめざす狭義の「文学」あるいは「文学科学」との二重性である。その現象は、文科大学や文学科、そして文学部を称する広義の「文」学と、「哲・史・文」の狭義の「文」学という二重構造を生み出すことになる。

「科学」の方法

その「科学」の方法とは何か。かの『日本文学史』によると、「背理的」な「妄想」ではなく、「事実より理想に押し移る」ところの「合理的」な「推理の法」であるという。「妄想」の排除については、加藤弘之の前掲『人権新説』も説いており、「妄想主義」に彷徨しやすい「心理ニ係レル諸学」（哲学、政学、法学等）も、近年（一八八二年：明治一五段階）では「物理ノ学科ノ裨補ヲ得テ、専ラ実理ノ研究ニ従事」する者も出てきたという。ここに、いわば文系の陥りやすい「妄想」から、いわゆる理系における「実理」「実験」の研究への発展や転換が期待されているのである。

なお、このような「妄想」と「実理」「実験」との対比関係は、中村正直の言う「空虚」と「実事考験」「試験考究」との対比関係（前掲「西学一斑」。ここではベーコンを範例とする）、西周の説く「空理」と「実験（視察）（経験）」「実際」、そして「演繹」に優先する「帰納」との対比関係（『百学連環』総論「新致知学」、「知説三・四」）に等しい。また、福沢の言う「古来の空談」と「試験の物理論」「有用の実学」「実験の説」との対比関係（一八六六年：慶応二刊の『西洋事情』初編「文学技術」。ここでもベーコンらを範例とする）とも同じである。かの「一科一学」にしても、福沢は「一科一学も実事を押へ、其事に就き其物に従ひ、近く物事の道理を求て、今日の用を達すべきなり」と説いており、「実事」「物事」に始まり、それに終わるということになる。

近代歴史学の方法も、このような事実や実体論をかかげることによって成り立っている。それを想い起せば、上記のような図式は分かりやすい。要するに、上述のような「科学」ないし「学術」概念の形成が、いわゆる文系と理系の分断を促し、順次、両系のもとで細分化がすすみ、いわゆる「文科」や「文学部」を相対的ないし分化的に生み出した。そして、ついに「哲・史・文」の「学域」編制を構築させたのである。

その根底には、文系と理系の区別を問わず、あたかも共通した方程式であるかのような「一科一学」や「一学一術」にもとづく「学域」の分化・深化と、それにともなう「科」や「学」の確立とが「術」によって近代国家の成長に貢献するという構図がみられたのである。

手段としての「科学」と、目的としての「人文」

ところが、「一学一術」をうたい、「いわゆる科学」を喧伝した西周は、その限界や誤認・曲解を危惧していた。

西は、これらの概念や方法を「洋学」から移植しようとしたのであるが、それぞれの「学域」を越えようとしない「洋学者」が「西洋」のことを知っていると思うのは間違いであるともいう（『百学連環』総論乙本朱書頭注）。つまり、漢学に「学域」がなかったことを批判すると同時に、「学域」をもつ洋学は、それゆえに相互排他的であり、閉鎖的であるとも批判しているのである。

西は、現に「学域」を構築していた西欧の「学問」の良いところと悪いところを冷静に判断していた。言い換えれば、日本に「いわゆる科学」の方法を移入し、「学域」をもつ「学問」「学術」が育つことを期待していたのであるが、同時に、西欧でおきている負の現象が日本でおきないことを願っていたことになる。

そこで、西は、「学術」が盛んになることについて、つぎのように説いている。すなわち、「一学一術のその精微を悉し、蘊奥を極むるをいうにあらず。衆学諸術、あい結構組織して集めてもって大成するものをいうなり」、と（「知説三」）。要するに、ただ一部分化し、専門化し、精緻化するのみが「学術」「学問」の発展ではなく、「一学一術」が相互に結び合い、体系化するところに真の「学術」「学問」の価値があると述べている。「一学一術」とは過程であって、目標ではないのである。いかにも、日本の将来を予言していたかのようであった。

このような警告を発する西は、同時に「いわゆる学術なるもの起りて人文の淵源を深うし、もって人生百般のことを綱紀せざるなし」と述べている。そして、「人文」の盛興は「学術」の賜物であることを度々繰り返して止まない（「知説三」）。

これについては、さきに取り上げた明治初年の「大学規則及中小学規則」が「大学ハ人文ノ淵藪、才徳ノ成就スルトコロ」とうたっていることとも結びつく。この場合の「大学」とは、教科（神教・修身）・法科・理科・医科・文科の五学科をさしており、文科に「哲・史・文」の可能性がひめられていたとしても、まだその編制は実現していない。いわんや、文系・理系の分別も未熟な段階である。したがって、ここでいう「人文」をあえて学科の観点からとらえるとすれば、かの五学科すべてにあてはまるのであり、「衆学諸術」の総体的な成果こそが「人文」となる。ここでの「人文」とは、文明開化の「文明」に近い意味があろう。

このように、「一学一術」や「一科一学」理念のもとで「学域」の分化と確立を奨励促進しながらも、それを目的ではなく手段としてみる。そして、それぞれの「学域」を「結構組織」し、「大成」させることによってはじめて目的を達成することができる。その目的とは、「人文」の興隆であり、排他的で閉鎖的な「一学一術」や「一科一学」志向では「人文」に寄与し難いというのである。さらに、この手段と目的をはき違えないように修練する場として、職業専門学校とは異なる「(総合)大学」が構想されている。

「科学」と「人文」の矛盾

しかし、上記の構想は実現が容易でない。手段としての「科学」と、目的としての「人文」とは乖離するか矛盾せざるを得ないところがあるからである。この難題は、その後、一九四五(昭和二〇)年のいわゆる敗戦を契機として、外から突き付けられることになる。それは、敗戦直後に来日した米国教育使節団の報告書に鮮明である。すなわち、日本の高等教育は、一般教育(general education)の機会があまりに少ない。専門化があまりに早く、またあまりに狭すぎる。そして、職業的あるいは専門家的傾向があまりに強すぎる。したがって、自由な思考に対するより多くの背景と、職業的訓練を基礎づけることのできるより優れた基盤とを与えるために、より広範な人文的態度が培われなければならない(a broader humanistic attitude should be cultivated)、という(田中征男『戦後改革と大学基準協会の形成』大学基準協会、一九九五年の訳参照)。

これに呼応して、GHQ(連合国最高司令官総司令部)のCIE(民間情報教育局)にいたトーマス・H・マッグレールは、一般教育の科目として定めた自然科学・社会科学・人文科学の三「科学」をそれぞれ説明する。そして、この三「科学」の教育・学習は、自発的な行動や思考、ものの観方ができる「能動的な公民」の育成を目的とする道程であるという（「新制大学と一般教育」大学基準協会『会報』二、一九四七年、山本敏夫訳。海後宗臣・寺崎昌男『大学教育　戦後日本の教育政策九』東京大学出版会、一九六九年参照）。

また、ラッセル・クーパーも、トーマス・H・マッグレールと同様の発言をしている。すなわち、社会科学の重要性を説きつつも、それは自然科学や人文科学の勉学とも共通するのであり、要は「責任のある市民」の育成をめざす目的が掲げられている（「一般教育と社会科学」大学基準協会『会報』三、一九四八年、山本敏夫訳。前掲『大学教育』参照）。

これらの趣旨を肯定的に受け止めた上原専禄は、大学基準協会の結成と「大学基準」の制定に取り組み、一般教養（教育）科目、つまり人文科学関係、社会科学関係、自然科学関係の三「科学」関係科目の設置に深く関与した。そして、彼は、ただちに「大学教育の人文化」を発表した（『大学論』毎日新聞社、一九四九年、初出一九四八年。のち、寺崎昌男編『戦後の大学論』評論社、一九六九年、『上原専禄著作集』五、評論社、一九九二年に再録）。

ここで上原は、「卑小・低俗・固陋な性格」を旧態依然として保つ日本人を「新しい精神性格の日本人」「真に自由な新日本人」に「創造」しなければならないという。そのためには、かの米国教育使節団の報告書が指摘した日本の高等教育、つまり偏狭な専門分化教育の欠陥を反省することが重要であり、一般教育による「広範な人文的態度の培養」が必要であるとした。それは、「自然と人生と社会とに対する人文的態度」の醸成であり、合わせて、「精神性能の全面的開発」でもあるという。

上記の三「科学」関係科目の設置は、この目的を遂げるためのものである。その目的のためには、「多面的に、しかも均しく諸科学を学習」させるべきであるが、「徒らに多数の学科目を履修」すればよいというものでもない。また、「同一類型の知識人を作り上げること」ではなく、上述の「態度」育成を共通の基盤として、「個性の形成」に留意したいと上原は述べている。

しかし、上原は、専門および職業教育を単に否定しているのではない。一般教育が専門および職業教育の「予備的知識」提供になってはならない。むしろ、真の一般教育の成果こそが、これまでとは異なる真の専門および職業教育を形成していくはずだと期待していたのである。ここで私（新川）が「真」と言ったのは、上原の表現である「擬似一般教育」「擬似専門教育」の「擬似」ではないという意味である。

ところが、その後、上原らの期待に反して、専門（分化）教育との関係、理系と文系の理解の相違、そして一般教育（教養）そのものへの認識不足などの諸問題を克服することができなかった。一九九一（平成三）年の「大学設置基準」によって、当初の一般教育と専門教育との科目区分が廃止され、敗戦後、アメリカの影響を受けて生まれた一般教育体制は、半世紀弱に及んで解体したのである。

この解体は、かの米国教育使節団が報告した日本の高等教育のあり方が、実に堅固なものであったことを逆に物語っている。その堅固さは、「洋学」の現状に倣いながら、きわめて早いスピードで「一科一学」「一学一術」現象を邁進させた近代日本の産物である。そして、西周がかつて危惧した事態が、およそ七〇年後に、米国教育使節団によって指摘されたことになる。

さきにみたように、西は、「科学」「学術」である「学問」の盛興を手段とし、「人文」の興隆を目的とした。そして、この手段と目的とをはき違えてはならないという危惧を同時に抱いていた。まさに国家・社会・人間の大きな変動期を迎えた明治維新期ならではのことであるが、ここに、いわゆる「科学」と「人文」との矛盾を予見していた。それからおよそ七〇年後、これまた敗戦という大変動期に、日本の「科学」現象（上原は「擬似専門」化という）と「人文的態度」との矛盾が占領国側から厳しく指摘されたのである。

もっとも、占領国側が提案して施行された三「科学」関係も、「一科一学」現象と無縁ではない。しかし、その「科学」とは、いわゆる理系限定の用語でないだけでなく、狭義の「一科一学」現象をむしろ忌避し、相互に学び、教育し合う「諸科学」をさしており、あえて「関係」という語が付されていた。

おわりに

はじめにで述べたように、二一世紀に入り、文部科学省下の委員会において、大学における教養教育の衰退と、それにともなう「人文学」としての「哲・史・文」の教育的枠組みが希薄になってきたとの報告がなされた。しかし、「哲・史・文」の研究組織は厳存しており、その研究はますます細分化され、かつ固定化されていくとの指摘がみられ、この矛盾の解消が課題とされている。

ところが、ここで見落としてはならないことがある。それは、「人文学」のもとで存在することを自明としてうたう「哲・史・文」の枠組みと分化は、そもそも当初の一般教育構想がかかげた三「科学」関係、あるいは、その一つの「人文科学関係」が「一科一学」偏重の克服を目指したあり方とは異なるものであるからである。言い換えれば、そのあらたな構想に反して、その内実は旧態依然の「哲・史・文」型を借用し続けてきたことを吐露している。

したがって、研究上、「哲・史・文」のさらなる細分化がすすむのは、「一科一学」現象からして、むしろ必然である。このような一般教育構想との根本的な矛盾に想いを致すことなく、二一世紀を迎えてしまったことになる。それは、取りも直さず、当初の一般教育構想への無理解ぶりを告白するものであろう。

また、「人文」という語彙ないし概念が、明治維新期とアジア・太平洋戦争の敗戦期である、ふたつの大変動期に問題視されたことは留意されてよい。前者の場合は、文明開化の「文明」に近い意味だと思われるが、後者の場合は、文化国家の「文化」に近い意味がありそうである。

しかし、さきの上原によると、「人文化」と「民主化」とを抱き合わせで用いており、「人文的態度」は生活や精神に広く及ぶものとされている。しかも、その「人文的態度」とは「一義的に規定しえない」、「ふくよかな一特徴」をもつ表現であり、概念であるとさえ述べている。事実、「大学教育の人文化」という論題名も、実は、迷いの末に到達したものであったという（前掲著作集の上原弘江解説）。

このように、「人文」という語彙は、日本史上、あらゆる側面において内外から一大変革を迫られた時に浮上してきたのであるが、それがあまりに大きく、深く、そして急な事態であるために、「人文」の含意も漠然としたところがある。

しかし、少なくとも、つぎのようなことは言える。第一に、「一科一学」としての「科学」概念や現象と「人文」とは対をなしており、かつ前者が手段、後者が目的とされる。第二に、この手段と目的とのはき違いや誤認がおこり、両者は矛盾することにもなる。第三に、『周易』などが説く中国伝統の「人文」観、つまり「人文」と「天文」とを対概念とした「人文」観と、近代日本に登場する「人文」観とは異なるものである。第四に、その意味では、近代日本の「人文」を造語とみてよい。第五に、その「人文」は、「一科一学」を超えるものでもあるから、いわゆる理系と文系に分断された文系のみをさすわけではなく、いわんや「哲・史・文」の細分化にも従属しない。第六に、「人文」は、国家・社会・人間総体のあり方、つまり文字通りの全「態度」として画期的な期待と願望と理想を負託させられた用語として創られ、あるいは提案されたと言わざるを得ない。以上によると、第七に、「人文」を特権的な教養主義の標語として限定するのは、歴史的に形成された日本の「人文」観の正体を歪曲化するものである。

一方、二一世紀の現在、高等教育の場では、「人文」ないし「人文学」という呼称のもとで、「哲・史・文」の枠組みや分化が希薄になるか、解体しつつあるのも確かである。その場合の「人文」とは、明治維新期に強調された「人文」というよりも、一九四五年の敗戦期と占領時代に問題視された「人文」用法の延長線上に位置するか、ある種の復活を示唆するかのようである。その前史は、かの敗戦後、「人文」を冠する大学の学部・学科名が立ち現れてきたことへとつながるであろう。

しかし、その場合の「人文」とは、かの「広範な人文的態度」の育成ないし「人文化」の「人文」をいうのか、三「科学」型のなかの「人文科学」をさすのか定かでない。おそらく、この区別や混同を意識することなく使用されているのが現実ではなかろうか。

そこで、再び確認しておきたいことがある。それは、近代日本における「人文」の本源は、「一科一学」の「科学」に対して、それを超える全「態度」や、熟慮の末の「人文化」そのものに求められるのであるから、そもそも「人文学」という「一科一学」の形成は予想されてもいないし、成り立ちもしない。事実、そのような「学」は、少なくとも敗戦以前に立ち上がることはなかったし、今現在も、そのような「学」を充分に説明できる状況にない。なぜなら、そこに潜む根本的な矛盾を不問に付したまま、「人文学」という標語のみが独り歩きしているからである。あたかも、糸の切れた凧のように。もっとも、「人文科学」という呼称が戦後に生まれたが、それは、むしろ独自に存在してはならないものとされており、あくまで「関係」のもとにある。

しかし、このような事態は、混迷と模索のあらわれとして理解する必要があろう。つまり、「一科一学」の原則に沿って一世紀以上、あるいは一世紀半にわたって確立されてきた、いわゆる理系・文系の分離と、文系列における「哲・史・文」の組み合わせと分化とが有効性を失ってきた。この喪失化は、教育上や実社会での現象のみならず、実は、研究組織や分野の限界を覚醒させることにもなる。そこで、かの喪失化に対応して「人文学」という「学」を仮設し、何とか「学」の秩序化と再建を図ろうとしているようにみえる。同時にまた、「人文」

の価値を想起し、追い求めようとしてもいよう。

ところが、皮肉にも、かの「人文学」の名のもとで、今度は諸「学」の羅列が顕著となる。一見、豊かで多彩な「学」のようにみえるが、見方を変えれば、無秩序・無定見である。しかし、その原因は、そもそも成り立ち得ない「人文学」への歴史的な認識欠如に由来するところが少なくない。

現在、「人文学の危機」と言われることがある。しかし、近代日本における「人文」用法は、国家・社会・人間の構造が大きな変革期を迎えた時にきまって立ち現れる期待・願望・理想としてのそれであり、「一科一学」と対をなしつつ、それを超える、または異質な概念である。したがって、本源的には存在し得ない「人文学」に「危機」がおとずれるはずはない。もっとも、「一科一学」になってしまった「人文学」に「危機」がおとずれたというのであれば、矛盾ゆえの自壊でもあるから当然であろうが、そのような「科学」としての「人文学」を認識して「危機」が訴えられているわけではあるまい。また、かりに「哲・史・文」が「危機」であるというのであれば、なおさら本源的かつ潜在的な矛盾が理解されていないことになる。

したがって、いずれにせよ、「人文学の危機」というのは不可解な標語となる。むしろ逆に、「人文」の「学」というものが設定されるほどに歴史的な大変革期がおとずれたと了解するのが正当であろう。「危機」は「人文学」のそれなのではなく、歴史的な構造の「危機」なのである。ただし、それを「危機」と呼んでよいのかは保留したい。

むしろ大切なことは、近代日本における「科学」と「人文」の諸関係を歴史的に吟味し直しながら、到達点としての現在の「学」を省察することであろう。そこに、国民国家や帝国主義の形成、あるいは外来的な人文主義の導入などの観点も必要ではある。しかし、これまでは、これらの先験的な視座に偏り過ぎたところもあり、さらに意識や思考の本質にまで分け入ることが求められよう。そして、今現在求められる「人文」、つまり近代日本史上、第三の、または第二の延長線上にある「人文」が何であるべきかを省察しなければならない。不用意に、また性急に「人文」ないし「人文学」用語を乱用すべきではないであろう。そのためには、「一科一学」志向や運動の産物である「哲・史・文」の枠組みと分化それ自体の再考も求められる。

その際、既述した「文学」の二重構造にも目が向けられなければならない。つまり、「一科一学」をめざす狭義の「文学」はもとより、「文」に依存する諸「科学」を束ねるとした広義の「文学」も問われているからである。なぜなら、現在、「文」以外の情報メディアが広範に拡大し、かつ深化しているからである。

たとえば、『論語』八佾篇にみえる「文献」は、「文」(典籍・記録)と「賢(者)」であるといわれている(鄭玄注など)。この解釈に従うと、「文献」は特権的ないし限定的な知識・記憶そして聡明さを表象している。かの「文学」は、このような「文献」にもとづく「学」であり、さらには、「文献」を扱うすべての「学」を包摂する「学」ともなる。そのなかには「史学」も含まれるが、その「史学」の基調は「文献史学」にあるとされている。

ところが、このような意味での「文献」に依存するのみでは、「学」として成り立ちがたい現状にある。もちろん、「文献」を蔑ろにすべきではないが、いわゆる「非文献」の存在を無視することはできない。むしろ、「文献」と「非文献」の区別や混合を念頭においた、「一科一学」に陥らない「学」の創造があってよい。それは、自ずと、「哲・史・文」の枠組みや分化、ひいては仮設の「人文学」や旧態依然の「文学部」の再編に直面することになる。

第二部　越境する言葉と概念――他者との邂逅

[第二部　越境する言葉と概念――他者との邂逅]

創造する翻訳――近代日本哲学の成長をたどって

上原麻有子

多様な視点から見る翻訳

本稿では、翻訳を「創造」の原動力として捉えてみたい。言い換えれば、翻訳と哲学との関係性を考察するということだ。「日本哲学」の研究者である論者にとっては、「日本哲学」の可能性を翻訳という切り口から研究することになる。翻訳の観点から日本哲学を研究することで、「いわゆる翻訳」とは異なる翻訳の捉え方、つまり哲学的思索としての翻訳、さらには創造する翻訳の可能性が明らかになってくる。このような発想から、論者は、逆に哲学を見直すことができると確信している。本稿では、「創造する翻訳」の内実がいかなるものであるかを論じてみたい。論者の「翻訳哲学」という研究に関するこれまでのささやかな成果を整理しなおす方法で、西周、西田幾多郎、三木清という三人の哲学者の思想に見られる翻訳の創造性を探ることにする。

翻訳に関する研究は、「翻訳とは何か」という本質的な問いを必然的に呈するものであり、しかもこれに付随して「いかに翻訳するか」という問いを扱うことにもなる。実は、極めて幅広い問題が関わってくるのが翻訳の研究であるのだが、ここでは、網羅的に諸問題を検討することを目的とせずに、基本的な問題をいくつか確認するに止める。

二〇世紀後半に西洋で生れた「翻訳学」という学問領域では、「翻訳」を「一般的な分野名」であり、また「訳出されたテクスト」という意味での「産出物」、あるいは「翻訳を生み出す行為」としての「プロセス」または「訳出」であると見なしている。「翻訳を生み出す行為」は、翻訳者が「起点言語」で書かれたテクストを「目標言語」に書き換えたテクストに「変更する」のである。[1] これが、今日、普通に理解されている翻訳であろう。

日本の近代化が始まる幕末期、集中的な翻訳事業が行われた。この近代化は、西欧列強と交渉するための情報収集の効果的な手段であったという。[2] そして、翻訳時代とでも呼べる明治二〇年代頃までの時期の翻訳法は、「抄訳」や「翻案」が多数をしめた。[3] 「翻案」は「豪傑訳」とも呼ばれたが、これは「原作を換骨奪胎して自在に語り直したもの」である。原作の脚色、いわば解釈の産物、見方によっては創作とも言えるだろう。

翻訳法には、一般に理解されるものとして「直訳」と「意訳」がある。翻訳学ではそれぞれ「起点言語重視」、「目標言語重視」と考え直されており、これに従うと、「翻案」や「豪傑訳」は「目標言語重視」の手法となる。ただ、翻訳、翻案、創作の境界を明確にすることは可能かという問いも起る。例えば、フランス文学の起源は、キリスト教の「聖者伝・聖女伝」にあり、これは「ラテン語からの翻訳または翻案」であると考えられる。また、中世のフランス文学の代表作として、ギリシャ・ローマの文学の翻訳や翻案が位置づけられてもいる。当時、「翻訳と創作とのあいだに現代のような価値の違いはなかった」ことによるようだ。「過去の遺産」の発掘と継承は、場合によっては独自な創作よりも重視されていたのだ。[4] 独自なものであるはずの文学が、歴史的背景によって翻訳あるいは翻案として成立する。そして、翻訳の価値も時代とともに移り変わるのである。日本でも、仏教説話の『今昔物語集』や『宇治拾遺物語』は翻案であるという見方がある。[5]

明治二〇年代、日本における自由な翻訳法の価値観に変化が起きた。起点言語と目標言語を精密に対応させる「周密文体」というものを生み出した森田思軒は、「翻訳史上、画期的な存在であった」。「翻訳の心得」（一八八七年）において、森田は「外国の文を巧みに邦文に言ひかへて而かも其の意趣を成る可く其儘に伝ゆる」べきだという翻訳論を論じた。(6) 彼の「意趣」とは、「もし能ふべくば、其の言葉の姿の西洋と東洋と違ッて居るのを、違ッて居るまま幾分か見せたい」という態度である。(7) 翻訳の不可能性と対峙しながらも、その創造性をどこまでも追求した翻訳者、それが森田であった。

翻訳は日本の近代化を背景で支えたのであるが、(8) この文化と社会制度の変革の時代、言語と知も近代へと移行したのであった。新しい日本語が生み出されるなか、言文一致運動がそれに加わったのである。翻訳は、言文一致運動と協働することで、日本語の可能性を広げたと言える。文学者にとっては、とりわけ独自の新しい文体を創造することが喫緊の課題であったはずだ。

言文一致体の翻訳文の先駆けとして、翻訳史で必ず取り上げられるのが、二葉亭四迷によるツルゲーネフの作品の翻訳、『あひゞき』と『めぐりあひ』（ともに一八八八年）である。森田の周密文体の影響を受け、さらに言文一致を実現した二葉亭は、『余が飜譯の標準』（一九〇六年）で次のように述べている。

> 苟くも外国文を飜訳しようとするからには、必ずやその文調をも移さねばならぬと、これが自分が飜訳をするについて、先づ形の上の標準とした一つであつた。…意味ばかりを考へて、これに重きを置くと原文をこはす虞がある。須らく原文の音調を呑み込んで、それを移すやうにせねばならぬと、かう自分は信じたので、コンマ、ピリオドの一つをも濫りに棄てず、…原文の調子を移さうとした。(9)

まずは、原作の「詩形」に忠実であることを原則としたが、二葉亭は翻訳の経験を重ねながら、「根本たる詩想をよく呑み込んで」これを移すことも重視するようになる。「文体は其の人の詩想と密着の関係を有」するからである。さらに、「ジユコーフスキー」によるバイロンの詩のロシア語翻訳から学び、「詩形」に縛られずに「詩想」を「発揮する」ことが肝要であると認識するが、そのためには原文を「リプロヂユース」する「筆力」が必要だと説く。これは「目標言語重視」であるが、二葉亭は、自分は「それほど大胆ではなかったので」、「断行し得なかった」と回想している。(10)

森田と二葉亭の翻訳論は、文学者、文筆家が、原作の形や音調としての表現を他言語から日本語に移すことにいかに苦心、専心したかを思わせる。新しい文体創造に向けての強い意思と同様のものは、同時代であったにせよ、哲学者には見られない。

以下、哲学者の翻訳観を参照し、哲学における翻訳の創造性について検討する。

西周の翻訳、「哲学」という学問のはじまり

まずは、西周（一八二九―九七年）の略歴を示しておこう。津和野の藩医の家系に生まれる。宋学、徂徠学を深め、後、ペリーの来航を機に江戸に出て儒学から蘭学・洋学に転向する。一八五七年、蕃書調所教授手伝並、続いて教授手伝となる。一八六二年、同期の津田真道と共にオランダへ留学。一八六三年よりライデン大学経済学教授のフィッセリングから、社会科学五科、「性法學」「万國公法學」「國法學」「經濟學」「政表學」の概論的な口授を個人的に受け、「フィッセリングの思想の根底にあったコント、ミルの英仏の実証主義哲学」の影響を受けながら哲学を学ぶ。(11)一八六五年に帰国、一八六七年、京都で私塾を開き、「百一新論」を講義、哲学者として

の活動を開始する。一八七〇年からは私塾育英舎で、講義「百学連環」を行う。明六社の啓蒙思想家としても活躍した。

　また西は、今日まで定訳として維持されている多数の学術用語の翻訳者でもある。「哲学」「心理学」「物理学」「科学」「数学」等の学名、あるいは「主観」「客観」「観念」「理性」「感性」「悟性」等の用語は、いずれも西により訳出された。この訳語は全て、「新造」したという。彼のもう一つの訳語に中国古典から転用した「意識」があるが、この場合と異なり、漢語・和語思想圏には存在しない概念については、漢語という形で創出したのである。

　「哲学」については、philosophyと儒学との類似性を比較する方法で、訳語を決定した。「此學をヒロソヒーと呼ひなせし人はPythagorasにして、既ち賢を愛し希ひ己レ賢となりたきの意を以て名附けし所なり。…ヒロソヒーの意たるは、周茂淑の既に言ひし如く聖希天賢希聖士希賢との意なるか故に、ヒロソヒーの直譯を希賢學となすも亦可なるへし(12)」。しかし「他ニ紛ルヿ多き爲メニ今哲學ト譯シ東洲ノ儒學ニ分ツ(13)」。「他ニ紛ルヿ多き」というのは、当時「哲學《ヒロソヒー》を理學、或は窮理學と名つけ稱するあり(14)」、という事情を指すのだろう。そして、西が直訳の「希賢學」を適用しなかったのは、この後、西の「理」の研究で確認するが、「理」とphilosophyとの営みの内実に相当の差異があることをその根拠とするべきであろう。

　西が日本の哲学領域を開いた草分けの一人だと考えることに、異論のある日本の哲学研究者はまずいないと思われる。しかし、当時、新しく開かれたばかりの学問領域である「哲学」は、「その全半世紀間を通じて翻訳・紹介・概説的な論議にとどまり、未だ予備的段階(15)」にあったとも言われる。現状では、明治哲学の研究が十分に進んでいないため、西はおそらくその中に位置づけられる傾向にあり、埋もれた哲学者だと言える。本節は、翻訳という行為なくして、「西洋の哲学」は「日本の哲学」にはなり得なかったという点にまず読者の注意を促してみたい。[16]

主著『生性發蘊』(一八七三年頃、執筆)における主要概念である「性理」は、西の全哲学的思索の主題の一つに匹敵する。本書は、西の哲学の根幹とも言える問題を扱っているのだが、「コント哲学の解説」という体裁をなす。実際、George Henry Lewesによる哲学史およびコント哲学の解説書の抄訳であるが、今日常識的に考えるような翻訳ではなく「意訳」であると言える。[17] あるいは、本書は、訳書ではなく西の著書として評価されていることを考慮し、明治期には一般的であった「翻案」と見なすことも可能であろう。

西の関心は題目中の「生性」に凝縮されている。この言葉の由来について、「孟子ノ告子曰生之謂性ニ取ル」[18]と西は書いている。「生」とは、「生まれつきの生物学的生理学的特性を指す」もの、そしてこれが「性」なのである。西は、孟子の文脈を西洋の学に置き換えて、「生」は「物理」、「性」は「心理」と捉えた。あるいは「生理学」と「性理学[サイコロジ]」を意味するものだと理解したのである。[19] コント哲学における「生理」と「性理」の相関関係、分類の仕方は、西にとって理解困難なものであった。それ故に、便宜上「物理」と「心理」に区分したのだ。

西の研究は、「理」の再解釈として深められるが、この要点の一例は『尚白割記』(一八八二年、執筆)で、要領よく確認することができる。

西は、コントの学問分類「天上理學(天文學)、地上理學(格物學、化學)、生體學(バイオロジー)、社會學(ソシオロジー)」に適用された「理法(ネチューレル・ラウ)」[20]は、「其理法の度に準して定めたる」[21]ものだと述べる。そこから、心理と物理に共通する「理」の概念の解釈と翻訳の検討を始めるのだ。その一端を見てみよう。

儒書は皆「理」を論じており、儒教の「理」は多義的である。宋儒では「格物致知」の義を得て、後に「道理」を指すようになる。日本語では「理」を「コトワリ」と訓読するほか、「理」を意味する「ハヅ」、「ワケ」

がある。(22)

続いて西は、西洋語に「理」に完全な「的訳」はないが、西洋人が「理を知らさるには非らす、指す所異なる也」と主張し、「理」を英・仏・独・蘭語に探り概念的に比較検討する。西洋の「理」に相当する概念は、reason と law of nature の二つに区別されるという。西は、reason を広義には「道理」と、狭義には「理性」と翻訳する。「理性とは人性に具はる是非辨別の本原にて、所謂人の以て萬物に靈たる所以を指し、泛用の道理とは見解にも爲よ、決定にも爲よ、説にも爲よ、辨解にも爲よ執りて以て其地を爲す者を指すなり」。natural law については「理法」と「直譯」する。これは「天然法律の義なり、是牛董氏重力の理法、夾波列爾《ケプレル》氏行星軌道の理法、慕輸《ポテー》氏の行星距離逼近の理法等の如き、皆人事に關せさる者を指し、人の發明に因るとは雖へとも人心の想像して定めたる理と異にして、客觀に屬する者なり」。さらに、「理」と関連する語と見なし principle（「原始の義」／「元始と立つる理象」）、idea（「希臘根源の辭にて、本語「イデア」」／「一般の理會想像をも指す事」）を挙げ、宋儒の概念と比較する。(23)

以上のように、西洋と東洋の概念史が交差するような比較検討がなされるのである。その根柢には、西の朱子学的思考への反省や批判がある。宋儒では、「天地風雨の事より人倫上の事爲まて皆一定不抜の天理存して此レに外るれは皆天理に背くと定むる」(24)が、西洋では、「理」で示す事柄に様々な区別を設けており、一層「緻密」である。そして、ここから西は自ら「理」の本質を解釈し直す作業に入る。その非常に興味深い再解釈の一部を、少し長くなるが引用しておく。

所謂理外の理と云ふ者は常理を以て論す可らさる者たるに外ならす、然れとも現象有るか若くは作用有れは必之を生し、之を起すの源由有らさる事無し、又理は然なりと雖へとも事實に合はすと云ふも、吾人未其

> 事實に合する丈の精密なる理を發見し得さるか故也、苟も一旦之を發見し得れは其理必す其事實に適合す可し、…蓋人心の理を知るは唯稍其常有る所と其疎大なる所とを知り得るのみ、其他知らざる所の理固より多し、其自《ミ》らの至らさるを以て之を理外と爲《シ》、之を事實に合せさる者なりと云ふは是理の至らさるに非らすして、我か至らさるなり、吾人固より理の一端を知れとも其全體を知る事能はさる事有り、假令へは宇宙の如き、此寰宇と唱ふる丈は如何にも有れ、限極有る可らすとは心に推して知る所なれとも、其如何たるに至りては毫も知る無きか如し、理も亦此くの如く、苟も二物有る以上は細大遺す事無くして、一定必然の者たりと云ふ一端は知れとも其全體は知るに由無き也、此言夫《カ》の世人の惑を解くに足らん歟(25)

西の「理外の理」という新しい立場が表明されているが、これは言わば動態として成長していく「理」のようである。新たな「理」は見出され続け、そしてその発見は「我」という「主観」に託されるのだ。井上厚史によれば、朱子学の「理」は「法則」であり「実体的な性格」を有するものだが、西が再解釈した「理」は「構造的な関係性」を特徴とし、「彼我の関係する間より起る」もの、さらには「「言語」によって「理如何と思惟する」思考自体」なのである。井上は、数少ない西哲学の研究者の一人として、西の「革新的な「理」」の解釈を支持している(26)。

西は哲学的に独自の研究を進めていた、ということが明らかになった。同時に、彼の哲学的思索には表裏一体として翻訳の行為が付随していたということを忘れてはならない。西の中では翻訳と哲学が連動していたのである。必然的に「理」の翻訳的な再解釈がなされ、それによって再概念化に至ったと言える。西の翻訳は、そのような方法での哲学的行為であったのだ。井上は、西の哲学の新しさを主張したと言えるが、さらにこれを翻訳との関連で、翻訳の創造性をそこに見るという仕方で論じることも可能であるのだ。

西田幾多郎――翻訳を介した言語と思想の相互創造性

本節では、西田幾多郎（一八七〇―一九四五年）の翻訳に関する論述を読み解いてゆく。しかし西田の「翻訳論」と言っても、西田哲学の研究者でさえその存在を認識していないだろう。ごく限られた分量のしかも短いテクストに彼の翻訳観を探るしかないのだが、その洞察には、優れた「翻訳論」のその後あり得たかもしれない展開を十分に予想させるものがある。

一八七〇年生まれの西田は、言文一致運動の時期に自ら言文二途から一致への移行を経験している。一八九〇年代、西田が初めて哲学論文を書き始めた頃は、丁度、言文一致運動盛んな時期と重なる。彼自身は、哲学書を翻訳し出版したという経験はないが、翻訳の問題には繊細な感覚を具えていたようだ。関連する一節を、「問題は口語骵の精錬」（一九一六年）から引く。

普通「何々である」といふ様な文體を口語骵とすれば、現代の思想、感情を表はすには、口語骵の文章を精錬し、發展せしむるの外はないと信ずる。漢文骵や國文骵の文章にて現代の思想感情を自由に且つ適切に言ひ表はすことは困難であると思ふ。…現代の思想感情を自由に立派に書くことのできる様な口語骵の文章を發達せしむるには漢文や國文を十分に咀嚼し利用すべきは言ふまでもなく、外國の哲學や文學のこなれた翻譯といふことも必要ではあるまいかと思ふ。現代の我等の思想は歐洲の文化に負ふ所が多いから、外國の哲學や文學の言ひ表はし方を學ぶことが我々の言語や言ひ表はし方を豐富にする一つの手段であると考へる。(27)

ここには、自ら翻訳を実践することで文体を創造した近代の著述家らの態度と共通するものが見られる。「こなれた翻譯」の必要性を説いているが、西田にとって「翻譯」は、単なる仲介手段としての言語表現ではなく、表現法を学ぶ模範を意味するものであった。西田は、谷崎潤一郎が「饒舌録」（一九二七年）や『文章讀本』（一九三六年）で示した日本語が本来有する表現力の特性を生かすべきだという立場より、むしろ哲学的思考に有効に働くと思われる漢字の造語力を重視し、西洋的表現で思考の幅を広げるという立場を推奨している。これは、一九一六年時点での日本語の現実を反映しているのではないか。言文一致がほぼ完成したその後の時代に比べ、日本語はまだ「現代の思想、感情」を表現するまでに成長していなかったはずである。

文章については、西田は、気を配りわざわざ飾るような書き方をしたことがない、と断った上で、文章と思想・感情の不可分離を主張している。

余は文章に苦心したこともないから、文章家として作文上の用意苦心に就て何等の語るべきものも有しないが、學問上の論文などを草するにしては、唯何處までも明晰に、何處までも徹底的に考へ、自分に得た思想を、何等の虚飾なく、その儘に表現するの外ないと思ふ。純な明かな思想は自ら表現を伴ひ來るものであると思ふ。

文章と文学とは同一ではない。…文章がその人の思想、感情と不可分離に結合してはじめて文章其の物に価値があると思ふ。大なる思想家は所謂文章といふ点から見て巧拙如何に関せず必ず独特の文章を書くものである。かういふ文章ならば文章其物に生きた意味があると云つてよい。…人の話し方や歩き振りがその人から離すことのできぬ様にかくの如き文章はその人から離すことはできまい。(28)

西田の言う「文章」を、言語表現された形と捉えておこう。思想や感情という内的な行為あるいは産物は、実は言葉あるいは文章と一体であるということだ。言葉、文章の方に「生きた意味」がある。先の「翻譯」との関連において考えることができる。翻訳を通して外国の哲学や文学から言表方法を学ぶというのだが、もちろん思想も同時に摂取するという意味だ。西田は、翻訳においても「生きた意味」をもつ外国語の文章、言葉の影響を見通していたのではないだろうか。

一九三一年、弟子の木村素衛が翻訳したフィヒテの『全知識學の基礎』(29)が出版され、これに付された西田の「序」が、ある外国の思想とそれの他の言語による翻訳との間の相互創造性を唱える一つの「翻訳論」として成立していることが分かる。「相互創造性」は、西田の説明を解釈した論者自身の表現である。(30)

> 大思想家の書を我國語に譯することは、單に他國語を知らざるものをしてその思想を理解せしめるのみでなく、我國語をしてその思想家の思想を語らしめることによつて、その思想に言表的生命を與へ、その思想をして我國に於て郷土的發展をなさしめることでなければならぬ。(31)

翻訳する原作の思想に「我國語」の「言表的生命を與へ」るなどということは、普通に理解するなら奇妙な事柄である。翻訳とは言え、原作を日本語で表現し直す、「語る」ことにより、日本的に生き返らせるのだ。つまり、その原作の思想を「我國に於て郷土的に」発展させるのである。翻訳の目的は、原作をそれに忠実に解釈し表現し、そのまま受容することに甘んじるだけではなく、日本の思考により日本語で表現し、日本に根づかせ成長させることにある。西田のこの考えには、日本語で表現することにより、新たな価値が創出される思想的作品として成長させるという含意があるのではないだろうか。そして、先に見た言語と思想の不可分離ということが、再び主張される。

言語と思想とは離すべからざる内面的關係を有つて居る。生きた思想は自らそれ自身の表現を生み出さねばならぬ、生きた表現は自らそれ自身の思想を生み出さねばならぬ。フィヒテを我國語に譯することは、フィヒテに我國語的生命を與へることによつて、我國に於てフィヒテ的思想を生み出すに資することでなければならぬ。フィヒテの譯はフィヒテを日本的に歪めるかも知れない。併しそれは一方から見れば却つてフィヒテを郷土化することでなければならない。(32)

「生きた思想」、「生きた」原作の思想、しかも「生きた」「大思想家」フィヒテの思想について、西田は説いている。原作ならばいかなるものも翻訳によって再生し、「郷土的に發展」するとは限らない。この一節はそのような含みをもっているように読み取れる。西田が言いたいのは、原作が真に「生きた思想」ならば、「自らそれ自身の表現を生み出さねばならぬ」、真の思想には表現が伴われるはずだ、ということであろう。先の引用にあった、「純な明かな思想は自ら表現を伴ひ來るものである」に通ずる。一方、真の「生きた表現」からは自ずと思想が生まれ出るのである。これが、ドイツ語によるフィヒテの思想と言語のまず一側面における「相互創造性」である。

フィヒテによる原作を日本語に翻訳するということは、フィヒテの思想を日本的に再生された思想にするということなのだ。フィヒテ思想が生命ある思想であるからこそ、翻訳によっても、それは決定され固定され、それ故に死せず、ベンヤミンが「翻訳者の使命」（一九二三年）で論じた如く、生き延びるのである。

西田が繰り返す「生きた（思想、表現）」について、論者はこれを創造の原動力と捉えたい。原作者の思想、表現に取り組む他者――この場合翻訳者――に理解する、解釈する、翻訳するという意志と行為を引き起こすもの、それが「生」ということだ。

フィヒテのドイツ語による思想と言語の「相互創造性」は、翻訳を通して、もう一つの側面において、フィヒテの日本語による思想と言語の「相互創造性」を発揮することになる。

翻訳は、フィヒテの思想を「日本的に歪めるかも知れない」、一方でそれを「郷土化することでなければならない」。「歪める」ということは、誤訳、あるいは不適切な解釈に起因することであろうか。いずれにせよ、原作を忠実に翻訳していないという意味での変容と捉えてよい。しかし誤訳だとは確定できない、解釈のずれや異なる可能な解釈から来る歪みもあろう。また、文法的制約等による言葉自体の働きが、意味や概念に変化をもたらす場合もしばしばあるはずだ。西田はしかし、「郷土化する」ということを肯定的な意味で用いているという印象を我々に与える。誤訳を恐れる必要はない、むしろフィヒテの思想の新しい日本的研究の発展を目指すべきだという、西田自身の哲学的方法を反映させた表現だと理解したい。「郷土化」には、従って相互創造性に組みこまれた考え方であり、翻訳は言語間の補完的役割を担い、相互成長をもたらすというデリダの見解と親和性がある。[33]

西田は、原作を忠実に解釈し探究する、いわゆる翻訳よりも、独自の哲学を創造する方を重視した哲学者であった。そのことは、翻訳が原作を「日本的に歪める」ことをも肯定的に捉える姿勢によく現われている。

三木清の翻訳論――模倣と翻訳

西田よりも若い世代の三木清（一八九七―一九四五年）は、言文一致を経験していない。すでにほぼ今の日本語と相違のない表現法で文章を書いていた。ジャーナリスティックな執筆やフッサールの『嚴密なる學としての哲學』（一九三〇年訳書刊行）、マルクス／エンゲルスの『ドイッチェ・イデオロギー』（一九三〇年訳書刊行）等の翻訳実践で、日本語を鍛え、また言葉と翻訳の問題に繊細であり得たとも言える。実際、三木は、マルクスの『資本論』の高畠素之訳と河上肇・宮川実訳を比較する「翻訳論争」の論客として、具体的に訳文を検討、批評している（『「資本論」に於ける邦譯二著の對立』、「飜譯批判の基準」、いずれも一九二七年一一月の『東京日日新聞』に発表）。そして、遡る処女作『パスカルに於ける人間の研究』（一九二六年）では、パスカルの『パンセ』の原作からふんだんに引用しつつ、このフランスの哲学者による人間に関する思想を研究した。つまり自らの翻訳による引用に基づき、本書を「生の存在論」として独自に解釈することで、日本の哲学史における「具体的なる人間の研究」[34]に先鞭をつけたのである。これは、再解釈が生んだ独自の哲学と言っても差し支えないだろう。その三木による二篇の翻訳論を、本節では取り上げたい。

一九三二年刊行の「哲學はやさしくできないか」[35]は、当時のアカデミズムの哲学とそれ以外の知性との乖離に対する警戒から、書かれたエッセーであると言える。その原因は哲学の難しさにある。三木は、この哲学が難しいという事態を分析し、「思想」の貧困が難しさを招くと指摘する。「わからない」と「むつかしい」は異なる。

よく云はれることは、現在の日本の哲學のむつかしいのは、それが西洋の哲學の模倣であり、飜譯であるからである、といふことである。…哲學は實にへんてこな言葉を使ふのでわからないと云ふ。…哲學上の種々なる術語も少し勉強すればわかる筈だ。かうして哲學がむつかしいと一般に云はれるとき、それは根本において何か別の意味で語られてをり、そしてそれは哲學の或る特殊性に關係してゐるのでなければならぬ。即ち哲學には何かほんたうに模倣できないもの、飜譯できないものが含まれるのである。そのやうなものは哲學の理論的要素ではなく、寧ろ思想的要素であらう。模倣や飜譯のできないものを模倣し飜譯しようとするから、むつかしくなり、わからなくなるのである。理論は模倣され飜譯されてもわかるものである（それがほんたうの模倣、ほんたうの飜譯でなければならぬことは云ふまでもない）。さうでないのは思想である。しかも理論も哲學においては思想と結合してをり、はなればなれのものでない。かくして哲學において要求されるのは「思索の根源性」であると云はれ得るであらう。(36)

三木の説明には、哲学が難解だということがある意味では当然だという含意がある。学問として、述語を学ぶ、「哲學的精神に觸れる」などの修行が何年か必要であるのだ。(37) しかし「わからない」のは、哲学として踏むべき論理的、理論的、方法的、秩序的手順が踏まれていないからなのである。この問題は、西洋哲学を起源とする日本の哲学は、これを模倣あるいは翻訳しているという一般の見方につながる。そして背景には、小林秀雄が「学者と官僚」（一九三九年）で批判したように、当時、哲学者の文章があまりにも難解だという事情があったことを推測させる。

ではなぜ「西洋哲學の模倣であり、飜訳である」と、日本の哲学は難しくなるのか。三木は、模倣、翻訳するとむしろ「わからない」ものになると捉え直す。「何かほんたうに模倣できないもの、飜譯できないもの」を含んでいるのが哲学であるからだ。それは哲学における理論ではなく思想だと、三木は強調する。思想は「直觀的に理解される」という性質を有するというが、つまり思想を解釈しようとすると、それはどこまでも言葉で尽くされることのない翻訳不可能に陥る、ということを意味するのではないか。この解釈とは「自分で考へる」ということでなければならない。さらに三木は、次のように述べる。「他の哲學を模倣したり飜譯したりするのでなく、他の哲學に從つて或ひはそれを手引として自分自身で考へるといふことである。さういふ思索の根源性がなければ他の哲學がほんたうにわかることもできぬであらう」[38]。翻訳の創造性を主張する本稿の立場からすると、ここで論じられる三木の「飜譯」は、非独自性という意味での「模倣」と同義であり、そこには創造の原動力など期待されていないようだ。

三木の翻訳観は、しかしもう一つのエッセー「輕蔑された飜譯」（一九三一年）では、趣を異にする。

哲學者ライプニッツもその必要を大いに認めた飜譯といふものの意味は、外國語を知らない者にその思想を傳達することに盡きるのではない。思想と言葉とが密接に結合してゐるものである限り、外國の思想は我が國語をもつて表現されるとき、既にもはや單に外國の思想ではなくなつてゐるのである。意味の轉化が既にそこに行はれてゐる。このときおのづから外國の思想は單に外國の思想であることをやめて、我々のものとして發展することの出來る一般的な基礎が與へられるのである。飜譯の重要な意味はここにある。このことを考へるならば、飜譯でものを讀むといふことは學問する者にとつて恥辱でないばかりか、必要でさへあることが分る。[39]

言語と思想の相互創造性は明確に現われてはいないものの、先に見た西田の翻訳観に酷似していることが分かる。そして、「飜譯の重要な意味」が積極的に主張されている。「我々のものとして發展することの出來る」ということは、哲学の原動力としての翻訳という側面、つまり翻訳の創造性が自覚されているということである。さらに三木は次のように続ける。

支那や日本に於ける仏教の發達の場合を見よ。この獨自な發達は原典ではなく、却つて飜譯書の基礎の上に行はれたのである。或ひはボエチウスによるアリストテレスのラテン譯が中世のスコラ哲學の發展に與へた影響、或ひは聖書のルッテル譯がドイツ文化の發展に及ぼした影響などを想ひ起すがよい。何でも原書で讀まねばならぬと思ひ込んでゐることが如何に無意味であるかが分るであらう。

然るに日本の學者の多くは何故かそのやうに思ひ込んでゐるのである。彼等は飜譯書を輕蔑することをもつて學者の誇であるかのやうに考へてゐる。なるほど、どのやうな飜譯も、飜譯たるの性質上、不正確、不精密を免れない。誤譯なども多い。…自分で考へることを本當に知つてゐる者にとつては何等妨害とならないのみか、そのやうな不正確、不精密、誤譯から却つて面白い獨創的な思想が引出されてゐる場合さへあるのである。(40)

ここでは、特に「誤譯」によってさえも「獨創的な思想が引き出されてゐる」可能性を三木が見ている点に注意したい。西田が「歪んだ」という表現で含ませた事柄を、三木は明確に「不正確、不精密、誤譯」とし、そこから翻る前向きな発展を翻訳に託している。先の、翻訳と模倣を同一視する見方とここでの翻訳観には矛盾があるということだろうか。いや、両者には整合性があると言ってよい。三木が批判したのは、要するに、徹底的な思考を欠いた哲学と翻訳であるのだ。徹底的に思索しない翻訳を「模倣」と呼んだのだ。思想の翻訳の不可能性を可能性に向けようとする思索力の欠如、非創造的な思索を嫌ったのである。

注

(1) ジェレミー・マンデイ『翻訳学入門』(みすず書房、二〇〇九年、六)。

（2）加藤周一「明治初期の翻訳」『日本近代思想大系15　翻訳の思想』（岩波書店、二〇〇〇年）。
（3）安西徹雄・井上健・小林章夫編『翻訳を学ぶ人のために』（世界思想社、二〇〇五年、一一―一二）。
（4）辻由美『翻訳史のプロムナード』（みすず書房、一九九八年、二九―三一）。
（5）ドナルド・キーン、中西進、小田島雄志、座談会司会 芳賀徹「日本という翻訳の宇宙」（『翻訳と文化』芳賀徹編、山川出版社、二〇〇〇年、一六八―一六九）。
（6）森田思軒「翻訳の心得」（『日本近代思想大系15』、岩波書店、二〇〇〇年、二八五）。
（7）「翻訳の苦心」（［故森田思軒君談話、一九〇六年］、『日本近代思想大系15』、二九二）。
（8）加藤周一「明治初期の翻訳」（前掲、注2）。
（9）柳父章・水野的・長沼美香子編『日本の翻訳論　アンソロジーと解題』（法政大学出版局、二〇一〇年、一三九―一四〇）。
（10）同右（一四一―一四三）。
（11）小泉仰『西周と欧米思想との出会い』（三嶺書房、一九八九年、四四―四五）。
（12）「百學連環　第二編稿上」永見の饒香（『西周全集 第四巻』［NAZ］宗高書房、一九八一年、一四五―一四六）。
（13）「生性發蘊」（NAZ1、宗高書房、一九八一年、三一）。
（14）「百學連環」（前掲、一四五）。
（15）下村寅太郎「日本近代の科学・宗教・哲学」（『京都哲学撰書　第4巻　精神史の中の日本近代』燈影舎、二〇〇〇年、二七六）。
（16）本節の論述は、拙稿「第9章 西周の哲学――翻訳的探究を経て新たな知の創造へ」（『思想間の対話 東アジアにおける哲学の受容と展開』藤田正勝編、法政大学出版局、二〇一五年）に基づくものである。
（17）大久保利謙「解説」（NAZ1、四一、六二〇）。「生性發蘊」は二篇からなり、第一篇はLewes, *The Biographical History of Philosophy, from its origin in Greece down to present day*, 1857 を使用。第二篇は、コントの実証主義哲学の概要を示した上で、これを解説した参考書、Lewes, "Part I. Fundamental sciences; section XVI-XX", *Comte's Philosophy of the Sciences: being an Expositon of the Principles of the Cours de Philosophie Positive of Auguste Comte* の

翻訳を掲載している。
(18) NAZ1(前掲、三〇)。
(19) 小泉(前掲、一〇〇―一〇一)。
(20) NAZ1(前掲、五三)。西は「ネチューレル・ラウ」を「理法ト訳す」と記している。
(21) 同右(一六七)。
(22) 同右(一六八)。
(23) 同右(一六八―一七〇)。
(24) この立場からは、例えば「伊勢の神風若くは南無妙法の旗にて、蒙古の船艦を覆したりと臆断する」ような認識が起るのである。同右(一七〇)。
(25) 同右(一七一―一七二)。
(26) 「主観」は当時、「客観」と対をなすまだ新しい概念であり、「生性發蘊」ではそれぞれ「此観」「彼観」と訳されている(NAZ1、三八)。井上は、西がこの一組の概念への注目を通して、西洋の心や魂の実体である「霊魂ノ体」と東洋の心や魂の働きである「心性ノ用」の別を明確に認識したと、解説している。「Psychology」と「性理」は、翻訳の際、等価となるが、内実は異なることを理解したのである。井上厚史「西周と儒教思想――「理」の解釈をめぐって」(『西周と日本の近代』島根県立大学西周研究会編、ぺりかん社、二〇〇五年、一六〇―一七二)、および拙稿(前掲、注16、一六二―一六四)
(27) 「問題は口語體の精錬」(『西田幾多郎全集 第十九巻』[NKZ]、一九八〇年、七一八―七一九)。
(28) 同右(七一九)。
(29) *Grundlage der gesammten Wissenschaftslehre* (1794-95). この訳書は、同名の著書に『知識學への第一序論』、『知識學の新敍述の試み』を加えた三著作から成る。
(30) ここでの「西田翻訳論」の解説は、拙稿「西田哲学と一人称の哲学化」(『哲学研究 第六〇〇号』二〇一六年一二月、二〇―二三)での主張に基づくものである。
(31) NKZ13(一九七九年、二一五)。

（32）同右。
（33）Jacques Derrida, « Des tours du Babel », *Psyché- Inventions de l'autre*, Galilée, 1987 : 233.
（34）『三木清全集 第一巻』（MKZ、岩波書店、一九六六年、四）。
（35）MKZ1（このエッセーについての解説は、拙稿「翻訳から見る昭和の哲学――京都学派のエクリチュール」（『アジア・ディアスポラと植民地近代―歴史・文学・思想を架橋する』緒形康編、勉誠出版、二〇一三年）に基づく。
（36）同右（四八〇―四八一）。
（37）「哲學はどう學んでゆくか」、同右（四五五―四五七）
（38）同右（四八〇―四八二）。
（39）MKZ17（一九六八年、一九七）。
（40）同右（一九七―一九八）。

規範としての英文学――シェイクスピアの翻訳をめぐって

冬木ひろみ

はじめに

シェイクスピアの翻訳に関して、夏目漱石が「沙翁劇は其劇の根本性質として、日本語の翻訳を許さぬものである」[1]と言い切ったのは一九一一年（明治四四年）のことであった。これは坪内逍遙訳による『ハムレット』の舞台を見た際に『東京朝日新聞』に漱石が書いた劇評の一部であり、恐らくは本音だと思われるが、シェイクスピアは実際、翻訳不可能なのだろうか。漱石はさらに逍遙への批判を続けるが、逍遙はこれに対して特に何の反論もしていない。だが、その後の逍遙のシェイクスピア劇全訳という偉業、評論家である福田恆存の一九作品の翻訳、小田島雄志による現代語訳による全訳、さらに現在も続くシェイクスピア翻訳の活況をみるに、漱石の言葉をそのまま受け入れることはできないのではないだろうか。

しかしながら、シェイクスピアというイギリスの劇が移入された明治の時代の状況を鑑みるに、日本に西洋劇というこれまでに経験したことのないジャンルが入ってきたこと自体が文化的な「黒船」であったに違いない。そうした状況をシェイクスピアを紹介し、翻訳しようとした人々はどのように捉えたのだろうか。本稿では、明治から大正、昭和の初期にかけてのシェイクスピアの翻案・翻訳の状況を逍遙を中心に探るとともに、なぜ英文学の中でシェイクスピアが注目され、移入されていったのか、それがどのような意味と意義をもたらしたのかを、上演・舞台からではなく、翻訳と文学という点から再考してみたいと思う。

シェイクスピア翻訳の黎明期

シェイクスピアの日本への移入の歴史は、明治より少し前の時代からすでに始まるが、主に翻訳ということに絞った場合の大まかな流れとしては、断片的な劇の一部の切り取り、劇の要約、翻案、そして翻訳へと進んでいったと見ることができる。ただ、それぞれが時期的に入り乱れていたことも事実であり、明確に時期を分けることは困難である。

シェイクスピアの日本語訳（と言えるかどうかは疑問だが）として現存している最古のものは、一八七四年にジャパン・パンチ（*The Japan Punch*）誌上に載った『ハムレット』の独白の一部である(2)。「アリマス、アリマセン、アレ　ワ　ナン　デスカ」（実際はローマ字）で始まる珍妙な訳は、イギリスの『ロンドン・ニューズ』紙の特派員であったチャールズ・ワーグマンが挿絵とともに書いたものと考えられている。ワーグマンは画家でもあり、日本における政治的・歴史的事件や庶民の生活なども諷刺的な絵付きで記録していた。従って、この訳で実際の上演がなされたかどうかは明確にはなっていないが、恐らくは侍姿のハムレットとおぼしき人物が瞑想する場面の挿絵とともに、日本人の英語力への揶揄、あるいは西洋化を目指そうとするこの時期の日本人への皮肉が込められているとも考えられる。だがその一方、西洋演劇をどのように受容したらよいのかという当時の日本人の戸惑いの一端が、この戯画と奇妙な翻訳に見え隠れしているように思われる。

なお、シェイクスピア移入史としては、この奇妙な『ハムレット』の訳以前に現れていたシェイクスピアの名前と劇のわずかな断片についても確認しておきたい。恐らくシェイクスピアという名前が活字として日本で初めて現れるのは一八四〇年のことで、リンドレー・マレイによる英文典を渋川六蔵がオランダ語から日本語に訳した『英文鑑』の中での紹介で、「シャーケスピール」と記されている。(3) さらにその後、中村正直が訳した『西国立志編』(一八七一年、原典はSamuel Smilesの*Self-Help*, 1859)の中で、これもごくわずかではあるが『ハムレット』から一部が取られて、「金銭ヲ借ル人トナル事ナカレ又金銭ヲ貸ス人トナル事ナカレ…」と三行ほど記されている。これは息子レアティーズがフランスに再び留学する出立の際にポローニアスが訓示として言う言葉を元にしているが(『ハムレット』一幕三場)、この『西国立志編』は当時のベストセラーであったと言う。(4) 日本のこの時代を考えると、世界への目が開かれて行くとば口にあり、西洋の知識として、立身出世を願う若者たちにとっては実利的な教訓だったに違いない。

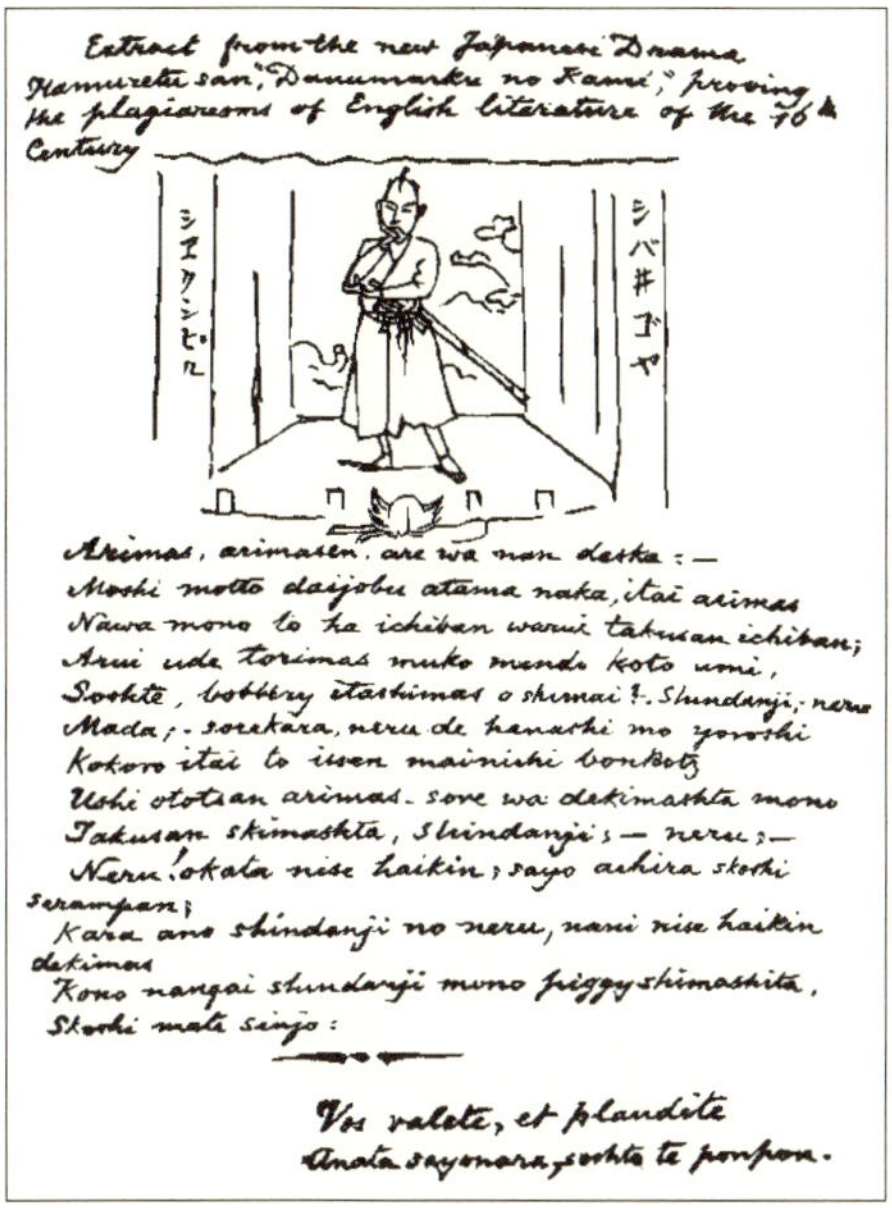

図1　*The Japan Punch*に掲載された日本初のシェイクスピア作品の翻訳

　こうした断片的なシェイクスピア紹介は、劇のあらすじが活字になることにより、もう一段階進む。一八八〇年代になるとシェイクスピアの劇と考えられるものが何編か訳され、当時としても珍しかったであろう『シンベリン』なども日本名にして出されている。もう少し具体的に挙げると、「春宵夜話」(『冬物語』他三作品)、「花間の一夢」(『シンベリン』)、「落花の夕暮」（『ロミオとジュリエット』）、「栄枯の夢」（『マクベス』）、「雨後の花」（『終わりよければすべてよし』）などの梗概が、一八八三年から八四年にかけて『郵便報知新聞』に次々と連載されている。(5) ただし、これらは台詞がなく、物語調であることから、シェイクスピアの劇の原典ではなく、イギリスのチャールズ・ラムが姉メアリーとともに散文の物語として書き直した『シェイクスピア物語』（*Tales from Shakespeare*, 1807）から訳されたものだと考えられている。さらに、右に挙げた一八八三年から四年に新聞に掲載された一連の劇の訳者は、新聞記者であり後に政治家ともなった藤田茂吉であろうと柳田泉は推測している。(6) シェイクスピアを翻訳するという作業は、英語の辞書なども十分ではなく、文化的にもシェイクスピア時代のことなどほとんど知られていなかったため、おそらくはかなり困難を極めたであろうと推測される。そうしたシェイクスピアの移入黎明期に、ラムの物語からではあるが、すでに様々なシェイクスピアの劇に目を留めて訳せるような人物が、英文学者などではなくジャーナリストであったことは注目すべきである。アカデミズムとは全く異なる世界のジャーナリストたちは「大学という狭い範囲の中でエリート層を対象にシェイクスピア講義を展開していた人々とは違い、広く一般の新聞・雑誌の購読者を相手に、シェイクスピア文学の概要を解りやすく伝えて」行くことができた。(7) なお、要約にしろ劇の一部にしろ、シェイクスピアの翻訳が実際の劇ではなくラムの書き換えた物語によるものが大部分であったのも、時代を思えばやむを得ないことであったのだろう。つまり、坪内逍遙が本格的に翻訳を始める以前には、シェイクスピアは英文学の規範などではなく、物語の面白みや実利的あるいは政治的な面で興味を引く作品であり、だからこそ新聞という媒体により一般に広めることが最も適した手段だったと言える。

　そうした時代の中にあって、同じ時期に、ジャーナリズムと文学が二分裂したかのようにシェイクスピア劇の初めての全訳が二つ現れる。一つは一八八三年に英文学者、川島敬蔵が日本で初めて逐語訳で翻訳した『欧州戯曲ジュリアス、シーザルの劇』が『日本立憲政党新聞』（現・毎日新聞）に三一回にわたって連載され、さらにその翌年には、坪内逍遙が初めて全編を翻訳した『該撒《しいざる》奇談《きだん》　自由《じゆうの》太刀《たち》餘波《なごりの》鋭鋒《きれあぢ》』（『ジュリアス・シーザー』）が出版される。だが、川島も逍遙も政治的な悲劇であるこの劇をなぜ最初に取り上げようとしたのであろうか。付言すれば、十年ほど前の『西国立志編』で取り上げられたシェイクスピアの言葉も、実利的かつ政治的な意味を含んだ部分であったこともここで想起しておきたい。

まず、坪内逍遙がシェイクスピアに関心を持つようになった理由を先に確認しておきたい。なぜシェイクスピアを選んだのかについて逍遙自身は四つの理由を挙げて次のように言っている。「先づ第一には、之れを以て我が国の演劇術を新しくする方便としようとするのである。…次に沙翁は単に英国の誇りであるのみでなく、世界劇壇の誇りであつて、苟も劇を研究する者の一度は潜らなければならぬ関門でもあり、一度は師事せねばならぬ記録でもある。さればこそ英、獨、佛、伊、露、苟も文明国を以て居る国々で沙翁をその劇壇に移し植へ付けない處はない」(8)。さらに三つ目にはシェイクスピア研究が今日では学問となっていること、第四に外国のシェイクスピア劇はどちらかというと衰退しているから、我々の試みも僭越とは言えないだろうという。

逍遙はある種文明国の誇りとして外国の列強と肩を並べるべく、権威としてのシェイクスピアを移入しようとしていると見える。だが、文明化のイコンとして日本にシェイクスピアをと考えたのは、逍遙一人ではなかった。実際、当時の英文学雑誌である『英文新誌』（沙翁号）で、「沙翁戯曲の和譯」と題したシェイクスピア劇の英語と翻訳を並べた特集の緒言に次のような言葉がある。「England が Spanish Armada を破って、国威隆々として登り、此時に當って Shakespeare のごときが生まれたのであるが、それより三百餘年の後、我国が日本海に露国大鑑隊を撃沈して、東洋の平和を定め、文藝これより勃興せんとする時に『沙翁全集』の反譯が始めて現はれるのは、實に快とすべしである」(9)。

無論、こうした政治的な思惑と文学を結びつけることの是非はあるが、少なくとも外面的な国力と文明・文化の力とが両輪であるという認識が明治の初期からあったことは事実であり、西洋の文化・文明の象徴として選ばれたのが他ならぬシェイクスピアであったに違いない。また明治の初期には、文学全般が政治的な影響を受け、政治小説が流行しており、「飜譯文学に於ても政治小説或は政治劇が大いに人気を呼んで、一時は政治ものでなければ文学でないと言われた」(10)ほどであった。また、この当時は自由民権運動のさなかにあり、多くの政治的な事件が起きていることから、川島にしても逍遙にしても、政治的な論争を多く含むローマを舞台とするこの悲劇にまず注目したのは自然なことであったと言えよう。

当時、要約や一部だけの訳が多かった中で、川島敬蔵の『欧州戯曲ジュリアス、シーザルの劇』は、日本初の全文を逐語訳したシェイクスピアの翻訳である点で、大きな意味を持つ。逍遙の影に隠れることが多く、取り上げられることは比較的少ないが、川島の訳文は逍遙より忠実であったと評するものもあり(11)、当時の訳のほとんどが形式は無視して内容を伝えるという状況の中にあっては画期的な逐語訳であった。

逍遙は川島敬蔵に続いて、『ジュリアス・シーザー』の翻訳として『該撒奇談 自由太刀餘波鋭鋒』(以下『該撒奇談』と省略)を一八八四年に東洋館から出版する。なお、逍遙は上演を目指してこの劇を翻訳・出版したのだが、上演は一九〇一年まで待たなければならなかった。上演のきっかけとなったのは、この年の六月に東京市会議長で第四次伊藤内閣の逓相であった星亨が暗殺された事件であると考えられている(12)。この事件は、『ジュリアス・シーザー』の中でシーザーが皇帝になることに危機感を抱いたブルータスらがシーザーを殺害するという内容とまさに重なるものがあるとして『該撒奇談』はにわかに注目を集め、明治座での上演が実現することになったという。

川島と逍遙の出版形態の違いについて付け加えておくと、川島のものは新聞連載であったということは大きい。当時シェイクスピア作品の翻案ものが新聞に連載されることは多く、『ハムレット』の一部を台詞も入れた形で翻案した仮名垣魯文の『葉武烈土《はむれつと》』が『平仮名絵入新聞』に掲載され（一八七五年）、さらに後に魯文はこれを浄瑠璃の院本風に訳し直して、『葉武烈土倭《やまと》錦絵《にしきえ》』として『東京絵入新聞』に掲載している（八六年）。また、『ヴェニスの商人』を大阪の商家と武家とのお家騒動に置き換えた宇田川文海による翻案『何櫻彼櫻《さくらどき》銭世中《ぜにのよのなか》』は『大阪朝日新聞』（一八八五年）に連載されている。現代に至るまで、日本は西洋に比べ特異なほど新聞小説が発達した国ではあるが、ジャーナリズムの一角としての「文学・物語」が掲載されることは、実社会と遊離した世界を提示する一方、同時代の社会・政治と一つながりに見えてくるという特色もある。一般論としてだが、新聞小説について鶴見俊輔は三つの特色を挙げていて、「毎日少しずつ」読めること、「実話を中心としている」こと、「架空の英雄の姿を想像してえがき、読者を力づける」ことだと言っている。[13] 実際、日本のシェイクスピアの普及は、こうした新聞小説の形態が一つの力を発揮し、いち早く一般の読者を獲得したことにより、今後のシェイクスピア受容の大きな礎となったと言える。

一方、出版という形で出した逍遥の初めてのシェイクスピア劇の翻訳は、題名からしても翻訳ではなく、翻案に近いように見えるが、実際はどのようなものであったのか。『該撒奇談』の翻訳の例を見ることにしたい。

逍遥の翻訳事始め

坪内逍遥の『該撒奇談』は、シェイクスピアの劇を要約でもなく、また新聞連載の形でもない一冊の出版された翻訳書として世に出した点で、大きな意義をもつ。また、訳文の問題は別としても、シェイクスピアの『ジュリアス・シーザー』の原作を全て日本語に訳した嚆矢だと言える。そこで、ほんの一部ではあるが、どのような訳となっていたのか、以下にシーザーがブルータスらに倒される場面から訳文をあげてみたい。

第一場「議堂珍事の場」

（申）でも御座《ござ》りまするが（獅）ヱヽ退《すさ》りをらふ、叶《かな》はぬと申《まう》すに、かくても尚《まだ》オリムパスを動《うご》かさんと致《いた》すか、アノこヽな恍惚者《うつけもの》めが（泥）アヽモシ、獅威差殿下《しいざるでんか》（獅）ヱヽならぬ、ならぬと申《まう》すに、ヱヽ泥志亜須《でしあす》其方《そち》は無益《むやく》に膝《ひざ》まづき、無益《むやく》に再拝《さいはい》　いたす積《つもり》か、おろか者《もの》めが（泥）すりやかほどに（申）申《まう》しても（獅）ヱヽ黙《だま》りをらふ、さう聞《き》く上《うへ》は、と互《たがい》いの目《め》くばせ、心得《こころえ》たりと後《うし》ろより、兼《かね》ての合図《あいず》に、加須可《かそか》が大音《だいおん》（加）では御座《ござ》りまするが獅威差公《しいざるこう》（獅）ヱヽくどいは、トふりむく處《ところ》を、只一《たゞひ》つきと逆手《さかて》にとり、突《つき》込懐劔身《こむくわいけんみ》をかはす、獅威差肩先《しいざるかたさき》かすられて流《なが》るヽ、血汐《ちしほ》のからくれない、うぬ何すると獅威差が、驚きたけつてねじ上る（中略）死物狂《しにものぐる》ひの獅威差が、獅子奮迅《ししふんじん》の働《はたら》きにソリヤ珍事《ちんじ》だと議堂《ぎどう》の中《うち》、上《うえ》を下《した》へとたちさはぐ、暴浪《あかしまなみ》に大山《おほやま》の崩《くず》れかかりしごとくなり、始終《しじう》を窺《うかゞ》ふ、マアカス舞妻多須《ぶるたす》、走りかヽつて獅威差の、腋下深《ちのしたふか》く突《つき》こむ鋒《きつさき》（獅）ヤ舞妻多須汝《ぶるたすなんぢ》までが、と只一《たゞひ》と言《こと》を此世《このよ》の名残《なご》り、外套《ぐわいたう》かづきて面《おもて》を掩《おほ》ひ、二十余《にじうよ》瘡《ろう》を蒙《かうむ》りて、たち並《なら》びたる肖像《せうぞう》の、多《おほ》きが中《うち》に奔瓶《ぽんぺい》が、像《ぞう》のほとりへ伏《ふし》まろび、はかなく息《いき》は絶《た》ゑにけり(14)

（傍線部は筆者：シェイクスピアの原文と合致する箇所に傍線を施した。）

（シェイクスピアの原文）

CINNA　O Caesar ——
CAESAR　Hence! wilt thou lift up Olympus?
DECIUS BRUTUS　Great Caesar ——
CAESAR　Doth not Brutus bootless kneel?
CASCA　Speak hands for me!　［*They stab Caesar.*］
CAESAR　*Et tu, Brute?* —— Then fall, Caesar.　［*Dies*］

（*Julius Caesar*, 3.1. 74-77）(15)

（下線は筆者：逍遥が翻訳していない部分）

　ここに長めに引用したのは逍遥が出版時に書いた通りであり、ルビも全て入れたまま引用してある。逍遥の書き方について補足すると、(加)がキャスカ、(獅)はシーザー、舞妻多須はブルータスなど、人物名に漢字を当てているが、読み方は英語に近いものとなっている点は大きな進歩である。日本語訳と並べてシェイクスピアの原文も記載してみたが、英語の方はそれぞれの台詞ごとに改行してあるのに対し、逍遥はト書きも人物名も文を改行しないまま続け、しかも原文にない内容を勝手に創作して入れている点が特異である。原文と照応すると、逍遥の訳のうち傍線を引いた部分だけが英語にある部分であって、大部分が実際には原文にはない。大幅に台詞を増やしている反面、英語の原文にはある、実は重要な所作と意味を含むはずの 'Speak hands for me!' はカットしている。この文については後でまた触れるが、恐らく逍遥は明確な意味がわからなかったか、あるいはうまく伝わらないと判断したかのどちらかだと思われる。

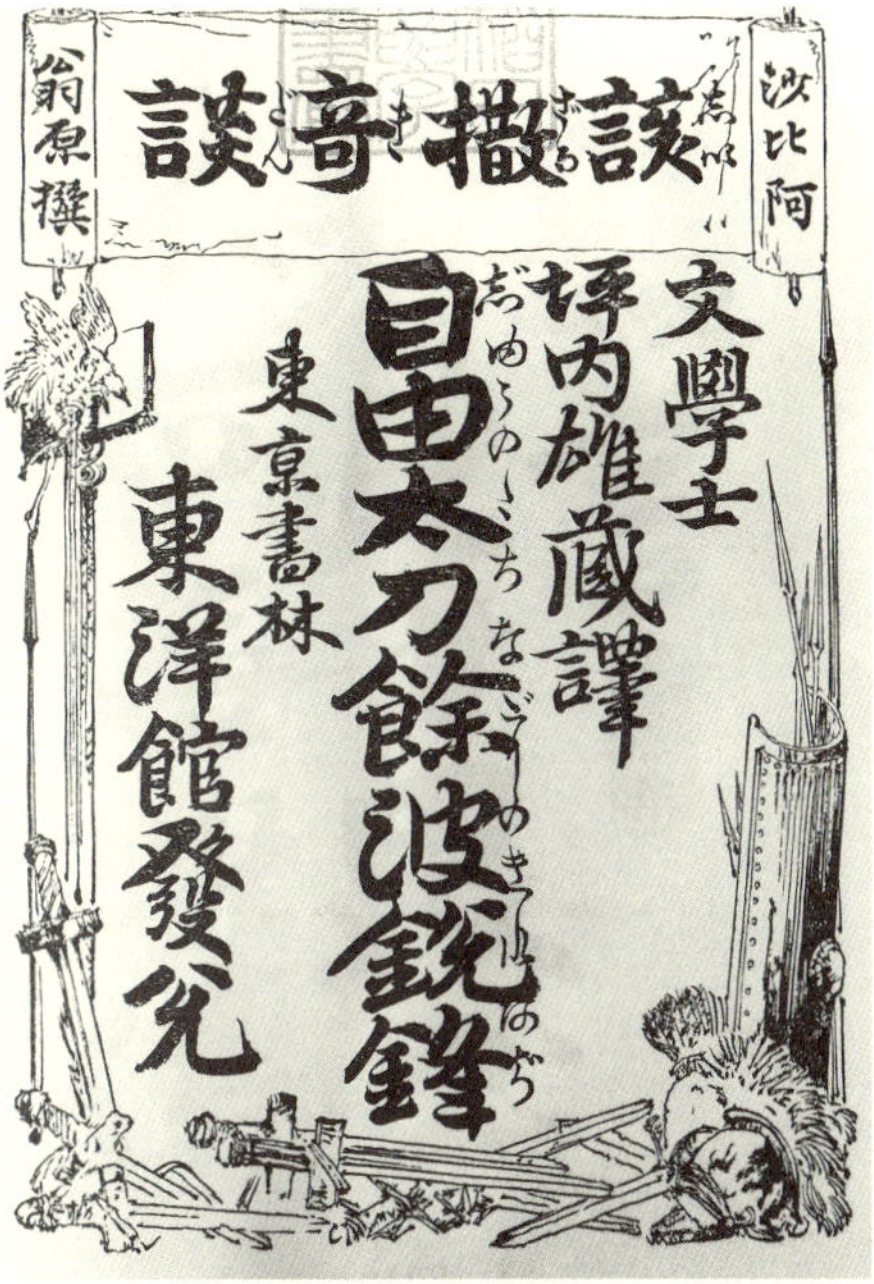

図2　坪内逍遙の翻訳『該撒奇談 自由太刀餘波鋭鋒』の表紙（早稲田大学図書館蔵）

　こうした逍遥の初めての一つの劇の全訳は、しかしながら、逍遥自身が『該撒奇談』の「附言」で書いているように「今此国の人の為にわざと院本體に譯」したとある。要は日本に馴染みのないイギリスの劇を移入するからには、ともかくわかりやすくするため、歌舞伎や浄瑠璃の七五調の形を用いたということである。こうした訳を逐語訳と言えるかどうかという問題はあるが、逍遙自身は後に『シェークスピヤ研究栞』（一九二八年）で、『『ヂュリアス・シーザー』の譯は『自由太刀餘波鋭鋒』といふ丸本の名題めく書名でも解る如く、文體は浄瑠璃まがひの七五調で、至ってだらしのない自由譯であった(16)」と書いている。

だが逍遙の『該撒奇談』は、本人の思いとは裏腹に、院本風でシェイクスピアを翻訳することに火をつけることになったと言える。一方、その後の逍遙は本格的に逐語訳としてのシェイクスピア全訳に全精力を傾けてゆくが、ここに当時のシェイクスピア翻訳の二つの流れがはっきりと見えてくる。一つは前述のように、劇を浄瑠璃風に翻訳したものを新聞連載などに掲載するという方向であり、もう一方は逍遙のようにアカデミズムの立場からテクスト第一主義をとり、逐語訳を目指してゆくものである。このアカデミズムの流れには、後に逍遙と論争することになる漱石や鷗外も含まれてくる。

逍遙の翻訳の変遷

逍遙は自分の翻訳の過程を『シェークスピヤ研究栞』の中で五つに分けていて、『該撒奇談』を書いた時期を「わが飜譯文学の第一期」としている。次の第二期では、註釈を重要視した逐語訳をしたため、「原詩の風調や情味」が出ず、文章としてもおかしなものになったと言っている。第三期は、上演を目的として訳した時代で、文芸協会の試演用に『ハムレット』の最初の方だけを訳した一九〇八―〇九年頃としている。ただ、口調は歌舞伎風だが、この頃から実際に翻訳と呼べる訳がなされ、例えば名前にしても葉村丸ではなくハムレットと呼ぶようになり、すべての独白が入れられるようになった画期的な時期でもある。第四期は「文語口語錯交譯時代」と自ら呼んでいて、文字通り韻律のある詩的表現と口語とを織り交ぜた訳をしていた時代だが、逍遙自身は出来栄えは面白くなかったという。舞台効果に必要な原作の特殊用語やリズムまでも移植しようとし、その後さらに現代語本位の訳をしようとした時期を最後の第五期としている。(17)

逍遙が逐語訳を目指した時期に、原文の注釈へのこだわりを書き記したのが「マクベス評釋」(『早稲田文学』、一八九一年)であるが、注釈を本意とした翻訳であったため、逐語訳がかなり古風な言い回しになっていることは否めない。例えばその『マクベス』では、冒頭の魔女たちの台詞は以下のようになっている。

甲妖婆　今ゆくはいの、グリマルキン
乙妖婆　あれ蟇《ひき》が呼ぶぞや
丙妖婆　今すぐにゆくはいのふ
皆々　よきものをあしとこそ見れ、あしきをばよしとこそ見れ吾儕《わなみら》は、いざや小暗《をぐら》き夕空の狭霧《さぎり》潜《くぐ》りて泛《うか》ばなん

First Witch　I come, Graymalkin.
Second Witch　Paddock calls.
Third Witch　Anon!
ALL　Fair is foul, and foul is fair,
Hover through the fog and filthy air.　(1.1. 8-10)

参考までに原文を入れておいたが、例えば訳文の「グリマルキン」は灰色猫のことだが、なんの言い換えもなしにそのままカタカナにしてある。雅文調にしたと逍遙は言っているものの、説明的で古めかしい言葉遣いが、原文のリズムを日本語にすることの困難さを如実に表していると言える。ただし、逍遙はいくつかの劇は何度も訳し直していて、一九三四年出版の『マクベス』では、同じ箇所は次のようになっている。

妖の一　今往くよ、灰色猫《グレーモルキン》！
妖の二　蟇《ひき》が呼んでるよ。
妖の三　あいよ、今直ぐ。
　　三人が手を取合って、踊りながら歌ふ。
三人　清美《きれい》は醜穢《きたない》、
　　醜穢は清美、
　　狭霧《さぎり》や穢い空気ン中を翔ばう。

第四期の文語口語の交錯の時代は低調であったようだが、二つ目の訳は最後の第五期の現代語による訳ということになる。ここではルビもあるものの「灰色猫」になっただけではなく、かなりリズムが良くなり、'Fair is foul'の相反する語を同列に並べたオクシモロン（撞着語法）が明確にわかるようになっている。また、最後の時期の訳の中では、一般的に評価の高い悲劇より、語調のよさ、新しさという点からは、喜劇の方が逍遙の意図である別次元の現代語訳ということを伝えられているのではないかと思う。その例として、喜劇『十二夜』（一九二一年出版）から一部を引用しておきたい。

マルヺーリオー　Mと……マルヺーリオー。M……こりゃ俺の名の頭字《かしらじ》だ。
フェービアン　そらね、やりかけましたらう。阿呆犬に限って見當ちがひへ駈けて行きまさ。
マルヺーリオー　Mと……だが、その後がしっくりいかん。どうも證明が附かん。Aなら順だが、Oぢゃちがふ。
フェービアン　なァに、とゞのつまりは、失望の（と嘆息の聲に擬して）おう！だよ。
トービー　さうとも。でなかったら、おれが撲り附けて、おうといはせてくれる。

Mal.　'M'—Malvolio! 'M'! Why, that begins my name!
Fabian.　Did not I say he would work it out? the cur is excellent at faults.
Mal. 'M'——But then there is no consonancy in the sequel ; that suffers under probation: 'A' should follow, but 'O' does.
Fabian. And 'O' shall end, I hope.
Sir Toby. Ay, or I'll cudgel him, and make him cry 'O'!　(2.5. 126-134)

これは、いつも敵対している厳格主義の執事マルヴォーリオに仕返しをしようと、彼に偽のラブレターを仕掛けたところをサー・トービーたちが隠れて見ている場面である。かっこのト書きの部分の'O'は、嘆息だけではなく、首吊り縄の意味があるため、その重層性が出せれば面白いのではあるが、それがなくてもかなりの程度、掛け言葉とそのやりとりのおかしさが伝わってくる。逍遙にとって、シェイクスピアの悲劇や歴史劇は、見たことがなくとも、歌舞伎などにある題材とうまく重ねることができるものであったに違いない。ところが喜劇は文化的にも言葉の重層性にしても、理解し難いものだったと思われる。そうだとすれば、逆に悲劇・歴史劇がどうしてもよく知る歌舞伎などの枠に縛られる一方、喜劇の方は自由な発想ができたのかもしれない。逍遙が最後にたどり着いた口語訳は、逍遙自身が江戸下町言葉とは異なるものであると言っているように「けっして言文一致ではなかったのである。ここに逍遙の翻訳の息の長さの原因があった(18)」という指摘も特に喜劇には当てはまるように思われる。

一方、悲劇の方は、格調という点では原文の言葉がそれぞれ時代物の日本語とうまく合致しているものが多いのだが、それが古めかしいという印象を呼ぶことにもなる。何度か改稿され、シェイクスピア全集最後の訳となる『オセロ』においても、どこか訳文が平坦でやはり古めかしさからは脱していないように見える。『ハムレット』の訳も何度も改稿されたが、逍遙自身が第三期のこととして『ハムレット』について、「知らず知らず歌舞伎式となり、七五調となり、其後改譯して完成する段になっても、尚ほ能の狂言口調だけは捨てかねた(19)」と言っているように、やはり本人もつい国劇の古いと感じられる日本語に傾斜していったようだ。本論の冒頭で触れた夏目漱石の批判はまさにそのことを言っている。冒頭に引用した部分も含めて、改めて逍遙の訳と指導による文芸協会の上演（一九一一年、帝国劇場）を見に行った後の漱石の劇評の一部を、少し長いが次に記してみることにしたい。

あの一週間の公演の間に来た何千かの観客に向つて、自分が舞台の裡に吸収せられるほど我を忘れて面白く見物して来たかと聞いたら、左様と断言し得るものは恐らく一人もなからうと思ふ。夫程劇と彼等の間には興味の間隔があったのだと余は憚りなく信じてゐる。

それでは其間隔を説明しろと坪内博士が云はれるなら、余は英国が劇と我等の間に挟まつていると答えたい。三百年の月日が挟まってゐると答へたい。使ひ慣れない詩的な言葉がのべつに挟まつてゐるとも答へたい。…坪内博士の訳は忠実の模範とも評すべき鄭重なものと見受けた。あれだけの骨折は実際翻訳で苦しんだ経験のあるものでなければ、殆んど想像するさへ困難である。余は此点に於て深く博士の労力に推服する。けれども、博士が沙翁に対して余りに忠実ならんと試みられたがため、遂に我等観客に対して不忠実になられたのを深く遺憾に思ふのである。…沙翁劇は其劇の根本性質として、日本語の翻訳を許さぬものである…博士はたゞ忠実なる沙翁の翻訳者として任ずる代りに、公演を断念するか、又は公演を遂行するために、不忠実なる沙翁の翻訳者となるか、二つのうち一つを選ぶべきであつた。(20)

（傍線部筆者）

漱石は、逍遙の翻訳による舞台が観客を引きつけることができなかったと言っているのだが、漱石と逍遙の隔たりはどこにあったのであろうか。漱石の指摘しているのは、忠実に訳せば面白い舞台ができるわけではない、それは時代の隔たった西洋の劇の詩的言語を移入すること自体に原因があるのだということである。この時の逍遙の『ハムレット』の第四独白の最初の部分と独白直後のオフィーリアへかける言葉は次のようになっている。

ハムレット
存《ながら》ふる？　存へぬ？　それが疑問ぢや……残忍な運命の矢石《やだま》を、只管堪へ忍うでをるが大丈夫の志か（中略）（オフィリヤに対し）なう、姫神、予が罪の消滅をも祈り添へてたもれい。(21)

HAMLET
To be, or not to be —— that is the question.
Whether 'tis nobler in the mind to suffer
The slings and arrows of outrageous fortune [...]

The fair Ophelia! Nymph, in thy orisons
Be all my sins remembered.　(3.1. 55-89)

この訳は逐語訳に徹しつつ上演を目指していた時期の逍遙の訳だが、be動詞を「存ふる」として、存在論を暗示させる点では名訳とも言えるが、やはり「存ふる」も「大丈夫」「姫神」も、言葉遣いは古めかしいと言わざるを得ない。移入の最も初期の頃の『新体詩抄』における外山正一の部分訳「死ぬるが増か生くるが増か　思案をするはここぞかし／つたなき運の情けなく…」（一八八二年）よりも語調としてはむしろ古いと感じられる。

ただ、もう一度先ほどの漱石の言葉に戻ると、翻訳の是非の議論においては、どちらが正しいということよりも、シェイクスピアをどう見るかの問題なのではないだろうか。つまり漱石はシェイクスピアを「劇」としてよりも「文学」として見ている。従って、レトリックからも思考論理からも文化的な差異からも隔たったシェイクスピアのような文学作品は読み物として受容すべきだということになる。一方、逍遙は途中から逐語訳を試み、現代から見ても誤訳はごくわずかというほどの忠実な訳し方をしているが、シェイクスピアはあくまで劇場のために書いたことを忘れない訳し方をしている。

そう見れば、逍遙の訳し方で特徴的な二つ、つまり七五調とト書きは、逍遙のシェイクスピア翻訳に対する最初の動機、なぜ自分はシェイクスピアを訳すのかと一致している。ト書きはすでに『該撒奇談』の中にも現れていたが、シェイクスピアの原文には「登場・退場・死ぬ」を基本として、他には滅多にト書きはない。従って、馴染んできた歌舞伎や浄瑠璃にあるト書きを自分で作り適宜入れてゆくことは、すべて当時の俳優や読者のためであり、結果としてこの時代の西洋の劇の定着に大きな役割を果たしたと言える。無論、それが日本の国劇である歌舞伎調を脱していないと批判されるところもあるが、英文学者であるとともに演劇人でもあった逍遙だからこそ、詩人であり座付き作者であったシェイクスピアの劇世界を直感的に把握できたのではないだろうか。評論家であり翻訳家でもあった内田魯庵も帝劇の同じ『ハムレット』を見ているのだが、次のような言葉を記している。「坪内君の威力はエライものだ。之が時勢であらうけれども、此時代の潮先きを早くも看取して、西へ東へと文壇を指導して徐ろに彼岸に達せしめる坪内君の力量、此力量に伴なふ努力、此努力が生み出す功労の大なるは、誰が何と云っても認めなければならぬ。[22]」魯庵は逍遙を諸手を挙げて賞賛しているわけでないが、時代と切り結び、常に日本の演劇の向上に貢献し得た逍遙の慧眼を見抜いている彼だからこそ発せられた言葉には重みがある。

逍遙はなぜシェイクスピアを翻訳するのかについて一九一〇年に「日本に沙翁劇を興さんとする理由」の中で次のように言っている。

第一は今の劇壇の沈滞を救ふ一方便ともならうと思ふ。…第二に沙翁は世界的の詩人であるから、之を日本に移し植ゑることは決して不可能でないのである。…第三には沙翁劇を日本人の心で別途に解釋を試みるといふことは、世界文藝上の一つの貢献であると思ふ。[23]

逍遙はシェイクスピアの描く世界の大きさと深さを知っていた人であり、それゆえに逍遙が目指したものは、そのシェイクスピアの力を借りて日本の演劇を向上させることであった。さらにこの文章から垣間見えてくるものは、現代でいう日本人によるアダプテーションとして世界にも貢献可能ではないかという逍遙の先見性である。逍遙の現代語訳に関しては、大場建治の指摘通り『オセロー』の訳は品位がなく雑駁であるし、今日一般に逍遙訳を賞讃する場合に引き出されることの多い喜劇のセリフにしても『當世書生気質』の闊達な会話からはほど遠い」(24)という結果になったのかもしれない。しかしながら、研究者として当時の最高水準の理解・解釈をし、それを翻訳と舞台に生かそうとし、三七作全てを訳した逍遙は、アカデミズムとステージの現場をつなぎうる、和魂洋才の稀有な天才であったとは言えそうである。

結びに代えて——逍遙から福田恆存へ

逍遙は早稲田大学を退職した後、書斎に篭って翻訳を続けたというが、文芸協会での上演以降、その翻訳が舞台にかけられることはほとんどなかった。大正時代に入り、イプセンを中心とするリアリズム演劇が西洋の近代演劇のモデルとしてもっぱら翻訳・上演されるようになると、シェイクスピアは日本の演劇の近代化を促進するための規範とはなり得ず、一時期後退することとなる。その後、シェイクスピアが上演と連携して復活するのは福田恆存による翻訳とその上演である。福田訳・芥川比呂志主演による『ハムレット』の上演は、日本のシェイクスピアが現代へとつながる画期的な上演として記銘される（文学座、一九五五年）。

福田訳の特徴は西洋の近代演劇を規範とし、簡潔で律動感に溢れた日本語を目指している点では、常に国劇である歌舞伎を意識している逍遙とは対照的なところもあるが、福田訳のシェイクスピアは、舞台上演を目的としたト書きも多用した翻訳であり、舞台の演技のリズムを意識している点で逍遙と共通するものがある。

逍遙も福田も詩の言葉であっても改行せずに散文として続けて訳しているが、シェイクスピアの原文では、多くはブランク・ヴァース（blank verse）という弱強五歩格のリズムで、五つのアクセントが来ると改行することになっている。だが、実際に俳優が改行を意識して言葉を発していたらぎこちないものになるに違いない。福田恆存は「飜譯論」の中で「私の訳においては、七五調その他、日本語固有の律が、他の人々の譯よりは遥かに意識的に利用されてゐる。役者の口にのり、喋りやすいせりふになつてゐると言はれるのは、一つにはそのためである」[25]。この言葉を見ると、逍遙が意識的に七五調を使い、日本人に馴染みのある言葉使いをしたことと重なってくる。さらに福田の、「逍遙を除いてほとんどすべての人の譯が外形だけの行分けを試みてゐるのは、たださうしないと本が薄くなり、高い定價がつけられないといふ出版上の便宜のために過ぎず、詩か散文かといふ文学上の本質的な問題とはなんの関係もない」[26]という言葉は手厳しい。逍遙と同じく劇場という場を重視する福田は、「せりふこそ最も激しい身振り」なのであるから「シェイクスピアの飜譯において、一番大事なことは、そのせりふの『意味』ではなく、さういふ身悶えを、さういふ身振りを、弾みのある日本語に移すことである。『意味』を傳えることは解釋の仕事であつて飜譯のなすべきことではない」[27]と言っている。翻訳とは何か、しかもシェイクスピアという「劇」を訳すとは何をすることなのか、を明晰に指摘したこの言葉は、恐らく現在のシェイクスピアの翻訳・研究・上演全てに関わりうる本質論となっていると言えよう。

ところで、逍遙の『該撒奇談』は後に訳し直され、逐語訳の『ジュリアス・シーザー』として全集の一冊となるが、先に本稿の『該撒奇談』の引用として挙げた中で、逍遙が訳さなかった、あるいは訳せなかった一文は、訳者の舞台の言語に対する意識が如実に出るところでもある。そこで、最後にシェイクスピア翻訳の実例として『ジュリアス・シーザー』のこの部分の翻訳をいくつか示し、考えてみたい。

これは、議事堂の場面でシーザーがブルータスたちに殺害される場面だが、'Speak hands for me!' という台詞をどのように訳すのかが問題となる。直訳すれば「手よ、自分のために語れ」ということだが、ここに時代順に逍遙訳、中野好夫訳、福田訳、そして小田島雄志訳の四つを並べてみることにしたい。

坪内逍遙　　もう……此上は……腕づくだ！

中野好夫　　かうなれば、腕に物を言はせるのだ！
福田恆存　　この手に聞け！
小田島雄志　　返事はこのおれの手だ！

この場面では、この台詞を言うキャスカは最初にシーザーに一撃を与える役割なのだが、シェイクスピアはこの短い台詞に動作の指示まで組み込んでいると考えられる。つまり、言葉とともに襲いかかることが示されている台詞なのである。これを逍遙はわかってはいると思われるのだが、福田恆存が指摘するように、「此上は」で一呼吸置いているために少々もたつく。中野好夫は英文学者だが、訳が動作と結びつかない。福田訳は最もインパクトがあるが、最もよいかどうかは若干の疑問はあるものの、handsとspeakの意図するものを明確に出し、言葉と行動を同時に示そうとしている。小田島訳は、わかりやすい訳となっているが、これで俳優がどのように動くのかはあまり明確ではないように感じられる(28)。

同じ議論は、他の劇においても起こり得るが、このような翻訳の困難さ、あるいはそれゆえのさまざまな可能性は、シェイクスピアが英文学の規範であるのかどうか、の議論に帰結すると思われる。逍遙も福田恆存もシェイクスピアは詩人であり、その言葉のリズムがいかに見事かを認識する一方、詩人としてではなく、劇場人シェイクスピアとしての真価をもわかっていたことは重要であろう。それは、英文学の頂点にあると同時に大衆的でもあるシェイクスピアの姿である。

なお、本稿では昭和時代中期から現代は扱わないが、このあと規範としての英文学を一挙に脱し、一般人のための、そして日本人のためのシェイクスピアを翻訳により定着させたのが、東京大学教授であった小田島雄志であることは記しておきたい。坪内逍遙の後、二番目にシェイクスピアを完訳した小田島はまさに当時の若者の口語体を取り入れ、掛け詞の軽みを初めて日本語にすることに成功し、シェイクスピアの受容の裾野を一気に広げてくれた最大の功労者と言える。さらに一九七〇年代に、小田島訳が書店に並ぶより先に出口典雄率いるシェイクスピア・シアターが次々と何もない空間で、Tシャツとジーンズだけで三七作を演じきったことは、翻訳と上演とが密接に連携したシェイクスピアを、実践的にまた実証的に見せた画期的な事件であったことも付け加えなければならない。

「芝居の目的は昔も今も時代に向かって鏡を掲げることだ」'the purpose of playing...was and is to hold as 'twere, the mirror up to Nature.'（*Hamlet*, 3.2. 20-22）と言ったのはハムレットである。とすれば、翻訳も確かに時代に向かって鏡を掲げていると言ってよいだろう。様々な翻訳が出版され続けている日本のシェイクスピアは、明治からの翻訳者たちの葛藤と成果の上にその道を開き、新たな道を模索してきた。シェイクスピアの翻訳が今後どのような方向へ行くのかは容易には予見できないが、少なくとも明治期の翻案・翻訳者たち、そして誰よりも逍遙の示してきた「日本のシェイクスピア」と西洋的規範としてのシェイクスピアは、今後も恐らくは鬩ぎ合い、補完しながら時代を映してゆくに違いない。

注

（1）夏目金之助（漱石）「坪内博士と『ハムレット』」『漱石全集第一六巻』（岩波書店、一九九五年）、三八三頁。
（2）『シェイクスピア研究資料集成』第一巻、高橋康成・監修、佐々木隆・編（日本図書センター、一九九七年）、一〇頁。
（3）前掲書、三頁。
（4）河竹登志夫『日本のハムレット』（南窓社、一九七二年）、四四—四六頁。サミュエル・スマイルズ『西國立志

編』中村正直譯述（偉業館、一八八九年）、第十編の一。
（5）柳田泉「この頃見たシェークスピア文献の二三について」『シェイクスピア研究資料集成』第一八巻（一九九七年）、七一九頁。
（6）前掲書、九一一〇頁。
（7）川戸道昭『明治のシェイクスピア』総集編一（大空社・ナダ出版センター二〇〇四年）、三八頁。
（8）坪内逍遙「ハムレットの公演に就て」一九一一年、『シェイクスピア研究資料集成』第二巻、高橋康成、佐々木隆編（日本図書センター、一九九七年）、二七四―七五頁。
（9）『英文新誌』（沙翁号）、第四巻第一五・一六号（英文新誌社、一九〇七年）、一六頁。
（10）竹村覚『日本英学発達史』（研究社、一九三三年）、二三五頁。
（11）重久篤太郎「明治初期沙翁邦譯考」『シェイクスピア研究資料集成』第一巻、一六頁。
（12）『一橋論叢』、第五〇巻、第一号、富原芳彰「『該撒奇談』に関する覚書」（一橋大学出版、一九六三年）、四〇頁を参照。
（13）鶴見俊輔『限界芸術論』（ちくま文庫、一九九九年）、二四八―五〇頁。
（14）坪内雄蔵譯『該撒奇談自由太刀餘波鋭鋒』（東洋館、一八八四年）、一三五―三六頁。
（15）*Julius Caesar* :Arden Shakespeare, ed.by David Daniell, London: Thomson Learning, 1998. これ以降、シェイクスピアの原文はすべてArden版を使用した。
（16）坪内逍遙『シェークスピヤ研究栞』（新樹社、一九二八年）、三〇五頁。
（17）前掲書、三〇五―三〇七頁。
（18）小野昌「坪内逍遙とシェイクスピア」、安西徹雄編『日本のシェイクスピア一〇〇年』（荒竹出版、一九八九年）、四〇頁。
（19）『シェークスピヤ研究栞』、三〇六頁。
（20）夏目金之助「坪内博士と『ハムレツト』」『漱石全集第一六巻』（岩波書店、一九九五年）、三八二―八三頁。
（21）坪内逍遙訳『ハムレット』、『沙翁全集』第一篇、早稲田大学出版部、一九〇九年。
（22）内田魯庵「明治の文学の開拓者」『中央公論』一九一二年（川戸道昭編『明治のシェイクスピア』、二四一頁）。

(23) 坪内逍遙「日本に沙翁劇を興さんとする理由」、一九一〇年、逍遙協会編『逍遙選集』第一二巻(第一書房、一九七七年)、六三五―四二頁。
(24) 大場建治『シェイクスピアの翻訳』研究社、二〇〇九年、一四頁。
(25) 福田恆存「飜譯論」『福田恆存評論集』第五巻(麗澤大学出版会、二〇〇八年)、二九〇頁。
(26) 前掲書、二九一頁。
(27) 前掲書、三〇二頁。
(28) 前掲書、三一一―一三頁、および大場建治による前掲書(二六―二七頁)を参照。

日本文学の越境と交流——*Anthologie Japonaise*『詩歌撰葉』をめぐって

常田槙子

はじめに

今日、日本文学は前近代の作品も含め、世界各国で様々な読者を獲得し、広く享受されているが、その過程には翻訳が必要不可欠であった。一九世紀のフランスにおいて、日本文学が紹介されはじめるその黎明期に活躍した学者に、レオン・ド・ロニー（Léon de Rosny 一八三七—一九一四）がいる。本稿では、ロニーが翻訳した詩歌集を(1)取り上げ、同書を中心に一九世紀の日本文学の越境と交流について考察したい。

本題に入る前に、一九世紀から二〇世紀初頭にかけての、フランスでの日本文学の翻訳状況について簡単に触れておく。日本文学の本格的な翻訳が多く出版されるようになるのは二〇世紀に入ってからであるが、一九世紀後半にも日本文学はいくつか紹介もしくは翻訳され始めていた。例えば、先に言及したロニー以外にも、一八八三年には穏健なフェミニストであったアルヴェード・バリーヌ（Arvède Barine 一八四〇—一九〇八）が、「十世紀日本の上流社会　日本のドン・ジュアン」と題して『源氏物語』の紹介記事を書き(2)、一八八五年にはジュディット・

ゴーチエ（Judith Gautier 一八四五―一九一七）が、西園寺公望（一八四九―一九四〇）が仏訳した和歌を踏まえ、詩歌集*Poèmes de la libellule*『蜻蛉集』を編んでいる。(3) これらは、特定のジャンルや作品の一部分に注目するものであり、日本文学全体を俯瞰するものではなかったが、その細かな分析や創意工夫に満ちた翻訳は一九世紀という時代を考えてみても眼を見張るものがある。

一方で、本格的な日本文学の研究書として、日本文学史を具体的な本文とその解説付きで概観できるアンソロジーを出版したのは、東京帝国大学で法学を教えた経験を持つミシェル・ルヴォン（Michel Revon 一八六七―一九四七）であった。それ以前に出版されていた英語版、ドイツ語版『日本文学史』に遅れること数年、一九一〇年に刊行された*Anthologie de la littérateur Japonaise*『日本文学選集』である。同書には初期の和歌や祝詞にはじまり、福沢諭吉『福翁百話』や徳富蘆花『不如帰』など明治期の作品に至るまで様々な作品の抄訳と解説が掲載された。(4) ルヴォンが『日本文学選集』を出版した年には、石川剛（一八八三―一九五二）がパリ大学文科大学において、随筆文学に関する博士論文*Etude sur la littérature impressionniste au Japon*『日本の印象主義文学の研究』により、博士（文学）の学位を受けている。石川は、東京帝国大学法科大学在学中に文部省在外研究員としてフランスへの留学を命じられ、パリ大学文科大学に学んでいた。二〇世紀になると、このように実際に日本の地で学んだフランス人あるいは海外派遣の日本人による翻訳によっても、日本文学が紹介されていくようになるのである。

さて、本稿で取り上げるのは、このような日本文学の翻訳のなかでも特に早いレオン・ド・ロニーによる和歌集である。原題は*Anthologie japonaise, poésies anciennes et modernes des insulaires du Nippon*であり、直訳すると「日本のアンソロジー：島国日本の古代と現代の詩」となる。また、著者自身によって*Si-ka-zen-yô*『詩歌撰葉』という邦題もつけられている（以下、同書を『詩歌撰葉』と称す）。

稿者はこれまで、主にこの書に含まれる「百人一首」の翻訳を中心に、ロニーの和歌に対する翻訳姿勢を検討してきたが、(5)本稿では日本文学がどのように越境したかという観点から、『詩歌撰葉』の全体的な特色について述べるとともに、同書がいかに日本文学の交流に寄与したかという観点から、その編纂目的と書評を中心に検討を加えたい。

ロニーと『詩歌撰葉』

翻訳者のレオン・ド・ロニーは、フランスにおける日本学の創始者として知られている人物である。(6)ロニーは、一八五二年にパリの東洋言語特別学校（現在のINALCOの前身）に入学し、中国語の講義を受けていたが、日本に関心をもったため独学で日本語を勉強した。一八六二年の幕府遣欧使節団の際にはフランス政府の命によりその応接役を務め、福沢諭吉（一八三五―一九〇一）らと交流を深めたほか、一八六七年のパリ万博の際には、栗本鋤雲（一八二二―九七）らとも親交を結ぶ。ロニーは実際に日本に行く機会はなかったものの、このように積極的に日本人と接する機会を作ることで、一八六三年には東洋言語専門学校に日本語の公開講座を開くことができ、一八六八年には新たに設置された日本語学科の初代教授となった。一八七三年には第一回東洋学者国際会議の主催者となり、日本学を新たな学問領域として採択するなど、目覚ましい活躍を見せる。一八八六年には、高等実習学院の助教授となり、極東の諸宗教の講義を担当した。

ロニーの著作は二百数十点におよび、日本語教育に関わるもののほかに、日本文学や仏教に関するもの、さらにはアイヌ語、セム語、養蚕術、植物に関するものなど実に幅広い。ただ、ロニーは日本へ留学する機会をもたず、そのために日本語能力にもある程度の限界があったようで、時代が経つにつれ、後進に追いつかれ、追い越される苦しみを味わうことになる。ロニーの学者としての最盛期は、第一回東洋学者国際会議の主催者となった頃であるとも指摘されているが、(7) その二年前に刊行された『詩歌撰葉』は、装丁においても非常に凝っており、まさに最盛期を彩るにふさわしい作品の一つである。実際、第一回東洋学者国際会議でもしばしば複数の学者によって言及されており、その注目度の高さがうかがえる。

『詩歌撰葉』は一八七一年に、東洋の言語や文化を専門に扱うメゾヌーヴ社から出版された。八折判で、石版印刷で刷られたものである。本の先頭からは、フランス語の翻訳および解説のページがはじまり（図1）、日本語での和歌の引用につづいて、ローマ字での読み方、フランス語訳、解説が順次つづく形式となっている。また、本の右開き部分の扉（図2）には漢字で『詩歌撰葉』と書かれ、その後ろには詩歌を色紙風に描いたページがつづく（図3）。色紙風の方に描かれた文字は、『百人一首一夕話』（尾嵜雅嘉著、一八三三年刊行）などに拠ったものである。(8)

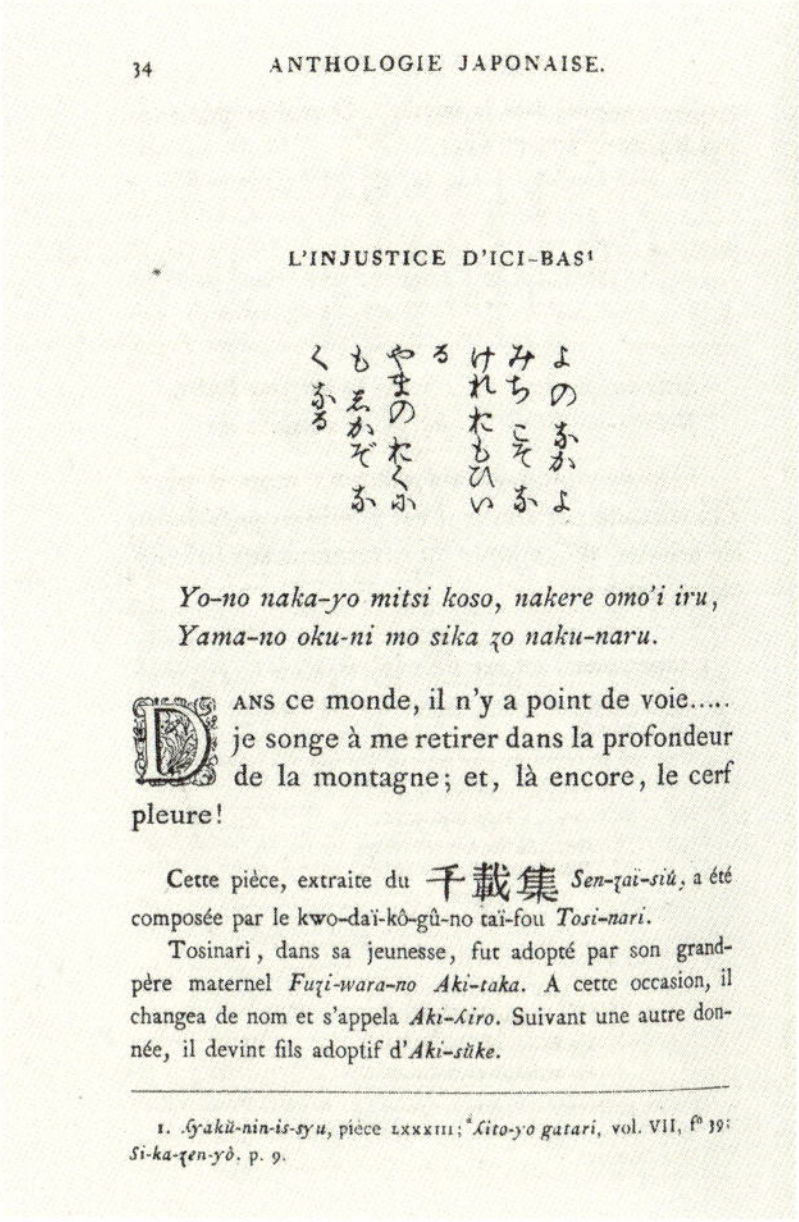
34 ANTHOLOGIE JAPONAISE.

L'INJUSTICE D'ICI-BAS[1]

よのなかよ みちこそな けれおもひい る やまのおくに もしかぞな くなる

Yo-no naka-yo mitsi koso, nakere omo'i iru,
Yama-no oku-ni mo sika zo naku-naru.

DANS ce monde, il n'y a point de voie..... je songe à me retirer dans la profondeur de la montagne; et, là encore, le cerf pleure!

Cette pièce, extraite du 千載集 *Sen-zai-siû*, a été composée par le kwo-daï-kô-gû-no taï-fou *Tosi-nari*.

Tosinari, dans sa jeunesse, fut adopté par son grand-père maternel *Fuzi-wara-no Aki-taka*. A cette occasion, il changea de nom et s'appela *Aki-hiro*. Suivant une autre donnée, il devint fils adoptif d'*Aki-sûke*.

1. *Hyakŭ-nin-is-syu*, pièce LXXXIII; *Hito-yo gatari*, vol. VII, fo 39; *Si-ka-zen-yô*, p. 9.

図1　『詩歌撰葉』解説のページ

『詩歌撰葉』は、そのエドワード・ラブレ（Edouard Laboulaye 一八一一—八三）による序文にも書かれているように、一般読者とロニーの授業の受講生を読者に想定したものであった。特に教科書としての側面も持ち合わせていた点については、*Catalogue général de la librairie française*『フランス図書一般目録』(9)に興味深い情報が載っている。同書は、著者をアルファベット順にして書籍情報を列挙した著書目録である。ロニーの項目には三十数冊の本が示され

図2　『詩歌撰葉』右開き扉

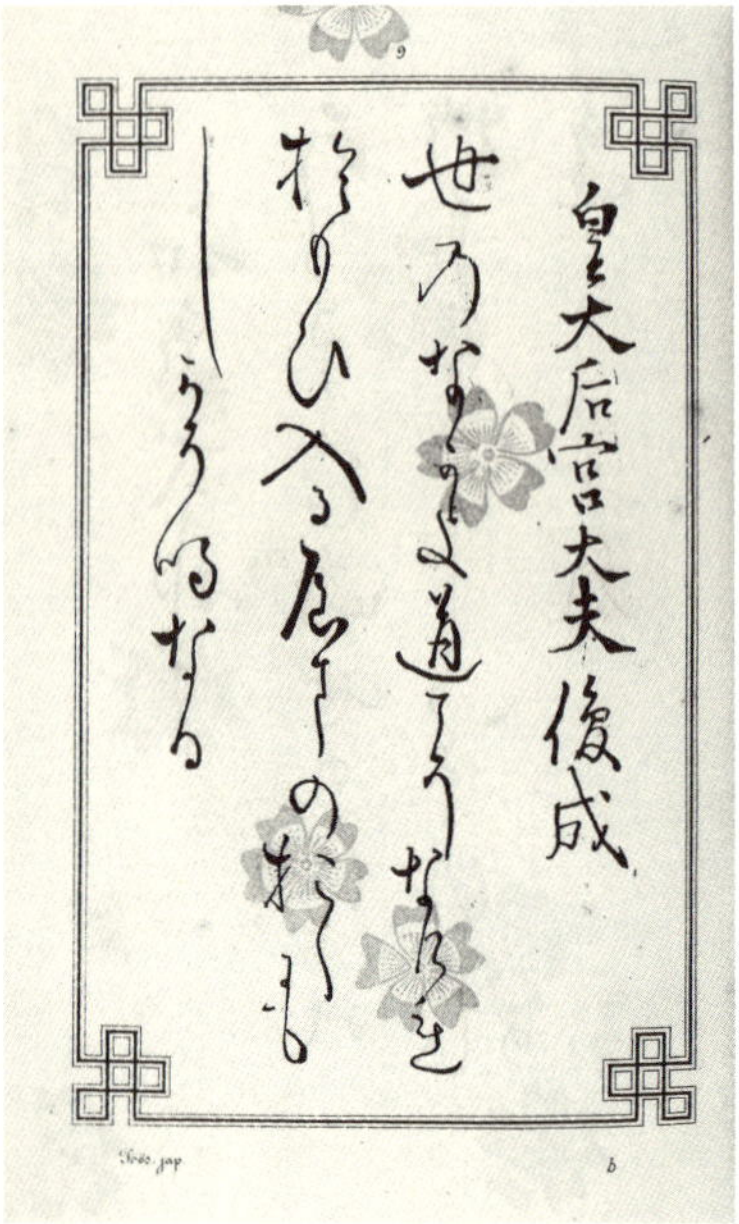

図3　『詩歌撰葉』色紙風ページ

ているが、そのうち一部の本については、一般向きでもありながら、大学の講義にも利用されていることが指摘されている。その情報によると、『詩歌撰葉』は東洋言語特別学校の二年次後期配当の授業、「外交文書・商業文書の文体」と「文学（上級）」の欄に入れられている。『詩歌撰葉』は内容からしても、「文学（上級）」の方であろう。先に触れたように、『詩歌撰葉』は凝った作りをしており、ページ数も色紙風ページが七二ページ、フランス語の翻訳・解説のページが二二二ページと、その分量も充実している。そのため価格も三〇フランであった。当時の日本語学習のための教材が、例えば同じくロニーが著した *Dialogues japonais*『日本語会話』が五フラン、*Textes japonais*『日本語文献』が九フランでそれぞれ購入できるなか、『詩歌撰葉』は教科書としてはやや割高だったようである。ただし、*Catalogue général de la librairie française* には『詩歌撰葉』の次に

「同書」として、「語彙が付いた日本語だけのもの」が同じく一八七一年の刊行で四・五フランと掲載されている。教科書としては、日本語だけのものを活用した可能性もあっただろう。ロニー自身も一八七〇年に行われた講演内容を記した *Cours de japonais : discours d'ouverture*『日本語の授業――開講に際して』(10)のなかで、『詩歌撰葉』がほとんど刷り上がったことに触れ、次のように述べている。

この選集は、一般の人々に古代および現代日本の様々なジャンルの詩の見本と、日本において漢詩風に詠作された一連の詩を提供しており、学生にとっても有用なものとなることを期待している。学生たちは、この本によって、もっとも複雑なひらがなの筆跡の解読と、書き言葉のもっとも高度な文体の解釈について、たくさん練習できるだろう。

このような発言からは、『詩歌撰葉』が教材として、ひらがなの学習と高度な文体の読解という二つの側面からも意識されて編集されたものであったことがうかがえる。なお、このような目的もあったため表記には慎重であったようであり、本編の最後のページ（一七〇ページ）には『詩歌撰葉』全体にわたる表記誤りについての正誤表も付されている(11)。

『詩歌撰葉』の内容

では、つづいて、具体的に『詩歌撰葉』の内容について取り上げておきたい。

『詩歌撰葉』は、エドゥアール・ラブレによる前書きに続き、ロニー自身の緒言と序文があり、内容としては、

「I．万葉集　Man-yo-siou: Collection des dix mille feuilles」「II．百人一首　Hyakou-nin-is-syou: Collection des cent poëtes」「III．雑歌　Zak-ka: Poésies diverses」「IV．葉歌《ママ》　Ha-outa: Chansons populaires」「V．日本詩撰　Nippon si-zen: Poésies sinico-japonaises」「VI．Chansons populaires: Sinico-japonaises」の各項目にそれぞれ和歌や漢詩が翻訳されているほか、吉原に関する小話も収められている。収載歌数は、『万葉集』が一一首、『百人一首』と関連する歌が計二九首、雑歌として一七首、端唄として六首、日本詩撰に漢詩が八首である。VIの俗謡には、小話一編と流行歌二編が入れられている。全体として『百人一首』とその関連歌の占める割合が高くなっているほか、雑歌に収められている和歌も中世から近世にかけてのものであり、和歌の伝統を『万葉集』から現代へ向けて展開するようにまとめられているものの、同時代のものはほとんど見られない。

ロニーは和歌の解説に際して、ペルシアやギリシア、インドなど様々な国における同時代詩や、ウェルギリウスやホラティウスなどの古典を合わせて引用しており、そこには比較文学的視点が認められる。実際に和歌と比較される詩の原語は十数種にも及ぶ。その多くは、原文のみ、あるいはフランス語訳との併記で示されているが、フランス語訳のみを掲出したものや外国語書籍の紹介にとどまるものもある。

また、注記に参考として掲げられている辞書についても、日露辞書から引用するなど、必ずしも日本とフランスの関係に限定してはいない。むしろ日本文学を中心に据えたうえで、世界各国の言語を積極的に取り入れて記述する態度が認められる。それは、日本語表記のみならず、ハングルやサンスクリット語などの文字をあえて併記するという姿勢にも確認することができる。

さらに、ロニーは和歌の主題を活かしてフランスの現代詩にリメイクもしているほか、自分自身が詠作した和歌も収載している。「雑歌」の最後に掲載されている次の和歌である（次の引用のうち和歌は日本語とアルファベット表記で、そのあとの解説はフランス語で書かれているが、解説は稿者が日本語に訳した）。

冬の野の　木の葉に似たり　我が命　敵なき風に　散や行なん

私の命は、冬に田舎の木（からまだ落ちていない枯れた）葉っぱのようであり、微かな風にもぎ取られてしまいそうだ。

この作品は翻訳者が自ら『詩歌撰葉』に入れることにしたものであり、『詩歌撰葉』の一部ではない。この詩は、西洋人が日本の作詩法で詠んでみた和歌について、初の試みとして読者に謹んで提供するものである。

『詩歌撰葉』の一部ではないと断り書きをしつつ、西洋人が詠んだ和歌として掲出したものである。自身で詠んだためか、その翻訳も、和歌のなかに直接用いられない単語は括弧で括るという工夫が見られる。日本の和歌をただ紹介するだけでなく、様々な言語で書かれた古今東西の詩との比較、フランスの詩へのリメイク、西洋人による和歌の実作と合わせて紹介するという、洋の東西を越境し、行き来するような姿勢が見られることが『詩歌撰葉』の大きな特色の一つであると言えよう。

『詩歌撰葉』の書評

先に述べたように、『詩歌撰葉』については、教科書あるいは日本語学習のための参考書として位置づけられることが多く、書評自体はあまり見つからない。しかし、いくつか同書に言及した記述があるので、取り上げておきたい。まずは同じく東洋言語学校にてチベット語を教えていたフィリップ・エドゥアール・フーコー（Philippe Édouard Foucaux 一八一一―九四）が一八七二年四月一一日付の新聞 *La France*『ラ・フランス』に寄せた記事である。書き出し部分からまずは引用する。(12)

『詩歌撰葉』は、東洋学者たちが我々に提供することのなかった豪華さをもって出版された。日本の書籍を真似た、エルゼヴィル版の文字、簀の目入りの紙、彩色の施された挿絵、さらに俗謡の見本として、日本人なら誰でも知っている短い歌詞を五線譜に表した音楽によって、この作品は学者にも一般の人にも気に入られるものとなっている。

この記述からも明らかなように、『詩歌撰葉』の装丁については、当時としても評判が良かったようである。なお、ここで言及のある五線譜に付された歌詞は、VIの「俗謡」に「長崎の遊女が詠んだ歌」とされている歌で、実際は亀井小琹（一七九八―一八五七）の詠作と言われている「九州第一梅／今夜為君開／欲知花真意／三更踏月来」である。月が恋の場面で読まれることに触れ、ロニーは同じような例として、フレデリック・ミストラル（Frédéric Mistral 一八三〇―一九一四）の *Mireille*『ミレイユ』から関連する詩の一節を引用してもいる。

さて、装丁についてはほかにも、*Revue politique et littéraire*「政治文藝誌」の「碑文・文藝アカデミー」欄（一八七二年二月二日の項目）に、無署名記事で次のようにある。(13)

風は中国趣味《シノワズリー》の方へとはほとんど向きをかえなかった。中国よりもっと遠くへは、なおさらその風が吹くことはなかった。しかし、ロニーが出版した本を、出版と学問の二つの点で傑出したものであると指摘しなければならない。対訳が付された日本語の本文に加えて、出版社は日本の詩人が詩を書いたそのページの実に興味深い複写を付けた。優美で軽い筆が、色付きの花や枝が描かれた紙――その洗練さと忠実な複製は決して不完全ではない――の上を描いた。

「出版と学問の二つの点で傑出し」ているとしながらも、学問的な要素には触れず、和歌や漢詩を筆によって書き表した色紙風ページに言及しており、やはりその装丁が関心を引きつけたことがわかる。

ここで話を先に言及したフーコーの書評に戻したい。先に引用した部分の続きには次のようにある。

同書に収載されている詩は、少なくとも作者の名前を備えているものは、いくつかの例外はあるものの、一六世紀よりも前のものであり、世界の果てで、互いに交流も存在しない時代に作られたにもかかわらず、我々はそこに我々西洋諸国におけるものと同じものの見方を認めるのである。人種の起源の多様性を主張する人々は、東洋に関するほかの文献と比べて、この本ほど彼らの主張に賛同するものを見つけられないだろう。

ここで注目されるのは、極東で非常に古い時代から詩歌が作られており、そこに見られる人々の考えが西洋諸国と変わらないという指摘である。さらに、人種の起源が多様であるため、同じ考え方が時代や地域を問わずあらゆるところで認められることを主張している。仮に人種が一つしかないならば、一九世紀のフランスで現れた考え方が、別の地域で異なる時代には確認されないということになるからである。起源が多様であっても人としてその心は普遍的なものであり、世界の至るところで同じような考え方が見出せるというところに主眼が置かれているのである。日本の詩歌を扱った書物であることが副題にも示されているが、日本の特殊性を指摘しない方向性には注意させられる。その後記事は、和歌の特徴として簡潔さを挙げ、読者に詠者の意図を酌み取らせる働きについて触れるとともに、『詩歌撰葉』が日本の歴史、地理、風俗に関して充実した注釈を有していることを指摘する。さらに大紋章を紹介したのち、具体的に和歌の言葉遊びについて言及し、いわゆる回文歌として「ながきよのとふのねむりのみなめざめ　なみのりふねのおとのよきかな」の例や、四七文字で構成されたいろは歌、表記法としてブストロフェオン（牛耕式）の例があることなどを紹介する。これらの記述からは、『詩歌撰葉』の充実した和歌の紹介ぶりがうかがわれよう。なお、同記事は次のように結ばれて終わる。

読んでいて非常に心地よい感じのする序文のなかで、エドゥアール・ラブレ氏は、東洋文学に精通している東洋学者が感じる難しさを引き出し、かつ「人々が国民性の多様さに比べ、物理的な距離によっては隔たっていない」ことをはっきりと示している。彼の意見には同意する。我々はレオン・ド・ロニーが、あまりにも正しく原作の価値と翻訳者の才能を評価できた紹介者をもったことを賞賛するのである。

ここで指摘されているのは、フランスの政治家、法学者であり、詩人でもあった、ラブレによる『詩歌撰葉』の序文である。序文から一部を引用する。

人間の心はどこでも同じである。風俗、言葉、宗教、政権など、あらゆることが気候そして民族とともに変わるが、同じ情熱が未開人と文明人、天幕のもとのアラブ人と家屋のなかのヨーロッパ人を煽る。あらゆる国、いかなる時代においても、詩と呼ばれるこの魂の叫びは沸き起こるのだ。……〔中略〕……外国文学、とりわけ東洋の文学を理解することは、一日でなせるような作業ではない。信仰や考え方、風俗、民族の歴史を端的に表す国民性の表現である詩は、独特の形式で、そして時には不可解な形式で、普遍的な感情を表現する。そこには、いつも容易には取り去ることのできない覆いがある。どの民族においても、言語は人間に共通の思考と感情を表現するが、それぞれの言葉がその歴史をもっている。……〔中略〕……外国の生を生き、国民性の違いや多様さに比して物理的距離においては我々と隔たっていない国民を理解するのに、時間をかけて努力をする必要があるのは、我々ヨーロッパ人である。それは、もっとも簡潔な詩歌を完全に味わうために必要な研究である。

どの国でも詩歌は存在し、普遍的感情を表現するものであることが指摘されている。とはいえ、それぞれの国がそれぞれの言語をもち、特有の性質をもっている。そのため、和歌を十分に理解するために、ヨーロッパ人が努力しなければならないと述べる。ただ、古典作品が下敷きになっている場合など、日本人がヨーロッパ文学を読むときの困難についても言及しており、ここでは互いに努力が必要であるという趣旨である。ラブレは国民性の違いや多様さについて言及しているが、お互いを理解し合う必要があるという文脈であり、詩歌に詠まれている人間の感情が普遍的であるという主張は一貫したものである。ロニーが関連する日本以外の詩歌を併記する方針をとっているのも、このような指摘に呼応している。なお、フーコーの記事は末尾の部分のみ、ロニーの著作の書評を一部集めた冊子 *Note sur les travaux scientifiques de M. Léon de Rosny, professeur à l'école spéciale des langues orientales*『レオン・ド・ロニー氏の学術書に関する短評』にも掲出されている。『詩歌撰葉』の特色をラブレは見事に指摘し、それが書評のなかでも生かされている。

ちなみに、この記事を書いたフーコーが、ロニーの同僚であり、フランスではじめてチベット学の教授となった人物であることにも注意させられる。『詩歌撰葉』には様々な国の文字表記を掲出するという特徴があるが、そのなかにはチベット語も含まれる。フーコー自身の名前も見え、彼が協力者の一人であったことは言うまでもないであろう。ただ、フーコーはそのことには一切触れず、『詩歌撰葉』の特色をうまくとらえたコメントを寄せているのである。

同じく研究者からのコメントとして、フランスの中国学者であり、ロニーも師事した、スタニスラス・ジュリアン（Stanislas Julien　一七九七―一八九三）によるものが、一八七二年二月に刊行された *Journal officiel de la République française*『フランス共和国官報』の「碑文・文藝アカデミー」欄に見える。[14]

ジュリアン氏は、めずらしくはっきりと、ロニー氏をヨーロッパの全日本美術愛好家《ジャポニスト》のトップに位置づけたと述べ、この一言だけでこの作品を大絶賛した。彼は果てしない困難について話したが、その難しさの大部分は幸いにもこの作家によって克服されるものであった。テクストの解釈だけでなく、彼がそうしたようにこれらのテクストを通常の文字で表記することにおいても、である。

これらのコメントからは、『詩歌撰葉』が当時、東洋学者を中心に注目され、大きな評価を得ていたことがわかる。

最後に、フランスの美術評論家で、東洋美術にも強い関心を持っていたフィリップ・ビュルティ（Pillipe Burty　一八三〇―九〇）によるコメントを取り上げる。ビュルティは、雑誌 *La Renaissance littéraire et artistique*『文学藝術復興』に「ジャポニスム」と題した連載記事を載せており、そのなかでロニーと『詩歌撰葉』についても紹介している。[15]

レオン・ド・ロニー氏はごく最近メゾヌーヴ社より『詩歌撰葉』を出版した。文献学的注記と歴史学的な注記が、ほぼ全ての詩歌について解説しており、多くの場合高尚な学術的表現までしか到達していなかった部分について、時には適切でエネルギッシュで多彩な言葉に置き換えている。原本は、落ち着いた色彩の模様があらかじめ入れられている紙に、黒色で印刷されている。日本人が最初に思いついた洗練されたこだわりは、アルファベットとシラブル（訳注：西洋の言語）に対しても応用すべきであろう。子どもの目は行間をたどり、その生き生きとした想像力は、風景や花の開花や遠くにいるおとなしい鳥の飛翔に身を置くことで、簡素な文や勉強のつまらなさから解放されるだろう。

この本は、文献学者と日本美術愛好家《ジャポニスト》の関係者のみを対象としたようだった。その国の衣服をまとって上陸する東洋人のように、それは人目を引く、面白いものであった。

ビュルティは、読者層がかなり限定されていたことを指摘するが、これは「ジャポニスム」と題した記事のなかで、特定の読者に周知する目的があったためであろうか。当該箇所の後、具体的な本文の引用とともに『詩歌撰葉』の内容が詳しく紹介され、ジャポニスムの動きのなかに同書が位置付けられている。前述したように、ロニー自身は一般読者も想定していた。当時の販売部数などの詳細は不明だが、このように雑誌に紹介されることによって、学内関係者以外の読者も獲得し得たことが予想される。一方、内容についてビュルティは、その翻訳も解説も学術的表現から脱しており、「適切でエネルギッシュで多彩な言葉」に置き換えられていることを評価している。一般読者にとっても読みやすいものだったと言えよう。

今回取り上げたのは、学者や日本美術愛好家による書評であったが、これらのコメントからは、『詩歌撰葉』の作りも内容もともに好意的に受け取られていたことがわかる。

むすび

以上述べてきたように、『詩歌撰葉』は、一般人と学生双方に日本文学を伝えようとするものであった。その凝った作りは、各記事のなかで繰り返し指摘されているように、当時として目を引くものであり、ジャポニスムといった背景を考えてみても、人々の興味を引きつけたものであったことが推測される。そこで伝えられた日本文学は、主に詩歌であったが、簡潔ながらも人間の普遍的感情を表現するものとされ、洋の東西を問わず共通性が見出せるものとして捉えられていた。

そのような点に注目した、ロニーの編纂姿勢やラブレによる序文からは、彼らが東洋の小国の生みだした詩歌はむろん、さまざまな文化圏、言語圏の詩歌にもある種の敬意を抱いていたことがうかがえよう。また、本稿で取り上げた書評からは、文学、詩歌、韻文のもつ「普遍性への信奉」とでもいうべきことが――国民国家形成からより拡大しつつある時代あるいは帝国主義の時代にありながらも――ロニー、ラブレはもちろんのこと、各書評の執筆者たちにおいても共有されていたことが知られるのである。

注

（1）Rosny, Léon de. *Anthologie japonaise, poésies anciennes et modernes des insulaires du Nippon*. Paris: Maisonneuve. 1871

（2）Barine, Arvède. « La Haute société japonaise au Xe siècle: Un don Juan japonais ». *La Revue politique et littéraire*. Paris: Germer Baillière. 1883参照。バリーヌについては、常田槙子「アルヴェード・バリーヌと『源氏物語』――十九世紀の西欧における『源氏物語』受容状況に照らして」（『平安朝文学研究』二三、二〇一五年）、常田槙子「アルヴェード・バリーヌのとらえた『源氏物語』――女性の教養と自然描写を中心に」（『日本文学』六五―六、二〇一六年）、Tsuneda, Makiko. 'Gender and Education in Translation: A Case Study of Arvède Barine's Partial Translation of *The Tale of Genji*', *Waseda Rilas Journal*, No.4. Tokyo: Research Institute for Letters, Arts and Sciences, Waseda University. 2016で論じた。なお、末松訳に基づいて記されたCharpentier, Léon. « Un don Juan dans la littérature japonaise ». *Le Figaro*. Paris: Le Figaro. 1906. 5. 5やCharpentier, Léon. « Un don Juan dans la littérature japonaise ». *Le*

Grande Revue, Paris: s.n. 1906. 5. 16は、バリーヌの文章に触発された可能性もある。

（3）Gautier, Judith. *Poèmes de la libellule.* Paris: Charles Gillot. 1885参照。ゴーチエについては、高階絵里加「フランスから来た「日本」――『蜻蛉集』挿絵について」（宇佐美斉〈編〉『日仏交感の近代――文学・美術・音楽』京都大学学術出版会、二〇〇六年）、吉川順子『詩のジャポニスム――ジュディット・ゴーチエの自然と人間』（京都大学学術出版会、二〇一二年）が詳しい。

（4）石川剛についてはあまり知られていないが、東京商科大学の教授であり、ホノルルで開かれた汎太平洋協会第一回商業会議の政府代表員を務めた、石川文吾の弟である。パリ大学文科大学で博士号を取得した年の四月、清少納言についての講演「日本の詩人とその作品」を一週間後に控えたところで、日本に呼び戻され、第一高等学校教授に任命された。一九四一年に退職するが、その間、東京商科大学や日本大学等でフランス文学を教えるとともに、同志と仏蘭西語専修学校を創立し、雑誌「仏蘭西語」を発行するなど、フランス文化の紹介に努めた。博士論文の内容は、『徒然草』、『方丈記』、および『枕草子』についての説明と分析、さらに部分訳を含んだものであった。なお、石川の記録については『人事興信録』（人事興信所）を参照した。

（5）ロニーの和歌翻訳に見られる特色については、常田槙子「十九世紀ヨーロッパが日本の和歌に出会ったとき」（常田槙子・唐仁原エリック〈編〉『日本文学のネットワーク』日本文学・文化国際研究会、二〇一八年）、常田槙子「十九世紀フランスにおける和歌集の編纂――レオン・ド・ロニーの実践」（『中古文学』一〇二、二〇一八年）で論じた。

（6）ロニーの生涯については、松原秀一『フランス文化万華鏡』（アートデイズ、二〇一六年）が詳しい。なお、織田万「レオン・ド・ローニー」（『国際知識及評論』一二―六、一九三七年）はロニーのことを批判的に回想している。その他のロニーについての文献は、八木正自「レオン・ド・ロニー著『詩歌撰葉』の成立とその周辺」（『日本古書通信』八八四、二〇〇三年）、南明日香「十九世紀末の日本研究――レオン・ド・ロニ文庫」（松崎碩子・和田桂子・和田博文〈編〉『両大戦間の日仏交流』ゆまに書房、二〇一五年）、金子三都子『フランス二〇世紀詩と俳句――ジャポニスムから前衛へ』（平凡社、二〇一五年）などがある。福沢諭吉との関わりとそこから知り得た和歌については、谷口巌「福沢諭吉とレオン・ド・ロニー：「植てみよ花のそたたぬ里はなし…」考」（『日本文化論叢』一、愛知教育大学、一九七八年）、菅原彬州「福澤諭吉とレオン・ド・ロニー――古歌「植えて見よ」をめぐって」（『法学新報』一二一―一・二、二〇一四年）が詳しい。また、二種作られた、五姓田義松（一八五五―一九一五）による挿絵をもつ豪華版については、宮崎克己「レオン・ド・ロニー『アントロジー・ジャポネーズ』からの波及：サン＝サーンス、ビュルティ、五姓田義松」（『ジャポニスム研究』三六、二〇一六年）が考察している。

（7）前掲注（6）松原著書。

（8）フランスのリール市立図書館に寄贈された、レオン・ド・ロニーの蔵書にも『百人一首一夕話』は収められている。ただし、この蔵書を実見したところ、番号が付されているのみで、目立った書き込みなどは確認できなかった。色紙風ページについて、『百人一首』以外の部分については、誰の筆跡によるものかは特定できていない。ただし、付録にも含まれている漢詩の押韻に関する図表や、「詩歌撰葉増補」に収載された和歌に関する記述の多くは、『和漢三才図会』に依拠したものである。

（9）Lorenz, Otto. *Catalogue général de la librairie française*. Tome 6. Paris: O. Lorenz. 1877

（10）Rosny, Léon de. *Cours de japonais : discours d'ouverture*. Paris: impr. de Mme Ve. Bouchard-Huzard. 1871

（11）なお、『詩歌撰葉』には、東洋美術収集家でもあった、アレグサンドル＝オーギュスト・ルスエフ（Alexandre-Auguste Lesouef　一八二九―一九〇六）が、明治天皇の御付き画家としても活躍した洋画家、五姓田義松に描かせた挿絵を持つ豪華版が二種類作られている。そのうちの一冊には、序文の左側のスペースに、五姓田がルスエフから挿絵の対価を受け取る場面が描かれている。その挿絵には五姓田が詠んだと思しき和歌「あつま路の藤松原もしけるかな　露のめくみにみとりましつゝ」が記されている。全体的に、五姓田による挿絵は、和歌の内容に基づいたもののほか、ジャポニスムの流れに即したものとなっている。一般に流通する代物ではなかったが、ロニーの詩歌集によって、画家とコレクターに接点が生まれたこと考えるならば、『詩歌撰葉』が産み出したもう一つの交流として考えることもできよう。五姓田の当該挿絵についてはほとんど研究がなく、管見の限り、前掲注（6）宮崎論文のみである。その交流の実態については、『詩歌撰葉』製作過程の協力者などと合わせて、今後の課題としたい。

（12）Foucaux, Philippe Édouard. « Bulletin bibliographique ». *La France*. Paris: s.n. 1872. 4. 11

（13）« Académie des inscriptions et belles-lettres ». *Revue politique et littéraire: revue des cours littéraires*. Paris: Germer

Baillière. 1872

（14）« Académie des inscriptions et belles-lettres ». *Journal officiel de la République française*. Paris : s.n. 1872. 2. 11

（15）Burty, Pillipe. « Renaissance ». *La Renaissance littéraire et artistique*. Paris: Libr. de l'Eau-forte. 1872. 7. 6

附記　本稿で引用したフランス語資料については、すべて稿者による和訳を掲出し、紙幅の都合上、原文引用は省略した。なお、韻文については、改行をスラッシュで示している。

図版については、フランス国立図書館の電子図書館Gallicaから引用した。

帝王切開と人肉食
――日本の科学黎明期から見た人文学と「人間」

橋本一径

「嗚呼実に西医の賜なり」

一八五二年（嘉永五）に武州秩父郡の医師、伊古田純道が、岡部均平とともに行った「帝截開術」は、記録に残されている限りでの、日本における最初の帝王切開手術として知られている。その経緯とは、伊古田自身の回想などによれば、おおよそ次のようなものであった(1)。

秩父郡吾野村（現・飯能市）正丸の農夫、本橋常七の妻み登が産気づいたのは、嘉永五年四月二三日（一八五二年六月一〇日）のことだった。翌二四日午前になっても分娩には至らず、医師の岡部均平が呼ばれ診察したところ、胎児は頭部肥大、岡部が翻転術を試みるも、「堅牢確乎として抜くべからず(2)」。岡部よりも年長の伊古田が呼ばれ、二五日の朝方に本橋家に到着。両者の見立てでは胎児はすでに死亡しており、頭骨を砕くなどの処置を施すも、なおも胎児を取り上げるには至らなかった。妊婦は疲労の色濃く、一刻を争うと判断した伊古田らは、西洋医学より伝わる子宮切開術に踏み切ることを決断する。岡部を助手として伊古田が執刀し、切り開いた子宮から胎児や胎盤等を取り出した後、再び縫い合わせた。翌日になって伊古田が診察に再訪すると、患者は強い痛みを訴えたものの、脈には力があり、容態は安定していた。およそ二ヶ月後には患者は全快と言えるほどまでに回復を遂げていたという。

矢田部卿雲がゴットリープ・サロモン（Gottlieb Salomon）の著作を翻訳して一八二六年（文化九）に刊行した『撤氏産論』に学んだと推測される伊古田にとり、帝王切開とは、蒙昧な東洋医学に代わり、人体の合理的な理解に基づいて、より確実に人命を救うことのできる、西洋医学の卓越した技術のひとつに他ならなかっただろう。「嗚呼実に西医の賜なり」[3]。手記に残された伊古田のこの感嘆には、日本でまだ一度も成功例の伝えられていなかった帝王切開術に果敢に挑み、無事に母体を救うことのできた彼の[4]、いくばくかの自負も込められていよう。その後の医学史は彼のこの試みを、西洋医学が「邪道妖術」[5]の類とみなされていた時代になされた偉業として語り継いでいくことになる。日本における帝王切開術の定着の歴史とは、そのまま医療の近代化の歴史であり、「テクノロジーの登場によって、かつては諦めていた胎児の命も救える対象となっていく」[6]過程である。

帝王切開と洗礼

しかしながら、西洋における帝王切開の歴史そのものを振り返ってみれば、この技術を単なる優れたテクノロジーのひとつとして片付けることは困難である。日本語の「帝王切開」という言葉は、直接的には外科医フランソワ・ルセ（François Rousset）が一五八一年にフランスで刊行した著作にまで遡ることができるだろう。[7]ルセがフランス語で刊行したこの著作は、ガスパール・ボアン（Gaspard Bauhin）によってラテン語に、メルキオール・セビジウス（Melchior Sebizius）によってドイツ語に翻訳され、帝王切開を医学的に扱った最初の書物として、長らく読みつがれていくことになる。(8) ルセによる「カエサル切開（section césarienne）」という語が、ドイツ語（Kaiserschnitt）やオランダ語（Keizerlijke snede）に訳され、やがて日本語の「帝王切開」という語につながっていくはずだ。

「こうした切開は、そのようにして生まれた最初の皇帝《セザール》（それはスキピオ・アフリカヌスであった）から名前を得ており、われわれは彼にちなみこのような切開をセザリエンヌと名付けたのである」(9)。ルセがこのように記すのは、おそらくプリニウス『博物誌』（第七巻九）に依拠してのことだが、スキピオ・アフリカヌスが帝王切開で出生した可能性は乏しい。彼の母ポンポニアは、少なくとも彼が成人するまでは存命であったからである。なぜそれがスキピオ・アフリカヌスの切開術での誕生を否定することになるかといえば、麻酔や消毒を欠いていた時代に、切開術を施された妊婦が生存するのは、奇跡に近いことだったからだ。なお『博物誌』の記述はユリウス・カエサルについて語っているとも読めるが、彼もまた同様の理由で、切開術で誕生したとは認めがたい。スエトニウス『ローマ皇帝伝』（第一巻二六）によれば、ユリウス・カエサルの母アウレリアが亡くなったのは、彼がガリアで戦っている最中のことだったからだ。

生きた妊婦に対して帝王切開術の実施を決断することは、「その女性に対して死刑宣告を下すも同然」(10) であった。帝王切開を推奨したルセ自身にしても、実際に生きた女性に対する帝王切開に立ち会ったことがあったかどうかは疑わしい。ヨーロッパで中世から言及されるようになった帝王切開は、妊婦がすでに死亡した場合についてのものである。たとえばギ・ド・ショリアック（Guy de Chauliac）によって一四世紀に編まれた『大外科書』には、以下のような記述がある。「女性が亡くなり〔中略〕子供がまだ生きていると思われる場合には〔中略〕、女性はカミソリで左側を縦に切り開かれるが、それは内臓のために右側よりもそちら側のほうが開けやすいからであり、そこに手が入れられて子供が取り出される」(11)。

亡くなった妊婦からこのように胎児を取り出すことができたとしても、病死した妊婦では胎児もすでに死亡している場合がほとんどであったし、事故死の場合でも、未熟児で取り上げられた子供が生き延びる可能性は乏しかった。(12) それでもなおこうした切開術が試みられたのは、胎児の命を肉体的に救うことだけが、この施術の目的ではなかったからである。つまり問題とされていたのは胎児の魂なのだ。カトリック世界における洗礼の秘跡が、そこには関係している。

イースターなどの特定の時期にまとめて行われるのが常だった洗礼の秘跡が、子供の出生後できるだけ早く施すよう推奨され始めるのは、一一世紀以降のことである。(13) 教区簿冊の整備が進み、洗礼についての規定が明確化していくにつれ、この秘跡が信徒たちにとっても重要なものとして理解されるようになる。それとともに前景化したのが、洗礼前に亡くなった子供たちの扱いである。

「人は霊によって生まれなければ、神の国に入ることはできない」。『ヨハネ福音書』(三・五)のこの記述などに基づきながら、教会は「洗礼なくして救済なし」の立場を固持していた。それは生後間もなく死亡した子供や、死産で生まれた子供も例外ではない。死者に洗礼を施すことは禁じられていたので、洗礼前に亡くなってしまった子供たちは、教会の墓地への埋葬を許されず、庭先などに「動物のように」(14) 埋められるしか手立てがなかった。

幼い子供の死に直面した親たちにとって、その埋葬すら許されないという仕打ちが、耐え難いものであったことは想像に難くない。そうした親たちの気持ちに応えるかのように、一二世紀から、「辺獄《リンボ》」が神学的に定義づけられていく。それは洗礼なしに死亡した子供たちの行き先であり、そこでは彼らの魂は地獄のように業火で焼かれることはないが、神の国からも閉ざされている。フランスの歴史家ジャック・ジェリスによれば、そこは「地獄から離れたどこかの、一種の薄暗い控えの間であり、確かに子供たちへの罰は和らげられてはいるものの、彼らの惨めな状況を反映したものでもある」(15)。

とはいえ親たちにとっては、死後の世界での地獄行きを免れることよりも、埋葬を許されないことのほうが切実だったろう。「猶予の聖堂《サンクチュエール・ア・レピ》（sanctuarie à répit）」が頼りにされたのはこのためである。ジェリスが詳細に足跡をたどったこの「猶予の聖堂」とは、洗礼を受けずに死んだ新生児の親たちが最後の拠り所とする、いわば「駆け込み寺」であり、一四世紀から一九世紀に至るまで、ヨーロッパの広範囲で見られた風習である。(16)多くが聖母マリアを祀ったこの聖堂に、死んだ赤子の亡骸が運び込まれ、祭壇の上に載せられて祈りが捧げられると、やがて赤子の身体には、頬が赤らんだり、目や口から液体が流れ出たりなどの、「生の兆候（signes de vie）」が表れる。死の合間に訪れたこの一瞬の「猶予」を見計らって、赤子に洗礼が施されると、やがてその赤子は、キリスト教徒としての安らかな「二度目の死」を迎えることだろう。「生の兆候」の判定には、医師が駆り出されることもあった。

帝王切開も、このような洗礼という目的のために医師が動員される、もう一つの形であると言える。帝王切開とは、死亡した妊婦から胎児を取り出して、まだ息のあるうちに洗礼をしてしまおうという技術であったからである。妊婦が死亡した場合に帝王切開を行うことを教会が公式に推奨した最初の例は、一二世紀末のパリ司教オドン・ド・シュリー（Odon de Sully）によるものだと言われる。(17)シチリアの司祭であり医師のフランチェスコ＝エマヌエーレ・カンジャミーラ（Francesco-Emanuele Cangiamila）によって一七四五年に刊行され、各国語に翻訳されて影響力を持った『聖胎生学（Embriologia sagra）』には、帝王切開による胎児の洗礼の手順が、具体的に述べられている。

子宮から姿を現した子供が瀕死であると外科医が判断すれば、取り出すことなく洗礼をしてもらわなければならない。しかし逆に明白な生の兆候を示しているのなら、へその緒を切って子宮から取り出し、司祭により洗礼をしてもらう。洗礼の水が呼吸を乱さないように、体を曲げて支える。秘跡が施されたら、臍から指二本分のところで臍帯を結び、結び目から指半本分のところで切り取る。〔中略〕母親の胎内から取り出された子供が生きているか疑わしいときには、泉門と呼ばれる頭の部分に手を当てることによって確かめることができる。〔中略〕いくらかの脈の動きが感じられるのなら、その動きがどれほど小さくとも、生きていると認めることができるので、すぐに洗礼が施される。(18)

ジェリスによればこのような洗礼目的の帝王切開を、教会は一九世紀に至るまで推奨し続けたという。(19) 急を要する場合には司祭ではなく助産婦らが「略式洗礼（ondoiement）」を施すこともあった。(20) 帝王切開のような困難な手法に頼らずに、胎児に直接洗礼を施すことを推奨する者もおり、洗礼水を胎内に送り込むための注射器も開発されたが、実際に水が胎児に届いたかどうかを確かめるのが困難であることなどから、より確実な帝王切開こそが、優位な手法であり続けた。(21)

このような洗礼のための帝王切開が、やがて胎児の来世だけでなく、現世における母体や子供の命を救うための手術となり、遠く日本にまで伝えられて、嘉永五年の秩父山中での奇跡に結びつくだろう。道具や衛生環境の進化こそあれ、目指されてきたのは常に、妊婦を開腹して胎児を取り上げるということだ。だが伊古田と岡部が帝王切開術に踏み切ったのは、もちろん胎児を洗礼するためではないし、彼らにとって「西医の賜物」であるこの技術が、かつてそのような役割を担っていたとは、おそらく想像もつかないことであったに違いない。洗礼というカトリック世界に固有の儀礼と結びついた特殊な技術が、どこでも受け入れられる「テクノロジー」に、いつの間にか姿を変えていたことになる。いったいその変化とは、いかなるものであったのか。

「死」の帝王切開から「生」の帝王切開へ

争点は母体の命である。教会が推奨する帝王切開は、ほぼ例外なく母親が死んだ後に限られていた。帝王切開を母親が生きているうちに行えば、それは「死刑宣告」に等しいものだったのは、すでに見たとおりだ。母体が少しでも生きている可能性があるなら、帝王切開は避けられるべきである。母親の命と引き換えに子供の命を救うような挙措は、教会からも禁じられていた(22)。

しかしこうした状況は、実際に執刀する医師たちに、もどかしい思いを抱かせることにもなった。難産の妊婦を前にして万策尽きた医師に、許されているのは、帝王切開の準備をして、妊婦が息を引き取るのを待つだけである。命を救うことを本分とするはずの医師が、むしろ死を待ち構えるとは、あまりにも倒錯的ではあるまいか。こうして医師たちは、洗礼のためだけの帝王切開ではなく、母体の命をも救うことのできる帝王切開を提唱するようになる。すでにルセによる最初の医学的な帝王切開論が、そのことを強調していた。

ここには二重の利益がある、なぜなら窒息死していたに違いない子供が元気に取り出され、そして間違いなく死んでいたはずの母親も死ぬことがないばかりか（まだ元気なうちに手際よく切開されればの話である）、以前に比べて弱ることもなく、再び子供を産むこともできるからだ(23)。

もちろん教会とて、母親の死を待望しているわけではない。だが母親の死が避けられないものだとしても、胎児の死は、たとえ一時的にでも、できる限り食い止められなければならない。前者の死はキリスト教徒としての死だが、後者の死は、「動物のように」庭先に埋められてしまう死だからである。両者の命の間には、人間と動物ほどの隔たりがある。胎児もやはり「人間」として死ぬためには、洗礼の秘跡を施さなければならない。洗礼のための帝王切開は、「死」のための帝王切開であると言い換えてもよいだろう。それに対して医学が推奨するのは、「生」のための帝王切開である。そこでは母親の「生」と子供の「生」を区別するものは何もない。両者は洗礼を受けるまでもなく、すでに「人間」である。「人間」になるためには、もはや洗礼のような文化的・宗教的手続きを経る必要がない。「人間」が、もっぱら医学の問題になったのだと言えるのかもしれない。

「死」の帝王切開から、「生」の帝王切開へ。この変化の過程で形成されたものこそ、自然科学と人文科学との、決定的な棲み分けである。かつて「人間」とは、カトリック世界であれば洗礼のような、様々な儀礼や制度との絡み合いの中で成立していたに違いない。だが医師が帝王切開で救おうとする「人間」は、純粋に自然科学的な存在であり、もはや人文科学の介入する余地はない。「人間についての学（studia humanitatis）」であるはずの「ヒューマニティーズ」が、人間の成立に関わることができないとは、奇妙なことではないか。すでにこの棲み分けが形成されたあとで、この学を移入した日本が、それを「人間科学」ではなく、「人文科学」または「人文学」と訳さなければならなかったのもこのためである。[24]

伊古田と岡部が帝王切開に踏み切ることができたのは、それが医学的・生物学的に定義される「人間」を救うための普遍的な技術であったからである。日本人も西洋人も同じ「人間」であるからには、このテクノロジーの応用を妨げるものは何もないはずだ。しかしこの「人間」を、自然科学的な知のみによって定義づけることは、本当に可能なのだろうか。たとえば受精卵から胚、胎児へと成長する個体は、どの時点で「人間」となるのであろうか。あるいは人間と他の種との境界は、ダーウィンの進化論以来、単なる程度の大きい個体差と区別できなくなり、「人間」とは何かを生物学的に定義するのは、極めて困難なものとなった。[25] このように「人間」を自然科学に還元することは、個体のレベルにおいても種のレベルにおいても、「人間」の姿を雲散霧消させてしまうことでもあったのである。

人類学と人肉食

もっぱら自然科学の対象となった「人間」は、しかし自然科学的に解明しようとすると、その姿が見失われてしまう。このような逆説をもっとも顕著に露呈させたのは、一九世紀における人類学の歴史であるのかもしれない。今日でこそ「文化人類学」と呼び習わされて、人文学の中に確固たる位置を占めているこの学問であるが、それが成立した一九世紀前半という時代は、レヴィ＝ストロースが振り返るように、「人文科学と自然科学とが非常に緊密に結びついていた時代」(26)であった。各民族の文化的な生産物などに着目した、今日の文化人類学に連なる潮流と並んで、自然科学的な人類学を体現していたのは、頭骨などのサイズに着目する計測人類学である。フランスにおける計測人類学の創始者であるポール・ブロカ（Paul Broca）は、四肢の計測結果から、次のように述べる。

先の数値から帰結するのは、黒人の骨格は、ヨーロッパ人と比べて、上腕骨が短い点が特徴であるということである。黒人においてこの骨は、橈骨と比べても、下肢と比べても、大腿骨と比べても短いのだ。(27)

この知見を利用して、黒人と白人の骨が故意に混ぜられたとされた標本が、実際にはすべて黒人の骨であることを明らかにし、あらぬ疑いをかけられた実験助手の汚名をすすぐブロカは、(28)さながら探偵のようであり、実際に計測人類学を応用しながら一九世紀末に発達していく科学捜査法を、あたかも先取りしているかのようだ。

このような人種の区別は、それらの間に優劣をつけるためのものでもあった。劣った人種の特徴としてしばしば引き合いに出されたのが、「人肉食」である。フェリックス・ガリグー（Félix Garrigou）は一八六七年のパリ人類学会において、人肉食が古代人と今日の「未開人（sauvage）」に共通して見られる習性であるとして、以下のように述べる。

石を研ぎ、天然の金属を加工し、髪を編み、完成度の高い武器を製造し、一部の動物を家畜化する、現代の未開人は、私に言わせれば、文明という観点から見て、ちょうど石器時代のヨーロッパ人に対応しているが、彼らは飢えに駆り立てられなくとも、白人のことも同郷人のこともよく食べる。つまりわれわれが検討している先史時代人もまた、場合によっては人肉を食べていた可能性がある。食事の残骸の中に見つかった人間の破片は、私からすれば紛れもなく人肉食の証拠である。(29)

一八八七年から八八年にかけては、やはりパリ人類学会において、人肉食をめぐる論争が繰り広げられている。(30)人肉食が宗教的起源を持つと説くガブリエル・ド・モルティエ（Gabriel de Mortillet）に対して、ナダイヤック侯爵（Jean-François-Albert du Pouget de Nadaillac）は、それが多くの場合飢饉に由来する習慣であるとしつつ、西洋では文明の進化がこの悪習に歯止めをかけたのだとする。(31)ナダイヤックはヨーロッパ以外の各地で収集された人肉食の例を紹介しながら、以下のように日本にも言及している。

江戸の近くには、現在の種と同じ貝でできている貝塚がある。これらの貝と一緒に、たくさんの人骨および鹿の骨が散らばっていた。人骨は動物の骨と同じように砕かれていた。つまり今日の日本人種の祖先たちは、

他の大陸の同時代人と同様に食人をしていたのである。(32)

ここで述べられている江戸近くの貝塚とは、エドワード・モース〔Edward S. Morse〕が一八七七年の来日直後に発見した大森貝塚のことであるのは言うまでもないだろう。よく知られているように、モースは一八七七年の六月に東京に向かう汽車の車窓から貝塚を発見、同じ年の九月から発掘作業を始めているが、この調査についてモースが行った最初の学術的な報告は、人肉食についてのものだった。(33) モースにとっては人肉食の証拠こそが、「大森貝塚に関する最も重要な発見」(34)であったのだ。『ポピュラー・サイエンス・マンスリー』誌の一八七九年一月号に掲載された論文の中で、モースは以下のように続ける。

大森貝塚に関する最も重要な発見は、人肉食の明白な証拠である。人の大腿骨・上腕骨・橈骨・尺骨・下顎骨・頭頂骨の大型片が、貝塚に広く散らばってみいだされた。これらの人骨は、鹿の骨とまったく同じやりかたで割ってあった。それは、料理鍋にいれるためか、髄を得るために割ったものであって、フロリダやニューイングランドの貝塚で、ワイマン〔Jeffries Wyman〕が人肉食の証拠としてあげた諸事実と完全に合致している。(35)

「先日本人〔pre-Japanese〕」(36)が食人をしていたという、モースによる主張は、少なからぬ物議を醸すことになった。(37) モースがダーウィンの進化論を日本に紹介したことを快く思わなかった宣教師たちの中には、あたかもモースが日本人の悪口を言ったかのように、この食人説を喧伝する者もあったという。(38) 植物学者の白井光太郎は、学生の時分に「日本人の祖先は人肉を食いし証ありき」とするモースの学説に触れて「驚嘆張目」し、「果たして

吾人の祖先に此風習ありしや否を審査せんとの憤慨心を興起」したと回想する。(39)

しかしながら、モースが先鞭をつけた考古学的な人類研究を日本で引き継いだ者たちにとって、食人説は単に拒絶すれば事足りる問題ではなかった。砕かれた人骨と動物骨の混在は、近年に至るまで人肉食の証拠として引き合いに出されてきた論点である。(40)当時であればなおさら有力だったこの学説を、日本の科学者が正面から否定することは困難だった。東京人類学会（後の日本人類学会）の創設メンバーである坪井正五郎は、一八八六年に東京地学会において「東京近傍貝塚総論」と題する講演を行い、人骨と獣骨が混在すること、またその骨に石斧の痕が残されていることから、「大森に住居せし者を食人種なりと云う」(41)として、モースの説をそのまま引き写している。

坪井によるこの食人説の肯定は、彼の有名な「コロボックル説」にも引き継がれるだろう。「元来は日本諸地方に広がり居りしが、後にはアイヌ或いは日本人の為に北海道の地に追い込まれ、最後にアイヌの為に北海道の地より更に北方に追ひ遣られた」(42)、つまり日本人ともアイヌとも異なるとされるこの伝説的な人種を、坪井は食人種であるとみなす。一八九五年から九六年にかけての『風俗画報』での連載「コロボックル風俗考」において彼は、モースが大森貝塚で見出した「食人の証」(43)に同調しつつ、言わばその咎をコロボックルにかぶせるのである。

コロボックルは我々日本人は勿論アイヌも恐れ嫌ふ可き食人の習慣を有せし人民にして、其性質日本人及びアイヌとは大に異りたるものと云ふ可きなり。人肉にして若し他の肉類と等しく食用に供されしものならば其調理法に於ても亦同様なりしならん。(44)

「我々の習慣より言へば厭ふ可き事、寧《むしろ》恐る可き事」だという人肉食は、坪井によれば「野蛮未開国の中」に見られるべき習慣である。[45]坪井はこうしてモースの食人説自体を否定することなしに、それをコロボックルという他者に引き受けさせる。同じ連載の後半で坪井が、「コロボックルは温和なる生活を為せし者」で、「人肉は決して彼等の平常の食料には非ざりし」[46]と付け加えるのは、人肉食という大罪をコロボックルに負わせたことの、後ろめたさの表れにも読める。

　コロボックル説をめぐっては師である坪井と対立した鳥居龍蔵も、人肉食については同様にモースの説を継承し、モース以後に発掘された武蔵や下総などの貝塚から出土した人骨も、カニバリズムの跡として見るよりほか説明がつかないとしている。[47]鳥居はそれをコロボックルの所業とは見なさないものの、小金井良精らの見解を取り入れながら、貝塚を残したのがアイヌに近い人種であるとし、「接触雑混」[48]は進んだとしながらも、日本人と区別している点で変わりはない。

　食人説をめぐっては寺石正路も、「食人風習ニ就テ述ブ」と題された文章を一八八八年の『東京人類学会雑誌』に掲載し、独自の見解を表明している。[49]しかしモースの説の継承という点で、とりわけ坪井が興味深いのは、彼がモースの学恩に対して、両義的な態度を取り続けていたからである。東京人類学会二〇周年を記念して一九〇四年に行われた講演で彼は、同学会の創立メンバーでモースの教えを直接受けた者は一人もいないという点を強調する。モースはあくまで動物学者であり、[50]ダーウィンの進化論の紹介をするなどの間接的な貢献はあったものの、日本の人類学とモースとの間に直接の関係はないのだと、坪井は言い切る。

> モールス氏は人類学研究の下拵《したこしら》へ、或は人類学上の片寄った問題の研究と云ふ事は致されましたが、其上に位し其全般を繋ぎ合はせる所の人類学に付いては何事をも云はれませんでした。我々はモールス氏の功を否認するのでは有りません。功の大なる事は十分に知って居りますが、我邦に於て人類学を興こしたのは同氏

で有るとは云い兼ねます。同氏と我邦の人類学との間には直接の関係は有りません。(51)

人肉食という咎はコロボックルが負うべきものであり、それは日本人の祖先、すなわち坪井自身の祖先とは関係がない。「野蛮未開」の風習とは無縁の坪井は、人類学という科学の主体として、モースと対等の立場に立つだろう。野蛮を他者に背負わせることにより、坪井は、そして彼とともに「日本人」は、モースと同じ「人間」になったのである。

「人間」の制定

一八五九年に創立したパリ人類学会の会員は、その大半が医師たちによって占められており、一八六一年には、その割合は八〇%に達していたという。(52) 自身も医師であったポール・ブロカは、自らが中心となって一八七六年に創設したパリ人類学校の開校記念演説において、人類学は医学とともに人間学(la science de l'homme)を構成する学問であるとしながら、両者の役割の違いを以下のように説明する。

両者が研究するのはいずれも、人間とその構造、役割についてである。解剖学と生理学は両者に共通の基盤である。これこそが両者の接点、あるいはむしろ両者の接触面である。いずれも観察によって進展する。観察の主題は何だろうか？　個人である。両者がいずれも到達する一般化と抽象化は、個人の観察を出発点としているのである。しかし医学が個人を個人自身との関係で研究し、健康の維持や病の治癒ないし改善、寿命の延長など、個人に直接役に立とうとするのに対し、人類学は個人が属している一般ないし特殊な集団との関係で研究する。この違いはひょっとすると大きいのかもしれない。だが二つの科学が、同じ事実を、あるいは少なくとも同じ次元に属する事実を取り扱っており、共通する原則や共通する法則を備えるべきであることは指摘できる。(53)

計測人類学を志向したブロカにとって、人類学とは紛れもなく自然科学の一翼を担うべき学問であった。ここでブロカが確認しているように、個体のレベルで医学が行っていることを、種のレベルで行うのが、そのような人類学であるという。自然科学に属するこれら二つの学問分野が、「人間学」の主たる要素をなすことだろう。しかしながら、「人間」は、個体としても種としても、自然科学の対象とはなり得ないことは、すでに確認したとおりだ。受精卵が「人間」になる瞬間を、観察によって特定することは不可能である。カトリック世界においては洗礼が、「人間」と「動物」との区別を制定する儀礼であったように、医学もまた、単に「人間」を観察しているのではなく、むしろ「人間」と「人間ならざるもの」との差異を制定しているのではないだろうか。(54) 一九世紀に制度化された医師による出生確認が、洗礼の仕組みを引き継ぐものであったことは示唆的である。

個体のレベルで「人間」の制定をするのが医学だとすれば、それを種のレベルで行おうとしたのが、ブロカの志向した自然科学的な人類学だと言えるだろう。頭骨等の計測により人種を区別する試みは、それらの人種の優劣を定め、序列化することにもつながっていた。やがてこの計測人類学の試みは、フランシス・ゴルトン(Francis Galton)が一九世紀末に提唱した「優生学」へと結びつくことになる。(55)

ナチスに代表される悪名高い「優生思想」は、二〇世紀以降、主戦場を人類学から生物学に移し、遺伝子を争点としながら、今日でもくすぶり続けているようである。(56)「人間」の制定から撤退した人類学は、かつてレヴィ＝ストロースが「人文科学と自然科学とが非常に緊密に結びついていた時代」と述べた創成期を経て、今や文化人類学や社会人類学として、人文科学の側に腰を落ち着かせているようである。しかしながら、「人間」を自然科学に明け渡して、人文科学に安住することだけが、人類学の担うべき役割ではないだろう。自然科学と人文科学との分節が成立した時点に立ち戻り、西洋やその他の場所で、いかに「人間」が制定されてきたのかを問い直すことで、結果として人類学は、「全体的な観点からの人間集団の研究」(57)という設立当初の目的を、取り戻すことにもなるはずだ。(58)

注

(1) 伊古田純道の手記『圭設兒列幾斯涅侄之治験』は、一九一四年（大正三）に佐倉順天堂院長の佐藤恒二博士により発見され、翌年『順天堂医事研究会雑誌』（第五一〇号）などに掲載された。なお手記の題名の「圭設兒列幾斯涅侄」はオランダ語**Keizerlijke Snede**（帝王切開）の読みを漢字に当てたものである。本稿では主に一九一九年（大正八）刊行の緒方正清による『日本産科学史』（科学書院より一九八〇年に復刻）に掲載された伊古田の手記を参照した。

(2) 緒方正清『日本産科学史』（一九一九年）（科学書院、一九八〇年）八六六頁。

(3) 同上、八六七頁。

(4) 手術を受けた、当時三三歳の本橋み登は、一九〇八年（明治四一）に八九歳で没した。以下を参照。松木明知「日本の帝王切開術の歴史――伊古田純道の事蹟に関する最初の知見」（『日本医史学雑誌』第二五巻第一号、一九七九年）一―一三頁。

(5) 佐藤恒二「我邦に於ける帝王截開術の鼻祖伊古田純道翁の遺蹟を訪ふ」（『中外医事新報』第一二一七号、一九三五年）一〇一頁。

(6) 大出春江「産婆の近代と出産の医療化」（野上元、小林多寿子編『歴史と向きあう社会学』ミネルヴァ書房、二〇一五年）二六三頁。

（7）François Rousset, *Traitté nouveau de l'hysterotomotokie, ou Enfantement caesarien*, Paris, Denys du Val, 1581. Cf. Ronald Cyr (trans.), Thomas Baskett (ed.), *Caesarean Birth: The Work of François Rousset in Renaissance France. A New Treatise on Hysterotomotokie or Caesarian Childbirth*, Cambridge, Cambridge University Press, 2014.

（8）J. Paul Pundel, *Histoire de l'opération césarienne*, Presses académiques européennes, 1969, p. 120-121.

（9）F. Rousset, *op. cit.*, p. 2-3.

（10）J. P. Pundel, *op. cit.*, p. 92.

（11）Edouard Nicaise, *Le grande chirurgie de Guy de Chauliac, composé en l'an 1363*, Paris, Alcan, 1890, p. 549-550.

（12）J. P. Pundel, *op. cit.*, p. 63.

（13）Anne Lefebvre-Teillard, *Le nom. Droit et histoire*, Paris, PUF, 1990, p. 20.

（14）Jacques Gélis, *Les enfants des limbes*, Paris, Audibert, 2006, p. 46.

（15）*Ibid.*, p. 177.

（16）「猶予の聖堂」についてはジェリス（J. Gélis）の前掲書のほか、同著者の以下も参照。Jacques Gélis, *L'arbre et le fruit*, Paris, Fayard, 1984, p. 509-520. 日本語の著作では以下でも考察がなされている。長谷川まゆ帆『近世フランスの法と身体』（東京大学出版会、二〇一八年）二二五―二三七頁。

（17）J. Gélis, *L'arbre et le fruit*, *op. cit.*, p. 502.

（18）Francesco Emanuele Cangiamila, *Abrégé de l'embryologie sacrée, ou Traité du devoir des prêtres, des médecins et autres, sur le salut éternel des enfans qui sont dans le ventre de leur mère*, Paris, Bailly, 1775, p. 80-81.

（19）J. Gélis, *L'arbre et le fruit*, *op. cit.*, p. 506.

（20）J. Gélis, *Les enfants des limbes*, *op. cit.*, p. 179-182.

（21）J. Gélis, *L'arbre et le fruit*, *op. cit.*, p. 501 ; J. P. Pundel, *op. cit.*, p. 138-139.

（22）Jacques Gélis, *L'arbre et le fruit*, *op. cit.*, p. 503.

（23）F. Rousset, *op. cit.*, p. 4.

（24）恒藤恭は一九三九年（昭和一四）の著作で、「経験科学の二大部門の一方を「自然科学」と呼ぶ慣例は久しい以前から確立され来たったのに反して、他の一方を指し示すための用語は現代にいたるまで未だ定まって」いないとしつつ、それを「人間科学」と呼ぶことは「人間学」と混同されるおそれがあるので、「人間的世界を対象とする経験科学を自然科学との対照において明瞭に指示するという長所」のある「人文科学」という呼称を採用するとしている。恒藤恭「人文科学思想概論」（『人文科学思想』河出書房、一九三九年）三―六頁。

(25) ダーウィンが『人間の由来（The Descent of Man）』（一八七一）において、人間と動物とをもっとも明瞭に区別するものとして、「道徳や良心」を持ち出さなければならなかったのはこのためである。Cf. Jean Gayon, *Darwin et l'après-Darwin : une histoire de l'hypothèse de sélection naturelle*, Paris, Kimé, 1992, p. 84-90.

(26) Claude Lévi-Strauss, « Allocution », *Jubilé du centenaire de la Société d'Anthropologie de Paris*, 1959, p. 324.

(27) Paul Broca, « Sur les proportions relatives des membres supérieurs et des membres inférieurs chez les Nègres et les Européens », *Bulletins de la Société d'anthropologie de Paris*, IIe série, Tome 2, 1867, p. 651.

(28) *Ibid.*, p. 643.

(29) Félix Garrigou, « Sur l'anthropophage chez les peuples des âges du renne et de la pierre polie dans les cavernes du midi de la France », *Bulletins de la Société d'anthropologie de Paris*, IIe série, Tome 2, 1867, p. 330.

(30) « Séance du 15 décembre 1887 », *Bulletins de la Société d'anthropologie de Paris*, IIIe série, Tome 10, 1887, p. 778-779.

(31) De Nadaillac, « Sur l'anthropophagie », *Bulletins de la Société d'anthropologie de Paris*, IIIe série, Tome 11, 1888, p. 35.

(32) *Ibid.*

(33) モースは一八七八年のアメリカ科学振興協会に「アイヌ以前の日本における人肉食の証拠（Evidences of Cannibalism in a Nation before the Ainos in Japan）」と題する報告を寄せており、同協会の紀要には題目のみが掲載されている（*Proceedings of the American Association for the Advancement of Science, 27th Meeting, held at St. Louis, Missouri, August, 1878*, Salem, 1879, p. 339）。翌年の一月五日に東京帝国大学の生物学会でモースが行い、同一月一八日の『トキオ・タイムズ』に概要が掲載された講演は、この報告を元にしたものと推測される。"Biological Society of the Tokio Dai Gaku," *The Tokio Times*, vol. V, No. 3, 1879, p. 34-35.

(34) Edward S. Morse, "Traces of an Early Race in Japan," *The Popular Science Monthly*, vol. XIV, January 1879, p. 263〔E・S・モース「日本太古の民族の足跡」、近藤義郎、佐原真編訳、『大森貝塚』岩波書店、一九八三年、一四八頁〕

(35) *Ibid*〔同上〕.

（36）*Ibid.*, p. 266〔同上、一五二頁〕.
（37）モースの食人説の反響については以下を参照されたい。吉岡郁夫『日本人種論争の幕あけ　モースと大森貝塚』（共立出版、一九八七年）、八七―九四頁。六車由実『神、人を喰う　人身御供の民俗学』（新曜社、二〇〇三年）二九―三五頁。
（38）石川千代松「嗚呼モールス先生」（『人類学雑誌』第四一巻第二号、一九二六年）五〇頁。
（39）白井光太郎「モールス先生と其の講演」（『人類学雑誌』第四一巻第二号、一九二六年）五七頁。
（40）Mondher Kilani, « Le cannibale et son témoin », *Communications*, 84, 2009, p. 53.
（41）坪井正五郎「東京近傍貝塚総論」〔一八八六〕（斉藤忠編『日本考古学選集2　坪井正五郎集　上巻』築地書館、一九七一年）一二〇頁。
（42）坪井正五郎「コロボックル風俗考」〔一八九五―九六〕（同前）九七頁。
（43）同前、六九頁。
（44）同前。
（45）同前、六八―六九頁。
（46）同前、九〇頁。
（47）鳥居龍蔵「武蔵野及其周囲」〔一九二四〕（『鳥居龍蔵全集』第二巻、朝日新聞社、一九七五年）一二〇頁。
（48）同前、一二四頁。
（49）寺石正路「食人風習ニ就テ述ブ」（『東京人類学会雑誌』第三四号、一八八八年）七八―九一頁。
（50）動物学者であるどころか、モースは「本来画工だ」と、坪井は学生に対して紹介したこともあったという。吉岡郁夫前掲書、一六八頁。
（51）坪井正五郎「東京人類学会満二十年紀年演説」（『東京人類学会雑誌』第二二三号、一九〇四年）八頁。
（52）Claude Blanckaert, « Préface », Paul Broca, *Mémoires d'anthropologie*, Paris, Jean-Michel Place, 1989, p. v.
（53）Paul Broca, « Discours prononcé par Broca, le 15 novembre 1876, lors de l'inauguration des cours », *Revue mensuelle de l'Ecole d'anthropologie de Paris*, 6e année, 1896, p. 360.
（54）たとえばフランスでは出生届の提出が誕生から三日以内と定められているが、これは多くの教区で洗礼の期限が誕生から三日以内とされていたのを引き継ぐものである。医師による出生確認の制定と洗礼との関係については、以下の拙論を参照されたい。橋本一径「名・身体・同一性——19世紀フランスにおける新生児の出生確認」（『19世紀学研究』第四号、二〇一〇年三月）九三—一〇五頁。

（55）以下を参照。Claude Blanckaert, « La crise de l'anthropométrie : des arts anthropotechniques aux dérives militantes (1860-1920) », Claude Blanckaert (sous la dir. de), *Les politiques de l'anthropologie. Discours et pratiques en France (1860-1940)*, Paris, L'Harmattan, 2001, p. 95-172.

（56）以下を参照のこと。André Pichot, *La société pure. De Darwin à Hitler*, Paris, Flammarion, 2000.

（57）Paul Broca, « Anthropologie » [1866], *Mémoires d'anthropologie*, *op. cit.*, p. 1.

（58）かつて人類学が非西洋に対して向けていた眼差しを、西洋自体に向け、西洋において「人間」がいかに制定されているのかを問おうとするピエール・ルジャンドルの「ドグマ人類学」の試みは、この点で興味深い。たとえば以下などを参照のこと。ピエール・ルジャンドル『西洋が西洋について見ないでいること』（森元庸介訳、以文社、二〇〇四年）。

［第二部　越境する言葉と概念──他者との邂逅］

文明・市場・データ──近代の遺産と人文学の現在

パトリック・シュウェマー

近代、人間の思考に何が起こったのか。様々な説はあるが、「近代などなかった」と断言して人文学の課題を論じる人でさえ、結局は近代に起こった何かをどうするかという話をしている。[1] その価値付けは学術の世界だけでなく産業界、政官界でも多種多様に行われている。例えば文部科学省が二〇一八年に発表した大学教育再生戦略推進費の公募要領から、ひとつの明確な時代意識が読み取れる。

第四次産業革命の進展による産業構造の変化に伴い、付加価値を生み出す競争力の源泉が、「モノ」や「カネ」から「ヒト（人材）」「データ」である経済システムに移行しています。また、あらゆる産業でITとの組み合わせが進行する中で、我が国の国際競争力を強化し、持続的な経済成長を実現させるためには、ITを駆使しながら創造性や付加価値を発揮し、我が国の成長を支える産業基盤の強化とともに、新たな産業を創出する人材の育成が急務となっています。[2]

「第四次産業革命」とは毎年スイスのダボスで開催される世界経済フォーラムの創立者で会長のクラウス・

シュワブが二〇一六年の著書で披露した用語で、近代以降、産業革命が四つあった中で、現在の課題である四つ目を指す。(3)一九世紀中葉、第一次産業革命の時代には、イギリスやフランスが工業生産の中心地となり、自動機械が登場し、植民地の資源・労働力・市場が初めて世界規模で「付加価値」の「創出」を実現した。一九世紀末から二〇世紀初頭にかけては、アメリカ合衆国や日本を中心としてフォード型の流れ作業、電信と電車のような情報と交通の基盤が一般的になり、工場が絶えず作り出している商品への需要を刺激するために広告業界と消費文化が生み出された。これが第二次産業革命だという意識は以前からあったが、一九七〇年代に金融界から始まった情報技術革命を第三次とし、現代を第四次とする枠組はおそらくシュワブ周辺による新区分であろう。実際、「第四次産業革命」のウィキペディア項目はシュワブの本が出版される直前の二〇一五年九月に作成された。(4)この新型産業形態は再生可能エネルギー、自動生産、三次元印刷、人工知能などを融合させたもので、工場ならば商品はもちろん生産機械やその配置まで自らデザインし、会社の収入や市場の動向に応じてあらゆる変数を自動調整していける「スマート工場」となるという予言である。例えばアマゾン配送センターでは、商品が棚に並んでいるのは種類、販売率など人間にわかるような理論ではなく、売り上げに応じてＡＩが常に考え直している「カオス配置」であるため、取り敢えずロボットよりは人件費がまだ少し安い従業員は、絶え間なくタブレットの画面に出てくる整理番号を追いかけて走り回っている。(5)そのような理論に添った大学・学問が求められているのである。

もっとも、学問より先に社会全体に同様の変化が及ぶように予測・要求されている。前掲の文科省の「公募要領」では「Society 5.0」という言葉も挙がっているが、これは内閣府の科学技術政策の名称である。同府の説明によると「サイバー空間（仮想空間）とフィジカル空間（現実空間）を高度に融合させたシステムにより、経済発展と社会的課題の解決を両立する、人間中心の社会（Society）」を目指したものである。(6)このような社会を本当の意味で実現できれば素晴らしいことだし、日本がそれを実現するのに適した面もある。ただし、「経済発展と社会的課題の解決を両立する」という書き方では「両立」となっている反面、「経済発展」が自明の目的なのに対し、「社会」は「課題」（つまり問題）だらけの障害物、あるいは道具として扱われている嫌いがある。「社会発展と経済的課題の解決」という順番にならなかったのは偶然ではないと考えられる。そもそも「社会」を、そのソフトをバージョンアップし、ボタンを押して好きに操作できる電子機器に見たてた名称「Society 5.0」からは、「人間中心の社会」どころか、厄介な社会問題を引き起こす（とされる）「人間」を早く片付けてしまいたいという焦りのようなものすら垣間見える。「持続可能な産業化」「富の再配分や格差是正」「日々の暮らしがラク・楽しく」なるなど、絶賛すべき目標が挙げられているが、実現方法としては「最先端技術を取り入れ」るとしか具体的な説明が見当たらない。世界経済フォーラムに政策を代筆されている先進諸国と違って日本政府だけが素晴らしい実行案を控えており、すべてをデータに丸投げしているのではないならいいが、サイバー担当にはパソコンを使ったことがないと言う内閣のことであるため、(7) 本当に人間中心のデータ社会を実現するためには人文学の総動員が必要不可欠である。

特に前近代の人文学は、（内閣府、文科省も近代に始まったと認識している）「付加価値」社会への代替・変革方法を、多種多様な古典文明から開発できるのである。本来、社会における富の分配を話し合う「政治」は解釈を中心とした人間的思考で行われたのに対し、近代では巨大な付加価値の奔流が生み出され、表象文化は経済中心となり、「近代文学」というものも一応存在したが、古典文明における表象文化のように権力と密接なものはと言えば広告業界であった。遂には社会を自動的に組織化してくれるものとして、解釈の必然性が無視しやすい「市場」が理念とされてきた。その結果、人生を託すべき神への信仰が強かった西洋を始め、付加価値中心に作り替えられた国々では、解釈の必要から解放してくれる法則として市場、そして市場の記号化としてのデータに対する終末論的な信仰が生まれた。しかし、科学技術で「人間中心の社会」を実現するには、データ・ＡＩに丸投げというのではなく、むしろ解釈を抱きしめて人文学の力を再発見しなければ、人類に未来はないと言っても過言ではなく、実際ダボス階級も思っていることなのである。

超人間か脱人間か

どれほどデータの量が多くなっても、人文学をないがしろにするならば視界が曇っていくだけである。一〇年前どころか一年前と比べても、画面に呼び出せる情報の量は桁違いに増えているが、我々はその中身をどれほど理解しているのか。ＭＩＴによって「世界の最も影響力のある知識人十人」に選ばれた(8)ニューヨーク市立大学教授ダグラス・ラシコフは二〇一七年、「技術の未来」について講演するために会員制の高級リゾートに招かれた。(9)準備室だと思った部屋で待っていると、突然五人の金融業者が入ってきて、彼ら相手の「講演」が始まったという。この手の「聴衆」は普段から知識よりは「何を買えばいいのか」という問いに興味を示すが、案の定、ラシコフが準備した情報には関心を持たず、「イーサリウムかビットコインか」「量子コンピュータは本当にあるのか」というような質問をたたみかけた後、徐々に「本題」に入っていった。地球温暖化から逃れるにはニュージーランドとアラスカとどちらがいいか。グーグルがレイ・カーツワイルのために脳をアップロードする装置を作っているというのは本当か。脳をアップロードしたらカーツワイルは死ぬのか、それともＡＩのコピーと共生して生き続けるのか。

しばらくして、某証券会社の社長が尋ねた。「うちの地下避難所はそろそろ準備できますが、あの出来事（The Event）の後、どう警備隊を従わせればよいでしょうか」と。自然環境崩壊、革命、核爆発、疫病、全自動化された世界が一瞬で無になるハッキング事件、等々。彼らの間では「出来事」がもうすぐ起こるということは常識であり、ラフキンの残り時間は結局すべてその話に費やされた。外で騒ぐ大衆から避難所を守るために警備隊が当然必要だが、お金が通用しなくなると給料も払えない。もしかしたら警備隊が自分たちの中から指導者を選んで自分に逆らうかもしれない。食料の容器に自分しか開けられない錠をつけたり、警備員に電気ショックの首輪をつけたりするのか。筆者は、ハリケーン・サンディでニューヨーク市街が前代未聞の浸水に見舞われたとき、高級住宅街の建設クレーンが風で折れてぶらさがった場所の真下にある友人の家に泊まっていた。その時の避難先はニューヨーク・アスレチック・クラブであった。普段は保守派のエリートしか入れない場所だが、その数日間、そのラウンジの内部で、このような地球温暖化の災害が頻発したとき、行き場を失った大衆をどうするかというエリートの恐怖感と大衆への先制攻撃案を垣間見ることができた。まさにダボス会議で輝かしい「技術の未来」を話すような著名人もいたが、彼らの本音として「技術の未来」はとても暗いものであった。

ダボス会議長の『第四次産業革命』と、ジェレミー・リフキンがその三年前に発表した著書『The Third Industrial Revolution』には何らかの関係があると思われる。[10] 同じくダボスに出入りのあるリフキン[11]は市場中心の高度技術官僚政治を楽観的に唱えてきた評論家である。にもかかわらず、この著書では地球温暖化の深刻さから語り出しており、人工知能と人間文化を融合させた「第三次産業革命」を起こすことが人類の唯一の希望だと説いている。最新情報を補うと、従来、温暖化の現実性を否定してきた米共和党が突如として、「最悪の場合」とされてきた摂氏四度の気温上昇を前提とし、自動車の排出ガス規制緩和を凍結する理由として「どうせ起こるから」という論法に翻ってしまった。[12] 四度の温暖化により、海水の上昇、生物の大量絶滅、疫病の蔓延が予測されるが、日本はどうなるのだろうか。ピーター・ティール[13]のようなシリコンバレー右翼や共和党の高額寄付者チャールズ・コック[14]を投資者に数える『Big Think』には、四度の温暖化後の世界地図として最新のものが公表されている。[15]「お孫さん、もしかして南極大陸生まれかも??」といった楽観的な見出しとは対照的な内容である。その地図によると、日本列島付近で砂漠化しておらず、人間が生息できる場所はカムチャツカ半島やシベリアだけという、愕然とさせる予測が記されている。更に、二〇一八年秋の「気候変動に関する政府間パネル特別報告書」では、二〇四〇年までに達すると考えられている一・五度の気温上昇でも、かつては四度と関連付けられたような重大な被害予測が発表された。[16]トランプ自身も支持者向けに「地球温暖化が起きているとは思っていない」と言いながら、自分の不動産の周りに防水堤を建てている。[17]ともかく、このままでは一〇〇年以内に日本人は日本列島に住めなくなってしまう。このことを念頭に置いて「未来」を考えている人間は果たして何人いるだろうか。

上述のカーツワイルという人物はスキャナー、文字認識、音声認識などの主要発明家であり、現在はグーグルで「未来学者」としてトランスヒューマニズムという思想を唱えている。自己デザインできる人工知能が登場すれば、人類は技術的特異点（The Singularity）に達し、現代の我々が「人間」として認識できなくなるほど冪乗《べき》に発展するだろうと予言している。[18]技術をもって人間社会を開発するのは素晴らしいことだが、最も的確なトランスヒューマニズム批判は、この考えを説く人たちがデータと「世界」そのものを混同し、人間は本来「意味を生成する動物」であるにもかかわらず「情報の対象」として誤認している点を突くものである。[19]ここでは、トランスヒューマニズムの「トランス」をどう解釈するかが肝心である。翻訳（translation）性不同一性（transgender）超越（transcendence）輪廻転生（transmigration）移植（transplatation）など、様々な単語に使われているこの接頭辞は、「渡る」という動作を原義とするが、トランスヒューマニズムにおいてはいったい誰あるいは何が何をどこへ「渡る」のか。筆者のアスレチック・クラブの話し相手やラシコフの金融業者たちにとっては、トランスヒューマニズムとは人類を改善するような「超越」ではなく、一部の恵まれた階級だけが人間を卒業し、壊れた世界（自分が壊した世界）を脱出することである。そのような人は結局、人間も生き物も辞めてしまって別の何かになりたいのである。事実上、彼らは死にたがっているのである。

解釈の再帰

それでは、人間として生きていきたい人はどうすべきか。まず、人文学でしか学べない「解釈」の重要性を認めなければならない。もちろん、AIが解釈を行わないわけではない。二〇一〇年代からグーグルの自動翻訳ソフトなどは、大量の正しい前例を部分的に繰り返して答えを綴っていくのではなく、神経回路網（neural network）で深層学習（deep learning）を行い、例えば英和翻訳と英韓翻訳ができるようになった。その上で、今度は日韓翻訳、つまりそのAIが行ったことのない課題でも、それを即興的にできるようになった。[20]したがって、AIでさえデータ処理のみを行っているではなく、韓国語が記している世界の模型を作り、次にその世界を日本語で表現しているのである。データの量で勝負するAIがチェスで人間に勝てたのに続き、今度は深層学習のAIが囲碁で人間を破っている。二〇一七年、グーグルの「AlphaGo」というAIは世界最強の棋士に対して三局三勝を収め、翌年は次世代バージョンに囲碁のルールをインプットしただけで、人間の介入も過去のデータもなく、世界一の人間を破った旧バージョンを負かし、世界最強の棋士となったのである。このAI棋士は、誕生して七〇時間以内で、人間が二千余年をかけて開発した戦略を独自に発見し、人間には考えられなかった戦略をも発明していた。こうしてAIは、未解決の問題でもゼロから考え、解決できるようになる見込みのある技術へと発展を遂げつつある。[21]

最新型のカメラなども、イメージ加工AIがあまりにも向上しているため、劣等な光センサーやレンズでも意外と事足りてしまう。つまり、質の乏しい影印を数枚ずつ撮り、そこに写っている全員がSNSで好まれる表情をしているように組み替え、加工するのである。その結果、「元の写真」でさえ現実を映したものではなく、ありもしない瞬間を構築することになる。[22] ニーチェが遺稿で書いているように「「事実しかない」と現象の前で突っ立っている実証主義への反駁として、私はこう言いたい。違う、事実などない。諸説（Interpretationen）あるのみ。我々は現実「それ自体」を認知できないし、そうしようと思うのもおそらく不条理だ。［…］我々のニーズこそが世界を訓釈しているのであり、我々の衝動とその「賛成」「反対」。どの衝動も一種の支配欲であり、どの衝動にも、他の衝動たちに標準として押し付けようとする独自の視点がある」[23] したがって、誰の視点・衝動・支配欲によって解釈が行われているのか知らなかったり、あるいは解釈がもはやないと思い込んだりするのは危険なことである。前述の囲碁のＡＩは話題性に富んでいるが、開発者がより力を入れているのは私有権を守るための情報技術、つまり暗号である。暗号技術の多くは未解決の数学問題を要点としているが、ＡＩ同士で暗号の開発を競い合わせると、研究者にとっても謎の方法で、ＡＩ同士でも（「所有者」でも）解読できない暗号を作成する。[24] 公的空間・財産が次々と囲い込まれて私有物となっていく現代において、私有権を絶対化する技術への願望が著しいのである。

同じような理由から、ケーブル会社がミリ秒の差を競い合って付加価値の流れを少しでも加速させようとする株式市場はＡＩが最も活躍し、最も磨き上げられてきた場である。筆者が大学院生の頃、Ｐ大学経済学科の四年生は投資銀行でインターンして株売買のセンスなどを学ぶのではなく、アスレチック・クラブでくつろぐ老人たちに、某社のＡＩがどれほどすごいか説得するための売り口上を磨いていた。「実業」界の天辺でさえ、人間関係に関わる仕事しか残っていない。株式市場自体、札を手にした男たちがドタバタする場というイメージとは別世界になっている。そうした光景が見られなくなって既に二〇年以上である。株式市場とは大手金融機関のＡＩが、世界中のニュースや経済データを生で取り入れ、時々わざと興味のない株を買って他のＡＩを騙し、本命の株をタイミングよく取引して所有者の付加価値を増す仮想空間なのである。

このようにＡＩが独り歩きしている現代では、ＡＩの誤作動による「瞬時恐慌」(flash crash) というものが日常的な出来事となっている。最大の初期フラッシュ・クラッシュは、二〇一〇年のある日の午後だったが、わずか二〇分間に二〇億余件の取引で五兆円分の株が吹き飛ばされてしまった。五年後になって起訴されたのはイギリス人の個人トレーダーで、取引依頼を出して次の瞬間にキャンセルするという違法な作戦を用いるＡＩを操っていた個人トレーダーである。[25] ただし、その日の多くの取引が「不条理な値段」で行われているという点からすると、大手金融のＡＩが用いる合法的な、例えば受け入れられるわけのない値段で取引依頼を出してシステム全体を機能不全に陥らせるなどの裏技も事故の原因となっていたのである。そのようなとき、市場全体が脆弱化するにつれて、ますます多くのＡＩが大量売却に乗り出し、恐慌を加速させる。他にも、ＡＰ通信のツイッターがハッキングされ、「ホワイト・ハウスで二度の爆発、オバマ大統領負傷」と投稿したり、[26] 同ＡＰの執筆ＡＩがイギリスのＥＵ離脱の可能性について何らかの不幸な言い回しを使ったり、[27] サイバー事件はここ一〇年間で毎年のように起こっている。世界各国の情報局も雑多な組織も個人も、ケーブル、衛星、飛行機、発電所、家電など、ＡＩに任せきりの生活基盤に対する攻撃と防衛に絶えず知恵を絞っている。

付加価値の津波

社会発展を妨害する経済的課題は、大航海時代・近世以来、初めて地球規模で「ヒト」「モノ」「カネ」で体現された付加価値が徐々に流れだしたことに始まる。九世紀の『日本霊異記』にも「貸《おきのり》の日は小《ちひさ》き升《ます》にて与へ、償《はた》る日は大きなる升にて受け」[28] ることによって「付加価値を発揮する」人もいるが、多くの古典文明の場合と同じようにこの行為は罪とされる。なお、閻羅王に罰される前にも「多《あま》の人方《まさ》に愁へ、家を棄《す》て逃《のが》れ亡《に》げ、他国に跉跰《サスラ》フ」など、付加価値の流れは地域社会を崩壊させてしまう。そして産業革命時代イギリスの場合、『日本霊異記』の富豪のように「斗升《とのます》、両種用《ふたくさもち》ゐ」られた結果、労働者の給料と商品の価値との差などにより、付加価値は工場、市場、戦場、植民地、銀行を輪廻転生しながら水位差が増していく社会崩壊の波をサーフィンすることができた。このようにして近代の付加価値は世界中を巻き込み続け、ある意味歴史の主体となったのである。二〇世紀には社会の想像基盤として、付加価値が人間の表象文化に取って代わった。古典文明における文芸の地位の後継者があったとすれば、それは「近代文学」というより、工場が絶えず産出する商品への需要を保持するための「広告」であろう。そして現代においては市場の記号化として「データ」が想像基盤となりつつある。しかし、現代のようにグローバル化（そして日常や心の中の市場化）が進みすぎて一種の飽和状態になり、付加価値自体も果てしない海を駆け抜ける津波ではなく、盥《たらい》の中のさざ波のように勢いを失ってしまう。事実、米国企業界の総合利益率は戦時中の「創造的破壊」で四〇％まで上がっていたが、戦後は常に右下がりで一九七〇年代以降は二〇％台と低迷している。(29) 付加価値が動かなくなると、波を逃した観光客がサーフボードと共にスッと海に吸い込まれるように「無価値」になってしまう。以上見てきたように、この制度がこのまま長続きできると思っている人はダボス会議にも少ないが、今の過渡期こそ、データ技術を全力で活用し、内閣府の示す「人間中心の社会」を実現する最後のチャンスである。

付加価値の波が動き出す寸前の一五九〇年代、ポルトガルとスペインの航海士、商人、宣教師等がそれぞれの半球を探検した挙げ句、地球の「向こう側」で出会ったのが日本であった。なお筆者は、徳川政権がアメリカ進出を試みており、三代目ぐらいまでは積極的にその貿易網の形成に貢献していたことを物語る未公開資料を最近、イエズス会在ローマ文書館で発見した。日葡文からなる同資料は日本・メキシコ貿易開始の交渉についての書簡であり、最新の目録には豊臣秀吉が発信者として載っている。(30)もっとも、秀吉が台湾やフィリピンに朝貢を要求したことはよく知られているが、(31)ポルトガル語文で書かれているように、日本語の原本の筆者は「あの朝廷の内府様（dayfusama）という人物」つまり徳川家康なのである。事実、秀吉とは別に家康が自分の領内浦賀からメキシコのアカプルコへの定期便の開運を交渉していたということはスペイン側の資料から知られている。(32)しかし、本資料のポルトガル語文はイエズス会東インド管区巡察師ヴァリニャーノの字で書かれており、最後に彼の自署（Alex Vº）がある。

読んでみるとヴァリニャーノは、一五八〇年からスペイン・ポルトガル両国王となっているフェリペ二世に宛てて本書簡を書いている。天正遣欧使節には「約一ヶ月の間に三度」面会し、「お手に接吻するを許されず、きわめてご慈愛深く抱擁」したフェリペに、(33)家康が太平洋進出を交渉している書簡の写しを、自分の解説と報告を添付して送っているのである。(34)家康の文章の写しを書き下すと次の通りになる。

日本とノーヴァ・ヒスパニアとの渡海の儀、相調《ととの》ひ候べき旨、バテレン申され候に付き、その年春、五郎右衛門尉相渡り候処にて、帰朝致さず候。心得なき事申し候間、早く為し、また船を調へ、則ちバテレンを相渡し候間に、かの地へ渡海の儀、談合候ひて、相調ひ、則ち五郎右衛門尉、このバテレンと同船候ひて相越し奉るべきなり(35)

同船したスペイン人托鉢会士ヘロニモ・デ＝ヘスースゆかりの報告書によれば、家康は一五九八年末にこの五郎右衛門という臣下を、メキシコ貿易の交渉のために遣わした。(36)その年末年始に日本船が八隻マニラに入港している中、本田五郎右衛門という船長が一五九九年に来港し、七月には大麻の葉（cáñamo en hoja）と火薬を購入したという記録がセビリアの文書館に残っている。[37] その年の暮れまでに日本へは帰ってこなかったため、家康は本資料のもととなる書簡を出したようである。

　これについて、ヴァリニャーノは次の通り自分の君主フェリペに報告している。

> 例えばキリスト教域［ヨーロッパ］について何の言及もないが、陛下に数点ご警告申し上げたい。［…］五郎右衛門がマニラへ行ったとき、長崎から手紙が出され、それに基づき前掲の五郎右衛門が拘束されてしまった［…］と京《みやこ》では思われており、これに対し内府様は激怒しており、［…］長崎の誰がそのような告知をしたか判明したら絶対に処刑するのだと何回も言っているらしい。［…］更に、信頼度の高い情報源によれば、そのように［五郎右衛門を拘束］するように指示した陛下の勅令の盗写を持っているとも言われている。

　長崎から海外に出る人と情報が西葡列強によって干渉されているという家康の疑惑に対し、ヴァリニャーノは日本側に「否定しておいた」と言う。ただし、元の書簡とフィリピン側の反応をそれぞれ原文から解説するにあたり、家康の書簡が発信された時点で既にヴァリニャーノに傍受されたのを自明のこととして扱っている。そうすると、まさに情報セキュリティーの大きな不備がここで見られる。家康が「キリスト教域について」何か目論んでいる恐れがあったかは本資料から不明だが、家康の言葉のポルトガル語訳で「例の国々［中南米］のために(pera aquellas terras) 交渉するように[38]」の「ペラ」すなわち「～のために」に「領有権のために」という意味合いがあるとすれば、領有権と貿易権が交錯している様子も、日本の太平洋進出に対する警戒心も覗える。徳川政権は一六一〇年代まで浦賀・アカプルコ貿易の可能性を諦めなかったが、スペイン側は日本人に太平洋の渡り方を敢えて教えない方針であり、支倉常長率いる慶長遣欧使節のローマ教皇庁訪問の場面でも、太平洋進出はスペイン側によって決定的に差し止められたのである。[39] しかし本資料では、徳川政権の日本とハプスブルク政権のスペインが太平洋の覇権をまだ競い合っている様子が垣間見える。

中世末期江戸初期の日本はヨーロッパの影響を一度受け「鎖国」の孤独に引き籠もったのではなく、オランダ東インド会社を徳川家の「身内」とし、いわば「帰化」させたり、朝鮮通信使を対馬と日光とでは違う意味合いで接待したり、琉球王国を従属した異国としても中国と間接的に貿易するための道具としても用いたりして、「小中華」政治を大胆に歪めていたのである。[40] 付加価値の流れに関しても、大坂堂島のお米切手、[41] または松前藩の場所請負人において、[42] それぞれ金融と契約労働の日本近世における自生的誕生が覗える理由は、これらの経済制度が不易の人間性だからではなく、日本が既に近世から（自ら選んだ形で）世界と結びついており、ほぼ同時進行で同じような発展がイギリスにも日本にも起こったからである。日本の近代化が「セーヨー」から輸入されたものだというのは当時の意識としてあったのだが、現代の我々がそれを史実として鵜呑みにするならば、全く同時期に近代・帝国・産業に乗り出していたアメリカも「西洋から近代を受け入れた」として同じような目線を向けるべきであろう。[43] むしろそのような受動的歴史観を放棄し、次世代の学問を作るにあたっても、近代的な付加価値の遺産は相対化しなければならない。

意味は冪《べき》に依る冪に依る

それでは、市場・データが生み出した「脱人間」としてのトランスヒューマニズムと様々な前近代思考との対話を試みたい。まず、市場自体が政治思想（或いは脱政治思想）の根底となり、「データ」がこの思想を実現すべきだという予言として、『WIRED』誌編集長クリス・アンダーソンによる「理論（theory）の終焉」の告知はおそらくその完成版だと言える。「どの説（theory）も結局は間違っているし、もはや「説」を抜きにしてなんでもできるようになってきている」というグーグル社長の言葉を挙げ、アンダーソンは以下のように宣言している。[44]

　厖大なデータ群と応用数学だけが、これまでのあらゆる方法に取って代わるという世界だ。言語学から社会学に至るまで、人間の言動に関わるあらゆる学問（theory）を放り出せ。［…］なぜこの人がこうしたのかなんてどうでもいい。データの量が足りれば、数字は自ら語る。しかし、本当の標的はそのような広告などではない。科学なのだ。科学的方法というのは検証可能な仮説に基づいている［…］が、厖大なデータがあると「仮説、実験、理論（model）」という流れでさえもう時代遅れ。

　記録する技術の繊度、記録されたデータの量、全体を見据えるソフトの力がこのまま磨き上げられていくと、量の差が質の差に変わり、肉眼には見えないパターンが全て明かされていく。アンダーソンの言うとおり「因果関係の模型（model）を探らなくても、相関関係だけでいい」とすると確かに、（ここでは面白くも広告配信に等しいとされている）人文学はおろか科学の主体としても人間の思考は終わってしまう。

　しかし、ＡＩも世界の模型・理論・学問を実際作っているということは以上見てきたとおりであるため、グーグルや『WIRED』誌を指導している思想家たちの中ではＡＩの実相よりも、（例えば人に商品を買わせる際）解釈というものを不要にしてくれる技術を望んでいることが覗える。一方、平安遷都直後に唐長安に留学した空海は、近代以前の古典文明を代表するコスモポリタンだが、世界・記号・解釈について、現在の高度技術官僚主義者とは正反対の態度を見せている。八一四年までに嵯峨天皇に献上されたと考えられている『梵字悉曇《しったん》字《じ》母《ぼ》并《ならびに》釈義』は空海が帰朝してから最初に手がけた作品の一つであり、ここではサンスクリット語に用いられる悉曇文字を日本に初めて紹介している。(45) まず、悉曇について「五天竺の国は皆この字を用ゐる」と、人が言葉を書くためのものでもあるということを認めてから、実はその元に無限の意味が潜んでいるという秘伝を説く。

言は、一字の中において無量の教文を総摂し、一法の中において一切の法を任持し、一義の中において一切の義を摂持し、一声の中において無量の功徳を摂蔵せり。故に無尽蔵と名づく。(46)

次に悉曇文字、発音、奥義が表としてまとめられる。例えば最初の𑖀《ア》の字には「音は阿（上声呼）訓は無なり。不なり。非なり。阿字といふは、これ一切法教の本なり」などの説明が長く続く。本来、インドでも一字一字に多元的象徴性を付与しつつ（まだ言語としても通じる）陀羅尼を繰り返して瞑想するという密教は存在した。しかし、まさに空海の師匠の師匠、インド人とソグディアナ（現ウズベキスタン）を両親にもつ不空金剛（Amoghavajra）が中国で開発した漢字漢文文化圏の密教が新展開をもたらす。何でも訓読してしまう漢文に慣れた眼で観ると、音声しか記すはずのない表音文字にも無限の意味が生じるのである。アンダーソンは解釈の終焉を告知（渇望）しているが、一つの古典文明の人間的思考を代表する空海は、人が一生かけても処理できない厖大なデータ群でも、二進数字（「1」か「0」）一つでも、どちらも同様に解釈し尽くせない、だからこそ解釈が救いになるのだ、と答えるに違いない。

空海とよく似た記号観を持つ思想家として、日本統制の朝鮮に育ち、朝鮮総督府で建築士として働きながら建築学会誌にモダニズム詩を載せていた詩人李箱《イサン》がいる。朝鮮語・日本語、両国語で作品を発表しながら、二ヶ国の漢字漢文文化圏としての共通遺産と、アルタイ語圏としての文法的類似とで遊びながら、矛盾だらけの近代化と日本帝国主義の経験を目まぐるしい文学に書いた朝鮮人作家の一人である。次の作品にも、アンダーソンのような単純なデータ思想に対する抗議が読み取れる。
詩の書き出しとしては、散布図や鳥瞰図を描くための方眼紙のような模様があるのみ[47]。しかし、「宇宙は冪に

「線に関する覚書1」

1234567890
1・・・・・・・・・・
2・・・・・・・・・・
3・・・・・・・・・・
4・・・・・・・・・・
5・・・・・・・・・・
6・・・・・・・・・・
7・・・・・・・・・・
8・・・・・・・・・・
9・・・・・・・・・・
0・・・・・・・・・・
(宇宙は冪に依る冪に依る)
(ヒトは数字を捨てよ)
(静かにオレを電子の陽子にせよ)

スペクトル

軸X　軸Y　軸Z

速度etcの統制例へば光は秒毎三〇〇〇〇〇キロメートル逃げることが確かなら人の発明は秒毎六〇〇〇〇〇キロメートル逃げられないことはキツトない。それを何十倍何百倍何千倍何万倍何億倍何兆倍すれば人は数十年数百年数千年数万年数億年数兆年の太古の事実が見れるじやないか、それを又絶えず崩壊するものとするか、原子は原子であり原子であり原子である、生理作用は変移するものであるか、原子は原子でなく原子でなく原子でない、放射は崩壊であるか、人は永劫である永劫を生き得ることは生命は生でもなく命でもなく光であることであるである。

臭覚の味覚と味覚の臭覚
(立体への絶望に依る誕生)
(運動への絶望に依る誕生)
(地球は空巣である時封建時代は涙ぐむ程懐かしい)

依る」とすると、このような模型は現実とどのような関係性にあるのか。「電子の陽子」（養子？）になることを願望するほど孤独な皇民数学者李箱がこの詩を書いた頃には、イギリス人数学者ルイス＝フライ・リチャードソン（Lewis Fry Richardson）は第一次世界大戦の前線から少しさがったフランスやベルギーの農家で、医療部隊の一員として働きながら世界初の数学的天気予報を行った[48]。その一環として、「コンピューター」という言葉がまだ計算する人を指していた頃、コンピューターネットワークの原案を考えた。機械としての「コンピューター」が登場してからは、天気はもちろん、原子爆弾の爆発する形、市場の動向、遂には個人消費者の商品購入、有権者の投票を予測するために使われてきたのがリチャードソンの理論である。そしてこのように世界の諸現象が完璧に予測できるようになったとき、予測だけでなく制御もできるようにするというのが『WIRED』編集長の夢なのである。

しかし、このリチャードソンはもう一つの研究で、この夢を行き詰まらせる重要な事実をも発見している。ある隣国同士が戦争する頻度と二ヶ国の国境の長さとで相関関係がないか探ってみたのだが、国境のデータが精密になればなるほど「長さ」が無限に長くなるという問題に直面した。李箱の目まぐるしい数字の羅列にも同じような問題意識が感じられる。そのような意味で人文学は、付加価値の餌探しのために「地球は空巣である」という時代を乗り越え、「数字を捨てよ」とまでは言わなくても、数字を（脱）政治思想とせず、（機械の？）「運動への絶望に依る誕生」の向こう側に行き先を求めるべきである。結局の所、どれほど現実と思考とを完全一致させようとしても、「臭覚の味覚」のように相互修飾が起こり、解釈が続いてしまう。ハイデガーが指摘したように、同一原理を現す図式「A＝A」でさえ、本当は一つのAともう一つのAとがあり、それらが等しい（であるである）と言った時点で元々二つのAがあるということになってしまい、両者の関係への解釈が始まる[49]。六祖慧能の「是れ風の動くにあらず、是れ幡《はた》の動くにあらず、仁者が心動くのみ[50]」という言葉を李箱が知っていたかはわからないが、データ抽出の瞬間でさえ既に解釈だらけだと指摘する彼は、国家主義に囚われず自分の古典文明を有効活用するニーチェの言う「よきヨーロッパ人」に相当する「よきアジア人」だと言えよう。[51] 一方、同じ「東洋」で同時期に方法論が定まった日本の国文学という分野は逆に実証主義を方法論とし、引用資料の量で勝負した結果、ＡＩの方が上手にできるような研究が王道だとされている。それに対し、李箱はデータの量だけで「太古の事実」を見ようとする実証主義に眉を顰めている。

一方、「西洋」には絶対主義や終末論の強いユダヤ、キリスト、イスラムなど、アブラハムの宗教があり、ある意味「脱人間」発祥の地だが、その思想史の中で解釈の中心性が無視できない場面も多々ある。古くからラテン語訳聖書の決定版となったヴルガータ（四〇五年完成）の翻訳者、それまでのラテン語話者のキリスト教徒としておそらくヘブライ語聖書を最もよく知っていたヒエロニムスは、自分の（とある文書の）翻訳への批判に対して開き直り、驚くべき事実を黙示している。[52] つまり、キリスト教がヘブライ聖書を「旧約聖書」として摂取し、全体をイエスの預言として再解釈した過程について「どうせ新約聖書の筆者でさえみんな適当にくっつけているだけだ」と言わんばかりに、旧新約聖書の内容が嚙み合わない箇所を列挙している。その中で最も印象的なのはおそらく次の例である。マタイによる福音書第二章二三節では、神の民の救済のために来たるべきメシアについて、「ナザレの人と呼ばれる」という預言がヘブライ聖書にあったということになっている。[53] しかし、ヒエロニムスは以下のように挑発する。

回りくどい論争が好きな人々よ、答えてみろ。こんな預言をどこで読んだのか。教えてやる。イザヤ書にある。私が「エッサイの株からひとつの芽が萌えいで／その根からひとつの若枝が育ち…」と読み、そう翻訳した箇所でヘブライ語を、とある（ギリシア語）「流儀」なりに（iuxta[…]illius ἰδίωμα）読むと「[…]その根から一人のナザレ人が育ち…」ということになる。

　言語を切り替えながら婉曲的にしか言っていないが、どういうことかというと、イザヤ書第一一章一節で、預言者イザヤが将来ユダヤのエッサイ一族に生まれるべき素晴らしい指導者について預言している場面において、ヘブライ語原文で「若枝」は נצר《ネツェル》であり、[54] マタイ書のギリシア語原文で「ナザレ人」は Ναζωραῖος《ナツォーライオス》とたまたま発音が似ている。[55] ギリシア語訳ヘブライ聖書の決定版である七十人訳聖書（紀元前二世紀成立）では「正しく」翻訳されているが、[56] アレクサンドロス大王のインド征伐によってできたギリシア語圏で暮らしており、ヘブライ語に疎いヘブライ人も多かった初期キリスト教徒の間では、「ナザレ人」と誤訳（あるいは神秘的に訓釈）するという口伝、またはそのようなギリシア語訳聖書が存在していたということなのである。さて、キリスト教の聖典は誤訳なしにはなり立ち得ないということになるのか。ヒエロニムスは「これらのことを暴くのは、福音書の筆者を嘘つきと呼ぶためではなく、［…］私の告発者たちが自分の愚かさに気づき、聖書を書いた使徒たちの場合は嫌でも何とか見逃してあげているのと同様に私のことも堪忍してくれ、と乞い願うためである」と述べている。このように、信仰とは正しい文字列（データ）ではなく、信頼する人間を「何とか」「堪忍」してあげることに始まるということを指摘しているのである。

クーデター・データ・淘汰

　現在、科学の約束する「客観性」が諦めとなった一方、再編された共同体において様々な新しい自由が生まれている。しかし、そのためにはまず古い「自由」を整理しなければならない。先に言及した利益率の低下を背景に、ニューヨーク市の破産やチリにおける米擁護のクーデターを受けて金融界が政治を握るという新自由主義の応援団のようなものとして世界経済フォーラムのダボス会議が創立された。[57] そしてその頃、市場の動向と個人信用情報を把握する道具としてインターネットが誕生した。新自由主義経済学の父ハイエクは脳科学にも興味をもち、「知識が市場において個人個人の間に分散されているのとよく似たように、大脳皮質においても分散されている」と、知識の主体として市場を人間より先に位置づけながら市場＝データ＝思考という方程式を予言している。[58] なお、インターネットを初めて「脱政治」の場として想定したのは自由至上主義の右翼ヒッピーであった。ジョン・ペリー・バーロウ（John Perry Barlow）はＬＳＤの宣教師ティモシー・リアリーの弟子で、時にはグレイトフル・デッドの作詞家でもあり、政治運動から薬物文化へ逃亡したヒッピーとして代表的であった。しかし、バーローはそれに留まらず、次は初期インターネットへと逃げ続けた。シークレットサービスが初期ゲーム開発者に強制捜査を行った騒動に巻き込まれた他、（ダボスで発表された）『サイバースペース独立宣言』などの著作で、インターネットを自分の個人主義や無政府主義の理念が実現されるべき新次元として想像した。[59] もっとも現在のネット掲示板では、一つの「思素」（meme《ミーム》）と呼ばれる組み替え画像がキャプションを数十万回書き替えられながら転載されていく中、数時間で同一記号の意味内容が激変するのは日常的な経験となっている。しかし、空海の記号論のそのような実例を利用し、バーロウの同級生である富裕層の老ヒッピーたちを白人至上主義に熱狂させたトランプには、[60] ヒエロニムスの言う思想採択における人間の重要性が奇しくも示されているし、バーロウの妄想とは違ってサイバー空間が非政治的な場ではないことも実証されているのである。したがって、トランプよりは人間的な目標のある人が、堂々と資源の分配を話し合う政治の場として活用するならば、高速解釈が行われるサイバー空間も現実空間も人間中心に融合できるのである。

ヴァリニャーノが家康の動きをフェリペに報告した書簡が届いた大航海時代のローマには、世界各地から厖大な新知識が流れ込んでいた。その中でドイツ人イエズス会士キルヒャーが科学以前の時代最後の知識人として活躍していた。彼はイエズス会のコレジヨで巨大な博物館を運営しており、レンズ、電流、自動機械など、近代には付加価値の流れにとって肝心となるべき技術を整理していた。キルヒャーの出版物にはギリシア、アラビア、悉曇、漢字などの文字がずらりと並び、目まぐるしい意味の嵐を繰り出している。なかには、思考そのものに直接通じ合う「表意文字」として、ヨーロッパに移設されているエジプト遺跡の碑文を取り上げているものも多い。アブラハムの宗教に古くからある、最初の人間アダムが話していた神の思考と一致する完璧な言語が失われたという説に基づき、今度は秘密騎士団が代々伝授してきたオカルト知識を出発点として、自由奔放な私説を披露している。そのうち、ヴィッラ・チェリモンターナ庭園の石碑にはと書かれているが、キルヒャーはこれを次のように訓釈している。

> 無限界の最中に潜むオシリス上天は、彼に最も近親であり、類似しており、従属しているジン（djinn）たちの下界に流れ込む。感性界のオシリス神並びに感性界の魂に当たる太陽に流れ込む。元素界のオシリスであるアピス、則ち慈善心に富み、オシリスの賜る力を下界の全住民に分け与える「良き神」（Agathodaemon）。[61]

この調子でキルヒャーはこの三倍ほど書き続けているが、普通の意味では完全に間違っている。彼の時代から約一五〇〇年後、ギリシア・エジプト両言語で同文が書かれたロゼッタ・ストーンがナポレオンの兵士に発見されたことを発端に、紀元前二八世紀から紀元四世紀まで用例が確認されている象形文字とエジプト語の文法が現代人によって解読されてきた。新発見は現代もまだ続いているが、チェリモンターナの碑文は筆者でさえ自信をもって読むことができる。この石碑はもともと新王朝の偉大なラムセス二世によって、紀元前一三世紀ヘリオポリスに建てられたものであり、内容は「太陽神成りたる（玉座名）（個人名）天子［ホルス名］上下エジプトの王（玉座名）太陽神の子（個人名）大帝」と、ラムセスの様々な名前と肩書きだけである。もっとも、この本当の内容の背後には数千年の歴史があり、古代エジプト人の考えを追究する学問は尊い。

一方、答えが最初から出ているどころか、答えが一つしかないとも思っていないキルヒャーこそ、まともなヨーロッパ人と呼べる最後の人に近い。その方法論においては厖大な情報と「冪に依る」解釈と共に生きる我々にとって、彼は重要な先駆者なのである。空海の『十住心論』や神仏習合における本地垂迹論にも似た弁論法でギリシア、ローマ、アラビア、ありとあらゆる神学体系を翻訳・訓釈・調和しているのである。現代のインターネット文化でも、ミームが中心的な媒体となっているが、その一種に「銀河頭脳」（galaxy brain）という型がある。新興宗教のチラシに出てくるような「啓発」のイラストを並べ、政治思想から日常生活の裏技に至るまで、効率主義、アップグレードの思想を諷刺しながら、この思想の次にはこれに嵌まるよねと、人間の思考が対話的に淘汰されていく過程を面白く描くのが神髄である。図1では「一、国家は我々である。二、国家は制限されるべき必要悪である。三、国家は覆すべき抑圧であり、無政府状態は可能で望ましい。四、国家は犯罪集団であり、我々はすでに無政府状態のなかで生きている」それから図2では「一、肉食。二、菜食主義。三、絶対菜食主義。四、動物に肉体を提供」という思想的展開が描かれている。複数の投稿者によって馬鹿馬鹿しい長さになるまでコマが付け加えられ、連歌のようにいつまでも続く例も多い。

近代に始まった付加価値の奔流とその記号化としてのデータは現代において、人が富の分配を話し合っていく「政治」に取って代わり、人間そのものを処理すべきものとする「脱人間」思想を生み出している。ただ、情報の量だけで全世界を対象化しようとしても、記号の解釈の力が働き続けて不確定要素を氾濫させる。それでは解釈を行うAIに人生を丸投げしてはどうか。しかし、それも私有権や信用指数を絶対化し、前代未聞の格差社会

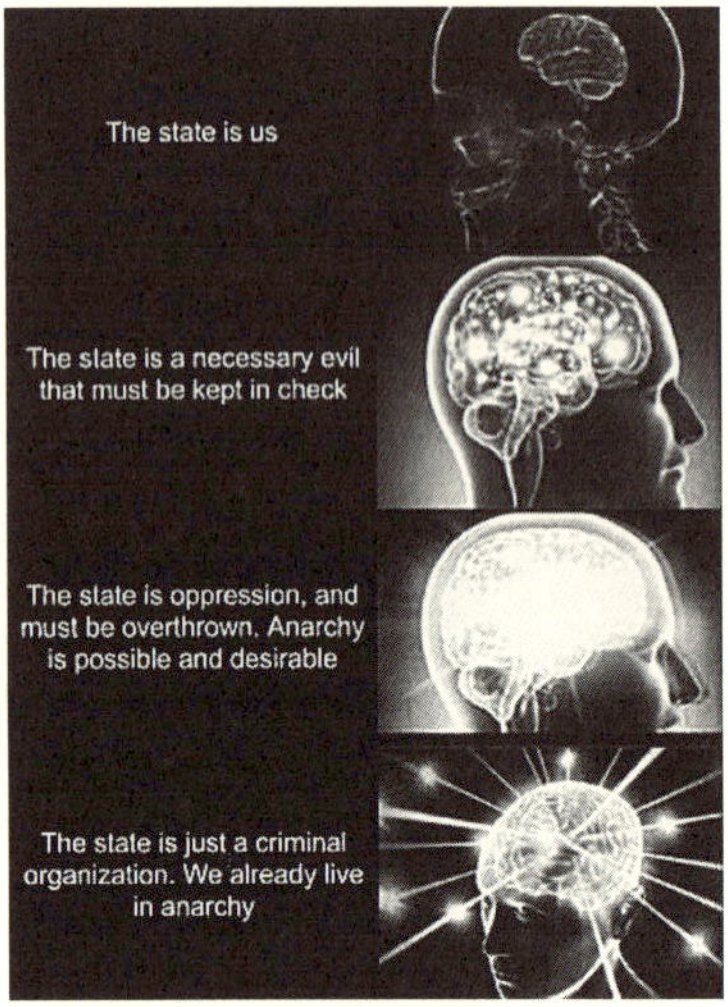

図1　銀河頭脳「国家は我々である」

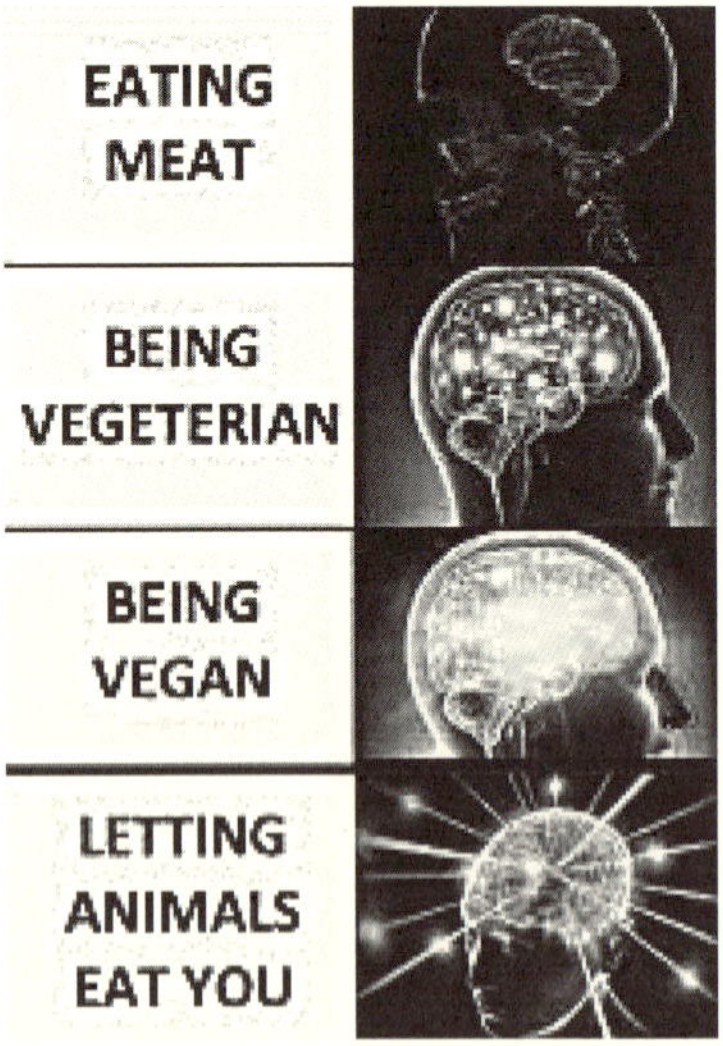

図2　銀河頭脳「食肉」

を固めていくことになる。しかも、生産、人事、警備の新技術が複雑になればなるほど、いわゆる「所有者」でさえ制御できなくなり、クラッシュやハッキング、様々な副作用による奇妙な事変が続発する。一方、これらの事変が起こることで人間の新しいあり方への道が開かれるかもしれない。しかし、それは我々現代人の人文学力次第なのである。世界各地の古典文明からヒントを得ながら対話と解釈を再評価し、本稿に挙げたような問題を話し合っていくべきである。人を「情報収集の対象」ではなく「意味を生成する動物」と捉える人文学者こそがデータやＡＩが有効活用できる社会をデザインしていくべきである。そうすれば、人間中心の社会がまだ実現できるはずである。

注

（1）ブルーノ・ラトゥール『虚構の「近代」科学人類学は警告する』（川村久美子訳、新評論、二〇〇八年、原題 *Nous n'avons jamais été modern*）近代に起こった自然と社会の分離を見直さなければならないというのが結論である。

（2）文部科学省「超スマート社会の実現に向けたデータサイエンティスト育成事業」（募集要領、二〇一八年四月）。

（3）クラウス・シュワブ『第四次産業革命 ダボス会議が予測する未来』（世界経済フォーラム訳、日本経済新聞出版社、二〇一六年）。

（4）"Fourth Industrial Revolution: Revision history", *Wikipedia.org*.

（5）ジェームズ・ブライドル『ニュー・ダーク・エイジ』（久保田晃弘訳、NTT出版、二〇一八年）一三四—一三六頁。

（6）内閣府『「Society 5.0」「データ駆動型社会」への変革』（*www8.cao.go.jp/cstp/society5_0/index.html*）二〇一八年六月一五日。

（7）大久保貴裕「サイバー担当なのにPC使ったこと『ない』 桜田五輪相」（『朝日新聞』二〇一八年一一月一四日）。

（8）"World's Most Influential Thinkers Revealed"MIT Technology Review（2013/8/9）.

（9）Douglas Rushkoff, "How tech's richest plan to save themselves after the apocalypse", *The Guardian*（2018/7/24）. 以下、特記しない限り、翻訳・書き下しは筆者による。

（10）Jeremy Rifkin, *The Third Industrial Revolution: How Lateral Power Is Transforming Energy, The Economy, and The World*（Basingstoke: Griffin, 2013）. 和訳は未だ出版されていないが、日本語字幕付きのドキュメンタリー版はYouTubeにある。

（11）"Lectures and Activities", *The Office of Jeremy Rifkin*（www.foet.org/lectures-activities/）.

（12）"Trump administration sees a 7-degree rise in global temperatures by 2100", *The Washington Post*（2018/9/28）.

（13）"Ex-Harvard President Meets a Former Student, and Intellectual Sparks Fly", *The New York Times*（2008/1/7）.

（14）"New Voices in Foreign Policy", Charles Koch Foundation（*charleskochfoundation.org*）.

（15）Frank Jacobs, "What the world will look like 4°c warmer: Will your grandchildren live in cities on Antarctica?" *Big Think*（2017/5/22）.

（16）Intergovernmental Panel on Climate Change, "Global Warming of 1.5°c"（*www.ipcc.ch/report/sr15/*）.

（17）Gordon Deegan, "Trump golf resort gets go-ahead for rock barrier to protect dunes," *The Irish Independent*（2018/12/12）.

（18）レイ・カーツワイル『シンギュラリティは近い 人類が生命を超越するとき』（ＮＨＫ出版、二〇一六年）。

（19）Sarah Spiekermann et al., "The Ghost of Transhumanism & the Sentience of Existence", *ResearchGate*（2017/7）.

（20）Melvin Johnson, Mike Schuster, Quoc V. Le, et al., "Google's Multilingual Neural Machine Translation System: Enabling Zero-Shot Translation", *ARXIV.org*,（2016/11/14）.

（21）"Learning to play Go from scratch", *Nature* vol. 550（2017/10/19）.

（22）Hito Steyerl, *Duty Free Art: Art in the Age of Planetary Civil War*（London: Verso, 2017）, p. 31.

（23）Nietzsche, *Nachgelassene Fragmente*（nietzschesource.org）, Ende 1886 — Frühjahr 1887, 7[60].

（24）Martín Abadi & David G. Andersen, "Learning to Protect Communications with Adversarial Neural Cryptography", *ARXIV.org*（2016/10/21）.

（25）Caroline Davies & Damien Gayle, "'Flash crash' case: UK trader to fight extradition to US", *The Guardian*（2015/4/22）.

（26）Heidi Moore & Dan Roberts, "AP Twitter hack causes panic on Wall Street and sends Dow plunging", *The Guardian*（2013/4/23）.

（27）Netty Idayu Ismail & Lilian Karunungan, "Two-Minute Mystery Pound Rout Puts Spotlight on Robot Trades", *Bloomberg*（2016/10/7）.

（28）中田祝夫編『新編日本古典文学全集10　日本霊異記』（小学館、一九九五年）三一六頁。アブラハムの宗教のいずれも本来利息を厳しく禁じている。それはイエスの言葉として新約聖書にも採り入れられている。

（29）"US rate of profit update", *Michael Roberts Blog*（2017/11/18）.

（30）尾原悟『キリシタン文庫 イエズス会日本関係文書』（南窓社、一九八一年）二〇六頁。

（31）村上直次郎編『異国往復書翰集・増訂異国日記抄』（駿南社、一九二九年）五九、六八頁。

（32）Birgit Tremml-Werner, *Spain, China and Japan in Manila, 1571–1644: Local Comparisons and Global Connections*（Amsterdam University Press, 2015）, p. 200.

（33）『天正遣欧使節記』泉井久之助訳（雄松堂書店、一九六九年）二九八、三三四頁。

（34）もっとも、フェリペ二世は秀吉と同年同月に没するため、受け取ったのはフェリペ三世。

（35「日本とのふはすはんにやとの渡海之儀可相調候旨伴天連被申候ニ付其年春五郎右衛門尉相渡候処にて不致帰朝候心えなき事中候間為速又船を調則伴天連を相渡候間に彼地へ渡海之儀談合候て相調則五郎右衛門尉此伴天連同船候て可相越奉也」Archivum Romanum Societatis Iesu, *Jap. Sin.* 45i, 213r–214v. 書き下すと次の通りになる。

（36）翻刻版での表記は「Gioyemon」。筆者はセビリアで原本調査をしていないが、翻刻者または近世の複写者のGroyemonの誤写か。室町末期のローマ字仮名変換では、連続子音はウ行ではなく次の音節と同行の仮名で書く：Padre＝ぱあでれ、Gregorio＝げれごうりよ。したがって、Groyemonはゴロウヱモンと読まれた。*Fr. Jerónimo de Jesús, sus cartas y relaciones*（*1595–1604*）ed. Lorenzo Pérez y C.R. Boxer（Typ. Collegii S. Bonaventurae, 1929）, pp. 18, 173.

（37）翻刻版では「Funda Groimo」。注36参照。Groimõから鼻音のティルダが落ちた可能性もあり、日本語を知らない商館員が聞き取ったものだが、同一人物と見なしていいであろう。Archivo General de Indias, *Contaduría* 1205, ff. 70r, 91v, citados en Juan Gil, *Hidalgos y samurais. España y Japón en los siglos XVI y XVII*（Madrid: Alianza, 1991）, pp. 82–83.

（38）"…e negoçee pera aquellas terras que disse" *Jap. Sin.* 45i, 213r.

（39）Joshua Batts, "Circling the Waters: The Keichō Embassy and Japanese-Spanish Relations in the Early Seventeenth Century"（Columbia University Ph.D. diss., 2017）, pp. 104, 111.

（40）Adam Clulow, *The Company and the Shogun: The Dutch Encounter with Tokugawa Japan*（New York: Columbia University Press, 2013）, p. 169.

（41）高槻泰郎『大坂堂島米市場 江戸幕府vs市場経済』（講談社、二〇一八年）。

（42）河西英通・河西富美子訳デビッド＝ルーク・ハウエル『ニシンの近代史 北海道漁業と日本資本主義』（岩田書院、二〇〇七年）。

（43）藤原帰一「二つの帝国の物語」（藤原帰一・永野善子編『アメリカの影のもとで 日本とフィリピン』（法政大学出版局、二〇一一年）。

（44）Chris Anderson, "The End of Theory", *WIRED*（2008/6/23）.

（45）弘法大師著作研究会編『定本 弘法大師全集 第五巻』（空海密教文化研究所一九九三年一月二一日）三六七頁。

（46）同書、一〇三―一〇四頁。
（47）黒川創編『〈外地〉の日本文学選3 朝鮮』（新宿書房、一九九六年）九〇頁。
（48）ブライドル『ニュー・ダーク・エイジ』二七頁。
（49）Martin Heidegger, *Identität und Differenz*, (Verlag Günther Neske Pfullingen, 1957), p. 5.
（50）西村恵信編『無門関』（岩波書店、一九九四年）第二九則。
（51）Friedrich Nietzsche, „Vorrede", *Jenseits von Gut und Böse* (nietzschesource.org), 1886.
（52）*Sancti Eusebii Hieronymi Epistulae, Pars I*, ed. Isidorus Hilberg & Margit Kamptner (Vindobonae: Verlag der Österreichischen Akademie der Wissenschaften, 1996), p. 515–518.
（53）日本聖書協会『聖書 新共同訳 旧約聖書続編つき』（日本聖書協会、一九八八年）日本語聖書の引用は以下も同書による。
（54）*Biblia Hebraica Stuttgartensia: Fünfte, verbesserte Auflage*, ed. Rudolf Kittel et al. (Stuttgart: Deutsche Bibelgesellschaft, 1997), p. 692.
（55）*Novum Testamentum Graece: 28. revidierte Auflage*, ed. Nestle, Aland, et al. (Stuttgart: Deutsche Bibelgesellschaft, 2012), p. 5.
（56）*Septuaginta: Editio altera*, ed. Rahlfs & Hanhart (Stuttgart: Deutsche Bibelgesellschaft), 2006, p. 581.
（57）デヴィッド・ハーヴェイ著・渡辺治他訳『新自由主義 その歴史的展開と現在』（作品社、二〇〇七年）五一頁。
（58）Joaquín M. Fuster, "Hayek in Today's Cognitive Neuroscience", *Hayek in Mind: Hayek's Philosophical Psychology*, ed. Leslie Marsh (Emerald Books, 2011).
（59）John Perry Barlow, "A Declaration of the Independence of Cyberspace" *Electronic Frontier Foundation* (1996/2/8).
（60）Jon Henley, "White and wealthy voters gave victory to Donald Trump, exit polls show", *The Guardian* (2016/11/9).
（61）Athanasius Kircher, *Oedipi Aegyptiaci: Tomus III* (Romae: ex typographia V. Mascardi, 1654), pp. 320–325.

附記　本稿は、日本学術振興会スタート支援（平成二九〜三〇年度）「イエズス会日本報告の基盤研究 芸能史を中心に」（17H07154）の助成に拠る研究の一部を含む。

第三部　蔵書形成と知の体系

早稲田大学の蔵書形成と知の体系
──ルートヴィヒ・リースの旧蔵書を中心に

雪嶋宏一

はじめに

早稲田大学の前身は、一八八二（明治一五）年一〇月に東京郊外の南豊島郡戸塚村の早稲田の地に設立された私塾（私立学校）東京専門学校である。東京専門学校は政治経済学科、法律学科、理学科の正則三学科と別科の英学科（英語学科）の四学科からスタートした(1)。それによれば、英学科以外の学科開講に当たって「東京専門学校開設広告」を発行して生徒の募集を行った。それによれば、英学科以外の学科は「邦語講義」を行うとあり、日本語による教育を旨とした(2)。そして、学校への入学資格については東京府知事に提出された「私塾設置願」に「第五　生徒定員及ビ入学生徒ノ学力　生徒ノ数三百名入学生徒ノ資格ハ略々和漢ノ学ニ通ズルモノトス」とあり(3)、英語あるいは外国語の要件はなかった。一方、この広告では「英語学科」では英語学習、世界史、ヨーロッパ各国史、英文学、政治、法律の科目があり、科目に沿った教科書が一四タイトル指定されていた。それらは一八七三―七八年にかけて出版されたものである。その当時文部省等がこのような教科書を発行していたことを鑑みると、これらはいずれも日本で刊行された邦語訳版および英語版であったろうとみなされる。当時一般の人々が洋書を入手することは困難であったからであろう。

このように東京専門学校は日本語による教育を本旨とした教育を進めたことから、外国語による教育は二次的であった。そのことは学校が教育用に収集する図書においても和漢書が中心となり、外国語図書の収集は副次的であったことで明らかになる。このような和漢書を中心とする図書の収集はその後の早稲田大学図書館における資料収集にも受け継がれて、今日に至るまでその伝統が継承されている。

本稿では、明治期に東京専門学校図書室から早稲田大学図書館に発展していく過程でどのように資料が収集されて大学の研究教育に資したのかを知るために、それまで副次的に収集されてきた洋書が大学開設を目前にしてどのように補充されて大学としての基礎を築いていったのかという経緯について明らかにしようとするものである。その際に、大学開設に当たって東京専門学校は帝国大学教師ルートヴィヒ・リース（Riess, Ludwig, 1861-1928）の蔵書を購入して補充していたことはこれまであまり知られていない。そこで、本稿ではリース旧蔵書と判明した書物をリストアップして、その特徴を明らかにし、早稲田大学図書館の洋書コレクションの初期の形成過程の中でリースの旧蔵書がどのような役割を果たしていたのかを明らかにする。そして、リース旧蔵書を含めた洋書コレクションが早稲田大学の人文学の研究教育の発展とどのように関係していたのかについて考察したい。

東京専門学校図書室から早稲田大学図書館へ

東京専門学校の開講と同時に講義棟二階の一室に粗末な書架二連が設置されて、大隈家の蔵書と英語を得意とした初代校長大隈英麿（一八五六―一九一〇）が所蔵する洋書等わずかばかりの書物を排架した。開学時の『東京専門学校校則』では「第一一条　校内ニ図書室ヲ設ケ図書室規則ニ従ヒ学生ヲシテ書籍ヲ縦覧セシム」とあり(4)、この部屋を図書室と呼んでいた。これが東京専門学校図書室の始まりである。その後図書室は階下に移転して書庫と二室からなる閲覧室となった。しかし、蔵書の不足は否めず、新潟県出身の学生たちが一八八四（明治一七）年に「同攻会」を結成し、会費を徴収して政治、経済、法律に関する図書約五〇部三〇〇冊を購入して、図書室に寄託して会員の閲覧に供した。翌年には『同攻会書籍目録』を刊行して、総計三三二部九七九冊（雑誌・新聞を除く）を収録した。しかし、そのうち洋書はわずか二二冊に過ぎなかった(5)。一方、一八八六（明治一九）年には英語学習のために洋書を大量に購入して貸出したというが(6)、何冊購入したのか、どのような本であったのかは詳らかでない。

一八八七（明治二〇）年には図書室長の職が新設されて、初代室長に英学科講師の今井鉄太郎が就任した。彼は二年ほどで退任して、後任に伊藤太一郎が就任した。その後、板屋確太郎、山沢俊夫、吉田俊雄と引き継がれた。一八八九（明治二二）年にレンガ造りの大講堂が建設されて、一階に図書室が設けられた。閲覧席五〇席の小さな閲覧室と四万冊収蔵の書庫が備えられた。しかし、後に初代早稲田大学図書館長になる市島謙吉（春城、一八六〇―一九四四）に言わせれば、書物もわずかで、閲覧者も少なく図書館の体をなしていなかったという(7)。

翌年には文学科が新設され、一八九二（明治二五）年九月には政学部、法学部、文学部、専修英語科という大学を目指した学部編成となり、さらに翌年には二年制の研究科を学部の上において帝国大学における大学院のような構成となった。また、一八九六（明治二九）年には専修英語科を英語学部に改変して英語の本格的な教育に取り掛かった。

しかし、一八九四（明治二七）年に刊行された『東京専門学校図書室・同攻会図書館図書総目録』には専門学校図書室蔵書二五三三冊、新聞雑誌一三二種、同攻会図書二三四六冊、雑誌二一種が収録されたが(8)、ここには洋書は見られず、その間にもあまり洋書の増加はなかったものと思われる。『早稲田学報』が一八九七（明治三〇）年三月に創刊されるとその年の六月号から図書室の記事が掲載されるようになり、新着書や蔵書統計などが時々報告された。

明治一〇年代末よりすでに東京、京都の市立学校が大学への昇格を目指して動き出していた。中でも慶應義塾が一八九〇（明治二三）年に大学部を設置して我国最初の私立大学となったことは東京専門学校にも大きな影響を与えて、学内にも様々な議論が興った。実際に大学への昇格に舵を切ったのは一九〇〇（明治三三）年に高田早苗（一八六〇―一九三八）が学監となってからである。大学設立を目指して、それまでの「東京専門学校図書室」という名称を「東京専門学校図書館」と改めて、初代図書館長に浮田和民（一八五九―一九四六）を任命した。(9)高田早苗は翌年一月に開催された春季校友会で大学構想を打ち出し、大学部創設に関して、「校名を早稲田大学と改称し、大学部および専門部の二部門を開設、三五年九月より実施のこと。」と説明した。(10)当日すぐに「早稲田大学設立趣旨」が配布され、そこで様々な必要な改革の一つとして「図書館の整備の如き」として図書館の改革の必要性を認めた。(11)

これ以降、専門学校図書館は大学図書館へ施設・設備を整えていくため、次々と改革を進めていった。翌一九〇二（明治三五）年四月に新図書館の建設が始まり、半年後の大学開校に間に合うように工事が急ピッチで進められて、同年九月中旬に新図書館が完成した。その間に不足していた図書が大量に購入された。その中に折しも帰国を目前にしていたリースの蔵書が含まれていたのである。

ルートヴィヒ・リースの帰国と蔵書の行方

ルートヴィヒ・リースは一八八七（明治二〇）年二月に明治政府の招聘で来日したお雇い外国人教師である。彼は近代歴史学の祖ランケ（Ranke, Leopold von, 1795-1886）の学派の中心にあったベルリン大学で歴史学を専攻し、英国中世史を研究して一八八四年にベルリン大学に学位論文「中世におけるイギリス議会選挙」を提出して博士学位を取得した。(12) 彼は晩年のランケの写字生を務めたこともあり、実際にランケに二回会っていた。(13) 彼はランケの孫弟子ではあるが、その学統を直接受け継いでいた。帝国大学文科大学ではリースが着任した年の九月に史学科を開設した。彼は授業でランケ流の歴史学を講じて、多くの歴史学徒を指導しながら、史学会の創設と『史学雑誌』の発展に尽力して、我国における歴史学の礎を築いた。そのため、リースの業績と生涯については彼の直弟子たちによって何度も語られて以来今日に至るまで様々に言及され、論じられてきた。例えば、リースが一九〇二年八月初旬に離日した直後の『史学雑誌』に掲載された「ルードキッヒ、リース先生略伝」(14)、リースの直弟子村上直次郎と辻善之助の回想記(15)、西洋史学者の林健太郎がリースに関して綴ったエッセイとリースの退任に関する考察(16)(17)、リースの日本滞在時代における業績をまとめた金井圓の著作(18)、リースの愛娘加藤政子の談話筆記(19)、ベルリン国立図書館に所蔵されるリースの全書簡を研究してその中からリースが師のデルブリュック（Delbrück, Hans, 1848-1929）に宛てた書簡二五通を翻訳注釈した西川洋一による伝記史料の研究(20)、ドイツに所蔵されるリースに関する大学関係資料を調査してリースの生涯を再構成した早島瑛の研究など(21)がある。そのほかにもリースの著作の邦訳に当たっては著作の解説とともにリースの生涯と業績が簡略にまとめられており、枚挙に暇がない。(22) このように多数の論及がありながら、リースが日本滞在中に手許に置いていた蔵書についてはほとんど言及がない。

帝国大学では外国人教師の雇用は三年毎に更新していたという。(23) そのためリースは一九〇二（明治三五）年七月三一日をもって条約満期ということで解雇された。十分な準備をする時間もなく八月初旬に帰国せねばならなかった。彼自身はもっと日本に滞在して学生を育成し、家族とともに過ごしたいと考えていたため、彼の無念は相当なものであったはずである。しかも、ドイツに帰国しても就職先は決まっておらず、極めて不安定な立場に置かれることが明らかであったからなおさらである。彼の解雇の理由ははっきりせず、リースが給与に不満があったと言われるが、(24)高給を支払って雇っていた外国人教師に変わって日本人をあてたいという大学側の意向が働いたとみなされている。(25)その当時を回顧したリースの娘加藤政子は次のように語っている。

何分にも、突然のことでしたし、ドイツに帰っても、職はなし、これからの生活のことが心配になりましたから、父は、それまでに買い集めた日本の骨董品など、いろいろな道具を荷ごしらえして、ドイツに帰ったら、それらを売り買いしてでもやって行こうといって帰って行きました。(26)

つまり、家族にとってはリースの解雇は突然のことで、帰国はあわただしいできごとであった。リース自信も帰国に際して先行きにかなり不安があったことから、日本で収集した骨董などをドイツで売りさばいて当面の資金にしようと考えたのであろう。(27)しかし、蔵書の処分についてはどこにも言及されていないのである。ドイツに帰ればドイツ語をはじめ英語、フランス語の多くの図書・雑誌は図書館で閲覧できるため、大量の蔵書を持ち帰る必要はなかった。そのため、日本で売却するという選択肢を選んだのであろう。

一方、前述したように東京専門学校は早稲田大学に昇格する準備を急ピッチで進めていた。大学の条件として学問の基礎を固めるために多数の図書が必要であった。特に洋書が極めて少なかったので、洋書を大量に購入して蔵書を補充することが課題であった。しかし、リースが恩師デルブリュックへの手紙の中で「日本における恐るべき洋書の欠乏」[28]と言及したように、日本にはまだ洋書が十分に出回っておらず、洋書を短期間に大量に購入することは相当に難しかった。そのため、リースの蔵書の売却は東京専門学校にとって願ってもない話であった。

この年の六月に発行された『早稲田学報』六九号に「篤学の士此広告一覧を乞ふ　図書館広告」が掲載されて、

本校は益々内外古今の書籍、新刊雑誌、地理歴史の材料、標本等を整備して図書館を完全ならしむるの一大急務に遭逢したり[29]

と述べて、広く金品、図書の寄付を呼び掛けた。そして、それに続く「明治三四年得業生諸君に告ぐ」[30]という広告記事では、

同年度各学科得業生諸君より紀念の為め本校図書館に備付図書購求費として寄付せられたる金円合計弐百六拾参円也因て図書館は参考に有益なる原書四九部を購求し夫々各学科得業生寄付と録し参考書に備付たり
内訳部数並に価格左の如し
一英語政治科　十四部（代価金九拾九円五拾銭）
一法律科　十五部（同金八拾七円也）
一邦語政治科　十六部（同金五拾九円也）
一文学　四　部（同金拾七円五〇銭）
合計四十九部（同計金弐百六拾参円也）[31]

と寄付の結果を公表して、「原書」つまり洋書四九部を補充したことが報告された。東京専門学校は寄付によって資金を作り、図書購入にあてていたことがわかる。ただし、それでも四九部（タイトル）にすぎない。
さらに、この広告に続くページに掲載された「早稲田記事」では洋書の大量購入について次のように伝えている。

◎リース教授の書籍購入　東京帝国大学文科歴史学教授同博士は今回本国独逸に帰国し伯林大学教授となれる由にて所蔵の歴史に関する独、仏、英の原書三千余冊を本校図書館に購入せり。

◎図書館最近備付図書　本校に於ては最近左の洋書を図書館に備付したり。

と述べて、文学・哲学書類六五タイトル、歴史・政治・経済・法律書五四タイトル、字書類書三タイトル、都合一二二タイトルの英書のリストを掲載した。そして、「以下次号」としてさらにリストが続くことを示唆した(32)。ところが、リースの旧蔵書については東京専門学校が早稲田大学になった同年一〇月の『早稲田学報』七五号に、

曾てリース教授より譲り受けたる独逸書七百六〇余部二〇〇〇余冊は七月以前なりし(33)

とあり、リース旧蔵書は三〇〇〇余冊ではなく二〇〇〇余冊であったことが明らかになる。この数字の根拠は図書館がまとめた手書きの文書「明治三五年度購求並寄贈図書明細書」にある。

特別購求（前東京帝国大学教師リース氏より買入）

洋書　七五七部　二〇二六冊　四四四〇円七〇銭(34)

とあることによる。こうして、東京専門学校図書館は新図書館の準備のために約一万冊の図書を購入した。そのうち洋書は約二〇〇〇冊であったという(35)。つまり、その時の洋書のほとんどはリース旧蔵書ということになり、それ以外の洋書はわずかであったことになる。

リース旧蔵書はそれまでの東京専門学校の洋書と比べて圧倒的な数量であり、東京専門学校にとっては初めてのドイツ語書を中心とする大型コレクションであった。

『早稲田学報』六月号において「本国独逸に帰国」するために売却して東京専門学校で受け入れ、その報告まで印刷したとなると、蔵書の売買手続きや搬送を含めてこの売却の話は実際にはその数か月前から進んでいたと考えられる。もしそうであれば、帝国大学関係者の間でも話題になったと思われるが、蔵書に関する言及がないのは不思議である。

東京専門学校は蔵書の購入に当時としては高額な四四四〇円七〇銭を支出している。前述のような寄付金では到底賄えない金額であると思われるので、そのための予算を準備していたはずである。また、八月初旬に帰国するリースにどのように代金を支払ったのか。そこには当然書籍業者の仲介があったと考えられよう。

早稲田大学文学部史学科の起源

大学昇格を目指して改革を進めていた東京専門学校では一八九八（明治三一）年に文学部に文学科と史学科が新設された。その理由はそれまで官立学校の卒業生にしか認められていなかった教員資格が私立学校の得業生にも得られるようになるという制度の改正に備えた動きであった。そのため、史学科のカリキュラムは史学、地理学、考古学、国文学、漢文学、政治学、経済学、哲学、教育学、外国語、論文からなり、教員養成を主眼に置いたものであった。担当した教員は、前年に同志社から東京専門学校に迎い入れられた政治学者の浮田和民を筆頭に、枢密院書記官で法学者の有賀長雄（一八六〇―一九二一）、帝国大学教授在職中に筆禍事件を起こして退職した後大隈重信によって迎え入れられた歴史学者の久米邦武（一八三九―一九三一）、前年に帝国大学文科大学国史科を卒業したばかりの中村徳五郎（一八七三?―一九四〇）、帝国大学教授で人類学者・考古学者の坪井正五郎（一八六三―一九一三）等多士済々であった。(36)

翌年に文部省令で私立学校の教員免許に関する規定が定められたため、文学部もそれに準じて学科編成を改正して、哲学及英文学科、国語漢文及英文学科、史学及英文学科の三科とした。史学及英文学科では、国史では帝国大学国史科を卒業した内田銀蔵（一八七二―一九一九）が、西洋史では浮田和民がゼミナールによる指導を行い教育に新風を吹き込んだ。この年から三年ばかり帝国大学史学科出身の中川正信も講師を務めた。(37)

一九〇二年九月に早稲田大学が開校し、大学部に文学科、専門部に歴史地理科が設置された。歴史地理科では三年間で倫理学、教育学、史学、地理学、英語、国語漢文の科目を学ぶカリキュラムであった。しかし、すぐに学則の変更によって歴史地理科は高等師範部に設置されることになり、引き続き教員養成が主目的であった。(38)国史を担当したのは地理学者吉田東伍（一八六四―一九一八）であった。東洋史では中村徳五郎や中川正信とともにリースの薫陶を受けた高桑駒吉（一八六九―一九二七）も講師に加わった。西洋史では浮田和民の他にリースの薫陶を受けた野々村戒三（一八七七―一九七三）や帝国大学で史学科から哲学科へ移った煙山専太郎（一八七七―一九五四）が名前を連ねた。(39)野々村と煙山は後に早稲田大学教授に就任している。

東京専門学校はリースと直接には関係がなかったが、史学科の設置を機に帝国大学文科大学史学科の教授陣や卒業生が東京専門学校で講義を担当していたことから、リースと東京専門学校との間を取り持つことになったのであろう。さらに、リース自身が大隈重信を次のように表現して大変好感をもっていたことが蔵書の行方に関係したとも考えられよう。

進歩・自由思想の先頭に立ち、あらゆる近代思想と健康な人間性に対する共感をもった日本の政治家で、大隈の右に出る者はいない。(40)

しかし、リース旧蔵書の購入に関しては資料が乏しく、リースから蔵書をどのように購入したのかという経緯については未だ不明である。

リース旧蔵書の内容

リース旧蔵書の受け入れを進めた館長の浮田和民は数々の図書館業務の改革を進めたという。(41) しかしながら、リースの蔵書の購入にあたって東京専門学校図書館はその一覧を作成した形跡がない。通常であれば二〇二六冊もの図書を整理して排架するには相当な時間を要するが、図書館はあまり時間をかけることなく、他の洋書と一緒に整理して分類別に混排した。筆者によるリース旧蔵書の調査によって判明した図書館によるリース旧蔵書の取り扱いの特徴は、まずはリース旧蔵書に何らかの特別な記号は付与せず、「東京専門学校図書」の蔵書印を押印して、請求記号を記しただけである。一方、リース旧蔵書購入の前後に個別に購入した図書の多くには購入年月日が記載された「購求」印が押されている。この点から考えると、リース旧蔵書を迅速に受け入れるために蔵

表1　早稲田大学図書館洋書分類（明治36年）

A	HISTORY AND BIOGRAPHY
B	LAW AND JURISPRUDENCE
C	PHILOSOPHY, LOGIC, EASTHETICS (sic)
D	POLITICS, WITH ARMY AND NAVY
E	ECONOMICS
F	LITERATURE (parts I-V)
G	PHILOLOGY
H	GEOGRAPHY AND TRAVELS, ICLUDING ATLASES AND MAPS
I	EDUCATION
J	PSYCHOLOGY AND ETHICS
K	NATURAL SCIENCE
L	SOCIOLOGY AND SOCIAL SCIENCE
M	ARTS: FINE AND USEFUL
N	RELIGIONS
P	REFERENCE BOOKS: ENCYCLOPAEDIA, DICTIONARY, ETC.
Q	STATISTICS, CALENDRS, REPORTS, ETC.

書印と請求記号のみに留めて、手間をかけなかったことが判明する。そして、多くの図書を当時の洋書分類（表1）のA. History and Biographyに分類したと思われる。[42] 分類Aには当時個別に受入した洋書のうち歴史・伝記に分類できるものも同時に入れていたので、リース旧蔵書を識別することが困難になった。さらに、その後の分類改定の際に再分類して別な分類に移った図書もあるため、調査は益々困難を極める。そのことが、これまでリース旧蔵書についてはほとんど注目されることなく、現物調査を行うこともなかった理由であろう。したがって、彼がどのような本を所蔵していたのかも知ることができなかったのである。

　早稲田大学図書館は関東大震災でも太平洋戦争の空襲でも被害がなく、明治時代から築いてきた蔵書を今日まで保存している。リース旧蔵書についても完全とは言わないまでもそのほとんどは書庫に現存していると考えられる。筆者によるリース旧蔵書の調査によって以下の図書・雑誌がリース旧蔵であることが判明した。[43] リース旧蔵書の判定方法は、前述したように「東京専門学校図書」印があり、さらに次のような目印があるものとした。ペンあるいは鉛筆によるLudwig Riessというサインが表紙見返し、フライリーフ、タイトルページに見られるもの（図1―1、1―2）、Dr. Ludwig Riess. という蔵書印がある場合（図1―3）、表紙見返しに貼付された赤線枠のラベルにサインはないが番号が手書きされている場合（図1―1参照）、

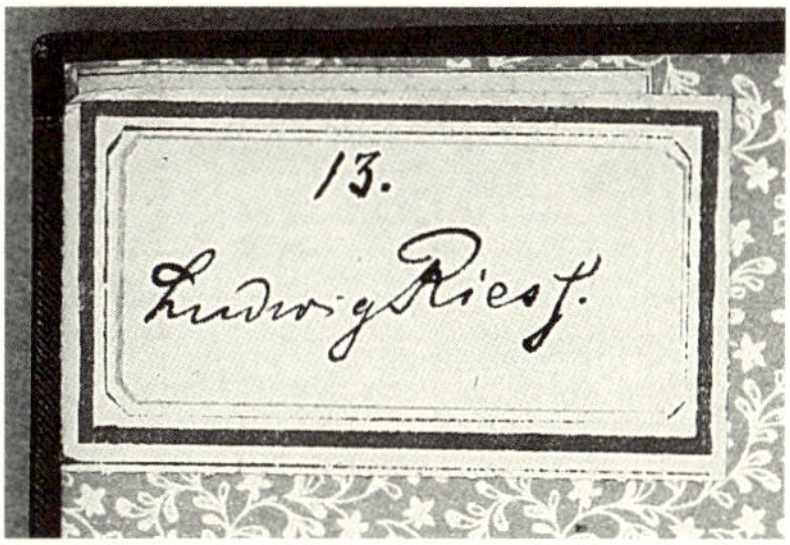

図1-1　リース旧蔵書に見られるリースのサイン（Atkinson, ***On history and the study of history: three lectures***. 表紙見返し）
（旧蔵書リスト二、早稲田大学図書館所蔵（AA 00321））

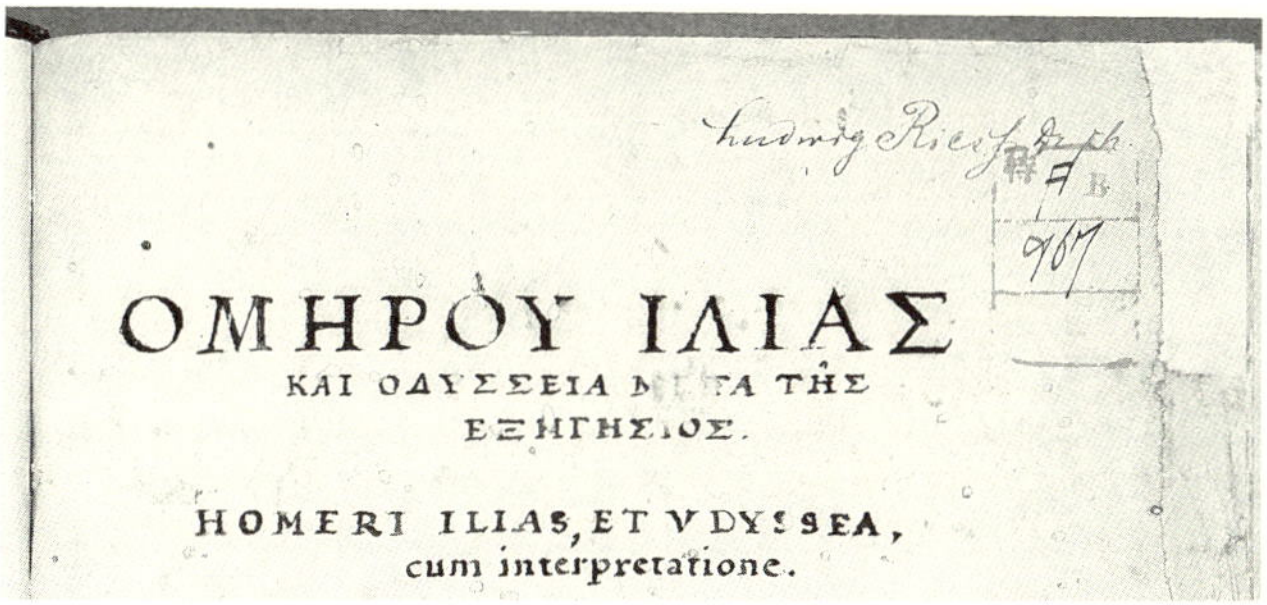

図1-2　リース旧蔵書に見られるリースのサイン（Homeruns. ***Poeseis Homerou ampho, hete Ilias kai he Odysseia***. タイトルページ見られるサイン）
（旧蔵書リスト二三、早稲田大学図書館所蔵（FB 00967））

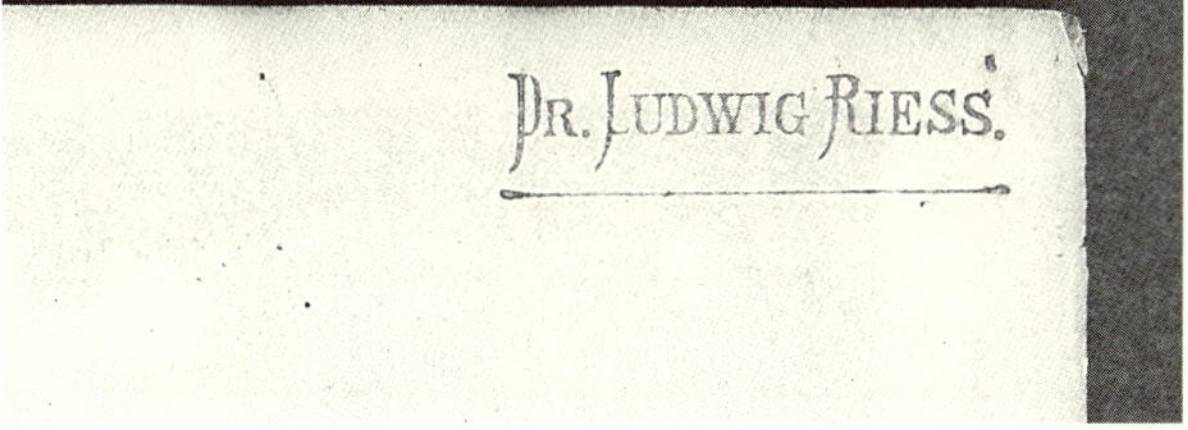

図1-3　リース旧蔵書に見られるリースの蔵書印（Bernhardy, ***Grundriss der römischen Litteratur***のフライリーフに見られる蔵書印）
（旧蔵書リスト四、早稲田大学図書館所蔵（FB 00922））

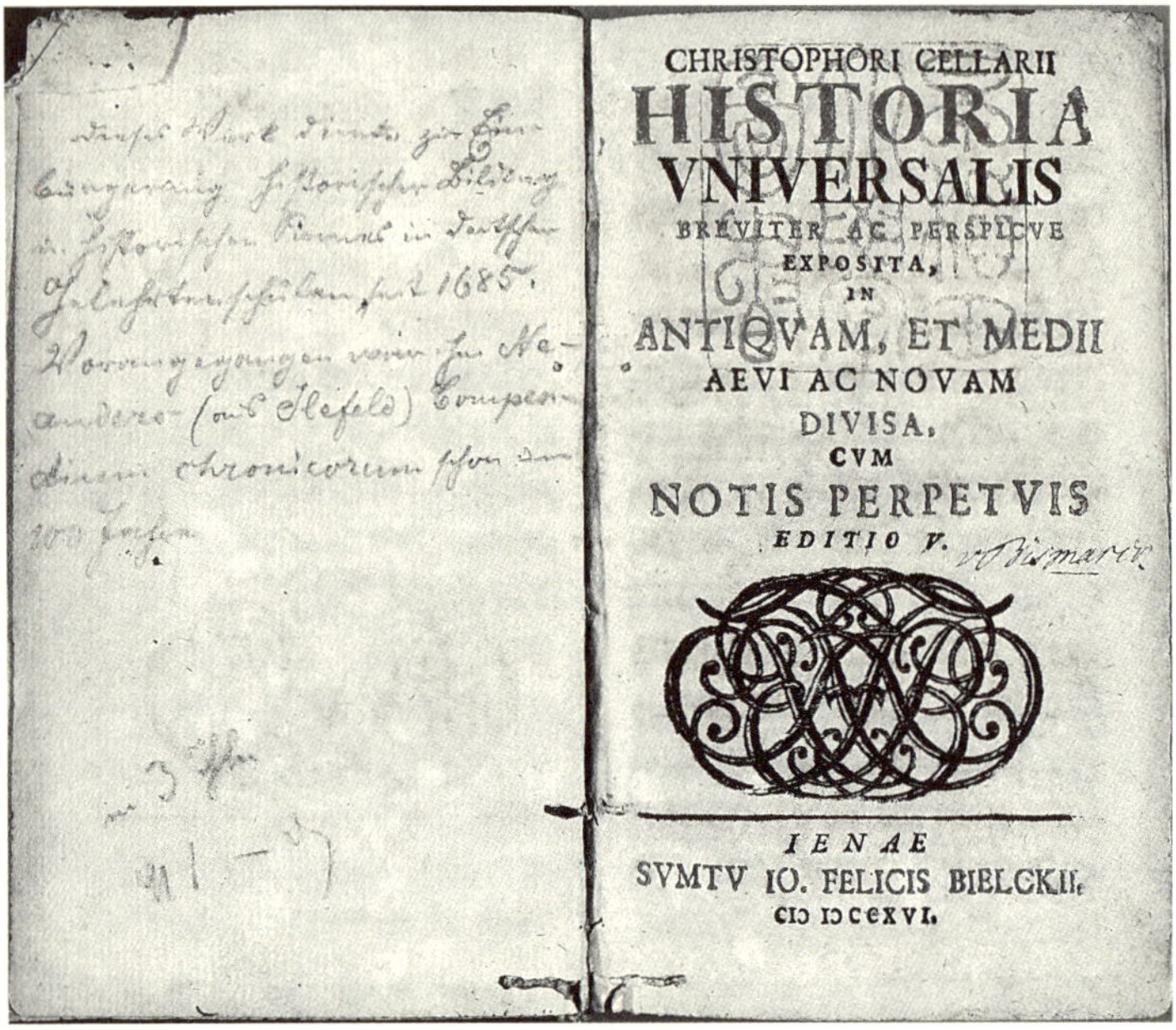

図2　リース旧蔵書に見られるリースの書き込み（Cellarius, ***Historia vniversalis***, フライリーフ）（旧蔵書リスト八、早稲田大学図書館所蔵（AB 00351））
本書のタイトルページには「早稲田大学図書」印が押印されているが、実はフライリーフ表に「東京専門学校図書」印が押されている。

サインはないが本にリース自身による鉛筆での書き込みや下線が引かれている場合（図2）である。このような明確な目印がなくても旧蔵書とみなされた図書の前後に排架された「東京専門学校図書」印がある図書、特にドイツ語書はリース旧蔵書である可能性が高いが、このリストでは以上のような明らかな目印があるもののみに限定した。リストの配列は著者名順とする。

1. Appianus, of Alexandria. *Alexandroi Alexandreos Romaika: Appiani Alexandrini romanarum historiarum*. Amstelodami: Ex officina Joh. Janssonii a Waesberge, et Johannis a Someren, 1670. 2 vols. [AD 00785 特] 書き込み
2. Atkinson, William Parsons. *On history and the study of history: three lectures*. Boston: Roberts Brothers, 1884. [AA 00321] サイン
3. Bernfeld, Simon. *Juden und Judentum im neunzehnten Jahrhundert*. Berlin: Cronbach, 1898. [AE 00390] 書き込み
4. Bernhardy, Gottfried. *Grundriss der römischen Litteratur*. Vierte Bearbeitung. Braunschweig: C.A. Schwetschke und Sohn, 1865. [FB 00922] 蔵書印
5. Bismarck, Otto, Fürst von. *Fürst Bismarcks Briefe an seine Braut und Gattin*. Stuttgart: J.G. Cotta, 1900. [AL 00363] 書き込み
6. Breslau, Harry. *Handbuch der Urkundenlehre für Deutschland und Italien*, 1. Bd. Leipzig: Verlag von Veit & Comp., 1889. [AD 00348] 蔵書印
7. British Museum. *A catalogue of the manuscripts in the Cottonian Library deposited in the British Museum*. London: L. Hansard, 1802. [ZB 00615 特] サイン
8. Cellarius, Christoph. *Christophori Cellarii Historia vniversalis, breviter ac perspicve exposita, in antiqvam, et medii aevi ac novam divisa, cvm notis perpetvis*. Editio V. Iena: F. Bielckii, 1716. [AB 00351 特] 書き込み
9. Danvers, Frederick Charles. *The Portuguese in India: being a history of the rise and decline of their Eastern Empire*. London: W.H. Allen, 1894. 2 vols. [AE 00572] サイン
10. Delbrück, Hans. *Das Leben des Feldmarschalls Grafen Neidhardt von Gneisenau*. 2. Auflage. Berlin: Hermann

Walther, 1894. 2 vols. [AL 00595] ラベル 'B 32'

11. Delbrück, Hans. *Die Perserkriege und die Burgunderkriege: zwei combinierte Kriegs-geschichtliche Studien nebst einem Anhang römische Manipular-Taktik*. Berlin: Walter Apolant, 1887. [AE 2438] 蔵書印

12. Droysen, Johann Gustav. *Das Leben des Feldmarschalls Grafen York von Wartenburg*. Berlin: Veit, 1851-52. 3 vols. [AL 00377] 書き込み

13. Droysen, Johann Gustav. *Vorlesungen über das Zeitalter der Freiheitskriege*. Erster Teil. Gotha: F.A. Berthes, 1886. [AD 00458] 書き込み

14. Ernst II. *Aus meinem Leben und aus meiner Zeit*. Berlin: Wilhelm Herz, 1887-89. 3 vols. [AD 00541] ラベル 'B 13'

15. Gardiner, Samuel R. *History of England: from the accession of James I to the outbreak of the Civil War, 1603-1642*. London: Longman, Green, 1883. 2 vols. [AD 00526] 書き込み

16. Gervinus, Georg Gottfried. *Geschichte des neunzehnten Jahrhunderts seit den Wiener Beiträgen*. Leipzig: W. Engelmann, 1853-66. 8 vols. [AB 00384] ラベル 'B 23'

17. Gulia, Eugen. *Leopold von Rankes Leben und Werke*. Leipzig: Fr. Wilh. Grunow, 1898. [AL 00328] 書き込み

18. Haym, Rudolf. *Das Leben Max Dunkers*. Berlin: R. Gaertner, 1891. [AL 00375] サイン

19. Heeren, Arnold Hermann Ludwig. *Historische Werke*. Göttingen: J.F. Röwer, 1821-26. 15 vols. [AA 00327 特] サイン

20. Herder, Johann Gottfried. *Ideen zur Philosophie der Geschichte der Menschheit*. Theil 1. Riga: J.F. Hartknoch, 1785-92. 4 vols. [AA 00327特] サイン

21. Hesiodus. *Textu subinde reficto in usum praelectionum*. Halae Saxon: Apud Joh. Jac. Gebauer, 1783. [FB 00941

特] 書き込み

22. Holzinger, Georg. *Katechismus der Registratur u. Archivkunde: Handbuch für das Registratur- und Archivwesen bei den Reichs-, Staats-, Hof-, Schul-, und Gemeindebehorden, den Rechtsanwalten*. Leipzig: J.J. Weber, 1883 (Webers illustrierte Katechismen; Nr. 112). [AK 00346] 蔵書印

23. Homerus. *Poeseis Homerou ampho, e te Ilias kai he Odysseia: Opus utramque Iliados et Odysseae*. Basileae: Per Ioan. Heruagium, 1551. [FB 00967 特] サイン

24. Koner, Wilhelm. *Repertorium über die vom Jahre 1800 bis zum Jahre 1850 in akademischen Abhandlungen, Gesellschaftsschriften und wissenschaftlichen Journalen auf dem Gebiete der Geschichte und ihrer Hülfswissenschaften erschienenen Aufsätze*. Berlin: Verlag der Nicolai'schen Buchhandlung, 1. Heft & Bd. 2, 1. Heft. 1852-56. 2 vols. [AB 00341] 蔵書印

25. Lanfrey, Pierre. *Histoire de Napoleon Ier*. Paris: Charpentier, 1867-80. 5 vols. T. 3-5: Oeuvres complètes de P. Lanfrey, nouvelle édition. [AD 00462] サイン

26. Leist, Friedrich. *Urkundenlehre: Katechismus der Diplomatik, Paläographie, Chronologie und Sphragistik*. Leipzig: J.J. Weber, 1882 (Webers illustrierte Katechismen; Nr. 106). [AK 00340] サイン

27. Lorenz, Ottokar. *Die Geschichtswissenschaft in Hauptrichtungen und Aufgaben*. Berlin: Wilhelm Hertz, 1886. [AA 00322] サイン

28. Lorenz, Ottokar. *Leopold von Ranke: die Generationenlehre und der Geschichtsunterricht*. Berlin: Wilhelm Hertz, 1891. [AA 00323] サイン

29. Louis Philippe. *Die Ereignisse zu Paris am 26, 27, 28 und 29. July 1830. von Augenzeugen. Aus dem Franzö-*

sischen übersezt. Karlsruhe: Chr. Fr. Müller'schen Hofbuchhandlung, [1830]. [AD 00387] ラベル'B 17'

30. Marcks, Erich. *Kaiser Wilhelm I*. Leipzig: Duncker & Humblot, 1897. [AL 00367] 書き込み

31. Nicolai, Rudolf. *Geschichte der gesammten griechischen Literatur: ein Versuch*. Magdeburg: Heirichshofen'sche Buchhandlung, 1867. [FB 00923] サイン

32. Pauli, Reinhold. *Geschichte Englands seit den Friedensschlüssen von 1814 und 1815*. Leipzig: S. Hirzel, 1864-75. 3 vols. [AD 00506] ラベル'B 24'

33. Pütter, Johann Stephan. *Teutsche Reichsgeschichte in ihrem Hauptfaden*. Göttingen: Vandehoeck, 1778. [AD 00591 特] 書き込み

34. Rakenhofer. Gustav. *Wesen und Zweck der Politik: als Theil der Sociologie und Grundlage der Staatswissenschaften*. Leipzig: F.A. Brockhaus, 1893. 3 vols. [DB 00274] 書き込み

35. Schiemann, Theodor. *Heinrich von Treitschkes Lehr- und Wanderjahre 1834-1866*. München: R. Oldenbourg, 1896. [AL 00383] サイン

36. Schlosser, Friedrich Christoph. *Geschichte des achtzenten Jahrhunderts und des neunzehnten bis zum Sturz des französischen Kaiserreichs: mit besonderer Rüchsicht auf den geistige Bildung*. Heidelberg: J.C.B. Mohr, 1837-48. 8 vols. Bd. 1: 3. Auflage [AD 00601] サイン

37. Schmoller, Gustav. *Zur Litteraturgeschichte der Staats- und Soziolwissenschaften*. Leipzig: Duncker & Homblot, 1888. [DB 00279] 蔵書印

38. Sugenheim, Samuel. *Geschichte des deutschen Volkes und seiner Kultur: von den ersten Anfangen historischer Kundes bis zur Gegenwart*. Leipzig: Wilhelm Engelmann, 1866-67. 3 vols. [AD 00457] 蔵書印

39. Sybel, Heinrich von. *Geschichte der Revolutionszeit von 1789 bis* [*1800*]. Düsseldorf: J. Buddeus, 1853-60. 3 vols. [AD 00461] 蔵書印

40. Thommes, J. H. von. *Geschichte von England zur Zeit der Tudors*. Mainz: Florian Kupferberg, 1866-67. 2 vols. [AE 00497] 書き込み

41. Treitschke, Heinrich von. *Deutsche Kämpfe, neue Folge: Schriften zur Tagespolitik*. Leipzig: Hirzel, 1896. [DD 02484] 書き込み

42. Treitschke, Heinrich von. *Zehn Jahre Deutscher Kämpfe: Schriften zur Tagespolitik*. Berlin: G. Reimer, 1879. [DD 02483] 書き込み

43. Uhle, Paul. *Plutarchs Lebensbeschreibungen grosser helden Griechenlands und Roms: als eine Geschichte der Griechen und Lebensbeschreibungen für Schule und Haus*. Leipzig: B.G. Teubner, 1890. 2 vols. [AL 00420] サイン

44. Vehse, Carl Eduard. *Die Weltgeschichte aus dem Standpunkte der Cultur und der nationalen Charakteristik*. Dresden: Walther'sche Hofbuchhandlung, 1842. [AB 00538] 書き込み

45. Wachsmuth, Wilhelm. *Allgemeine Culturgeschichte*. Leipzig: Fr. Chr. Wilh. Vogel, 1850. 3 vols. [AC 00358] 書き込み

46. *Hansische Geschichtsblätter*, Jrg. 1885-1894, 1896-98, 1900. Leipzig: Dunker & Humblot, 1886-1901. [AD 00600] 書き込み

47. *Preussische Jahrbücher*, Bde. 58-59, 74-97. Berlin: Georg Stilke, 1886-1899. [SD 0010] 書き込み

以上のように二〇一八年一〇月三〇日現在で図書四五タイトル（1―45）、雑誌二タイトル（46―47）、合計四七

タイトルのリース旧蔵書が判明している。リース旧蔵書のわずか六・二パーセントにすぎないが、旧蔵書の特徴がいくらか垣間見える。まず、言語であるが、ドイツ語書が三八タイトル、その他の言語が九タイトルであり、ドイツ語書が圧倒的に多い。出版年では一八〇〇年以前が六タイトルで、一五五一年のホメーロス（23）、一六七〇年のアッピアノス（1）、一七一六年のケラリウス（8）、一七七八年刊行のピュッター（33）、一七八三年刊行のヘシオドス（21）、一七八五―九二年刊行のヘルダー（20）であり、それ以外は一九世紀の出版物であることから蔵書の大半は同時代のものであろう。リースの師であるベルリン大学のデルブリュク（Delbrück, Hans, 1848-1929）（10―11）、ドロイゼン（Droysen, Johann Gustav, 1808-84）（12―13）、トライチュケ（Treitschke, Heinrich von, 1834-1896）（41―42）、またウィーン大学の歴史家ローレンツ（Lorenz, Ottokar, 1832-1904）（27―28）の著書が各二タイトルずつ判明しているが、ランケの著書が見あたらない。早稲田大学図書館に所蔵されているランケの著書は早稲田大学図書館になってから収集されたものばかりである。また、リース自身が東京で刊行した著作も含まれていない。おそらく、リースは自著やランケ等の重要な書物は売却せずにドイツに持ち帰ったと思われる。

早稲田大学図書館における洋書コレクションの形成

初代早稲田大学図書館長市島謙吉のもとで蔵書の充実が図られた。寄贈書、寄託書も増加して、和漢書を中心に着実に蔵書が増加していった。洋書については一九〇二年の得業生の寄付金よって英書三四タイトルが購入された。(44) 翌年にはドイツへ注文したドイツ語法律書一一タイトルが到着した旨が報告され、また駐メキシコ公使館の信夫淳平からメキシコ関係の英書一八タイトルの寄贈も報告されている。(45) 一方、『早稲田学報』八二号、八四号、八八号（いずれも一九〇三年）の巻末に洋書目録の原稿が分載され、『洋書目録』が同年九月に刊行された。(46) 約一万冊を収録していると思われる目録の記述は著者、簡略な書名、出版年、叢書名、巻数、請求記号のみで極めて粗略である。その後も『早稲田学報』に洋書の寄贈や購入のニュースがしばしば掲載されて、新図書館開館以降の洋書の収集の実態がわかる。さらに、『早稲田学報』九九号には「最近購入洋書」として、英書四一タイトル、フランス語法律書一五タイトル、ドイツ語書一七タイトルが一覧された。(47) 続いて一〇〇号（一九〇四年）にもドイツ語法律書六六タイトル、ロシア語書八タイトル、英米書二三タイトルが掲載され、(48) 洋書の収集について報告された。

早稲田大学が創立二五周年を迎えた一九〇七（明治四〇）年に発行された『早稲田大学図書館紀要』の「沿革略」の中で次のように述べられている。

其後明治三十四年当時留学生監督として本邦に滞在せる清人銭恂氏は帰国に臨むで其の齎す所の漢籍四千余冊を寄贈せられ、三十五年には前帝国大学教師リース氏より貴重の洋書二千余冊（主に独逸書）を購入したるを以つて、同年六月に至り漸く蔵書総計二万六千二百五十八冊（内同攻会図書四千百二十三冊）を算するに及べり(49)

つまり、早稲田大学図書館の蔵書の中でリース旧蔵書は銭恂氏寄贈の漢籍に次いで重要なコレクションであると認識されていたことがわかる。

蔵書統計でリース旧蔵書の位置を確認してみよう。早稲田大学図書館は一九〇二年から毎年の増加冊数と累計冊数の統計を公表している。一九〇二年から一九一二（明治四五）年までの推移を表2と図3に示す。(50) 一九〇二年の洋書蔵書冊数八七四四冊のうちの二〇二六冊がリース旧蔵書であることから、それは洋書の四分一を占めていたことになる。また、明治末年までを通じて、和漢書と洋書の増加冊数に大変大きな差があり、和漢書は急激

表2　早稲田大学図書館の蔵書増加表

西暦（明治）	和漢書累計冊数	洋書累計冊数	和漢書年間増加冊数	洋書年間増加冊数
1902 (35)	17,514	8,744		
1903 (36)	31,246	10,172	13,732	1,428
1904 (37)	39,116	11,974	7,870	1,802
1905 (38)	47,679	13,034	8,563	1,060
1906 (39)	66,522	14,698	18,843	1,664
1907 (40)	78,592	16,470	12,070	1,772
1908 (41)	92,378	18,353	13,786	1,883
1909 (42)	99,119	20,538	6,741	2,185
1910 (43)	103,136	22,921	4,017	2,383
1911 (44)	110,769	24,948	7,633	2,027
1912 (45)	114,489	26,435	3,720	1,487

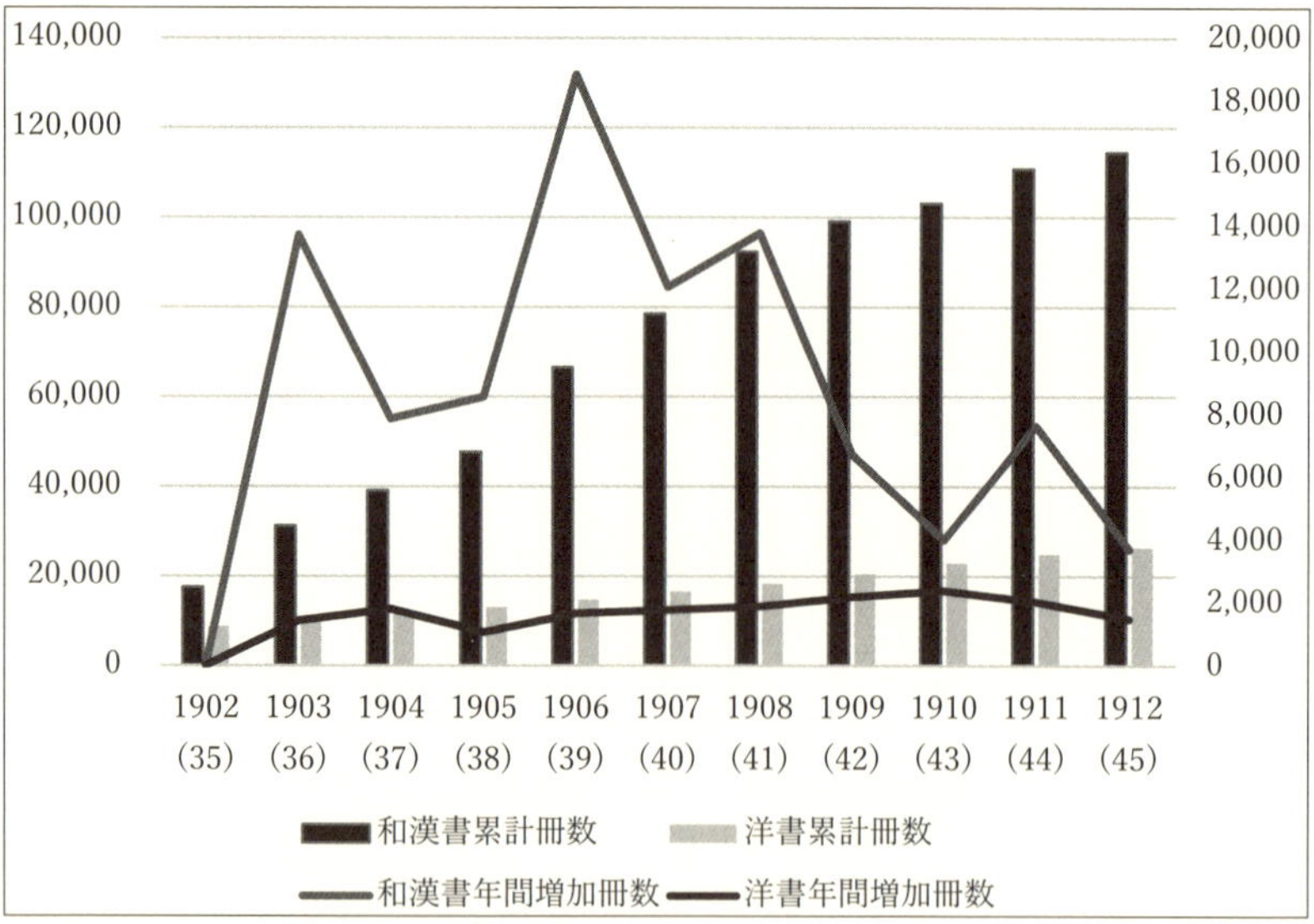

図3　早稲田大学図書館の蔵書増加の推移　　（　）内は明治の年号

に増加したが、洋書はリース旧蔵書の収蔵以後は収集が少なく、和漢書中心の収集が行われていたことがよくわかる。明治末年までに洋書の年間増加冊数が二〇二六冊を超えたのは明治四二―四四年の三年間に過ぎない。(51)

また、『早稲田大学図書館紀要』には一九〇七年八月の調査による蔵書数が示されている。それによれば、和漢書二万五四一九部、八万三三一七冊、洋書が一万一八七三部、一万六六九六冊であり、分類別の冊数が示されている。「歴史、伝記」の分類は一〇八五部、二二一八冊である。一九〇三年以降でも毎年洋書は一〇〇〇〜一八〇〇冊程度増加していたが、その時点でも「歴史、伝記」の部数・冊数の大半がリース旧蔵書であったと推測することができる。また、一九一二（明治四五）年の分類別統計によれば洋書の歴史・伝記は一三八二部、二四三五冊であり、五年間でわずか三〇〇部しか増加していない。(52)リース旧蔵書が早稲田大学図書館の洋書コレクションの中でいかに大きな存在であったことが理解できる。

この年に蔵書が一〇万冊を超えて「図書一〇万巻紀念展覧会」を早稲田大学創立二五周年記念行事の一環として開催した。展示された資料は和書、漢籍、洋書にわたり、書物の歴史を繙くような資料が展示されたという。(53)そのうち洋書は「古版本類」三〇点、「絵画類」一八点が出陳された。(54)「絵画類」にはリース旧蔵書が含まれている可能性が低いことはタイトルから容易に推定されるため、今回は「古版本類」に挙げられた三〇点について現物調査を行った。目録は概ね出版年順に配列されており、最古が一五五一年で、最新が一八五八年である。これらの中で「東京専門学校図書」印が押印されているものが一一点、「東京専門学校図書」印と「早稲田大学図書」印の両方が押印されたものが五点、「早稲田大学図書」印が押印されたものが八点、蔵書印無しが一点、書誌事項不明で現物と照合できないものが五点あった。リース旧蔵書と確定できるのものは「東京専門学校図書」印が押印された図書の中の四点である。それらは陳列目録の（一）＝リース旧蔵書リスト二三、以下同様に（五）＝一、（二二）＝三三、（二五）＝七である。どのような理由でこれらの図書が選択されたのかは今となっては明らかでない。古い出版物であることが主な理由であろうが、旧蔵書リスト八のケラリウスがもれていることは不思議である。この展覧会が開催された当時においても洋書はまだ二万冊に達しておらず、和漢書と比較すれば貧弱なコレクションと言わざるを得ないが、このような記念すべき展覧会に洋書の古版本の類を展示して早稲田大学図書館における洋書コレクションの存在を示したことは有意義であった。

おわりに

早稲田大学文学部における史学科の起源にはリースが基礎を作った帝国大学文科大学史学科の教授陣と出身者が多く関係していた。彼らはリースの謦咳に接してランケの歴史学を学んだ人々であった。彼らから提案があったのかどうかは不明であるが、リースの帰国に際して彼の蔵書が東京専門学校図書館に収蔵されて、洋書コレクションの基礎となり、その後においても歴史学の分野の洋書の核となっていた。ただし、リース旧蔵書としてまとめることなく他の洋書と混排したため、どれがリースの旧蔵書であるのか区別がつかず、利用者はそれとは知らずに図書を閲覧して、教育・研究に利用していたと思われる。

早稲田大学の史学科で講義した高桑駒吉や野々村戒三等は、それぞれランケの歴史学を早稲田大学に伝える役割を果たした。高桑は一九〇三（明治三六）年一二月に帝国大学構内で有志と「ランケ祭」を主宰してランケの業績について演説して、『新撰西洋通史』第一編巻頭でランケの大著を引き合いに出している。(55)一方、野々村は後に刊行した『史学概論』の巻頭でランケの言葉を引用している。そして、序言で「著者の恩師たる坪井リイスの両博士」と言及している。(56)本文中ではランケの特徴について、次のように述べている。

彼は勝手に構成しないという点からいふと、実存論者であり、経験主義者であるとも、云はれ得るが、理念といふ詞をば、時代の指導的傾向の意に用ゐて、其の発見に重きを置いた。(57)

また、リースの学問的な業績について次のように評価している。

又曾て我が帝国大学に奉職して、史学の開拓に少なからぬ貢献をしたリイス(Ludwig Riess)も、「史学(Historik-Ein Organon geschichttiehen (sic) Denkens und Forschungens)第一巻を公にして、歴史論理学及び内容的歴史哲学に題する事項を詳しく論じている。(58)

以上のように、リースの旧蔵書を一括して購入して大学としての基礎を固めた早稲田大学では、リースの直弟子たちの貢献によってランケ史学が形成され、リースについても語り伝えられた。

注

(1) 早稲田大学大学史編集所編『早稲田大学百年史』第一巻(早稲田大学出版部、一九七八年)、四一五、四九三―四九七頁。

(2) 前掲書、四四〇頁。

(3) 前掲書、四三〇頁。

(4) 早稲田大学図書館編『早稲田大学図書館史――資料と写真で見る一〇〇年』(早稲田大学図書館、一九九〇年)、一八八頁。

（5）前掲書、二二六頁。
（6）前掲書、三一四頁。
（7）前掲書、一六〇頁。
（8）前掲書、五頁。
（9）前掲書、六頁。
（10）『早稲田大学百年史』第一巻、九七二頁。
（11）前掲書、九七五頁。
（12）早島瑛「近代ドイツ大学史におけるルートヴィッヒ・リース」（『商學論究』五〇巻一・二号、二〇〇二年）、五七三—五七五頁。
（13）金井圓「歴史学——ルートウィヒ・リースをめぐって」（『人文学』（お雇い外国人一七）鹿島出版会、一九七六年）、一三七頁。
（14）「ルードキッヒ、リース先生略伝」（『史学雑誌』一三編八号、一九〇二年）、九五—九七頁。
（15）村上直次郎「東京大学の教授」（『キリシタン研究』一二輯、吉川弘文館、一九六七年）、三八頁。辻善之助「思ひ出づるまゝ」（辻善之助先生生誕百年記念会編『辻善之助博士時歴年譜稿』続群書類聚完成会、一九七七年）、一五四—一五七頁。
（16）林健太郎「リース博士のこと」（『文芸春秋』第五一巻一二号、一九七三年）、八三頁。同氏「ルードヴィヒ・リースのこと」（『赤門うちそと』読売新聞社、一九七六年）、一八—二二頁。
（17）林健太郎「ベルツとリース」（『日本歴史』三〇〇号、一九七三年）、九四—九七頁。同氏『赤門うちそと』、二三—二八頁に所収。
（18）金井圓「歴史学——ルートウィヒ・リースをめぐって」、一〇七—一九七頁。同氏「ルートウィヒ・リースと日本関係海外史料」（『史学雑誌』八七巻一〇号、一九七八年）、一四四九—一四五九頁。
（19）金井圓・吉見周子編著『わが父はお雇い外国人』（合同出版、一九七八年）。
（20）西川洋一「ベルリン国立図書館所蔵ルートヴィヒ・リース書簡について」（『国家學會雑誌』第一一五巻第三・四号、二〇〇二年）、三八三—四二七頁。

(21) 早島瑛「近代ドイツ大学史におけるルートヴィッヒ・リースと日本の歴史学」、五六五—五九二頁。
(22) 近年の例では、木村時夫「ルートヴィッヒ・リースと日本の歴史学」(ルートヴィッヒ・リース著、原潔・永岡敦訳『ドイツ歴史学者の天皇国家観』新人物往来社、一九八八年)、前書き所収。関幸彦「解説近代歴史学とリース——実証主義の架け橋」(ルートヴィッヒ・リース著、原潔・永岡敦訳『ドイツ歴史学者の天皇国家観』講談社学術文庫二三〇五、講談社、二〇一五年)、二四五—二五二頁。堅田智子訳「ルートヴィヒ・リース『ドイツと日本』」(『紀尾井論叢』三号、二〇一五年)、四九—五〇頁。
(23) 金井圓「歴史学——ルートウィヒ・リースをめぐって」、一三九頁。
(24) 林健太郎「ベルツとリース」(『赤門うちそと』)、二五—二六頁。
(25) 金井圓「歴史学——ルートウィヒ・リースをめぐって」、一八一—一八三頁。金井圓・吉見周子編著『わが父はお雇い外国人』、六二—六三頁。
(26) 金井圓・吉見周子編著『わが父はお雇い外国人』、六一頁。
(27) 実際にはリースは帰国に際して恩給として終身年金五〇〇円を与えられたという。金井圓「歴史学——ルートウィヒ・リースをめぐって」、一八二—一八三頁。
(28) 西川洋一「ベルリン国立図書館所蔵ルートヴィヒ・リース書簡について」、三九四頁。
(29) 『早稲田学報』六九号、一九〇二年、四一九頁の前に挿入された広告。
(30) 得業生とは今日の卒業生のことである。
(31) 『早稲田学報』六九号、前掲文書。
(32) 「早稲田記事」(『早稲田学報』六九号、一九〇二年)、四一九—四二三頁。実際には『早稲田学報』の次号にはリストは掲載されず、洋書のリストが掲載されたのは八〇号(一九〇三年二月、五五五—五五七頁)である。そこには和漢書二五部と洋書三〇タイトルがリストアップされている。
(33) 「早稲田記事」(『早稲田学報』七五号、一九〇二年)、四八三頁。
(34) 東京専門学校『明治三五年度 自三四年七月至三五年六月 図書館報告』。この文書について早稲田大学図書館職員の藤原秀之氏のご教示による。
(35) 『早稲田大学図書館史——資料と写真で見る一〇〇年』、七頁。

(36)『早稲田大学百年史』別巻一（一九九〇年）、四六六—四六九頁。
(37)前掲書、八〇四頁。中川正信の名前はリースの送別会の出席者として高桑駒吉や野々村戒三とともに見られる。「リース教師送別会」、六九頁。また、リースに記念品を贈呈するする際の発起人として坪井正五郎、高桑駒吉等とともに言及されている。「リース博士の帰国と本邦友人及学生の寄贈品」（『史学雑誌』一三編第九号、一九〇二年）、九四頁。
(38)『早稲田大学百年史』別巻一、四七六頁。
(39)前掲書、八一六—八一八頁。
(40)ルートヴィッヒ・リース著、原潔・永岡敦訳『ドイツ歴史学者の天皇国家観』（講談社学術文庫二三〇五）、一三六頁。
(41)『早稲田大学図書館史——資料と写真で見る一〇〇年』、六頁。
(42)前掲書、二二七—二二八頁。早稲田大学図書館『洋書目録』（一九〇三年）、目次参照。洋書の分類はその後一九一七（大正六）年、一九二五（大正一四）年、一九二八（昭和三）年、一九五五（昭和三〇）年、一九八三（昭和五八）年に改訂された。
(43)リース旧蔵書の調査を始めるきっかけを与えてくださったのはリース書簡を研究しておられ、リース旧蔵書に関心を持たれていた東京大学大学院教授西川洋一氏である。
(44)「図書館記事」（『早稲田学報』八一号、一九〇三年）、五九六—五九七頁。
(45)「図書館記事」（『早稲田学報』八八号、一九〇三年）、六七二—六七四頁。
(46)早稲田大学図書館『洋書目録＝Catalogue of the Waseda-Daigaku Toshokwan.（Library of Waseda University）』Tokyo, Meiji 1903. 278p.
(47)「図書館記事」（『早稲田学報』九九号、一九〇四年）、八一六—八一九頁。
(48)「図書館記事」（『早稲田学報』一〇〇号、一九〇四年）、八四三—八四八頁。
(49)『早稲田大学図書館紀要』（早稲田大学図書館、一九〇七年）、一—二頁。
(50)『早稲田大学百年史』第二巻（一九七七年）、四三三—四三四頁。『早稲田大学図書館史——資料と写真で見る一〇〇年』、二三二頁。なお、上掲図書では「和書」としているが、当時の図書の区分は「和漢書」「洋書」であったため、表二では当時の実態に合わせて「和漢書」とした。

(51) 前掲書、二三二頁。
(52) 『早稲田大学百年史』第二巻、四三四頁。
(53) 『早稲田大学図書館史――資料と写真で見る一〇〇年』、二〇頁。
(54) 早稲田大学図書館『早稲田大学創立廿五年祝典紀念展覧会陳列目録(洋書の部)』(一九〇七年)。
(55) 高桑駒吉『新撰西洋通史』第一編(大日本図書、一九〇八年)、序文。
(56) 野々村戒三『史学概論』(早稲田大学出版部、一九二九年)、序三頁。
(57) 前掲書、七一頁。
(58) 前掲書、八六頁。

謝辞　リース旧蔵書の調査のきっかけを与えてくださった東京大学大学院教授西川洋一氏と、本稿執筆に際してリース旧蔵書に関する図書館の記録をご教示してくださった早稲田大学図書館職員藤原秀之氏に感謝の意を表します。

日本の東洋学における太平洋史研究の構築に向けて
――東洋文庫所蔵史料の可能性

牧野元紀

はじめに

「東洋学」は今日一般に馴染みのない言葉である。字義的には西洋以外の地域、すなわち日本を含めたアジア・アフリカの全域が「東洋」であり、これら各地域を理解するための人文社会系諸学の総称である。そのメインコンテンツである「東洋史」や「東洋美術史」などは大学において若干の科目として残存するが、人文系が総じて縮小傾向にあるなかで、専攻として設けている大学は現在わずかに数えるのみとなった。若手の後継者も先細りで、日本の東洋学はまさに存亡の危機を迎えつつある。

他方でグローバリゼーションは日々急速な勢いで進んでおり、日本の社会はあらゆる面においてアジア諸国との関係抜きには立ち行かない状況となっている。こうしたなか東洋学の専門家は各々の地道な研究成果を世間に広く還元し、来たる共生社会における市民間の相互理解に貢献する役割が期待されている。危機を好機に変えられるのか。筆者を含め、その社会的責任は重い。

本稿は日本の東洋学を代表する存在である東洋文庫について、専門図書館としての創設以来の蔵書形成の歴史、核となるコレクションの特質を先ず論じ、次にそれを用いての研究機関としての歩みを簡単に述べる。また、全面建て替え後に新たに開設されたミュージアムを中心に近年特に力を注ぐ普及活動の成果を紹介する。最後にこれらを踏まえて、日本の東洋学に新たな活路を見出すべく、太平洋史研究の構築に向けて目下思うところを開陳したい。

東洋文庫のあらまし――蔵書形成略史

東洋文庫は東洋学の専門図書館であり研究機関である。約一〇〇万点の所蔵資料のなかには国宝・国重要文化財指定を受けるものも多数含まれる。その規模と質の両面において国内に比肩するものはなく、世界的にみると、大英図書館・フランス国立図書館・ハーバードイエンチン図書館・ロシア科学アカデミー東洋写本研究所と並んで五指に数えられる。

研究機関としては国内では東京大学東洋文化研究所、京都大学人文科学研究所とともに日本を代表する東洋学の研究拠点である。国際的には常駐の研究員を置くフランス国立極東学院を筆頭に、アメリカのハーバードイエンチン研究所や台湾の中央研究院等の協定先機関とはスタッフの相互派遣や研究プロジェクトの推進、学会の共催等を通じて頻繁な学術交流を行っている。所属の研究者は専任・兼任・客員を含めると約二五〇名に上り、それぞれの専門は日本を含めたアジアのほぼ全域をカバーしている。

公的性格を有しながらも民間の組織であるという点がユニークである。上記の国内外の組織はハーバードイエンチンを除けばほぼ全てが国立の図書館・研究機関である。人文系の諸学は概して収益と直結しないため民間事

図1　岩崎久彌

業にはそぐわない。しかし、東洋文庫は日本の財界をリードする三菱グループの主要各社から継続的支援を受けている。これは一九二四年、三菱第三代社長で初代岩崎彌太郎の長男にあたる岩崎久彌（一八六五―一九五五）が創設した財団法人であるという歴史的背景が存在するためである（図1）。

岩崎久彌は父の彌太郎（一八三五―八五）、叔父の彌之助（一八五一―一九〇八）の後を継ぎ、三菱財閥の経営基盤を確固たるものとした一流の企業家であったが、私生活においては大の読書家・愛書家であった。であればこそ、学界の求めに応じて、一九〇一年のマックスミューラー文庫の購入および東京帝国大学への寄贈（一九二三年に関東大震災で焼失）、そして、一九一七年のモリソン文庫の購入という大英断を為しえたのである。

ロンドンタイムズの北京駐在通信員を経て中華民国総統顧問となったジョージ・アーネスト・モリソン（一八六二―一九二〇）が生涯をかけて集めた約二万四〇〇〇点ものアジアに関わる洋古書・古地図・絵画・銅版画・マニュスクリプト・パンフレット等は他に類例をみない質と量を有する一大コレクションである。その購入価格は三万五〇〇〇ポンド、現在の価値で約七〇億円に相当するという。さしもの帝国大学とはいえ、おいそれと購入できる金額ではない。

当時の帝国大学では史学会が組織され、ドイツ出身のいわゆるお雇い外国人、ルートヴィヒ・リース（一八六一―一九二八）の下で、厳密な史料批判に基づくランケ流の実証史学が盛んになり始めた頃である。コレクターとして名高いモリソンのまとまった貴重な洋書のコレクションを得られるとすれば、東洋に関する西洋の知の集積を一足とびに導入することが可能となる。ほぼ同時期、東洋学に関していえば西洋の新興国であるアメリカにおいてもハーバード大学やイエール大学のような有力大学がモリソン文庫の購入に動き出していた。

モリソン文庫の購入実現に向けて動いた財界側の要人は元上海総領事で当時横浜正金銀行取締役の任にあった小田切萬壽之助（一八六八―一九三四）であり、学界側では帝国大学文学部長の上田萬年（一八六七―一九三七）、同教授の白鳥庫吉（一八六五―一九四二）が中心となった。また、上田の高弟で史学研究室副手の石田幹之助（一八九一―一九七四）が北京のモリソン邸に派遣され、モリソン立ち合いのもとコレクションを実見し、その価値に間違いのないことを確認した。モリソン自身も義和団事件のような政情不安の続く中国に留めるよりは、漢籍と洋書の両方を扱える学者たちのいる日本への売却を前向きに検討し始めた。

小田切と学者達の意を受けた横浜正金銀行頭取の井上準之助（一八六九―一九三二）が、かねて親交のある岩崎久彌に対してモリソン文庫の購入を働きかけた。井上が丸の内の三菱のオフィスを訪ねたとき、久彌はちょうど二階から下りてきたところであったという。両人の会談はまさに階段で始まった。すると、久彌はいとも事も無げに「あなたがよいとおっしゃるなら買いましょう。しかし、一応は学者によく調べてもらってください」と即座に快諾したそうである。井上は「このような大きな相談が立話で決まったのは自分の経験では初めてのことである」と後に述懐している。(1)

この東洋学の世界的至宝であるモリソン文庫を納めるべく堅牢な書庫を建造し、専門家に利活用してもらうべく建てられたのが研究図書館「東洋文庫」の始まりであった。一九二四年の財団法人設立後も三菱と岩崎家の支援は継続し、主事となった石田幹之助をはじめとする文庫職員の尽力もあり、東洋学に関する古今東西の貴重史料が続々と集積された。国内外の古書店からの購入、名だたる東洋学者の遺族による寄贈等が蒐集の主な手段である。さらに、久彌が和漢の稀覯書に詳細な知識を有していた和田維四郎（一八五六―一九二〇）に委嘱して個人

図2　戦前の東洋文庫

的に蒐集した「岩崎文庫」全三万八〇〇〇点の三度にわたる寄贈もあった。ここに洋書から和漢籍まで日本を含めたアジアの全域を網羅するコレクションが揃った。東洋文庫は名実ともにわが国における東洋学の中心的地位を占めるに至ったのである（図2）。

しかし、第二次大戦の戦禍と終戦直後の財閥解体をうけて、財団の運営はたちどころに行き詰まった。貴重なコレクションの散逸を避けるべく、政府レベルでの決定がなされ、図書部門については一九四八年から二〇〇九年までの約半世紀の間、国立国会図書館の支部として機能することとなった。また、研究部門についてはロックフェラー財団やハーバードイエンチン財団、ユネスコといった海外からの援助と文部省（文科省）の特定奨励費・科学研究費等を得ることで国内外の東洋学者の研究を支え続けた。研究員はそれぞれに難解な史料と日々格闘しながら、研究会の定期開催や研究論集の出版を通じて成果を発表し続けた。その伝統は今日も受け継がれており、内閣府管轄の公益財団法人として民間における東洋学の振興役を担い続けている。

東洋文庫ミュージアムの開館

東洋文庫は創設以来、アジアを研究対象とする人文社会系の研究者にとってはあまりに自明の存在であった。しかし、東洋学と無縁の市井一般にはほとんど知られていなかった。その状況を一変させたのが、二〇一一年秋にグランドオープンした東洋文庫ミュージアムである（図3）。

図3　モリソン書庫（東洋文庫ミュージアム）

そもそも財団創設時の定款には「東洋ニ関スル図書ヲ蒐集シ東洋学ノ研究及其ノ普及ヲ図ルヲ以テ目的トス」とある。今日の東洋文庫は図書部・研究部・普及展示部・総務部の四つの部門からなり、創設時の基本方針が順守されているが、普及事業に関してはミュージアムが開館するまではむしろ出遅れていた。ミュージアムを所轄する普及展示部の発足は二〇〇九年である。

ミュージアムの開館以前は国宝等のいわゆるお宝的な所蔵資料についても他館企画展にあわせて貸出しするくらいであった。自前で展示する機会はほとんどなく、要人の訪問にあわせて書庫内でささやかに陳列する程度であった。他に目に見える形での普及活動を挙げるとすれば、一般の教養層向けに年二回開催される公開講演会「東洋学講座」がある。二〇一〇年に創立以来となる全面建て替えが完了し、翌年秋に恒久の展示施設として東洋文庫ミュージアムがオープンしたことによって創設時の定款はようやく実質を伴った。東洋文庫ミュージアムでは今日までの七年半の間、以下に掲げる様々なテーマの企画展を開催してきた。企画展は年に三回のペースで開催されており、一企画展あたりの開催期間は約四か月間である。企画とは直接関係のない常設の展示エリア（国宝を中心とした名品展示「記録された記憶――東洋文庫の書物からひも解く世界の歴史」）もあるが、これも同じペースで展示替えを行っている。

1.「時空をこえる本の旅」二〇一一年一〇月二〇日～二〇一二年二月二六日
2.「東インド会社とアジアの海賊」二〇一二年三月七日～六月二四日
3.「ア！教科書で見たゾ」二〇一二年七月四日～一一月四日
4.「もっと北の国から――北方アジア探検史」二〇一二年一一月一四日～二〇一三年三月一〇日
5.「マリー・アントワネットと東洋の貴婦人――キリスト教文化をつうじた東西の出会い」二〇一三年三月二〇日～七月二八日
6.「マルコ・ポーロとシルクロード世界遺産の旅――西洋生まれの東洋学」二〇一三年八月七日～一二月二六日
7.「仏教――アジアをつなぐダイナミズム」二〇一四年一月一一日～四月一三日
8.「トルコ――日本・トルコ国交樹立90周年」二〇一四年四月二三日～八月一〇日
9.「東洋文庫創立90周年　岩崎コレクション――孔子から浮世絵まで」二〇一四年八月二〇日～一二月二六日
10.「もっと知りたい！イスラーム展」二〇一五年一月一〇日～四月一二日
11.「大地図展――フェルメールも描いたブラウの世界地図」二〇一五年四月二二日～八月九日

12.「幕末展」二〇一五年八月一九日～一二月二七日
13.「解体新書展――ニッポンの「医」の歩み一五〇〇年」二〇一六年一月九日～四月一〇日
14.「もっと知ろうよ！儒教」二〇一六年四月二〇日～八月七日
15.「本の中の江戸美術」二〇一六年八月一七日～一二月二五日
16.「ロマノフ王朝展――日本人の見たロシア、ロシア人の見た日本」二〇一七年一月七日～四月九日
17.「ナマズが暴れた⁉安政の大地震展――大災害の過去・現在・未来」二〇一七年四月一九日～八月六日
18.「モリソン文庫渡来一〇〇周年　東方見聞録展――モリソン文庫の至宝」二〇一七年八月一六日～二〇一八年一月八日
19.「ハワイと南の島々」二〇一八年一月一八日～五月二七日
20.「悪人か、ヒーローか」二〇一八年六月六日～九月五日
21.「大♡地図展――古地図と浮世絵」二〇一八年九月一五日～二〇一九年一月一四日
22.「インドの叡智展」二〇一九年一月三〇日～五月一九日

個々の展覧会が扱うテーマの舞台は日本を含めての東洋全域に広く及んでいることがおわかりになるだろう。一見、日本や中国などの東アジアが中心に据えられているような企画展であっても実際に展示の場に供された史料は和漢籍とならんで、西洋の稀覯書、銅版画、古地図などが随所に見受けられる。これらにはフランス・イタリア・スペイン・ポルトガル・イギリス・オランダ・ドイツなどのヨーロッパ由来のものが頗る多い。

シルクロード交易が盛んであった古代から、モンゴル帝国がユーラシアを席捲した中世にかけて、さらには大航海時代にはじまりイエズス会や東インド会社に象徴されるグローバル化の波が世界中に押し寄せた近世を経て、

国民国家を基盤とする帝国主義列強のアジア・アフリカへの進出が際立つ近代に至るまで、上記の西欧諸国は精度の差こそあれ東洋に関わる数多の情報を入手してきた。こうした貴重な現地情報とそれに対する評価分析とが集積された歴史資料からは、ヨーロッパにおける「東洋学＝オリエンタリズム」の形成過程を時代順に見て取ることができる。

東洋文庫ミュージアムの企画展における、この西洋へのある種の偏向はさきほど述べた東洋文庫の成り立ち、すなわち蔵書形成を考えると決して驚くべきことではない。東洋文庫の蔵書の特徴を一言で述べると、それは洋書の充実にある。一〇〇万冊の蔵書全体の三割を占めるのが洋書であり、これは漢籍の四割に次ぐ割合である（他に二割が和書、一割がアジア諸言語の書籍となる）。そもそもモリソン文庫を設立の起源としているため当然の帰結でもある。日本の東洋学・アジア研究において東洋文庫を特徴づけるものは、質と量の両面にすぐれた洋書のコレクションであり、それをベースとしての西洋からみた東洋への視点である。(2)

旅行記について――東洋文庫の強み

日本国内では東洋学を含めて人文系諸学の洋古書を多く所蔵する機関は東洋文庫の他に天理大学と上智大学の図書館がよく知られている。この三機関をもって洋書資料の国内における三大図書館と評することもある。(3)

二〇〇八年に発表された齋藤ひさ子・蛭田顕子・渡邉富久子「日本関係洋古書の我が国での所蔵状況について」所収のデータによると、(4)ペリー来航の一八五三年以前に刊行された日本関係洋古書を多数所蔵している国内の図書館は、天理（四三二点）、上智（四〇九点）、東洋文庫（三九六点）であり、その次に筑波大（三三八点）、国立国会図書館（三一九点）、京大（二四七点）、国際日本文化研究センター（二三三点）、東大（二一九点）、九大（一三三点）、京都外大（一〇七点）、横浜開港資料館（一〇〇点）、千代田区図書館（六九点）が続く。上位の三大図書館が数の上で他を圧倒している。この範囲を日本だけでなく東洋の全域に広げるとすれば、すなわち日本を含めての真の意味での東洋学関係の洋古書の点数で比較するのであれば、そこは東洋文庫の独壇場となるのは必然であろう(5)。

当該論文では次に「A航海記・紀行、Bキリシタン関係、C日本誌・日本論、Dその他」と、日本関係の洋古書を大きく四つのジャンルに分類している。全体ではAが二七・六%、Bが五四・五%、Cが七・一%、Dが一〇・九%となる(6)。このなかで、Aを一番多く所蔵するのが東洋文庫である。その数は一四六冊に上り、国内所蔵全体三三四冊中の四三・七%を占めるという。これは東洋文庫が所蔵する日本関係洋古書の全体三九六冊中の三六・九%に相当する。この割合は国内で最も高いとのことで、以下の特記がなされる(7)。

所蔵資料の中でマルコ・ポーロの『東方見聞録』の各種刊本が有名であるが、他館の所蔵が1～2t.であるのに対して20t.以上の異版・翻訳を所蔵している。航海記類全体で見ても、バロスやタヴェルニエの著作をはじめとして他館に比べて異版の所蔵が豊富で、国内で同文庫のみの所蔵であるAジャンル資料は44t.を数える。同文庫が、モリソン文庫を基礎に東洋学の研究機関として明確な収集方針のもと、蔵書を整備していった経緯が反映されていると言えよう。所蔵資料の6割近くは17世紀までの刊行資料である。キリシタン関係資料の所蔵も169t.あり、国内第4位の蔵書数である。

上記は（繰り返しとなるが）一九世紀半ば以前の「日本関係に限って」の洋古書についての国内所蔵状況の調査結果である。とはいえ、東洋文庫の洋古書の特徴を見事に把握している。先にも述べたように東洋文庫の特色

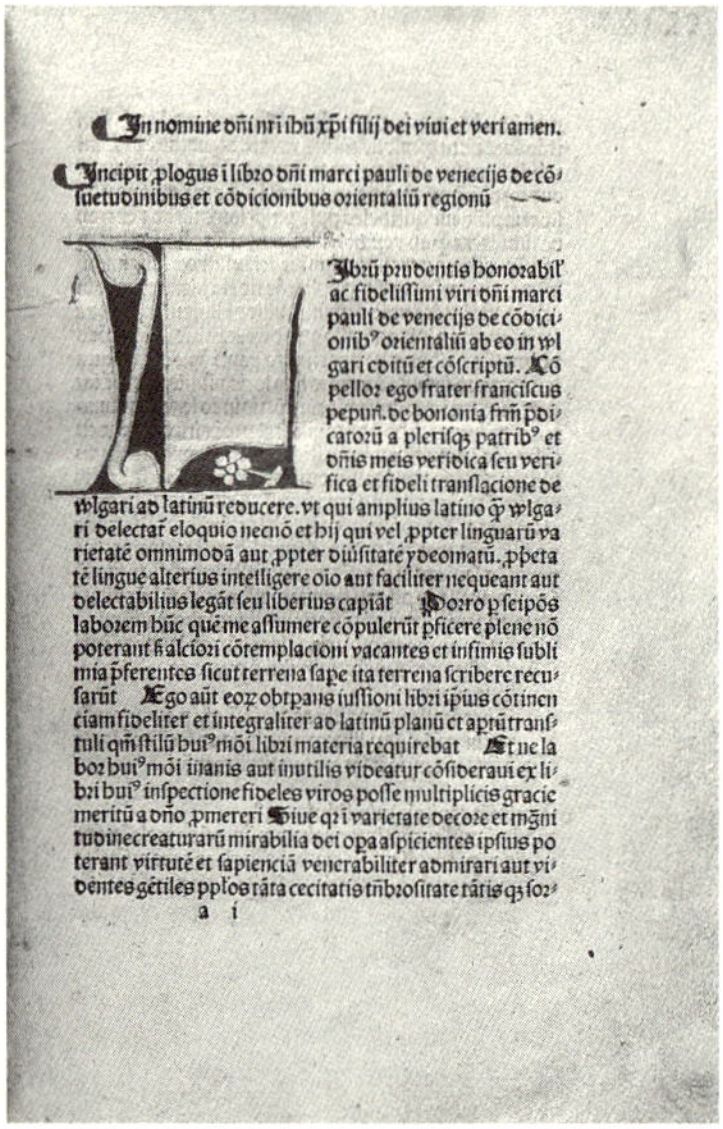

In nomine dñi nri ihũ xpi filij dei viui et veri amen.

Incipit ꝓlogus i libro dñi marci pauli de venecijs de cõsuetudinibus et cõdicionibus orientaliũ regionũ

Librũ prudentis honorabil' ac fidelissimi viri dñi marci pauli de venecijs de cõdicionib⁹ orientaliũ ab eo in wlgari editũ et cõscriptũ. Cõpellor ego frater franciscus pepuri. de bononia frm̃ p̃dicatorũ a plerisq; patrib⁹ et dñis meis veridica seu verifica et fideli translacione de wlgari ad latinũ reducere. vt qui amplius latino q̃ wlgari delectat' eloquio necnõ et hij qui vel ꝓpter linguarũ varietaté omnimodã aut ꝓpter diuisitaté ydeomatũ. ꝓpetaté lingue alterius intelligere oio aut faciliter nequeant aut delectabilius legãt seu liberius capiãt. Porro ꝑ seipõs laborem hũc quẽ me assumere cõpulerũt ꝑficere plene nõ poterant ꝗ altiori cõtemplacioni vacantes et infimis sublimia ꝑferentes sicut terrena sape ita terrena scribere recusarũt. Ego aũt eoꝝ obtpans iussioni libri ipius cõtinenciam fideliter et integraliter ad latinũ planũ et aptũ transtuli qm̃ stilũ hui⁹ mõi libri materia requirebat. Et ne labor hui⁹ mõi inanis aut inutilis videatur cõsideraui ex libri hui⁹ inspectione fideles viros posse multiplicis gracie meritũ a dño ꝓmereri. Siue q2 i varietate decore et mḡnitudine creaturarũ mirabilia dei opa aspicientes ipsius poterant virtuté et sapienciã venerabiliter admirari aut videntes gẽtiles pplos tãta cecitatis tnbrositate tãtis q; sor

a i

図4　『東方見聞録』
（1485年 アントワープ）

は洋書に求められる。そのなかで特に稀少価値を有する洋古書について言うなれば、「旅行記（航海記・紀行）」のジャンルにこそ東洋文庫のコレクションの真価は見出せるのだといっても過言ではないだろう。

　では、なぜ旅行記に稀覯書が多いのか。それはひとえにモリソン文庫が東洋文庫の出発点であったためであり、東洋文庫はその創立後もモリソン文庫の特徴を継承しながら洋書のコレクションを充実させてきたからに他ならない。

　モリソンは元来、冒険家であった。大学では医学を修めたが、職業としての医者は肌に合わなかったようである。若い頃からオーストラリア大陸の縦断やニューギニアの探検を実行し、その記録を新聞社などの報道機関に書き送った。なかでも、一八九四年に上海から重慶を経て、ラングーンに至った四八〇〇kmの徒歩横断による大旅行は『中国のオーストラリア人』として翌年ロンドンで公刊され大いに評判を呼ぶこととなった。タイムズ社に記者として招かれたきっかけである。『東方見聞録』は勿論のこと、アジアを冒険・探検した西洋の先人たちの数多の旅行記を異版も含めて蒐集したのは自身の冒険家としての情熱によるところが大きい。

　東洋文庫の創設以来、数々の展覧会で出されたモリソン文庫の名品もやはり旅行記がその見どころとなっている。「モリソン文庫渡来一〇〇周年　東方見聞録展――モリソン文庫の至宝」（二〇一七年八月一六日～二〇一八年一月八日）ではモリソン文庫に属する旅行記がまとまったかたちで展覧に供された。『東方見聞録』の各種版本のほか（図4）、

図5　ド・ギーニュ『北京紀行』（1808年 パリ）

メンドーサ『シナ大王国誌』（一五八五年、ローマ）、ピント『遍歴記』（一六一四年、リスボン）、ド・ギーニュ『北京紀行』（一八〇八年、パリ、タレーラン旧蔵・図5）等のまさに至宝が一堂に会した。(8)

旅行記は一般に大航海時代以降、出版の増加がみられる。アジアを実見し、記録を残した冒険家・探検家・航海家・商人・宣教師たちが増えたこともあるが、何と言っても活版印刷機の普及が大きかった。出版年代と出版言語との間には興味深い相関があり、一六世紀はイタリア語、一六〜一七世紀はスペイン語、一七世紀はオランダ語、一八世紀はフランス語、一九世紀は英語の文献が比較的多い傾向がみられる。(9)

世界の海上覇権を握った国々の変遷と軌を一にしていることがお気づきであろう。例外としてはポルトガル語である。ポルトガルはスペインと並ぶ大航海時代の主役ではあったが、ポルトガル語の文献は案外少ない。これはポルトガル語の読者人口が少ないためであり、逆にフランス語とドイツ語の文献が多いのはこれらの使用者が大陸ヨーロッパの中枢を占め、相対的に人口が多く、翻訳の需要があったためである。また、前近代ヨーロッパの知識層における共通の書記言語であったラテン語の文献もそれなりにある。

現代世界の各国勢力分布に決定的影響を与えたのは周知のとおり、イギリスである。一八世紀を通してのオランダとの貿易戦争に最終勝利し、世界各地におけるフランスとの植民地獲得競争にも優勢勝ちをおさめた。「七つの海を支配した」と形容される大英帝国の繁栄はその海上覇権にあった。その中核となったのがアジアから巨万の富をもたらしたイギリス東インド会社である。東洋文庫の所蔵資料においても同社と関連する人物による旅行記や現地報告はおびただしい数に上る(10)。

近代の東洋学がイギリスあるいはフランス、オランダといったアジア各地に拠点を持つ欧州主要国で始まり、植民地支配に沿う形で発展を遂げたのも自然の成り行きであった。確かに今日の倫理道徳的観点に照らしてみると批判されるべき点も少なくない。これまでもポストコロニアリズム的文脈からそのオリエンタリズム的学知に対する批判は飽くことなく繰り返されてきた。しかし、なかには二次文献の引用を重ねた表層的な分析に留まるものもしばしばみられる。欧州主要国が現在もなお有する圧倒的な質・量の関係史料と、それを用いて築かれた膨大な研究蓄積とを丁寧に精査し、謙虚に検証を続けていく作業は学問的営為としてやはり今後も必要ではないだろうか。

東洋文庫での〝お宝探し〟

かくして西洋で生まれた東洋学は、エジプトやペルシャ、インドや中国、さらには日本などに代表されるいずれもヨーロッパ世界との間において比較的密な交流の歴史を有し、その関心を惹いてきた文明圏を研究の対象とした。草創期の東洋学者たちの専門は現在で言うところの歴史学・言語学・文学・哲学・宗教学などのいわゆる人文系諸学が目立つが、欧州各国において大学や学会の整備が進行する以前は明確な区別がなされておらず、いわば今日的な領域横断型の研究が普通であった。博物学はその好例である。東洋文庫も一八世紀から二〇世紀初頭にかけてイギリスやフランス等で出版された動植物や鉱物の彩色挿絵付の美麗な大型図鑑類を多数所蔵する（図6）。

東洋文庫ミュージアムにおいて展覧会の企画を立てることは、細分化され「蛸壺化」された今日の専門領域を一旦取り払い、埋もれたお宝を発掘する作業であった。ミュージアムは社会教育事業であると同時に収益事業であるので、一般の方々の興味を十分惹きつけるテーマを設定する必要がある。他方で東洋文庫は世界に冠たる東洋学の研究機関であるためその名に恥じぬよう学術的専門性は保ち続けなくてはならない。(11) 一〇〇万点の所蔵資料があるおかげで、個々の展示品についてはテーマを決めてから選定するという贅沢が許されている。ミュージアム設立の目的の一つは東洋文庫の所蔵資料の多様性を示すことにあるので正しいアプローチともいえる。研究者は自身の興味関心に沿う資料については尋常ならざる程に詳し

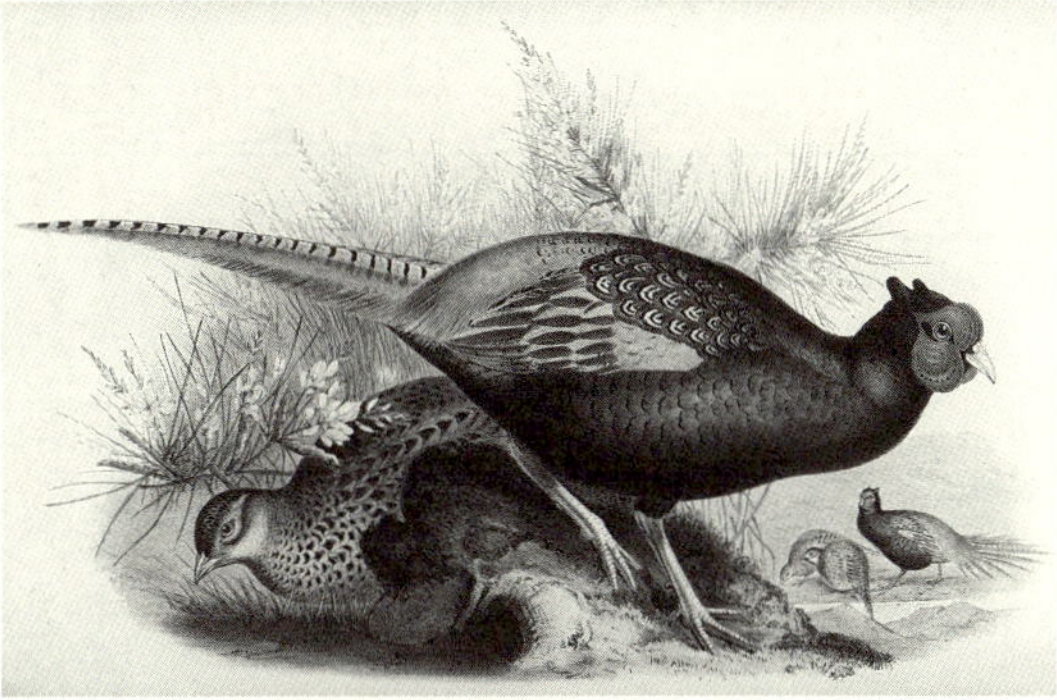

図6　グールド『アジアの鳥類』（1850-83年 ロンドン）

図7　喜多川歌麿『高島おひさ』
（1793頃 江戸）

図8　ブラウ『アジア図』（1664年 アムステルダム）

いものだが、そこから少しでも外れると往々にして全くの門外漢となってしまう。これまでの展覧会で初公開したお宝の数々はこうした陥穽において発見されたものである。タコはツボの中にあらず、ツボの隙間に潜んでいたのである。

たとえば、岩崎文庫の浮世絵や絵入本は保存状態が素晴らしく、ほとんど傷みのない状態である。これとて日本美術史が日本の東洋学者の興味の範疇から外れており、手垢がつかなかったのが幸いした（図7）。また、近世オランダの有名な地図作家であるヨアン・ブラウ（一五九六―一六七三）の豪華な『大地図帳』全九巻がまさか日本の東洋学の図書館の書庫に存在していたなど誰が想像できたであろうか（図8）。「大地図展――フェルメールも描いたブラウの世界地図」（二〇一五年四月二二日～八月九日）の開催中、これを目にしたヨーロッパの美術史家が本国オランダにもこれほどまでに状態の良いものは残っていないのではと評していた。このお宝は本館の建替えに伴う引っ越し作業のなかで旧館書庫の深奥から「発見」されたのである。東洋文庫ミュージアムで開催したこれまでの企画展の数々はまさにこうした〝奇跡の発見の軌跡〟である。

東洋学最後のフロンティアとしての太平洋

毎回の企画展の準備中は書架と事務所とを慌ただしく行き来することとなる。そうしたなかでいつも素通りし、なかなか立ち入ることのない書架の一角があった。東南アジア島嶼部に関する蔵書から続く太平洋の島嶼とオセアニアに関する蔵書の一区画である。二〇一六年の夏頃であったかと記憶する。ミュージアムでは既に一五回ほどの企画展を開催しており、扱ったテーマもアジアの主な地域をほぼカバーしつつあった。他に残された地域はないものだろうかと考えをめぐらすなか、ふと気になっていた書架を思い出した。

早速に現場に赴き、面白そうなタイトルの本を数冊手に取ってみた。一九世紀から二〇世紀初めにかけての南洋への憧れや冒険心の詰まった欧米人による現地滞在記の類である。いずれもエキゾチックながらもアカデミックな内容のものであった。「これはいける!」と即座にテーマを組み立て、展示品の選定に入った。二〇一八年がハワイへの日系移民渡航一五〇年という記念の年にあたることも後押しとなった。企画は普及展示部会議を通過し、ミュージアム諮問委員会からのお墨付きも得られた。こうして「ハワイと南の島々」展（二〇一八年一月一八日〜五月二七日）は事無く開催の運びとなった。

じつは、東洋文庫のなかでこの太平洋島嶼のエリアを見過ごしていたのは筆者だけではない。現在、東洋文庫には六部門一三研究班が設けられている（図9）。それぞれの部門に属する約二五〇人の研究員のなかに太平洋島嶼の歴史を研究対象とする専門家はあいにくながら見当たらない。

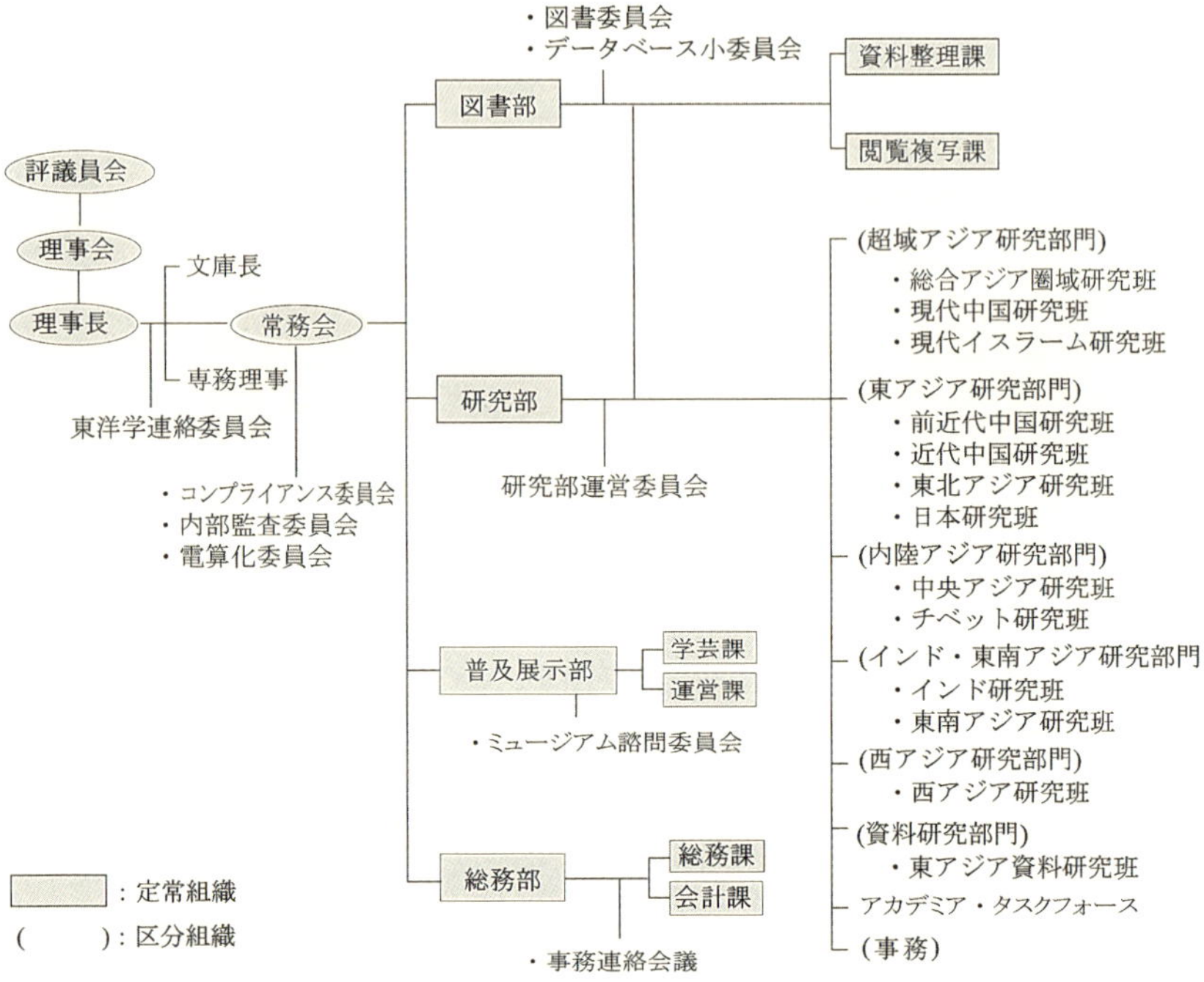

図9　東洋文庫組織図

日本の東洋学はその最大の研究対象となる中国を含めて、概して「西」を向いてきた。戦前はそれでも台湾・南洋諸島・千島・南樺太等を統治していたため、歴史研究においても日本列島の「南」あるいは「北」への関心は向いていた。しかし、第二次大戦による断絶があり、本格化するまでには至らなかった。ましてや、「東」については茫漠たる大洋が延々と広がるばかり。はるか遠くの南北アメリカ大陸に至るまでの途上には船舶や旅客機の経由地としてのいくつかの小島、あるいは観光地としてのハワイやグアム等が存在する程度のイメージが持たれるにすぎなかった。

　前近代における太平洋島嶼の多くはいわゆる無文字社会である。今日に残る文字史料のほとんどは西洋人の航海家・探検家による足跡であり、彼らの出身国による領有と植民地化が次第に進行する「近代化」の過程で残されたものである。したがって、古いものでもマゼラン（一四八〇―一五二一）の世界周航以降すなわち一六世紀半ば頃の断片的史料である。大部分はオランダ、イギリス、フランスが本格的に進出する一八世紀から一九世紀にかけての航海記録や現地滞在記、あるいはキリスト教関係者による宣教報告等である。

太平洋はヨーロッパ人が東廻りのインド洋あるいは西廻りの大西洋を経て最後にたどり着いた海域である。当初は彼らの遠洋航海の中継地として機能し、後に周辺海域支配のための根拠地となったのがその洋上の島々であった。これら太平洋の島嶼は、東洋（すなわちアジアあるいはアフリカ）の各地を植民地として獲得してきた欧米の列強国が地球上で最後に見出した手つかずの辺境であった。それは同時に、西洋由来の東洋学にとっても最後のフロンティアとなった。(12)

太平洋から〝切り離された〟太平洋の島国

それでは今日の国際社会において太平洋の島国はいかに位置づけられているのであろうか。二〇一八年一一月一七日から一八日にかけてパプアニューギニアの首都ポートモレスビーでＡＰＥＣ（アジア太平洋経済協力）首脳会議が開催されたことは記憶に新しい。一九八九年のＡＰＥＣ発足以来初となる太平洋島嶼国での開催であった。(13)

ここで言及される「アジア太平洋」という地域概念は今日すっかり人口に膾炙しているが、その歴史は意外に浅い。経済産業省によると、最初に打ち出されたのは一九六七年の「太平洋経済委員会（ＰＢＥＣ）」という産業団体の設立時であるという。(14) ＰＢＥＣはその後、一九八〇年の大平内閣総理大臣の政策研究会「環太平洋連帯研究グループ」の提言を受けた「太平洋経済協力会議（ＰＥＣＣ）」へと受け継がれた。これがＡＰＥＣの淵源であり、一九八九年のＡＰＥＣ発足当時は日本・アメリカ・カナダ・韓国・オーストラリア・ニュージーランド・ブ

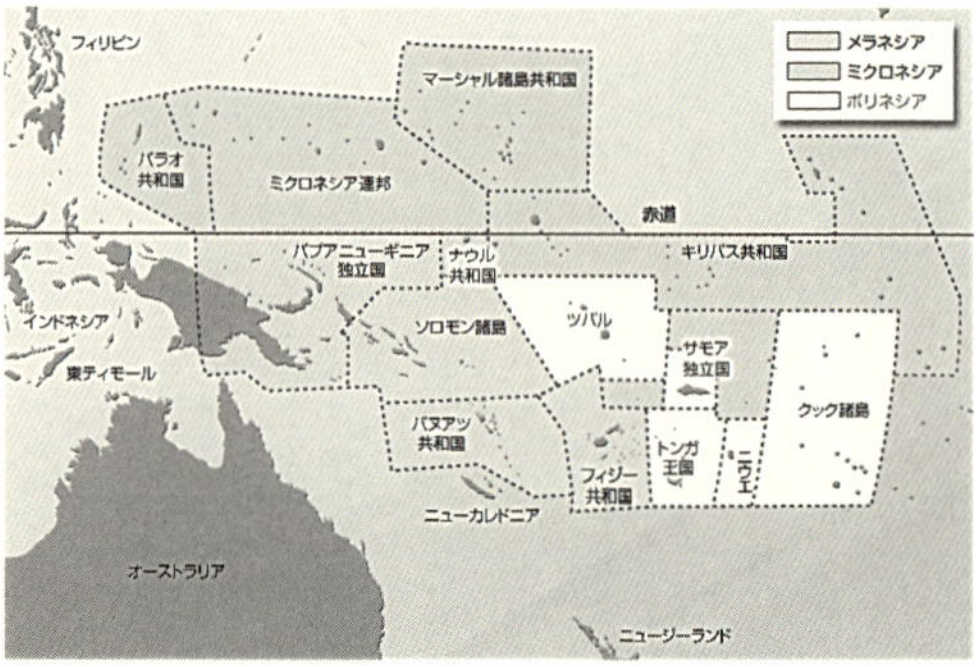

図10　太平洋島嶼国の地図
（外務省ホームページより一部改変）

ルネイ・インドネシア・マレーシア・フィリピン・シンガポール・タイの計一二か国から構成されていた。パプアニューギニアの加盟は一九九三年である。

しかし、二〇一八年末時点において太平洋島嶼国はパプアニューギニアを除くとAPECには一か国も加盟していない。太平洋島嶼国の地域連合としては「太平洋諸島フォーラムPacific Islands Forum（PIF）」が別にあり、加盟国・地域はオーストラリア、ニュージーランド、パプアニューギニア、フィジー、サモア、ソロモン諸島、バヌアツ、トンガ、ナウル、キリバス、ツバル、ミクロネシア連邦、マーシャル諸島、パラオ、クック諸島、ニウエ、仏領ポリネシア、ニューカレドニアの一六か国及び二地域である。

オーストラリアとニュージーランド、そしてパプアニューギニアを例外として、太平洋に広く分布するこれらの島嶼国は国際政治経済の大枠において「アジア太平洋」という括りには含まれない奇妙な空白地帯となっている。この島嶼国をそれぞれに隔てるべく洋上にざっくりと引かれた国境線は西アジアやアフリカの国々によくみられるような直線で構成される。この極めて人為的な仕切りは西アジアやアフリカ諸国と同様に一九世紀から二〇世紀にかけて欧米諸国による分割統治を受けた名残である（図10）。

太平洋島嶼は今日の日本人あるいは欧米人の双方の意識レベルにおいて、どうやらアジアにも東洋にも含まれていない。太平洋上に確かに存在する島国は、現状ややもすれば、「太平洋」からも切り離されている。他ならぬ太平洋に面する列島に居住し、その豊かな海の恵みを先祖代々享受し続けてきた我々日本人は、「西」の東洋だけでなく、この「東」の東洋へも少しバランスよく視線を向けても良いのではないだろうか。[15]

いまや太平洋の島々は単なるリゾート地でもなければ人跡未踏の地でもない。それぞれの島に暮らす人々の過去と現在とを正しく知るには、やはり史資料に基づいた精度の高い学術研究が欠かせない。また、その成果は従来のディシプリンの殻に閉じこめることなく、他分野・隣接諸学、ひいては社会に広く還元すべきである。

太平洋史研究の近年の動向

広大な太平洋を舞台に一体どのような人々がいかなる歴史が紡いできたのか。先史あるいは前近代史に関しては主に人類学や考古学の研究者がその謎の解明に当たってきた。[16] 歴史学者の仕事は往々にしてこれらの研究成果を集約し理論化することにあった。[17] しかし、大航海時代以降の近代史についていえば、欧米を中心に利用可能な文字史料が割合と豊富にそろっている。東洋文庫も「ハワイと南の島々展」ではジェームズ・クック（一七二八―七九）やラ・ペルーズ（一七四一―八八？）など名だたる航海家の航海探検記を出陳した（図11）。

これら文献史料を使用した西洋における太平洋史研究はこれまでも相応の蓄積がある。[18] ここでは近年の研究動向を反映した参考文献を若干紹介しておきたい。まずは、日本語訳も出ており入手しやすいのが、ジャレド・ダイアモンドの『銃・病原菌・鉄』[19]である。人類史全体を扱っているが、叙述の中心は東アジアと太平洋域にある。同じくダイアモンドとジェイムズ・ロビンソンが編者となった『歴史は実験できるのか』[20]所収のパトリック・カーチ「ポリネシアの島々を文化実験する」、ジャレド・ダイアモンド「ひとつの島はなぜ豊かな国と貧しい国にわかれたか――島の中と島と島の間の比較」は示唆に富む。他にニコラス・トーマス『島嶼の人々――帝国の時代における太平洋』[21]、ジェニファー・ニューエル『野生生物取引』[22]、ドナルド・フリーマン『太平洋』[23]等の浩

図11　『ラ・ペルーズ世界周航記』（1798年 パリ）より イースター島

瀚な著作の刊行がここ最近は特にアメリカで相次いでいる。世界経済の重心がアジアにある現在、アメリカでも太平洋の歴史への関心が市民レベルで高まりつつあるのかもしれない。少々古くはあるが、マーシャル・サーリンズ『歴史の島々』も歴史人類学のモニュメンタルな名著としてやはり目を通しておくべきであろう[24]。

日本では増田義郎『太平洋――開かれた海の歴史[25]』が太平洋島嶼を主体とした歴史像を提示している。新書で小ぶりながらも隠れた名著である。他には石川栄吉『クック艦長は何を見たか[26]』と山中速人『ヨーロッパからみた太平洋[27]』が初学者には読みやすい。また、山本真鳥編『オセアニア史[28]』、吉岡政徳監修・遠藤央ほか編『オセアニア学[29]』、吉岡政徳・石森大知編『南太平洋を知るための58章[30]』所収の各論考は日本の太平洋・オセアニア地域研究の高い水準を示すもので是非おさえておく必要がある。最後に塩田光喜『太平洋文明航海記[31]』を挙げておきたい。二〇一四年刊行の本書は塩田の遺作である。「おわりに」において、〝近代太平洋史が日本では前人未踏の知的大洋であり、海図は自らの知力を駆って作り上げていかねばならない[32]〟との決

意表明がみられるだけに大変残念である。(33)

東洋文庫所蔵の漂流記関係史料

一八世紀以降の近代太平洋史に足跡を残したのは欧米人だけではない。時をほぼ同じくして日本人も太平洋の其処彼処に少しずつ顔を出し始めるようになった。当時の日本は徳川幕藩体制下のいわゆる「鎖国（海禁）」政策のもとで邦人の海外渡航は厳しく禁じられていたが、自らの意思とは関係なく海外に流され、異なる世界にいわば放り込まれた漂流民らがいた。彼らの多くは米や商品作物を運搬するための船乗り・商人であり、乗っていた船が運悪く沖合で暴風雨に見舞われ、黒潮に流された果てに見知らぬ土地へと漂着したのであった。考えようによっては命が助かっただけでも、マシなのかもしれない。

彼らのほとんどが漂流先で一生を終えたものと思われるが（そのため記録は残らないのだが）、奇跡的に帰還した者たちは蘭学者の立会のもとで口述を通じて詳細な漂流記を残した。そのうちよく知られる代表例が大黒屋光太夫（一七五一―一八二八）であり、ジョン万次郎こと中浜万次郎（一八二七―九八）である。

東洋文庫の和漢籍コレクションの粋である岩崎文庫には彼ら有名な漂流者のものも含めて数多くの漂流記が確認される。そのいくつかは「ハワイと南の島々展」において展覧に供した。この企画展は太平洋の歴史に関わる和・漢・洋の所蔵史料を突き合わせることによって欧米のこれまでの探検航海記主体の従来の太平洋史とは異なる、日本ならではの視点を持った「新たな太平洋史」のイメージを提示することとなった。以下紙幅の都合上、展示史料のなかから主だった漂流記を二点にしぼり紹介したい。(34)

①　伊勢漂流民（大黒屋光太夫と磯吉）と『魯西亞国漂船聞書』

大黒屋光太夫の名は井上靖『おろしや国酔夢譚』と吉村昭『大黒屋光太夫』の小説で一般によく知られており、高校の日本史の教科書にも必ずその名は確認される。

一七八二年、船頭を務める光太夫のもと江戸へ向かう一七人の船乗りたちは途中の駿河沖で暴風雨に遭遇した。沈没を避けるべく帆柱を切り落とした彼らの船は北太平洋のはるか彼方に流され、アリューシャン列島の一つアムチトカ島に漂着した。

厳しい自然環境下、仲間を相次いで失ったが、光太夫らは先住民のアレウトや毛皮交易のために一時滞在していたロシア人らと交流を深め、その後、カムチャツカ、オホーツク、ヤクーツクを経て、東シベリアの要地であるイルクーツクに到着した。光太夫はそこで博物学者のキリル・ラクスマン（一七三七—九六）と意気投合し、彼の周旋によりサンクトペテルブルクを訪ね、皇帝エカチェリーナ二世（一七二九—九六）に拝謁することに成功した。ロシア史上名高いこの女帝から帰国の許可を得て、再びシベリア大陸を引き返し、キリルの息子アダムによってオホーツク海経由で根室に送り届けられたのが一七九二年のことである。足かけ一〇年の漂流を経て日本に戻ってこられたのは光太夫含め三人だけであった（うち一人は根室で病死）。

地元の三重県鈴鹿市では光太夫らが持ち帰ったゆかりの品々を展示する記念館があり、今日も顕彰会が熱心な活動を継続している。東洋文庫は光太夫とともに帰還に成功した磯吉の口述に基づく『魯西亞国漂船聞書』を所蔵している。蘭学者の桂川甫周の手によって光太夫の視点で語られる『北槎聞略』はつとに知られるが、東洋文庫蔵のこちらは磯吉の視点で語られる点がユニークであり、研究者の間でも従来ほとんど知られていなかった史料である[35]（図12）。

井上あるいは吉村の小説を念入りに読まれた方はご存知であろうが、彼ら伊勢漂流民の一行は本格的なシベリア横断を決行する直前、ロシア海軍の太平洋における前線基地であったカムチャツカ半島のペトロパブロフスクに寄港したフランスのラ・ペルーズ艦隊に所属するバルテレミ・ド・レセップス（一七六六―一八三四）らと交流している。レセップスはその後、このカムチャツカで本隊と別れて、光太夫にさきがけてシベリアを横断し、パリに帰着した。その間の記録が『旅行記』として出版され、ヨーロッパの教養層の間で高い評判を得た。レセップスは本書のなかで、光太夫一行の漂流の経緯、光太夫の外見や人柄を詳らかに述べている。読書人であったエカチェリーナ二世は光太夫に会う前にこの書を既に読んでいた可能性

図12 『魯西亞国漂舶聞書』（1792-1828年 江戸）

図13 イルクーツク市内にあるシェリホフ（1747-95）の墓
シベリアを代表する毛皮商人・探検家で光太夫とも面会した。

図14　レセップス『旅行記』（1790年 パリ）

がある（図14）。

本隊とカムチャツカで別れたことで、レセップスはラ・ペルーズ隊のなかで結果的に唯一の生存者となった。なお、スエズ運河を開削したことで有名なフェルディナン・ド・レセップス（一八〇五―九四）は彼の甥にあたる。

カムチャツカという東洋のおよそ最果ての地において歴史に名を残す日本人とフランス人が数奇な出会いを果たした。ともに太平洋上で万里の波濤を乗り越えてきた者同士、どのような情報と意見が交わされたのであろうか。日仏両国あるいはロシアの研究機関に新たな史料が未だ残されている可能性もあるが、まずは『魯西亜国漂船聞書』とレセップス『旅行記』とを東洋文庫で照合し、必要なデータを集積しておくのが良いであろう。

②　石巻漂流民と『環海異聞』

日本人として初めて世界一周を成し遂げたのは誰か。今日記録に残る範囲で言えば、一七九三年に仙台藩石巻の港から江戸へ向かう途中に遭難し、アリューシャン列島に漂着した若宮丸の船乗り達である。こちらも無事に故郷へ戻れたのは一六名中のわずか四名であった。伊勢漂流民の件からおよそ一〇年後の出来事である。若宮丸の船乗りたちも同じようにシベリア横断を決行し、サンクトペテルブルクでロマノフ王朝の皇帝に帰国の嘆願を行った。

彼らが拝謁したのはエカチェリーナ二世の孫にあたるアレクサンドル一世（一七七七―一八二五）である。皇帝は願いを聞き入れ、ニコライ・レザノフ（一七六四―一八〇七）を使節代表として日本に派遣することを決めた。彼らを日本に届ける役目を担ったのがロシア海軍提督のクルーゼンシュテルン（一七七〇―一八四六）である。同艦隊は二隻からなり、ロシア初となる世界周航の探検隊であった。バルト海からデンマーク、イギリスを経て大西洋を横断し、ブラジルに寄港した後に南米大陸の南端付近をまわり太平洋へと出る非常に長い航路を取っており、まさに探検航海である。太平洋に入ってからはマルケサス諸島からハワイ諸島、そしてカムチャツカ半島へとひたすら北西に向かって縦断した。カムチャツカ到着後、目的地の一つである長崎に到着し、若宮丸乗組員の四名は奉行所役人に引き渡されたが、ロシア側が望んでいた通商交渉は結局失敗に終わった。

彼ら漂流民は江戸へ送られた後、蘭学者の大槻玄沢（一七五七―一八二七）の審問を受けた。玄沢自身が伊勢漂流民から既に得ていた知識を背景に、石巻漂流民から新たに得られた情報を書き加えたものが『環海異聞』である[36]。全一六冊からなる本書は写本のかたちで比較的多く伝わるが、東洋文庫蔵は本文と挿絵の両面において詳細であり、出来の良いものであるため、専門家の間では原本にかなり近いものと推測されている。

『環海異聞』は日本人の目から見た当時のポリネシアが詳細に描写される貴重史料でもある。特にマルケサス諸島について具体的言及がみられる。ロシア側の記録すなわちクルーゼンシュテルンと彼に同行した博物学者ラングスドルフ（一七七三―一八五二）の航海記とを同時参照すれば欠落した情報を補うことができるし、逆もまた然りである（図15・16）。

この検証をこれまで行い得たのは近世日本語の崩し字と欧文の両方が読める日本人研究者のみである。石川栄吉『日本人のオセアニア発見』[37]、高山純『南太平洋の民族誌――江戸時代日本漂流民のみた世界』[38]、加藤九祚『初めて世界一周した日本人』[39]が比較的入手しやすい。三者はともに人類学者・民族学者あるいは考古学者であるが、

図15　『環海異聞』より マルケサス島民

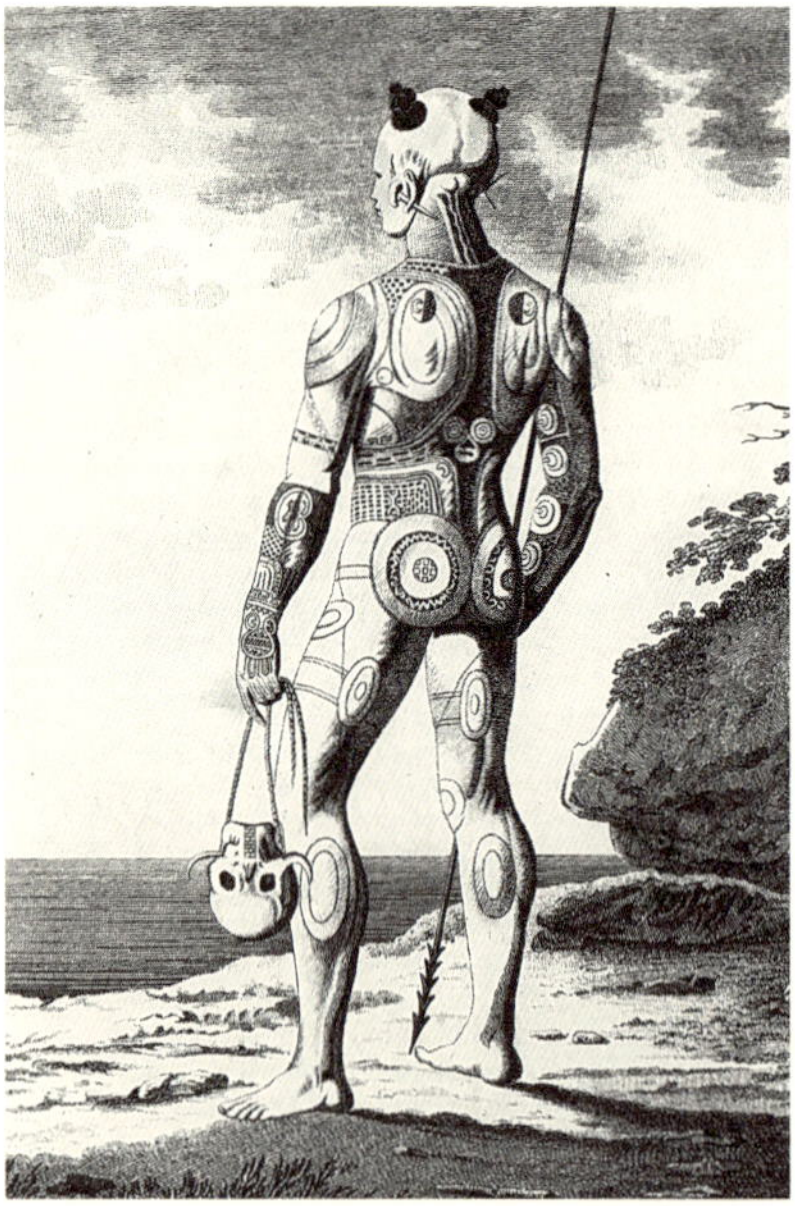
図16　ラングスドルフ『世界各地の航海と旅』（1813年 ロンドン）より マルケサス島民

文献考証もしっかりとしており歴史学の研究書として十分読み応えがある。ただし、いずれも刊行から四半世紀が経過しており、情報の更新をかねて再検証がそろそろ必要な時期である。『環海異聞』の各写本の比較作業が残されているし、ロシア側の記録も原本となるマニュスクリプトの最終確認がやはり必要である。その前段階となる準備作業が一つどころで可能なのは東洋文庫をおいて他にない。

むすびにかえて

欧米に蓄積される従来の太平洋史研究と日本において今後取り組むべき太平洋史研究とをいかに接続するか。これが喫緊の課題である。さらに、調査の過程において判明し得た研究成果を現地の太平洋島嶼の人々にどのようなかたちで還元するのかが次なる課題となろう。扱う時代と空間の広がりを考えると、人文・社会・自然の既存の枠を乗り越えた領域横断型の共同研究プロジェクトを推進するが好ましい。その点、学際的特性をもともと有する東洋学との相性は良さそうである。

地球の表面積の三分の一を覆うこの大海原での人々の営みを過去にさかのぼって解明する意義は少なくない。アメリカ・中国・日本という今日の世界経済を牽引する三者がいずれも面するのが太平洋である。フランスの著名な経済学者ジャック・アタリも近著『海の歴史』にて世界経済の軸が今や大西洋から太平洋へと完全に移行したことを指摘する。(40)

他方で、温暖化による海面上昇、プラスチックなどの漂流ゴミによる海洋汚染の問題は大変深刻である。「太平洋ゴミベルト」と呼ばれる三四〇〇万平方キロメートルに及ぶ水域（フランス国土の六倍の面積）には七〇〇万トン以上のゴミが集まっており、それらは食物連鎖をつうじて人体組織にも蓄積され続けている。(41)

太平洋を舞台に太古から連綿と続く調和の取れた人々の営みを、次世代には自然なかたちで学んでほしい。豊饒の海を子々孫々に伝え、持続可能な社会の実現へ向かうべく、貴重な海洋資源についても自然保護と国際法とのバランスに基づいた謙虚な姿勢を保つことで活用を図るべきである。夢のある未来を見据えて、現役世代の研究者は島嶼国の研究者と手を携え、今まさに「新たな太平洋史」の構築に着手すべき時ではないだろうか。

一〇〇万点を超える蔵書を有する東洋文庫であるが、その真価は洋古書のコレクションにあり、旅行記のジャ

図17　『キャプテン・クック航海記図版集』
（18世紀末 ロンドン）より
「ソシエテ諸島（タヒチ）の女性」

ンルに充実がみられるのが特徴である。それは蔵書データベースの量的調査からも、ミュージアムで重ねてきた企画展覧会における出陳状況からも明らかである。

　東洋の隅々をめぐった西洋人が最後にたどり着いたのが太平洋の島々であった。彼らの旅行記のなかに登場する挿絵はあたかもこの世の楽園である（図17）。東洋文庫に最後に残される「東洋（フロンティア）」もまた太平洋であった。研究対象を特定のイデオロギーに傾斜させず、学問的にバランスよく丁寧に包摂していかねばならない。その前提を守れるならば、東洋文庫は今後の日本における太平洋史研究の新たな一大拠点となる可能性を十分に秘めている。

注

（1）牧野元紀「岩崎久彌と東洋文庫」（三菱一号館美術館『三菱が夢見た美術館　岩崎家と三菱ゆかりのコレクション』二〇一〇年）。

（2）東洋文庫創立九〇周年を記念して出された『アジア学の宝庫、東洋文庫――東洋学の史料と研究』（勉誠出版、二〇一五年）所収の座談会における、東洋文庫の田仲一成図書部長の以下の発言に注目したい。「日本にはアジア研究で三つの大きな機関があります。東京大学の東洋文化研究所と、京都大学の人文科学研究所、そして東洋文庫です。（中略）人文科学研究所東方部の研究領域はほとんど中国だけ、東洋文化研究所は中国のほかインドや東南アジアにも比較的強いですが、カバーする範囲は東洋文庫のほうがはるかに広い。ヨーロッパ人の研究は必ずしも中国だけを見ていたわけではなく、アジア全体を見てたくさんのアジア地域に対して研究を開拓してきました。その東洋史学の伝統によると思うんですが、東洋文庫は、中国そのものよりは、中国の周辺地域に研究の焦点を絞ったんですね。（中略）京都大学の人文科学は清朝の中国、清朝考証学です。東大は古い漢学からなんとか脱皮しないといけないとは思っていても、ルーツが体制教学的です。少なくとも戦前まではそういう責任もあったわけです。東洋文庫はどこを向いているかというと、全くヨーロッパ人のほうを見ています。研究の模範はヨーロッパ人。」（七二―七五頁）。

（3）『アジア学の宝庫、東洋文庫：東洋学の史料と研究』（勉誠出版、二〇一五年）七三頁。

（4）齋藤ひさ子・蛭田顕子・渡邉富久子「日本関係洋古書の我が国での所蔵状況について」（国立国会図書館主題情報部『参考書誌研究』六八号、二〇〇八年）。

（5）東洋学の蔵書点数とコレクションの質に関して日本国内での比較はほとんど意味をなさないため、東洋文庫はハーバードイエンチン図書館やロンドン大学ＳＯＡＳ図書館等の海外の東洋学研究図書館との連携協力を重視している。

（6）前掲論文一六頁。

（7）同論文三九～四〇頁。

（8）東洋文庫編『時空をこえる本の旅17　東方見聞録展　モリソン文庫の至宝』（東洋文庫、二〇一七年）。

（9）齋藤ひさ子・蛭田顕子・渡邉富久子「日本関係洋古書の我が国での所蔵状況について」（国立国会図書館主題

情報部『参考書誌研究』六八号、二〇〇八年）二四頁。

（10）詳細については東洋文庫編『東インド会社とアジアの海賊』（勉誠出版、二〇一五年を参照）。

（11）一般性と専門性とのバランスに注意しながら、月一回の普及展示部会議、年二回のミュージアム諮問委員会を経て展示企画は本決まりとなる。普及展示部会議は東洋文庫内部の関係者、ミュージアム諮問委員は東洋文庫外部の有識者からなる。諮問委員については二〇一八年末時点で、以下の各氏よりご協力を頂いている。福田康夫（委員長）、彬子女王、青柳正規、亀山郁夫、姜尚中、ドナルド・キーン、元良信彦、西本智実、山本寛斎。

（12）オセアニアを対象としたオリエンタリズム研究については、春日直樹編『オセアニア・オリエンタリズム』（世界思想社、一九九九年）を参照。

（13）参加国のオーストラリアとベトナムはＡＰＥＣ首脳会議への参加直前、自国の国会でＴＰＰこと環太平洋パートナーシップ協定の正式発効に向けての関連法案を通過させた。これは既に手続きを終えたメキシコ、日本、シンガポールに続いての動きであった。二〇一八年一二月三〇日、ＴＰＰ11は正式に発効した。一一の加盟国は日本、カナダ、ニュージーランド、メキシコ、ペルー、チリ、オーストラリア、ブルネイ、シンガポール、マレーシア、ベトナムである。

（14）経済産業省ホームページ「ＡＰＥＣの歴史——設立経緯——」http://www.meti.go.jp/policy/trade_policy/apec/history/organize.html

ＰＢＥＣは太平洋の東西両岸主要国・地域及びオーストラリアの財界代表により構成され、本部はハワイに置かれていた。定期的会合が開かれ、産業協力等のテーマについて交流を深める活動を行っていたという。

（15）増田義郎は『太平洋——開かれた海の歴史』の「あとがき」において以下の言を遺している。「この世界一の大海に、日本列島は、南北二〇〇〇キロメートルにわたって接しながら、有史以来それに関心をもつことがあまりにも少なかった。列島の住民の目は、絶えず西方に釘づけになり、視線は中国、そして西欧に注がれた。その結果、東側の海太平洋は、長い間ほとんど忘却の淵に追いやられたのである。本書は、このように太平洋に関してほとんど関わることのなかったわれわれの無知に対する反省の上に書かれたものである」（二三二―二三三頁）。

（16）なかでも、篠遠喜彦博士（一九二四―二〇一七）の功績は大きい。篠遠喜彦・荒俣宏『楽園考古学——ポリネシアを語る』（平凡社、二〇〇〇年）は対談を書き起こしたものであるが、ポリネシア考古学に金字塔を打ち建てた博士の自伝でもある。一読をお薦めしたい。

(17) 日本では概して人類学者の仕事の延長上にある。以下は近年刊行のもので比較的入手しやすく非専門家にも読みやすい。印東道子『島に住む人類——オセアニアの楽園創世記』(臨川書店、二〇一七年)。後藤明『南島の神話』(中公文庫BIBLIO、中央公論新社、二〇〇二年)。

(18) 詳細は山本真鳥編『オセアニア史』(新版世界各国史27、山川出版社、二〇〇〇年)の巻末参考文献表を参照。オーストラリアやニュージーランドにおける研究はイギリス由来の学問手法でほとんどが英語で発表されるため便宜的に「西洋(欧米)」に含める。

(19) ジャレド・ダイアモンド『銃・病原菌・鉄——一万三〇〇〇年にわたる人類史の謎』上下巻(倉骨彰訳、草思社文庫、二〇一二年)。

(20) ジャレド・ダイアモンド、ジェイムズ・ロビンソン編『歴史は実験できるのか——自然実験が解き明かす人類史』(小坂恵理訳、慶應義塾大学出版会、二〇一八年)。

(21) Nicholas Thomas, *Islanders, The Pacific in the Age of Empire*, Yale University Press, 2010.

(22) Jennifer Newell, *Trading Nature, Tahitians, Europeans & Ecological Exchange*, University of Hawai'i Press, 2010.

(23) Donald Freeman, *The Pacific* (Seas in History), Routledge, 2010.

(24) マーシャル・サーリンズ『歴史の島々』(山本真鳥訳、法政大学出版局、一九九三年)。

(25) 増田義郎『太平洋——開かれた海の歴史』(集英社新書、二〇〇四年)。

(26) 石川栄吉『クック艦長は何を見たか——十八世紀の南太平洋』(力富書房、一九八六年)。

(27) 山中速人『ヨーロッパからみた太平洋』(世界史リブレット64、山川出版社、二〇〇四年)。

(28) 山本真鳥編『オセアニア史』(新版世界各国史27、山川出版社、二〇〇〇年)。

(29) 吉岡政德 監修/遠藤央・印東道子・梅﨑昌裕・中澤港・窪田幸子・風間計博編『オセアニア学』(京都大学学術出版会、二〇〇九年)。

(30) 吉岡政德・石森大知編『南太平洋を知るための58章』(明石書店、二〇一〇年)。

(31) 塩田光喜『太平洋文明航海記——キャプテン・クックから米中の制海権をめぐる争いまで』(明石書店、二〇一四年)。

(32) 同書「おわりに」一八三頁より筆者が一部改編。

(33) 「おわりに」の末尾に書かれた以下の文言も引用しておきたい（一八四―一八五頁）。「私は、本書を、日本の読者の皆さんに太平洋のキャプテン・クックからヒラリー・クリントンまでの二百数十年のヒューマン・ドラマを知っていただきたい一心で書いた。日本人は太平洋戦争敗戦後、太平洋に背を向けた。だが、もはやトラウマを振り払う時ではないか？日本では、21世紀はアジアの時代だと言われるが、アメリカでは「アジア＝太平洋」である。この認識のギャップは正される必要がある。日本はアジアの中で動いているのではなく、「アジア＝太平洋」の中で動いているのである。本書がこの認識の歪みを正す礎石となることを祈ってやまない。そして、「沖を目指し、まっしぐら」の気概を持つ若者達のチャート（海図）とならんことを！」

(34) 故郷へどうにか帰還を果たした漂流民はその前提として逆境にめげない並外れた気力と体力とを有していたことが想像される。そのうえで強調しておきたいのは、彼らが漂流先において相当程度の厚遇を受けており、それが最後まで希望を見失わずに済んだ大きな要因となっている点である。不幸中の幸いであった。特にここで取り上げた伊勢漂流民と石巻漂流民は訪れた先々で人々から同情と憐憫を誘い、ついには宮殿で皇帝に拝謁する機会さえ与えられた。内実には通商交渉のねらいがあったにせよ、その度量の広さにはただ感嘆するより他なく、後世に生きる日本人の一人として率直に感謝の念を抱くのみである。

(35) 山下恒夫『大黒屋光太夫史料集』（日本評論社、二〇〇三年）。及び同『大黒屋光太夫――帝政ロシア漂流の物語』（岩波新書、二〇〇四年）は新規史料として『魯西亜国漂船聞書』を読み込んだうえの研究である。井上靖は『北槎聞略』を主要な依拠史料とし、吉村昭はこちらの研究成果を小説に引用している。

(36) 比較的入手しやすい専門書としては後掲の加藤九祚『初めて世界一周した日本人』（新潮社、一九九三年）の他、杉本つとむ編『環海異聞――本文と研究』（八坂書房、一九八六年）がある。また、石巻では大島幹雄氏が事務局長を務める「石巻若宮丸漂流民の会」があり、市民レベルで若宮丸漂流民についての研究を継続し、会報『ナジェージダ』を定期発行している。

(37) 石川栄吉『日本人のオセアニア発見』（平凡社、一九九二年）。

(38) 高山純『南太平洋の民族誌――江戸時代日本漂流民のみた世界』（雄山閣出版、一九九一年）。

(39) 加藤九祚『初めて世界一周した日本人』（新潮社、一九九三年）。

（40）たとえば、一九七〇年の世界の貿易量では大西洋航路が圧倒的割合を占め、世界の上位一〇港には三つのイギリスの港と四つのアメリカの港が入っていたが、一九八〇年代には日本経済の成長をうけて太平洋が大西洋を追い抜き、一九八六年にはコンテナの数と重量でシンガポールが世界最大の港となり、横浜と釜山が後に続いたという。そして、二〇一七年、世界の上位港は上海、シンガポール、深圳、寧波、香港の順である。一九六〇年まで世界一だったニューヨークはランキングの圏外で、ヨーロッパ上位五港の取扱量すべて足し合わせても上海を下回る（ジャック・アタリ『海の歴史』（林昌宏訳、プレジデント社、二〇一八年、二二二―二二五頁）。

（41）同三四三―三四六頁。同一九頁の以下の言は重みがある。「母親を殺せば自身も死んでしまうことがわかっていながらも、母親に少しずつ毒を盛る子を思い浮かべてほしい。こうした不条理な状況こそ、今日、人類が海に対して行っていることなのだ。その子は、母親のおかげで呼吸ができ、そして栄養を得ることができるのに母親を殺そうと夢中になっている。母親を殺そうとすれば、その子のほうが先に死んでしまう……。」

中国の近代大学図書館の形成と知の体系
――燕京大学図書館を例として

河野貴美子

はじめに

東アジアの「人文学」は、近代以降、西洋の学術からの影響を受け、それに学びつつ形成されてきたものであることは、いま改めて言うまでもない。古来漢字を共通の文字として使用し、一文化圏を形成してきた東アジアの伝統的な知の体系は、この百数十年で大きく姿を変え、日本のみならず、東アジアの各国各地域において、ひとしく学問パラダイムの大転換がはかられたのであった。

「哲・史・文」を柱とする「人文学」の枠組みは、いまや既成概念となった。しかしその存在意義や「人文学」が果たすべき役割については現代社会から厳しい「反省」を迫られている。また同時に、近年はとみに、学の再編や横断、新領域の創出の必要が唱えられてもいる。それでは今後の「人文学」はどのような未来を切り開いていくべきか。

小稿では、東アジアの近代人文学が歩んできた道を振り返り、東アジアの人文学が現在抱える問題と今後のあり方について考える一起点とすべく、中国・燕京大学図書館の蔵書形成の様相や分類目録の作成をはじめとする知の体系の構築の試みについて、日本との関係を中心に考察を行ってみたい。

学問は、その「テキスト」と不可分の関係にある。大学図書館がいかにして設立、運営され、学問の資源としての図書をいかに収集し利用してきたのかということは、学問の領域概念の形成と密接に関わるものである。大学図書館の蔵書は、学知の世界の状況を映し出す鏡といってもよい。また、東アジアの学問の「近代化」の過程において、日本の学術動向が果たした作用が少なくないことも、周知のことである。小稿では、中国近代の大学図書館として、とりわけ画期的な成果を残した燕京大学図書館の図書分類法、そして、日文図書の収蔵状況や日本の学術界との交流等に注目し、「人文学」の建設、形成にあたってのその努力や創意、あるいは混乱や葛藤を含む実情を辿ってみたい。

燕京大学図書館について

まず、燕京大学図書館の沿革について概観しておく。

燕京大学は、一九一九年、北京彙文大学や通州協和大学等の教会学校を合併して北京東南の盔甲廠《クイジア》の地に創立された[1]。校長はアメリカ人宣教師を父として中国杭州に生まれたJohn Leighton Stuart（司徒雷登 一八七六―一九五五）、初代図書館長はHoward Spilman Galt（高厚徳 一八七二―一九四八）であった。その図書館は、はじめは、一つの部屋に書棚が一架、僅か数百冊の寄贈書のみを有するものであったが、一九二六年に北京海淀《ハイディエン》の現在の北京大学キャンパスの地に校舎を建築移転し、また、一九二八年に哈仏《ハーバード》燕京学社（Harvard-Yenching Institute）が成立した後は、その豊富な資金を得て蔵書が飛躍的に増加し、とくに中国研究、東方学の書物が充実する。

燕京大学図書館は、ハーバード大学漢和図書館（The Chinese-Japanese Library of the Harvard-Yenching Institute at Harvard University（後、ハーバード燕京図書館（Harvard-Yenching Library））と緊密に連携しつつ、独自の先進的な図書館建設を実現していく。ちなみに、海淀へ移転後の燕京大学図書館は、建築費約一〇万元をかけて建設された地下一階地上三階建ての文淵閣を摸した中西折衷様式の建物で、現在は北京大学檔案館となっている。この建物は、Thomas Janet Berny 夫妻の娘らの寄付によって建設されたとのことである。燕京大学図書館は、管理、運営といったソフトの面でも、またハードの面でも、当時の北京においては画期的な図書館像を示すものとして存在したことが推察される。

そして、いま特に注目したいのは、燕京大学図書館が、燕京大学の中核プロジェクトとして推進された中国研究、東方学研究と連動して、日本の学術書や学術雑誌の収集にもとりわけ力を注いだこと、また、図書館の運営自体も、ただアメリカの方式に倣うばかりでなく、日本の図書館や学術機関の情報を得ながら進められていたことである。

燕京大学は、一九五二年、「京津高等学校院系調整」により北京大学に合併され、以後、図書館の膨大な蔵書も現北京大学に引き継がれ、現在、燕京大学図書館の旧蔵書や、図書館の運営に関わる多くの資料は、北京大学に残されている。小稿が着目するのは、それらの情報の中に、近代人文学の問題を再考するうえで、有効なヒントが多く含まれていることである。

燕京大学の学問と図書は、中国における「人文学」の根幹たる「国学（中国学）」を中心とするものであった。しかし同時に、新たな「社会科学」や「自然科学」の領域にももちろん及んでいく。本稿では、中国学、東方学を柱としつつ、新たな学問領域をも取り込み、近代の学知を形成していく過程において、図書館はいかなる作用を果したのか、またそこに日文図書はいかなる意味をもって存在したのかを、関連の資料とともに考察していきたい。

燕京大学図書館の図書分類について

燕京大学図書館が行った画期的な事業としてまず取りあげるべきは、一九三一年の時点で、ハーバード大学図書館と共同で「中文図書分類法」を制定採用したことである。

前近代においては、中国の書籍目録は「経・史・子・集」の四部分類を長らく伝統としてきた。ところが近代に入り、新しい学問分野や概念がもたらされると、書物をいかに分類するかということは、すなわち、学問体系の改革にいかに対応し、それをいかに受け入れるのかという、以後の学問の方向やあり方を決定する深刻かつ根本的な難題と相俟って、図書館の建設運営に携わる人びとを困惑に陥れることとなった。

以下本節では、まず、二〇世紀初頭の中国の図書館における分類目録が試行錯誤とともに作成された状況を簡単に概観した後、燕京大学図書館の図書分類をみていきたい。

近代中国における図書分類編成の模索

例えば、燕京大学に先がけて一八九八年に創立された北京大学の前身、京師大学堂の蔵書楼は一九〇二年に成立し、精力的に図書を収集していくが、近代以降に刊行された新しい図書の分類方法についてはその後長く決着をみず、保留された状態が続いた。興味深いのは、一九一〇年に編纂された『大学堂図書館図書草目』の分類である。この全四冊の図書館書籍目録のうち、中文図書を著録する三冊（「大学堂図書館漢文図書草目」）が、経・史・子・集の四部分類を基本として、「叢書」、「訳書」、「講義」の項を加えるという中国伝統の分類に則ったものであるのに対し、「日本文図書」の目録にあてられた第四冊目のみは分類方法を異にしているのである。合計五〇〇〇余本の日本文図書を著録する「大学堂図書館日本文図書草目」の分類方法は以下の通りである。

▽『大学堂図書館図書草目』第四冊「大学堂図書館日本文図書草目」分類内訳

歴史 社会 人種／地理 殖民／教科書／教育／宗教／哲学 心理／倫理 論理／文集 叢書 雑著／工学／農学／林学／獣医／星学／動植／物理／算術／地質／政法／商学／医学／図画 美術

日本文図書に対してのみ、新しい分類概念が用いられていることは、一九一〇年当時の中日の書物や学問の状況の相違を端的に反映していよう。近代に入り、それ以前の学問の伝統からたやすく脱してしまった日本に対し、中国（の書物の世界）にとっての転換はより根深い問題であったことが窺われる。

京師大学堂は一九一二年に北京大学校と改称、その後も図書分類の方法は決定をみないまま懸案事項としてあり続けるが(2)、一九三五年に至り、ついに、皮高品編成の「中国十進分類法」が採用されることになり、日文図書についても同じ分類法が採られることとなる。

このように、中国の学術界にとって、新たな学問の枠組みに基づく図書分類への移行が非常に困難であったことについては、次の資料からも窺い知ることができる。それは、一九二五年に成立した中華図書館協会の成立記念式典における梁啓超の(3)演説である。アメリカ図書館協会代表のArthur E. Bostwiskを来賓に迎えて行われた式典で、梁啓超は次のような言葉を述べている。

▽梁啓超「演説辞」（『中華図書館協会会報』第一巻第一期、一九二五年六月三〇日）

我們很信中国将来的図書館事業也要和美国走同一的路径纔能発揮図書館的最大功用。……但中国書籍的歴史甚長、書籍的性質極複雑、和近世欧美書籍有許多不相同之点。我們応用現代図書館学的原則去整理他、也要很費心裁、決不是一件容易的事。従事整理的人、須要対於中国的目録学（広義的）和現代的図書館学都有充分智識、且能神明変化之、庶幾有功。這種学問、非経許多専門家継続的研究不可。研究的結果、一定能在図書館学裏頭成為一独立学科無疑。所以我們可以叫他做「中国的図書館学」。

この演説で梁啓超は、まず、中国の将来の図書館事業はアメリカと同じ道を歩んでこそ最大の機能を発揮することができるはずだと述べるが、と同時に、中国の書籍の歴史ははなはだ長く、また複雑な性質を有するものであることについて言及し、それは近時の欧米の書物とはかなり異なることを強調する。そして、中国の図書館において、いかに現代の図書館学の原則を応用して図書館を構築していくかは非常に難しい課題であること、また、中国の伝統的な（広義の）目録学と現代の図書館学の双方を十分に理解した多くの専門家が共同して継続的に取り組んでいかねばならないことを訴え、その結果を図書館学に活かしていけば一つの独立した学科、すなわち「中国図書館学」を立ち上げることができるだろう、と説いている。

また中国では、ちょうどこれと相前後して、杜定友（一八九八―一九六七）によって『世界図書分類法』が考案される。(4) これは近代中国における最初期の代表的な図書分類として、その後も影響力を持つことになったものであり、杜定友はこれを、アメリカのデューイ十進分類法（一八七六年発表）を基礎としつつ作成したのであった。しかしながら杜定友は、日本の帝国図書館の分類をも高く評価しており、次のように述べている。

日本与我国、素称同種同文。其哲学文学、多自我国流伝而去。所有図書、亦多与我国相同。故吾人亦可参考

其図書分類法、以応我改良之用。(5)

日本と中国は、もとより同種同文を称するものであり、日本の哲学や文学は、多くは中国から伝わったものである。日本の図書もまた、多くは中国と同じである。したがって我々中国人は、日本の図書分類法を参照して、中国の図書分類の改良に役立てるべきである、とある。そしてその結果作成された分類法は、以下のような綱目を有するものである。

▽杜定友編『世界図書分類法』綱目

000総記／100哲理科学／200教育科学／300社会科学／400芸術／500自然科学／600応用科学／700語言学／800文学／900歴史地理

注目されるのは、社会科学や自然科学など「……科学」という分類が並ぶ中、「人文科学」という綱目は立てられていないことである。これについては後にも触れたい。

燕京大学図書館の「中文図書分類法」

それでは次に、燕京大学図書館の「中文図書分類法」について、採用の経緯とその内容をみていく。

一九二八年のハーバード燕京学社成立以後、燕京大学図書館の運営は、同年に図書館長を務めていた洪業（一八九三―一九八〇）と、翌一九二九年から図書館長を務めた田洪都の両人(6)によって基礎固めがなされた。アメリカ・コロンビア大学で修士号を取得し、ハーバード大学でも教鞭を取っていた洪業は、ハーバード燕京学社の設立にも貢献した歴史学者である。現在北京大学檔案館には、燕京大学図書館草創期の各種文書資料が保管されているが、その中には例えば、一九二九年九月にハーバード大学のChaseという人物が燕京大学校長のLeighton Stuartに宛てた手紙において、洪業が、ハーバード大学図書館と燕京大学図書館とで統一した図書分類を開発すべきだと提言していたことを伝えている。(7)

こうした動きを受けて、一九三〇年に田洪都が渡米し、ハーバード大学図書館漢和文庫主任であった裘開明（一八九八―一九七七）と協議を行い、裘開明が作成したハーバードの漢和図書分類法を用いることを決定し、一九三一年より統一図書分類として採用するに至る。これは、先に述べた北京大学が「中国十進分類法」を採用する一九三五年よりも四年前のことになる。(8)この間の経緯を具体的に伝える資料を以下に掲げておこう。

▽**房兆穎「本館現用之中日文図書分類法」**（『燕京大学図書館報』第一期、一九三一年一月一五日）

本館自与美国哈仏大学図書館合作以来即決定両館共同採用一種中日文書分類法、以期予両校師生以閲覧之便。客春本館代理主任田洪都君抵美後与哈仏図書館漢和文庫主任裘開明君議定採用哈仏図書館之分類法、幷擬定中日文図書編目法若干項。……自西学東来以後乃漸有依西法類書者、如沈祖栄、杜定友、王雲五諸家之分類大抵以杜威十進法為基本而稍変通之以求適用於国籍。……中国図書分類法須既可部勒旧籍復能容納新学。此外如有伸縮性、精確簡明諸条件亦応具備。茲本館再三考慮之餘乃决採用裘氏法者以其可以応上述諸条件也。

……

右の文章を掲載するのは『燕京大学図書館報』の創刊号である。『燕京大学図書館報』は、一九三一年一月一五日から一九三九年八月一日まで半月毎に一三四期にわたり刊行されたが、(9)この第一期創刊号が刊行された一九三一年一月はまさにハーバード大学図書館との統一図書分類が採用された時であり、燕京大学図書館がこの図書分類法の採用を画期として、図書館としての組織や機能を一気に確立させていったことが分かる。房兆穎という人物の署名記事として記された右の文章は、その統一分類法採用決定の具体的過程を記すものである。それは次のような内容である。

燕京大学図書館はハーバード大学図書館と共同して同一の中日文書分類法を採用し、教員と学生に便宜を供することとした。そのために田洪都がアメリカに赴き裘開明と協議してハーバード大学図書館の分類法を採用することにした。西洋の学問が伝来して以後、杜威（デューイ）の十進法を基本として中国の書物に適用した沈祖栄、杜定友、王雲五らによる分類が考案された。しかし、中国の図書分類法は旧籍（古典籍）をも部分けして、かつ新しい学問の書物をも受け入れるものでなければならない。それに加えて伸縮性のある、精確かつ簡明で諸条件をも備えるものでなければならない。そこで再三の考慮のすえ、裘開明の分類法を採用するに至った、とある。

注目すべきは、ここではこの統一分類法が中国書籍のみならず、日本書籍をも対象として「中日文書分類法」と称されていること（燕京大学図書館が日本書籍の収集に力を注いだことについては後述）、そして、数多存在する中国の古典籍と、近代の新しい専門書の双方に同時に適用しうる分類法の開発が目指されたことである。

また、燕京大学図書館の創設期の経緯や状況については、『燕京大学図書館概況』（田洪都一九三三年秋序）を通しても、その要点を知ることができるが、その「分類」の項には、次のような文章が載る。

▽『燕京大学図書館概況』分類

……中国所有分類法、前以四庫、較為完備。今則図籍之多、幾如恒河沙数、決非四庫分類法、所能包括。欧美之図書分類法、例如美国国会図書館分類法、杜威十進分類法等、雖尚称完備、然以之処置中国書籍、亦未尽善。遂不得不於一図書館内、採用中西両種之分類法。

在本館開始捜羅中文書籍時、国内尚無一適用之中文書籍分類法。遂将杜威十進分類法内不常用而便於伸縮之類、改為中国書籍之用、以応急需。自哈仏燕京学社成立後、為謀哈仏及燕京両校図書館之中文書籍分類統一起見、遂於一九三〇年採用裘開明君所編之中文書籍分類法。

中国で従来用いられてきた四庫（四部）分類は比較的完備されたものではあったが、近年の膨大な数量の書籍には対応できない。しかし一方、アメリカ議会図書館分類法やデューイ十進分類法といった欧米の図書分類法も完全を称するものだとはいえ、中国の書籍については処理しきれるものではない。そこで一つの図書館において、中国式と西洋式の二つの分類法を併用する事態となっていた。燕京大学図書館が中文書籍を収集し始めたときには、国内には一つとして適用できる分類法がなかったため、デューイの十進分類法を一部改めながら中国書籍に適用して急場をしのいでいたのであるが、ハーバード燕京学社が成立して以後、両校の図書館の中文書籍分類の統一をはかるために、遂に一九三〇年に裘開明が編成した中文書籍分類法を採用するに至った、とある。

では、その実際の分類法とはいかなるものであろうか。

▽**燕京哈仏大学図書館中文図書分類法**（『燕京大学図書館報』第四九期、一九三三年四月三〇日）

分類総目

100-999　経学類

1000-1999　哲学宗教類

2000-3999　史地類

4000-4999　社会科学類
5000-5999　語言文学類
6000-6999　美術類
7000-7999　自然科学類
8000-8999　農林工藝類
9000-9999　叢書目録類

中国伝統の経学の書物を冒頭に置く旧来の四部分類の面影を残しつつ、哲学宗教、社会科学、自然科学といった新たな領域概念を併存する構成となっている。『燕京大学図書館報』第四八期には、裘開明による当該分類法の凡例が掲載されており、その冒頭には、「本分類法以中法為経、西法為緯（本分類法は中国の方法を縦糸とし、西洋の方法を横糸とした）」とある。中国と西洋の二つの異なる軸が交差し合うような、ダブルスタンダードを共存させるこの特異な分類法は、その後の中国図書館に受け継がれていくことにはならなかった。しかしながら、中国伝統の古典学、東方学を重視した燕京大学において採用されたこの分類法からは、中国、そして日本を含む漢字漢文文化圏における前近代の学知と近代の学知の接続の難しさと、それをどうにかして融合させようとした苦労と苦悩を見て取ることができる。

以上、燕京大学図書館の図書分類は、アメリカ・ハーバード大学と共同して近代の学術に対応するために採用されたものであったわけであるが、その中に、日文書籍に対する特別な配慮があることが注目される。それは、各大分類の下位に設けられた項目の中に、「日本」の名を冠する項目が複数設けられていることである。それは次のようなものである。(10)

哲学宗教類	1430-1499	日本哲学
史地類	2160-2184	日本考古
	3300-3399	日本史
	3400-3479	日本地理
社会科学類	4770-4789	日本政府
語言文学類	5800-5849	日本語言文学
	5850-5969	日本文学
美術類	6190-6220	日本書画

例えば「文学」において、中国以外に独立した分類項目と番号が与えられている外国は日本のみで、それ以外は「5970-5989高麗及其他亜洲各国語言文学」「5990-5999欧洲語言文学」と、アジアとヨーロッパが一括りにされているのみである。先にも述べたように、ハーバード燕京学社が支援して展開した燕京大学の学術研究にとって、日本の中国学研究の成果と日文書籍は特別に位置づけられ、重視されたようである。節を改めて述べていきたい。

燕京大学図書館における日文書籍の収集

『燕京大学図書館概況』の「蔵書」の項目には、日文書籍について次のような言及がみえる。

▽『燕京大学図書館概況』蔵書
日文書籍、附入中文一類。凡対国学有関之在日本出版者、於経費可能範囲内、広事捜羅、其他各科専門之日文書籍、則由各学系之介紹、其書価未超過図書購置費之預算者、由本館購置之。

ここには、蔵書数の統計においては、日文書籍は中文書籍の中に含むこと、「国学」に関わる日本の出版物は、経費の可能な限り極力購入すること、その他の専門領域の日文書籍についても各学系の紹介に基づき、図書館の予算を超えない範囲で購入する、という方針が述べられている。

また、『燕京大学図書館概況』の「組織」の項には、図書館内の委員会として、「中文書籍審購委員会」及び「西文日文東方学書籍審購委員会」等が置かれた、とある。燕京大学図書館においては、計画的かつ組織的に購書が進められ、日文書籍の収集ということに関しても、明確な方針のもと、それが積極的に推進されていたことがわかる。

それでは、燕京大学図書館においては、実際どれほどの日文書籍が購入収集されたのだろうか。現在北京大学図書館には、燕京大学図書館が購入した書籍の登録簿がそのまま残されている。「燕京大学図書館 漢文書籍総計簿」は全一七冊あり、第一冊の登録は一九二五年から開始されている。その中にも日本で刊行された日文書籍が少なからず含まれているが、一九三一年一月一四日（『燕京大学図書館報』創刊の前日）からは、日文書籍専用の登録簿が独立して作られている（「燕京大学図書館日文書籍総計簿」全三冊）。登録は一九五二年一月七日まで続き、合計一万一一八〇部の日文書籍が登録されている。(11)

また、燕京大学図書館の蔵書形成の状況については、『燕京大学図書館報』に毎号掲載されている「新編中日西文書目録」からも知ることができる。ここには、新規登録された書目が、統一分類法に基づき分類番号が付された形で掲載されている。このことにより、それぞれの書物が、どのカテゴリーに分類されたのかも逐一辿ることができるようになっている。その全体像についてもいずれ悉皆調査し整理、考察していきたいところであるが、小稿ではひとまず、燕京大学図書館に所蔵された日文書籍が実際いかに活用され、燕京大学の学問の形成にいかなる作用を果たしたのかを、『引得（Index）』シリーズ、そして『燕京大学図書館報』の記事からみていきたい。

燕京大学の学術活動における日文図書の利用

中国学研究、東方学研究を中心とする燕京大学の学術成果は、燕京大学刊行の学術雑誌『燕京学報』や『史学年報』等に、その優れた水準をみることができる。そしてその中には、日本の資料や研究成果を用いてなされたものも少なからず含まれる(12)。

また、燕京大学図書館の「引得編纂処」から刊行された各種「引得」（Harvard-Yenching Institute Sinological Index Series, 引得四一編、引得特刊二三編）が学術界に果たした貢献については、高く評価されていることである。そして、日本との関係でいうならば、一九三三年九月に『日本期刊三十八種中東方学論文篇目附引得』、そして一九四〇年二月には『一百七十五種日本期刊中東方学論文篇目附引得』が刊行されている。これらの「引得」は燕京大学が当時収集していた日本の学術刊行物を基に編纂されたものである。

うち、『日本期刊三十八種中東方学論文篇目附引得』は、当時燕京大学図書館の日文図書採訪部主任であった于式玉（一九〇四―六九）の編になるもの。于式玉は、一九二四年から一九三〇年にかけて日本へ留学し、奈良女子高等師範学校を卒業後、燕京大学に入り、文学部国文学系で日本語の授業も担当していた人物である(13)。また『一百七十五種日本期刊中東方学論文篇目附引得』の方は、于式玉・劉選民の編とされ、劉選民の序によれば、于式玉の仕事を引き継ぎ、「東方文化委員会主席橋川時雄」、「東京帝国大学研究員今西春秋」、そして一九三八年に燕京大学に赴任して考古学研究に没頭した鳥居龍蔵らの協力を得て完成されたもの、ということである。

なお、『日本期刊三十八種中東方学論文篇目附引得』には、燕京大学客員教授も務めた周作人（一八八五―一九六七）が序を寄せている。周作人はそこで、中日関係の行く末は見極めることが難しく厳しい状況にあるとはいえ、両国の文化上の関係は簡単には切り離せないこと、日本には今なお多くの中国の文物が残され、「支那学」研究の成果も中国人学者を凌駕せんばかりの勢いであることを挙げ、そして、次のような言葉を続ける。

▽『日本期刊三十八種中東方学論文篇目附引得』周作人序

……在日本的中国古文化之資料及其研究成績似乎就不能恝然置之、有時実在還須積極的加以注意纔対。這様情形的所謂孽縁（Kusare-ēn）大抵自明清以来便已如此、不過到了現在纔算頂是明顯罷了。……可惜中国平日対於日本学術界不甚注意、大多数論文又散見歴年雑誌中、殊苦難於検索、更使学子無従取材。于式玉女士此次就燕大図書館所蔵定期刊物数十種録取東方学論文分類編為引得、可以補此欽陥、学子如能利用之、其裨益当非浅鮮也。

日本に残る中国古代の文化資料とその研究成果を軽視すべきではなく、時には積極的に注意を向けるべき場合もある、こうした「腐れ縁」とでもいうべき状況はおよそ明清以来存在するものではあるが、現在は最も顕著である、と。続いて序は、しかし残念なことに、中国では日本の学術界への関心が高くはなく、また、多くの論文は各種学術雑誌に分散して掲載されていることから検索に不便である、よって于式玉女士が燕京大学図書館所蔵の定期刊行物数十種から東方学関係の論文を抜き出し分類し、これまでの欽を補うべく「引得」を作った。学者がこれを利用できれば、大いに役立つことであろう、と結ばれる。

いま注目したいのは、この「引得」の成果に代表されるように、燕京大学の学術研究と当時の図書館が密接に連携し研究を推進していたこと、そして、『燕京大学図書館報』には、日本の研究動向や刊行物の情報など、日本に関する詳細な報告がしばしば掲載されており、中国における学術研究がいかなる方向を目指して行われるべきかといった貴重な提言が図書館から発信されていることである。

そこで以下、『燕京大学図書館報』の中から、日本の書籍や学術情報に関わる報告をいくつか取りあげ、燕京大学図書館が日本の研究成果をいかに注視し、そこから何を吸収していたのかについてみることにする。

①「孔穎達年譜」内藤虎次郎著、于式玉訳（『燕京大学図書館報』第六、七期、一九三一年三月三一日、四月一六日）

これは、大阪毎日新聞社が影印刊行した『宋槧尚書正義』の『解題』（一九二九年一〇月）に附載された内藤虎次郎（湖南）の「孔沖遠祭酒年譜」を于式玉が中国語に翻訳し掲載したものである。末尾には次のような于式玉の識語がある。

……孔氏為経学要人、生平事蹟、当為人所欲知。中文尚少此類作品、爰由日文訳出、以便参考。……訳者識於編考室。

孔穎達という経学の重要人物の生涯については研究上必要なものでありながら、中文ではまだこのような研究成果が少ないため、ここに訳出し参考に供する、とある。『燕京大学図書館報』に掲載された学術動向に関わるこうした記事には、このように、いかなる意義をもとめて当該の研究を紹介掲載するのか、その理由が附記されており、これらを通じて当時の中国における学術状況や判断、価値観などを垣間見ることができる。右に挙げた「孔穎達年譜」は、中国古典研究に資する解題が影印に附載されていることを見出した于式玉による忠実な全文訳であり、しかも日本における刊行から日をおかずに翻訳がなされ、中国の学術界に紹介されていることは注目に値しよう。

②「一九三二年日本東洋史学界之回顧」于式玉（『燕京大学図書館報』第五五期、一九三三年九月一六日）

これも同じく于式玉によるもので、日本の学術雑誌『史潮』の第三年第一期（大塚史学会、一九三三年三月刊）に彙報として掲載された「史学界潮向」の記事のうち、「東洋史学界」の部分を翻訳、紹介するものである。内容は、一　満洲問題、二　展覧会、三　講演、四　東方文化学院与歴史教育研究会、五　東洋史学文献、六　断代体之中国史、七　一般論文、八　経済与社会史研究、九　法制史、十　思想学芸宗教史、十一　中国本部以外之史学論著、十二　考古与美術に分けられ、最新の研究動向や、研究論文の題目、また学会組織の活動等を紹介している。もとの『史潮』の彙報では、こうした小見出しは立てられていないが、訳者于式玉は小見出しを立てて、彙報に掲載された記事を分かりやすく伝える工夫を施している。

日本の学界状況に関するこれほどまでに詳細な報告が『燕京大学図書館報』に掲載されたのは、「東洋史学」という、まさに中国に深く関わる学問領域において、いかなる研究活動が日本で展開されているかを把握し参照すること、またそうした情報が学術雑誌の彙報という方法で集約され告知されるという形式そのものを紹介することにも大きな意味があると考えられたためではないかと思われる。時はちょうど、『日本期刊三十八種中東方学論文篇目附引得』の刊行時期と重なる。于式玉が編纂した当該『引得』は、東方学論文の分類篇目に著者引得と篇目引得を加えた合計三四三頁におよぶたいへんな労作である。いま取りあげた、内藤虎次郎の研究紹介や、日本東洋史学界の動向紹介は、『引得』編纂に取り組んでいた于式玉の仕事と並行して残された成果ということに他ならないであろう。

③「国語索引凡例」于式玉訳（『燕京大学図書館報』第六九期、一九三四年一〇月一日）

これも、于式玉による、燕京大学に寄贈された東方文化学院京都研究所の『国語索引』の凡例（鈴木隆一）部分の翻訳である。冒頭に載せられている田洪都の識語には次のようにある。

本館最近収到日本東方文化学院京都研究所寄贈『国語索引』一冊、純用漢文筆画為序、条列詳明、頗便検索、茲為国人応用便利起見、特請于女士将其凡例迻訳如左。田洪都識。

ここでは、この『国語索引』は漢字の筆画順による索引で、凡例の説明が詳しく検索に便利であり、中国においても大いに参照すべきであるので、とくに于式玉に翻訳を依頼した旨が記されている。ここで触れておくべきは、先に引いた周作人の序からもわかるように、燕京大学図書館の日文書籍収集は、戦局が進む一九三〇年～四〇年代にかけての厳しい状況下においても続けられていたことである。燕京大学図書館長を務めた田洪都は、『燕京大学図書館報』第五八期（一九三三年一一月一日）に掲載された「日本之支那研究機関及刊物表」の序において、次のように述べている。

以見日本之謀我国、不遺余力、故其研究中国之文化、及調査中国之情形、無不較我国人深切詳尽。茲将是表重為刊載、或亦有心研究日本社会文化之趨勢、以促我国政治学術之進歩者、所楽披覧焉。

日本の中国研究は中国を謀り取るために全力を注いで行われているものであり、その中国文化研究や中国情勢の調査は中国人のものとは比べものにならないほど詳細を極めたものであるとし、また、日本の社会文化を研究することによって中国の政治と学術の進歩がはかられることを期待する、というものである。これは、深刻な時局における複雑な意を含む発言と読むことができるが、燕京大学図書館の各資料は、そのような難しい時勢において行われた学術研究、学術交流の足跡をも伝えるものなのである。

さて、いま挙げた『国語索引』も一九三四年三月に刊行されたばかりの最新の成果を翻訳したものであり、そしてまた、燕京大学図書館の日文図書には、当該書のように、日本の学術機関や個人から直接寄贈されたものも少なくない。これらは当時の日中の学術界の実際のつながりの状況を示すものとして注目されるが、次に挙げるように、『燕京大学図書館報』には内外の各機関との図書の交換についてまとまった情報も記し留められている。

④「捐贈交換図書彙誌」（『燕京大学図書館報』第八一期、一九三五年九月一六日）

『燕京大学図書館報』第八一期には、「捐贈交換図書彙誌」として、燕京大学図書館が図書の寄贈を受けた内外の機関名（計一八七機関）と個人名（計二四名）が列挙されている。記事の冒頭には「茲将所収入中日及西国機関与個人」とあり、中日及び西洋の機関と個人をここに集め記した、と説明されてはいるが、実際には西洋の機関は当時北平に置かれたフランス大使館のみである。そしてそれ以外の外国機関は日本のそれのみで、しかもその数は四三機関（うち八機関は日本が中国、台湾、韓国に設置した在外機関）にのぼる。

その全体像をつかむために、左にその機関名と、寄贈した図書を転引する（雑誌類の巻・号数等の詳細は省略）。＊は「交換図書」である。なお、把握を容易にするために、図書館、大学、研究機関・学会、出版機関、在外機関に分けて掲げる。

▽燕京大学図書館への図書寄贈元機関**【日本関係】**（「捐贈交換図書彙誌」より）

〔図書館〕

・帝国図書館　＊帝国図書館報／＊帝国図書館所蔵青山文庫和漢図書目録
・秋田県立秋田図書館　＊秋田図書館報
・石川県立図書館　＊石川県立図書館協会会報
・高知県立図書館　＊高知県立図書館報
・長野県立長野図書館　＊長野図書館報
・福岡県立図書館　＊福岡県立図書館月報
・山口県中央図書館　山口県中央図書館報

〔大学〕

・関西大学　＊関西大学学報
・九州帝国大学附属図書館　＊経済学研究／＊史淵／＊文学研究
・京都帝国大学農学部　＊*Memoirs of the College of Agriculture.*
・広島文理科大学　*Journal of Science of the Hiroshima University.*
・東京外国語学校　Tsutomu Chiba, *A Study of Accent.*
・東京文理科大学　東京文理科大学文科紀要／東京文理科大学東京高等師範学校一覧／*Science Reports of the Tokyo Bunrika Daigaku.*
・東京文理科大学漢文学会　＊漢文学会会報
・明治大学　＊明治大学図書館報

・山口高等商業学校東亜経済研究会　＊東亜経済研究
・立教大学史学会　＊史苑
・早稲田大学文学部史学会　＊史観
・早稲田大学政治経済学会　＊政治経済学雑誌

〔研究機関・学会〕
・学術研究会議　＊*Japanese Journal of Physics, Transaction, and Abstracts.*／＊*National Research Council Report.*
・攷古学雑誌発行所　聚精堂　＊攷古学雑誌
・書誌学会　＊書誌学
・第一次満蒙学術調査団　＊第一次満蒙学術調査団報告
・東亜会　南京政府の実相
・東亜考古学会　＊営城子／＊東亜攷古学叢刊
・東亜同文会　我等の対支那主張
・東方文化学院京都研究所　昭和九年度東洋史研究文献類目
・東方文化学院東京研究所　＊東方学報／史記会注考証／白雲観記附東獄廟志／唐令拾遺／支那古器図考（兵器篇）／宝林伝の研究／心意識論ヨリ見タル唯識思想史
・東洋協会　＊東洋学報
・東洋文化学会　＊東洋文化
・東洋文庫　＊東洋文庫論叢
・日本外務省　玉篇二二巻 延禧抄本

・日本帝国美術院附属美術研究所　＊美術研究
・理化学研究所　＊*Scientific Papers of the Institute of Physical and Chemical Research.*

〔出版機関〕
・近江兄弟社　大塚節治　基督教倫理学序説／熊野義孝　終末論と歴史哲学／比屋根安定　東洋の使徒フランシスーザビエル／熊野義孝　基督教要義／佐藤繁彦　ルッターの根本思想／竹中勝男　社会主義上の基督教の経済倫理／亀徳正臣　近世基督教社会運動史／石原謙　基督教史／波多野精一　宗教哲学／小平国雄　基督教社会思想史／生江孝之　日本基督教社会事業史／高谷道男　基督教経済文化史／三木清　パスカルに於ける人間の研究／渡邊善太　旧約書の由来／吉田悦蔵　近江の兄弟／吉田悦蔵　胡畔日月／Vories, William Merrell, *Omi Brotherhood in Japan.*
・留東学報社　日本　留東学報

〔在外機関〕
・大連図書館　＊増加図書月報／書香
・奉天図書館　＊朝陽県出土の韓公墓誌銘に就て／＊東丹国人皇王南奔の行迹／＊満洲語と漢語を混用したる歌本「吃螃蟹」（奉天図書館叢刊）
・京城帝国大学附属図書館　＊和漢書書名目録／＊*Catalogue of European Books in the Keijo Imperial University.*
・台北帝国大学　*Memoirs of Faculty of Science and Agriculture.*
・旅順工科大学　＊*Memoirs of the Ryojun College of Engineering.*
・東方医学雑誌社　東方医学雑誌
・満州学会　＊満州学報

以上、当時燕京大学がいかに多くの日本の図書館や学術機関と連携をもっていたかは一目瞭然である。帝国図書館をはじめ、各地方の県立図書館、全国の大学とも直接の関係が結ばれている。また、当時の主要な「東方学」関係の研究機関とも多く提携がなされており、たとえば東方文化学院における当時最高の水準の東方学研究の成果が発表後、まもなくもたらされている点等、当時リアルタイムで行われた学術交流の様相が知られて興味深い。

また、＊を附した図書は、単方向の寄贈ではなく「交換」であることにも注意したい。例えば、現在早稲田大学図書館には、一九三六年三月に燕京大学図書館から寄贈された『燕京大学図書館目録初稿　類書之部』（一九三五年四月刊）が所蔵されている。それに対して、早稲田大学図書館からは、一九三六年から一九三九年にかけて、当時編纂刊行中であった『早稲田大学和漢図書分類目録』が逐次燕京大学に寄贈されていることが、『燕京大学図書館報』に記録されている。

そして、右の寄贈書の中には、図書目録や図書館報など、図書館学に関わるものが少なくないことにも注意される。これは、新たな近代図書館の建設、運営にあたり、日本の各図書館の情報が意図的に収集された結果ではないかと思われる。というのも、一九三五年六月刊行の『図書館学季刊』第九巻第二期（中華図書館協会）には、李棣《てい》華《か》・許防如両名による「日本図書館概況参観報告」という文が掲載されている。これは、二人が帝国図書館をはじめ、日本各地の公共図書館、私立図書館、各文庫、大学、研究所の附属図書館等を参観調査した報告であるが、そのうちの李棣華という人物は、燕京大学研究生で、卒業後はハーバード燕京学社の研究員となっている。この時の調査の経緯や資金など、具体的な背景は未詳であるが、燕京大学図書館には、日本各地の図書館のさまざまな情報が集められていたことがこれによってもわかるのである。

燕京大学図書館は、近代の新たな図書館、ひいては、近代の新たな学知の世界の構築という課題に、高い問題意識をもって取り組んでいたものと思われる。そしてそこに、日本の学術界や日文図書が少なからぬ意味をもち、深く関わっていたのである。

おわりに

小稿では、燕京大学図書館の蔵書形成や分類目録等の様相を通して、近代の新たな学術体系の構築と並行して、図書館がいかなる活動を展開し、またそこに日本の書籍や学術界がいかに関わっていたのかということも含めて、かいつまみ見てきた。当時日本からは、大量の書籍が収集されただけではなく、図書館の運営や学界活動のあり様等、さまざまな情報が参照されたことが窺えた。それは、東アジアにおいては日本がいち早く「近代化」の道を突き進んだからであり、中国近代の図書館、学術界にとっては、まずはそれを知り、批判的に検証を行いつつ吸収もし、中国自らの体系を再構築していくことが大きな課題だったのであった。燕京大学とその図書館は、そうした中国近代の学術と知の体系の形成の実際を辿ることのできる、実に多くの資料を残してくれているのである。そして、燕京大学図書館が経験した苦労と独創的なチャレンジの記録は、現在の学問状況、とりわけ伝統的な古典学や人文学が日々直面している問題を考えるうえで、我々に改めてさまざまな思考の鍵を与えてくれる。

例えば、図書分類のことを挙げるならば、ここで再び、燕京大学図書館が採用した「燕京哈仏大学図書館中文図書分類法」に目を向けると、「社会科学」「自然科学」という分類は立てられているものの、「人文学」（あるいは「人文科学」）という分類はない。これは先行する杜定友の『世界図書分類法』も同様であった。燕京大学の図書分類においては、中国伝統の「経学類」という枠組みは保持されたものの、中国においてさらに大きく人知の世界を表す概念であった（現在の哲学・史学・文学に広くわたる）「人文」あるいは「文」というものは、さまざまな個別の小領域に切り分けられ、その体系や思考は解体されてしまった。ただ、事は難題で、二一世紀の現在、我々はもうすでに四部分類に立ち戻るわけにはいかない。しかし、近代以降の新たな「伝統」にいつまでも束縛されているわけにもいかない。

重要なのは、かつて燕京大学図書館が試行錯誤したように、時代の推移を見誤らず、たえず学問と文化のありようを見つめ直し、それをいかなる枠組みでとらえるのか、あるいはいかなる体系を構築してみせるのか、常に検証を怠らないことであろう。そしてことに、「人文」そして「人文学」という東アジアの伝統の学知と深く関わる分野においては、その伝統と経験をふまえて、未来の「人文学」を展望し、今度は東アジアから世界へ向けて新たな構想を発信、提言していくことこそが必要ではないだろうか。

以上、燕京大学図書館に関わるさまざまな資料、情報を例として、その取り組みの跡を辿り、近代「人文学」の形成や課題について考察をめぐらせてみた。論点が拡散し、また、決して妥当な結論が導き出せたとも思えない。ご批判、ご叱正をいただければ幸いである。

注

（1）燕京大学及び同図書館の沿革については、燕京大学校友会史編写委員会編『燕京大学史稿』（人民中国出版社、一九九九年一二月）、燕京大学北京校友会編『燕京大学建校八十周年紀念歴史影集』（人民中国出版社、一九九九年三月）等参照。

（2）例えば、蔡元培校長のもと、一九一八年から一九二二年まで北京大学図書館主任を務めた李大釗（一八八九―一九二七）は、一九一九年に行った演説において、図書館を欧米のように開架式にするために「分類目録」が完備されねばならないこと等を主張している（「在北京高等師範学校図書館二周年紀念会演説辞」『李大釗文集』下、人民出版社、一九八四年一二月参照)。また、その演説の前年に、李大釗の依頼を受けて日本の図書館状況について調査した殷汝耕の報告(『北京大学日刊』一九一八年八月八日)には、東京帝国大学法科研究室や東亜経済調査局の目録編成方法が詳しく示され、分類目録の作成が重要かつ困難であることが述べられている。なお、近代中国における図書分類編成については、河野貴美子「日中近代の図書分類からみる「文学」、「小説」」(小峯和明監修、金英順編『シリーズ 日本文学の展望を拓く 第一巻 東アジアの文化圏』笠間書院、二〇一七年)も参照。

(3) 一八七三―一九二九。清末・民国初期の政治思想家。康有為が主導した戊戌の変法に協力した。中国古典学をはじめ幅広い学問を修め、一九二五年一二月から二七年六月まで京師図書館(現中国国家図書館)館長を務めた。『清代学術概論』等多数の著作がある。

(4) 一九二二年に『世界図書分類法』として発表され、一九二五年に『図書分類法』として上海図書館協会より刊行。

(5) 杜定友『図書分類法』第三章(上海図書館協会、一九二五年)。

(6) 田洪都については黄雪婷「田洪都与二十世紀初中国図書館事業」(『大学図書館学報』、北京大学・教育部高等学校図書情報工作指導委員会、二〇一八年第一期)に詳しい。

(7) 「Chase給司徒雷登的信　談予算、制定統一図書分類、組織攷古隊、出版計画等問題」(燕京大学檔案巻編号YJ29003序号2)。

(8) ちなみに一九三四年二月の『(北京大学)図書館副刊』第一号には「中文新書」を掲載するに際して「本館中文書籍、現正分類編目。茲目暫依書目第一字分画排列、不注分類号碼」と説明がなされており、北京大学図書館ではこの時点でなお分類編目が運用されておらず、書名一字目の筆画によって書籍が排列されている。

(9) 国家図書館編『近代著名圖書館館刊薈萃』第二冊～第五冊(北京図書館出版社、二〇〇三年)に影印がある。

(10) 『燕京大学図書館報』第四九期及び『燕京大学図書館概況』を参照。またこの他にも、現在北京大学図書館に残されている燕京大学図書館の図書カードをみると、6040-6049日本美術、6520日本建築史、6717日本音楽史、8920-8929日本古代兵法、9720-9729日本類書等、「日本」を冠する項目が確認できる。

(11) 河野貴美子「北京大学図書館所蔵の「燕京大学図書館日文書籍総計簿」」(『日本歴史』八〇二、二〇一五年三月)参照。

(12) 例えば余嘉錫「牟子理惑論検討」(『燕京学報』第二〇期、一九三六年一二月)等。河野貴美子「北京大学図書

館蔵余嘉錫校『弘決外典鈔』について」（『汲古』五八、二〇一〇年一二月）参照。

（13）『北平私立燕京大学一覧 民国二十五―二十六年』等参照。

附記　小稿は、二〇一四年一一月二日に韓国・漢陽大学校で開催された、The Sixth East Asian Humanities Forum において「燕京大学図書館収蔵日文図書を通してみる「人文学」の形成」と題して行った発表論文をもとに、その後の調査成果などを加えて成稿したものである。資料の閲覧、利用に際しては、北京大学図書館資源建設部の陳仲建氏をはじめ北京大学図書館、北京大学檔案館に格別の便宜をいただいた。ここに記して深謝申し上げる。

英国四大図書館の蔵書形成と知の体系

小山　騰

はじめに

英国には、比較的大きな日本語コレクションを蔵書として所蔵する研究図書館が四館ある。それらの日本語の蔵書は英国の四大日本語コレクションと呼ばれる。四大日本語コレクションを所蔵する図書館は、英国図書館、ロンドン大学東洋アフリカ学院図書館、オックスフォード大学ボードリアン日本研究図書館、ケンブリッジ大学図書館である。英国図書館は一九七三年以前には大英博物館図書館と呼ばれていた。また、ボードリアン日本研究図書館はボードリアン図書館（本館）の分館として一九九三年に設立された。同館は本館の日本語コレクションを継承した。国立図書館である英国図書館を除けば、残りの三館はすべて大学図書館である。

英国四大日本語コレクションの現在の蔵書規模については、各館それぞれ大体一〇万冊ぐらいとする。これはあくまでも概数である。実際にはこれよりも少ない図書館もある。実は、図書館の蔵書数を示すことはそれほど簡単な話ではない。まず、冊数か書籍点数（タイトル数）かという数え方の問題がある。通常冊数は書籍点数よりもかなり多くなる。次に、小冊子、逐次刊行物、和古書などをどのように扱うかという点が問題になる。四館の蔵書の主要部分は明治時代以降に出版された近・現代の日本語書籍と逐次刊行物である。また、四館の蔵書には明治時代以前に刊行または作成された書籍（和古書）も含まれている。和古書が四館の蔵書全体に占める割合はまちまちである。かなり多いところもある。和古書に日本で所蔵または印刷された漢籍などを加え、日本の古書全体を和漢古書、古典籍と総称する場合もある。もちろん、和古書が蔵書の一部を構成している点は、これら四館の蔵書形成史にも反映している。和古書の収集は蔵書形成史の前史、または前半史と見なすこともできる。

英国における日本語コレクションの蔵書形成を考える場合、一応〝地理（距離）〟、〝歴史（時代）〟、〝言語（日本語）〟などを頭に入れておく必要がある。まず、日本と英国はユーラシア大陸の東端と西端に位置し、両国は地理的には遠く離れている。さらに、両国が通交を開始したのは近代以降のことであった。また、蔵書の言語は日本語で、それが使用される地域は日本に限定されていた。さらに英国人などの欧米人にとっては、日本語は習得が最も困難な言語の一つであった。端的にいえば、日本語コレクションは英国の図書館においては少数言語の蔵書である。そのような状況の中で、日本語書籍（和古書）の収蔵が始まった。第二次世界大戦後には近代の日本語書籍の収集も開始された。英国の研究図書館で日本語書籍の本格的な蔵書形成が始まり、日本語コレクションの累積が進み、ある程度知の体系が整備されて来るのは、戦後もしばらく時間がたった後のことであった。実質的には一九六〇年代ぐらいまでずれ込むことになった。その点、本書の主題である近代人文学の形成との関係では、多少時間的なずれがあるかもしれない。結果として、英国の例は対象とする時代が少し遅いような印象を与えるかもしれない。

日本研究の歴史

英国四大日本語コレクションの形成史は、当然英国における日本研究の歴史と密接に関係している。日本研究は英国における東洋研究の中に含まれる。特に中国研究などと一緒にして、東アジア研究とか極東研究と称される場合も多い。東アジア研究は東洋研究の一部を形成している。中国研究と日本研究との関係は重要である。特に近代において日本における中国研究が相対的に進んでいたという事情により、近代日本語コレクションは中国研究にとっても必要なものとされた。そのことは英国の図書館における日本語コレクションの編成にも影響を与えている。

英国の大学における東洋諸語の教育を含む東洋研究の歴史は、その発展を方向づけた報告書で区分するとわかりやすい。日本語教育を含む日本研究の歴史も、それらの報告書を基礎にして発展してきた。それらの報告書は報告を取りまとめた委員会の議長の名前を冠して呼称される場合が多い。それらは一九〇九年のレイ報告(Reay Report)[1]、一九四七年のスカーブラ報告(Scarbrough Report)[2]、一九六一年のヘイター報告(Hayter Report)[3]などである。レイ報告によりロンドン大学の一部として東洋学院(一九三八年に東洋アフリカ学院に改称)が一九一六年に創設され、東洋諸語の一つとして日本語も教授されることになった。しかし、第二次世界大戦後までは東洋アフリカ学院図書館の日本語コレクションが蔵書として大きく発展することはなかった。ただし、リチャード・ポンソビー・フェイン、ハロルド・パーレット、エヴァラード・キャルスロップなどの日本研究者たちが旧蔵していた和古書などは同館に収蔵された。英国の東洋研究に関する報告書の中で、英国四大日本語コレクションの蔵書形成の重要な契機とされるのはスカーブラ報告である。その次のヘイター報告も整備されつつあった日本語書籍の蔵書による知の体系の発展に影響を及ぼした。

幕末に日本が開国した際、日本が外国列強との交渉などでまともに使用できる外国語、特に西洋の言語はオランダ語だけに限定されていた。当時日本人が使える外国語はオランダ語のみであった。そのため、日本に設置されていた英国公使館では、わざわざオランダが話せる英国人とかオランダ人などを雇い入れていた。英国側は日本側とオランダ語を介さず日本語で直接交渉するために、日本語の通訳生を養成することにした。その最初の一人がアーネスト・メイソン・サトウであり、サトウに続いたのがウィリアム・ジョージ・アストンであった。当然通訳生の最大の課題は日本語能力を習得することであった。日本語を学習する時点で、二人は日本で自前に発展した学問である国学に接触したのである。というのは、当時日本で日本語のことを研究していた学問は国学などに限られていたからである。

また、近代化を急ぐ明治政府は英国人などの外国人をいわゆる〝お雇い外国人〟として雇用した。その一人がバジル・ホール・チェンバレンであった。後に英国三大日本学者と称されるサトウ、アストンそしてチェンバレンの三人は、一八七二年に設立された日本アジア協会を拠点に積極的に日本研究を推進した。日本アジア協会は日本における近代的な学会の出発点の役割を果たした。英国三大日本学者と日本における近代人文学の歴史との関係で、日本アジア協会と同様に重要な意味を持つのはチェンバレンの役割である。彼は創設されたばかりの帝国大学で四年ほど博言学（言語学）および日本語学の教鞭をとった。日本の近代人文学の草創期を代表する国語学の上田万年、国文学の芳賀矢一、国史学の三上参次などは、帝国大学でチェンバレンの教えを受けていたのである。英国三大日本学者のサトウ、アストン、チェンバレンが日本語を習得する過程で日本語を研究し、日本語の辞書や文法書などを刊行した。その中の一人であるチェンバレンが帝国大学の初代日本語学の教員になり、日本人の近代人文学の開拓者を養成したというパラドックスの中に、彼らの日本研究に貢献した意義の一環が含まれているのかもしれない。

英国三大日本学者の蔵書目録

日本は伝統的に書物文化が栄えた国である。江戸時代から商業出版が始まり、また写本なども多く残されていた。そこで、明治時代に日本に滞在していたサトウなどの英国三大日本学者は、比較的容易に多量の日本語書籍（ほとんどは和古書・和漢古書）の蔵書を構築することができた。また、それらの蔵書は彼らの日本研究の進歩・発展に大きく貢献した。日本語書籍の蔵書には学識・情報などが累積されており、たとえ外国人であっても日本語を習得すれば、それらの蔵書に含まれる知の体系にアクセスすることができたのである。

英国三大日本学者が日本で所蔵していた日本語書籍は、チェンバレンの蔵書を除くとほとんど英国に送付され、最終的にはケンブリッジ大学図書館、大英博物館図書館、ボードリアン図書館の蔵書などとして収蔵された。もちろん、例外はあり、すべてがそれらの三館に納まった訳ではなかったが、サトウやアストンの旧蔵書の主要なものは三館に保存された。それらの三館に収納された分について、次のような概数（書籍点数または冊数）を示すことができる。ケンブリッジ大学図書館にはサトウの蔵書が約一八〇〇点、アストンの蔵書が四〇〇点ぐらい(4)、英国図書館にはサトウの蔵書が三二五点(5)、ボードリアン図書館には三二八冊(6)が収蔵された。

ケンブリッジ大学図書館の場合、サトウとアストンの蔵書はハインリッヒ・シーボルトの寄贈書と一緒に、アストン・サトウ・シーボルト・コレクションとして一九一一―一三年に収蔵され、同館の日本語コレクションの出発点となった。また、大英博物館図書館の場合、サトウの蔵書はフィリップ・フランツ・フォン・シーボルトの蔵書（約一〇八八点、三四四一冊）やウィリアム・アンダーソンの絵本（約二〇〇〇冊）(7)などと共に、同館の著名な和古書コレクションの主要な部分を構成している。サトウの旧蔵書は印刷史や出版史の分野で貴重なものが多い。オックスフォード大学ボードリアン図書館は歴史も古く、日本に関係したものとして嵯峨本、朱印状、キリシタン版、ウィリアム・アダムスの航海日誌などの貴重な資料を所蔵している。仏教関係の書物が中心をなすサトウの旧蔵書は一九〇八年にボードリアン図書館に寄贈された。

英国三大日本学者は自分の蔵書の目録を作成していた。ケンブリッジ大学図書館に収蔵されている二一点のサトウに関連した蔵書目録は、現在五巻本として復刻刊行されている。(8) その内訳はサトウの蔵書目録が一五点、チェンバレンの蔵書目録が四点、アストンの蔵書目録が二点になる。サトウの蔵書目録としては、未刊の目録として横浜開港資料館が所蔵している八種類の蔵書目録がある。チェンバレンの蔵書目録としては、天理図書館に『赤坂文庫書目土代』および『赤坂文庫書目分類底稿』が残されている。英国三大日本学者の蔵書目録を検討すると、ある程度彼らの知の体系をさぐることができる。

サトウやチェンバレンなどの蔵書目録の編成方法については、おおむね当時（幕末・明治前期）の伝統的な蔵書目録の構成を踏襲しているものと思われる。たとえば、実際にサトウたちの蔵書目録（個別の特定分野の蔵書目録を除く）を見ると、まず神書とか国史（歴史）というような部門名のもとで、記紀（古事記・日本書紀）関係の記述から始まる場合が多い。神書から始まる点を考慮すると、蔵書目録の編成方法に国学関係の影響を見て取ることができる。チェンバレンの場合、わざわざ自分の蔵書目録である『赤坂文庫書目土代』および『赤坂文庫書目分類底稿』の作成を、著名な国学者である塙忠韶（塙保己一の孫）に依頼していた。『赤坂文庫書目土代』の最初の部門は「国史」で、日本書紀が一番初めに掲載されている。『赤坂文庫書目分類底稿』の最初の部門は「神祇」で、以下「正史」、「雑史」と続く。もちろん、蔵書の収集そのものと蔵書目録の編成とは別物であるが、英国三大日本学者の場合、収集と目録編成の両方に国学の影響が及んでいたと考えられる。

ただ、蔵書目録の最初に神書が掲載されているようなことは、英国三大日本学者の蔵書目録から判明するあくまでも一般的な傾向を指摘したに過ぎない。個々の蔵書目録では事情が異なる場合もある。たとえば、同じサトウの蔵書目録でも経書（儒教の経典）や仏書の位置が異なる場合もある。そこで、神書（神道・国学）との関係で、経書や仏書の扱いが注目される。ケンブリッジ大学図書館が所蔵するサトウ蔵書目録の中で、一番代表的なものとしてかりに『茶色蔵書目録』という呼称することができる目録がある。その目録では神書が一番最初で、経書と仏書は最後に置かれている。それに対して、横浜開港資料館が所蔵しているサトウの蔵書目録（『蔵書目録　全』）では事情が異なる。この目録では書物がおよそ二〇ほどの部門に分類されているが、経書部が一番最初、二番目が歴史部、五番目に神書部、仏道書は比較的後ろの方で一五番目に位置している。以上のように、すべての蔵書目録で必ず神書が最初に置かれているとは限らないのである。とはいっても、後述するように、サトウは国学者尾崎雅嘉の著作『群書一覧』を参考にしてアメリカの百科事典の論文を書いているので、サトウたちの蔵書目録の編成に国学の影響を読み取ることはある意味で適切であろう。

英国三大日本学者の著作の中で日本に関する百科事典のような役割を果たしたのが、チェンバレンの『日本事物誌』である。その『日本事物誌』にある「文学」という事項に、以下に引用するようなことが記載されている。チェンバレンは「文学」という事項の中で、その「文学」を一七項目に分けた書物で説明している。彼は代表的な書籍を分野別に列記することにより、「文学」とは何かを表そうとしたのである。ただし、チェンバレンが『日本事物誌』の中で使用した「文学」という概念は、現在一般に使用されている文学という言葉の意味よりも大きいのである。それはむしろ文献という意味に近く、書籍による学芸全般を表す。両者の違い（「文学」と文学の違い）は、典型的な例として歴史書の扱いなどに見られる。概念が広い「文学」においては、歴史書は単に「文学」の中に含まれているだけではなく、その「文学」の中で重要な位置を占めているのである。

その『日本事物誌』にある「文学」という事項に、次のようなサトウの論文に関する記載がある。

サー・アーネスト・サトーは、日本人の権威者の説に従って、日本文学を次の一六項目に分類している。[9]

この後、チェンバレンはサトウの分類により、一（標準歴史書）、二（種々の歴史的作品）、三（法律）、四（伝記）、五（詩歌）、六（古典小説）などと一六項目を列記し、最後にサトウの一六項目の後に一七（西洋風の文学）を追加したのである。その結果、『日本事物誌』の「文学」という事項の中では、一七項目にわたり日本語書籍の題名などが列記されている。

『日本事物誌』に引用されたサトウの分類は、一八七九年に刊行された『アメリカ百科事典』に掲載されたサトウの「日本文学」[10]という論文で発表されたものである。この論文では少なくとも二七四点の和書が一六項目に分けて記載されていた。この二七四点の和書のうち、サトウは少なくとも七一パーセントの書籍を自分で所蔵していた。[11]サトウの分類は国学者尾崎雅嘉の著作『群書一覧』の三四部門を少し手直して、一六項目に整理したものである。チェンバレンがいう「日本人の権威者」というのは、実は『群書一覧』の著作者尾崎雅嘉のことであった。チェンバレンの『日本事物誌』の中の「文学」という事項、サトウの論文、尾崎雅嘉の『群書一覧』を並べてみると、英国三大日本学者たちが日本の自生の学問である国学を学びながら、自分たちの日本学を開拓・発展させた様子を窺い知ることができる。もちろん、サトウたちは国学者たちの成果を単にそのまま受け継いだだけではない。彼らは近代的な手法で手を加えている。『群書一覧』の三四部門はサトウにより一六項目に整理され、さらにチェンバレンは一七番目の項目として「西洋風の文学」を加えている。ただ、英国三大日本学者たちの華々しい日本学における成果の基礎には、国学などの日本の伝統的な学問があったことを指摘することはけっして的はずれではないであろう。

スカーブラ報告

第二次世界大戦が終結して間もない一九四七年に、スカーブラ報告が刊行された。その目的は英国における地域研究の学術的な伝統を築くことであった。その地域研究とはもちろん東洋研究が中心ではあるが、アフリカ研究、東欧研究も含まれていた。同報告がめざす東洋学などの学術な伝統とは、その質および持続性においてすでに英国の大学で教授されている主要な西欧の人文学および科学に匹敵するものでならなければならなかった。そのような伝統を作り上げるために、スカーブラ報告は公的資金を提供するように勧告した。別の言葉でいえば、スカーブラ報告は東洋学などが大学で教授される学問にふさわしくなるように、国から大学に財政援助をすることを約束した。そのスカーブラ委員会は英国外務省によって設置されたもので、大学に提供された資金は大学補助金委員会から出された。その資金を本稿ではかりにスカーブラ資金と呼ぶ。大学補助金委員会は政府の資金（税金）を大学に配布する組織であった。

東洋研究に関係する主要な報告書で、スカーブラ報告よりも前に出されたレイ報告（一九〇九年）は、財務委員会（財務省）の報告書で、ロンドン大学の一部として東洋学院を設置する費用をどのように捻出するのかという問題を含んでいた。一方、政府が大学に財政援助をする組織である大学補助金委員会が設置されたのは一九一八年で、東洋学院が創設された後のことであった。また、スカーブラ報告の次に出されたヘイター報告（一九六一年）は、大学補助金委員会の報告書であった。さらに、これらの報告書が出された時期についていえば、レイ報告はある意味では大英帝国の絶頂期に出され、スカーブラ報告は第二次世界大戦直後、そしてヘイター報告は冷戦期に刊行された。英国における東洋研究の歴史的な発展の中では、スカーブラ報告は同研究の言語教育や人文科学分野の進歩に貢献し、ヘイター報告は比較的遅れていた社会科学の分野の発展を促進した。

スカーブラ報告はいろいろな分野に言及しているが、中心となるには次のような点であった。まず、大学教員のポスト増設を勧告した。もちろん、これが同報告の中で一番重要な点であった。その結果、英国の大学における東洋学などの教員数が急速に増大したのである。同時に、東洋諸語などを教えるコースを限られた大学に結集させた。拡散させずに限られた大学に集中させたのである。たとえば、東アジア研究（極東研究）で中心となったのは、ロンドン大学（東洋アフリカ学院）、オックスフォード大学、ケンブリッジ大学の三大学であった。三大学以外にも二、三の他の大学も中国研究などを開始したところがあるが、主要なところはこれらの三大学であった。東アジア研究は中国研究と日本研究で構成されているので、日本研究に限定すれば、ロンドン大学東洋アフリカ学院とケンブリッジ大学の二つであった。オックスフォード大学もスカーブラ報告が出された後しばらくして日本研究を始めるが、時期的には東洋アフリカ学院とケンブリッジ大学よりもかなり後になった。最終的にはこれらの三大学が日本研究を進めることになる。また、近代日本語コレクションも三大学の図書館に設置されることになる。そのことも時期的にはスカーブラ報告よりも少し後のことであった。実質的にヘイター報告の時期にずれ込んでいたということも可能である。

さらに、スカーブラ報告が東洋学の学術的な伝統を築くために掲げたのは、次の二点のバランスを維持することであった。どのようなバランスかといえば、語学教育と関係分野の釣り合いであり、また古典研究と近代研究の割合の問題であった。前者については、日本研究における日本語教育とその他の関係した科目、たとえば日本史とか日本経済の研究などの間の均衡を保つことである。後者のバランス（古典研究と近代研究）は、日本語コレクションの蔵書構成にも直接関係する問題であった。もともと西欧の大学には古典研究の強固な伝統があった。また、東洋研究そのものもその中に含まれる古典研究から始まった。当然大学における東洋研究は古典研究を含むべきであるという意見は多かった。さらに、日本研究などは古典研究を含むことによって、大学で教授される科目として認められたという事情もあった。

また、大学における学術の伝統を築き上げ、さらにそれを維持するためには図書館の役割が重要であった。スカーブラ報告も東洋研究にとって図書館の充実が大切であることを強調していた。それに対して、現状の図書館の蔵書が東洋学の発展のためには不十分であることもよく認識していた。これから発展が期待されている東洋研究にとって、第二世界大戦直後の図書館の蔵書は満足のいくような状態ではなかったのである。そこで、蔵書の充実に関して、スカーブラ報告は比較的気前がよかったといえる。東洋研究のために出された報告書の中でも、スカーブラ報告は図書館の充実のために一番大きなインパクトを与えたと思われる。

スカーブラ報告の図書館に対する重要な貢献は、蔵書構築・発展のために多額の一時金（スカーブラ資金）を交付したことである。スカーブラ資金は大学補助金委員会から給付された。既述したように、スカーブラ報告で東アジア研究（中国研究と日本研究）の中心とされたのは、ロンドン大学東洋アフリカ学院、オックスフォード大学、ケンブリッジ大学であった。東アジア研究の蔵書構築・発展のために資金を受け取ったのもこれらの三大学の図書館であった。大学補助金委員会から拠出された金額（スカーブラ資金）は以下の通りであった。時期は一九四八―一九五〇年頃である。括弧に入れて示したのは拠出金相当額を現在の日本円で表したものである。それにより、東アジア研究のために三大学の図書館に給付された金額がいかに大きかったかということがわかるであろう。

ロンドン大学東洋アフリカ学院図書館　：　一万ポンド（約五〇〇〇万円）
オックスフォード大学（ボードリアン図書館）：　八〇〇〇ポンド（約四〇〇〇万円）
ケンブリッジ大学図書館　：　六〇〇〇ポンド（約三〇〇〇万円）

以上の金額については、実は説明が必要である。まず、東洋アフリカ学院の一万ポンドであるが、大学補助金委員会が給付したのは半額の五〇〇〇ポンドであった。(12) 残りの五〇〇〇ポンドは東洋アフリカ学院の自前の資金であった。ただ、自前資金の五〇〇〇ポンドについては、もしかするとこれよりも少額であったかもしれない。すなわち、東洋アフリカ学院が中国語と日本語の書籍購入に使った金額は一万ポンドよりも少なかったかもしれない。また、オックスフォード大学が受け取った資金についても説明が必要である。図書館用資金として、同大学は東アジア研究（中国研究と日本研究）のために八〇〇〇ポンドを受け取った。そのうち、六〇〇〇ポンドは新設する中国学部図書館のために使われ、残りの二〇〇〇ポンドはボードリアン図書館が中国語書籍を購入するのに使用することにした。(13) 結局、オックスフォード大学（ボードリアン図書館）は、スカーブラ報告により大学補助金委員会から受け取った資金（一時金）を使って日本研究のための日本語書籍を購入しなかった。

後述するように、スカーブラ資金による日本語書籍購入は英国の代表的な日本語コレクションであるロンドン大学東洋アフリカ学院図書館とケンブリッジ大学図書館に大きなインパクトを与えることになるが、それではスカーブラ資金への申請前の両図書館の日本語コレコションの状態はどのようであったのであろうか。戦前の状態では、アストン・サトウ・シーボルト・コレクションを所蔵するケンブリッジ大学図書館は、英国では最大の日本語コレクションを所蔵していたといわれる。量の面では同館の日本語書籍の蔵書は大英博物館図書館の和古書などよりも多かったという。ただし、蔵書量の数え方によって数量が変わる可能性はあった。一方、東洋アフリカ学院図書館の図書館委員会にはスカーブラ資金への申請に際して、次のような点が報告されていた。

戦争〔第二次世界大戦〕前の日本語コレクションは、まさに発展の最初の段階に過ぎなかった。その後、日本語コレクションはある程度いくつかの分野で進展した。しかし、日本語コレクションにおける言語、文学、歴史の分野を実質的に大きく発展させることによってのみ、我々は日本研究の分野でのリサーチを成功裏に処理するのぞみを持つことができるといっても誇張にはならないであろう。(14)

上記の引用部分で、戦後いくつかの分野で進展があったという点は、東洋アフリカ学院が敵国財産として没収された日本語書籍などを入手していたことを指しているのであろう。また、それ以前に収蔵された和古書のことも含まれていたかもしれない。いずれにしても、日本研究における言語、文学、歴史の分野、言葉をかえて表現すれば人文科学の分野の発展のために、同学院が大量の近・現代の日本語書籍を購入したいと熱望していたことがわかる。近・現代の日本語書籍を必要とする状況はケンブリッジ大学図書館にとっても同じであった。同館は和漢古書は多量に所蔵していたが、「一九一三年から一九四七年まで、二、三の蔵書の寄贈を除いて日本語書籍の追加はなかった(15)」のである。二、三の蔵書の寄贈の中には、群書類従のセットの贈呈も含まれていた。皇太子時代の昭和天皇は一九二一年にケンブリッジ大学を訪問した。その際の接遇に対する返礼として、群書類従が寄贈された。そのような状態であったケンブリッジ大学図書館も、東洋アフリカ学院図書館同様スカーブラ資金により大量の近・現代の日本語書籍を購入し、日本語コレクションを発展させることができたのである。

次に、スカーブラ資金により、東洋アフリカ学院図書館とケンブリッジ大学図書館が大量の日本語書籍を購入した様子を見てみたい。東洋アフリカ学院は中国学の教授(ウォルター・サイモン)と若手の日本学の教員(フランク・J・ダニエルズ)を中国と日本に派遣して、中国と日本で中国語と日本語の書籍を大量に購入した。計画では一万ポンドのうち五〇〇〇ポンドを中国語の書籍の購入に使い、残りの五〇〇〇ポンドが日本語書籍の購入費用であった。さらに、日本語書籍の五〇〇〇ポンドのうち、一〇〇〇ポンドは中国研究のための日本語書籍を購入する費用であった。実際に申請通り一万ポンドが使われたのかどうかははっきりしないが、日本語書籍の五〇〇〇〇ポンドは確実に使われたと思われる。東洋アフリカ学院図書館がスカーブラ資金により一九四八—四九年に中国と日本で購入した中国語と日本語の書籍の合計は、約三万冊弱であったと推計することができる。というのは、一九五〇年に未整理の中国語と日本語の書籍が約三万冊弱（三万冊プラス八三〇〇冊）あることが東洋アフリカ学院の図書館委員会に報告されていたからである。(16) もちろん、この約三万冊弱という数字はあくまでも概数である。三万冊弱のうち、日本語書籍の占める割合がはっきりしないが、かりに半分であるとするとおよそ一万五〇〇〇冊の日本語書籍が購入されたと考えられる。

一方、ケンブリッジ大学は一九四九—五〇年に中国学の教授（グスタフ・ハラウン）と若手の日本学の教員（エリック・B・キーデル）を中国と日本に派遣して、中国語と日本語の書籍を購入した。二人がスカーブラ資金である六〇〇〇ポンドを使って一九四九—五〇年に中国および日本で購入した書籍の内訳は次の通りであった（括弧で示した数字は割合を示す）。日本語書籍は二五四三点（六六パーセント）、一万三六五三冊（五六パーセント）、一方中国語の書籍は一二八八点（三四パーセント）、一万六二六冊（四四パーセント）であった。日本語と中国語の書籍を合計した数字は、三八三一点、二万四二七九冊であった。ケンブリッジの場合、日本語と中国語の書籍を合計した冊数は、東洋アフリカ学院の場合よりも少し少なかったようである。いずれにしても、東洋アフリカ学院図書館は約一万五〇〇〇冊の日本語書籍、ケンブリッジ大学図書館は一万三六五三冊の日本語書籍をスカーブラ資金で購入した。また、両大学が日本語と中国語の書籍を購入した時期も考慮する必要がある。中国の場合、内戦による混乱の影響があったと思われる。

専門図書館員の任命

スカーブラ資金の援助により、東洋アフリカ学院図書館とケンブリッジ大学図書館はそれぞれ約一万五〇〇〇冊と一万三六五三冊の日本語書籍を日本から購入することができ、一応両図書館では近代日本語コレクションが設立されたとみなすことができるであろう。とはいっても、実は単に大量の日本語書籍を収蔵しただけでは、図書館の場合話は終わらないのである。それらの日本語書籍を日本研究のために利用することができるようにするためには、日本語書籍を目録にとる問題が残されていた。換言すれば、日本語書籍を取り扱うことができる専門家（図書館員）の問題が残されていたのである。東洋アフリカ学院図書館がスカーブラ資金を使って購入した約三万冊の中国語と日本語の書籍が未整理のままになっている点が同学院の図書館委員会に報告されていたように、日本語書籍を目録にとって整理しないと閲覧者はそれらを利用することができないのである。英国では日本語は少数言語の一つであり、その当時日本語の蔵書を整理することができる専門家はほとんどいなかったと思われる。そこで新しく育成する必要があった。実は、この日本語コレクションの図書館員の問題は、スカーブラ資金で大量の近・現代の日本語書籍を購入した東洋アフリカ学院図書館とケンブリッジ大学図書館だけの問題に限定されていた訳ではなかった。後述するように、英国四大日本語コレクションの残りの二館、すなわち大英博物館図書館（英国図書館）とオックスフォード大学ボードリアン図書館における近代日本語コレクションの出発とも関連していたのである。

既述したように、戦後スカーブラ資金を使って中国語と日本語書籍を購入するため、ロンドン大学とケンブリッジ大学の比較的年配の中国学の教授と若手の日本学の教員が中国と日本に派遣された。ロンドン大学東洋アフリカ学院の日本学の教員が後に同学院で初代日本学の教授に就任するダニエルズで、ケンブリッジ大学の日本学の教員が後にケンブリッジ大学図書館の図書館長に就任するキーデルであった。キーデルはケンブリッジ大学の最初の日本学の教員であった。ダニエルズとキーデルは日本語書籍を購入するため日本に旅行した後、ロンドンの日本協会でそれぞれ講演をしていた。その講演でダニエルズはロンドン大学東洋アフリカ学院図書館の最初の日本語コレクション担当の図書館員になるケネス・B・ガードナーおよびケンブリッジの状況について、次のように語っている。

必要であり同時に過酷な作業である日本語書籍の目録をとるという仕事について、我々の図書館には有能な人物〔ガードナー〕がいることをお伝えしなければならない。彼は戦争中日本語を勉強した学生で、〔戦後〕ロンドン大学東洋アフリカ学院から日本語の高等学位を得て卒業した。ケンブリッジでは〔日本語書籍の〕目録をとることは教員によってなされている。(17)

以上、ダニエルズの話から、東洋アフリカ学院図書館ではガードナーが日本語コレクション担当の図書館員として採用されていたことがわかる。一方、ケンブリッジ大学ではかわりに教員が図書館員の仕事も担当していたことが判明する。ケンブリッジでは当時専門の図書館員を雇う余裕がなく、教員が片手間に図書館員の仕事をしていたのである。一方、東洋アフリカ学院図書館ではダニエルズが言及したように、ガードナーは日本語コレクションの担当者（臨時のアシスタント）として一九四九年七月から東洋アフリカ学院図書館で働き始め、一九五一年三月にアシスタント・ライブラリアンに昇格した。(18)同ポストは東洋アフリカ学院図書館では上から第三番目か第四番目にあたる重要なポストであった。東洋アフリカ学院図書館ではガードナーという日本語がわかる専門職の図書館員を得て、日本語コレクションが本格的に稼働し始めたのである。

一方、ケンブリッジの状況は一九六一年に刊行された『Classified Catalogue of Modern Japanese Books in Cambridge University Library』(『ケンブリッジ大学図書館所蔵日本図書(明治以後出版)分類目録』)に略述されている。実は、一九四九年以降に入手した日本語書籍はケンブリッジ大学の初代日本学の教員であるキーデルによって目録が作成されていたのである。その集大成が既述の刊行された近代日本語コレクションの分類目録であった。その分類目録に記述されているように、ケンブリッジ大学図書館は日本語コレクションの図書館員を雇用することは決定したが、同目録の刊行時にはまだ採用されていなかった。日本語コレクションのためにスカーブラ資金を受け取った東洋アフリカ学院図書館とケンブリッジ大学図書館とはある意味ではライバル同士であったが、専門の図書館員に関しては東洋アフリカ学院図書館が先行した。それに対して、ケンブリッジ側の利点はキーデルも指摘にするように、蔵書を収納する書庫のスペースに恵まれていたことであった。[19] 東洋アフリカ学院図書館は蔵書のスペースをさがすのに苦労していたのである。

ガードナーは東洋アフリカ学院図書館で五年半ほど働いた後、大英博物館図書館に移動した。彼は一九五五年二月に同館のアシスタント・キーパー(日本語コレクション担当)に任命された。[20] 大英博物館図書館ではロバート・K・ダグラスが一九〇五年に定年退職した後、日本語コレクションの担当職員がいなかったので、ガードナーの就任は五〇年ぶりの日本語コレクションの専門家の任命であった。ダグラスは本来は中国語書籍の責任者であったが、大英博物館図書館所蔵の日本語書籍の目録を出版した。大英博物館図書館ではガードナーの就任後、日本語古書(和漢古書)に加えて近・現代の日本語出版物を追加して本格的に日本語コレクションを発展させることになる。その後、大英博物館図書館(英国図書館)の日本語書籍の蔵書は、英国の国立図書館の日本語コレクションとして成長した。日本の国立国会図書館との国際交換などにより、日本の政府刊行物なども収集し始めた。ガードナーが大英博物館図書館の管理職に昇格すると、東洋アフリカ学院図書館のガードナーの後任者であったデイヴィッド・G・チベットが大英博物館図書館に移り日本語コレクションを担当した。以上にように、大英博物館図書館（英国図書館）における近代日本語コレクションの発展は、専門職員（図書館員）の就任を契機としていた。

オックスフォード大学ボードリアン図書館も、状況は大英博物館図書館と類似していた。すなわち、エイドリアン・D・S・ロバーツが一九五七年に中国語と日本語の書籍の担当者として任命されてから、近代日本語コレクションが急速に発展することになった。(21) オックスフォード大学では、第二次世界大戦後最初は中国研究の一部として日本語教育が始まり、一九六四年に日本語・日本研究で学位をとるコースが確立された。その時に本格的に日本語教育が始まったのである。ただし、戦後最初の日本研究者であるリチャード・ストーリィは、すでに一九五五年にオックスフォード大学に就任していた。ボードリアン図書館で中国語コレクションの担当者ロバーツが近代日本語コレクションを開始したのは、オックスフォード大学における日本研究および日本語教育の進展にそったものであった。

近代日本語コレクションの開始時期について、英国の四大日本語コレクションの中ではボードリアン図書館（ボードリアン日本研究図書館）が比較的遅かったという点は、現在の蔵書構成からもある程度推察することができる。ボードリアン日本研究図書館の場合、古書を除く日本語書籍はほとんどCiNii Books（大学図書館などの目録情報を提供するサービス）に登録されている。その登録書籍点数は全部で八万二二七九点（二〇一八年六月二四日現在）である。うち、一六点が明治維新以前に出版されているので、それを除外した八万二二六三点が明治時代以降の日本語書籍である。ロバーツがボードリアン図書館に入館した一九五七年を一つの基準年としてCiNii Booksに登録されている八万二二六三点を分析すると、次のような点を指摘することができる。すなわち、ボードリアン日本研究図書館の蔵書である日本語書籍のうち、九二パーセントが一九五七年以降に出版されたものであった。その数字により、ボードリアン日本研究図書館が比較的最近に出版された日本語書籍を多く所蔵していることがわかる。似たような調査をケンブリッジ大学図書館に当てはめると八二パーセントという数字が出る。両館の違いである一〇パーセントをどう解釈するのかという点について、筆者は比較的大きいのではないかと理解する。

知の体系の整備

前述したように、『Classified Catalogue of Modern Japanese Books in Cambridge University Library』が刊行されたのが一九六一年のことであった。同目録の編集者であるキーデルは、同目録の「紹介」の部分で日本語書籍（厳密にいえば中国語書籍と日本語書籍）のための新しい分類法、目録システム、目録方法などを詳述している。もともとケンブリッジ大学図書館ではデューイ十進分類法を使用していて、その中の「840」が中国語と中国文学、「841」が日本語と日本文学のために使用されていた。そこで、ケンブリッジ大学の中国学の教授であるハラウンや日本学の教員キーデルたちは、新しい中国語書籍と日本語書籍の分類法を考案し、それによりキーデルは日本語書籍を整理したのである。その分類法の特徴の一つは中国語書籍と日本語書籍を言語ではなく、地域で分類している点である。日本研究のための東アジア言語で書かれた書籍はほとんどが日本語の書籍なので、この方法は日本研究に対してはほとんど影響を与えない。日本研究にとっては、言語でも地域でもあまり変わりがない。影響があるのは中国研究である。この方法では、中国研究のための日本語書籍は中国語の書籍と一緒に配架されることになる。ある意味では中国研究者にとって非常に便利な分類方法である。中国研究者は日本語文献を利用できることが前提になっており、この分類法によると図書館の書庫では同じ主題のもとに中国語と日本語の書籍が隣同士に並ぶことになる。中国研究用の日本語書籍については、ケンブリッジ大学図書館だけに限らず、東洋アフリカ学院図書館でも特別の配慮がなされ、通常の日本研究用の日本語書籍とは異なる分類法が適用され、別に配架されている。新しい分類法を含めて、ケンブリッジ大学図書館では一九六〇年代初頭になると日本語書籍の知の体系はある程度整備されていたといえる。

第二次世界大戦後に近代日本語コレクションの本格的な収集が開始され、ある程度時間をかけて日本語書籍の蔵書形成が進む過程は、英国の四大日本語コレクションの共通の流れであった。進歩の度合いとか時期などについてはもちろん個々の図書館によって多少異なっていたかもしれない。日本語の蔵書の目録などの作成に関しても、ケンブリッジ大学図書館の場合と同じように、それぞれの図書館でもいろいろな問題をかかえながらも整備されていったと思われる。ケンブリッジ大学図書館所蔵近代日本語コレクションの分類目録が刊行された一九六一年に、ヘイター報告が出された。同報告により、東洋研究における社会科学の分野の発展が期待され、またロンドン、オックスフォード、ケンブリッジ以外の英国の各地に東洋研究のセンターが出現した。それらはヘイター・センターと呼ばれる。日本研究のヘイター・センターがシェフィールド大学であり、中国研究のヘイター・センターはリーズ大学であった。ヘイター・センターの大学図書館も社会科学の分野に強い蔵書を構築することになった。シェフィールド大学図書館も一九六〇年代に日本語コレクションのための収集を開始した。

ヘイター報告を作成したヘイター委員会のメンバーは、北米の大学の状況を視察して参考にした。大学図書館を含めて、北米における東洋研究などの地域研究の発展に圧倒されたのである。要するに、地域研究を支える図書館の問題に限っても、英国の大学図書館などは財力にまさる米国の大学図書館などにはとても太刀打ちできないという印象を受けたと思われる。そこで、ヘイター報告が打ち出したのは研究図書館同士の協力を強化するという方策であった。一つの図書館ではとても地域研究の全般を網羅することができないので、複数の図書館が協同して蔵書を構築する方法である。もしかするとそれは北米から学んだ方策かもしれない。ヘイター報告の勧告などがきっかけとなり、それ以降英国にはそれぞれの地域研究を支援する図書館のグループが誕生することになった。日本研究のための日本図書館グループは一九六六年に発足した。主要なメンバー館は英国の四大日本語コレクションを所蔵する大英博物図書館（英国図書館）、ロンドン大学東洋アフリカ学院図書館、オックスフォード大学ボードリアン図書館（ボードリアン日本研究図書館）、ケンブリッジ大学図書館そして日本研究のヘイターセンターとして設立されたシェフィールド大学の大学図書館であった。英国における日本研究にとって、日本図書館グループの結成は日本語の蔵書による知の体系がそれなりに完成しつつあることを示しているのであろう。その後、日本図書館グループは日本語書籍の共同購入機構、日本語書籍や逐次刊行物の総合目録の作成などを主導することになり、英国における日本語コレクションの発展のために重要な役割を果たすのである。

注

（1）*Report of the Committee Appointed by the Lords Commissioners of His Majesty's Treasury to Consider the Organisation of Oriental Studies in London*, London: HMSO, 1909.

（2）*Report of the Interdepartmental Commission of Enquiry on Oriental, Slavonic, East European and African Studies*, London: HMSO, 1947.

（3）*Report of the Sub-Committee on Oriental, Slavonic, East European and African Studies*, London: HMSO, 1961.

（4）小山騰『ケンブリッジ大学図書館と近代日本研究の歩み――国学から日本学へ』（勉誠出版、二〇一七年）、四四頁。

（5）川瀬一馬「前言」（川瀬一馬、岡崎久司共編『大英図書館所蔵和漢書総目録』、講談社、一九九六年）、五頁。

（6）"Sir E. M. Satow's Donation", *Oxford University Gazette*, May 11, 1909: 638.

（7）玉英蕪蘭雲「大英図書館における日本コレクションの源流と特色」（川瀬一馬、岡崎久司共編『大英図書館所蔵和漢書総目録』、講談社、一九九六年）、一四―一七頁。

（8）『ケンブリッジ大学図書館所蔵アーネスト・サトウ関連蔵書目録』（ゆまに書房、二〇一六年）。

（9）B・H・チェンバレン著、高梨健吉訳『日本事物誌』二（平凡社、二〇〇四年）、三〇頁。

(10) Ernest Satow, “Japan, Literature of ”, *The American Cyclopaedia: A Popular Dictionary of General Knowledge*, Vol. 9, New York: D. Appleton & Co., 1879: 551-565.

(11) 小山騰『ケンブリッジ大学図書館と近代日本研究の歩み――国学から日本学へ』(勉誠出版、二〇一七年)、一五三頁。

(12) A. Lodge, “The History of the Library of the School of Oriental and African Studies”, *University and Research Library Studies*, Oxford: Pergamon Press, 1968: 98-99.

(13) “Report for the Year 1947-1948 by the Professor of Chinese Religion and Philosophy, University of Oxford”, *Annual Report, Universities' China Committee in London*, 1947-48, London: UCC, [1948].

(14) “Request for a Special Non-Recurrent Grant for the Purchase of Books in the Far East”, *Minutes of the Extraordinary Meeting of the Library Committee, 14th June 1948, Appendix*, School of Oriental and African Studies.

(15) E. B. Ceadel, “Indian and Far Eastern Studies at the University of Cambridge”, *The Journal of Asian Studies*, Vol.18 No.3 (May 1958): 547.

(16) *Minutes of the Meeting of the Library Committee, 8th November 1950,* School of Oriental and African Studies. ; A. Lodge, “The History of the Library of the School of Oriental and African Studies”, *University and Research Library Studies*, Oxford: Pergamon Press, 1968: 100.

(17) F. J. Daniels, “Japanese Studies in England and Japan”, *Bulletin of the Japan Society of London*, No. 3 (February, 1951):19.

(18) *Report of the Governing Body, Statement of Accounts and Departmental Reports for the Session 1950-51*, London: School of Oriental and African Studies, 1951: 22-23. ; *Minutes of the Meeting of the Library Committee, 26th April 1951,* School of Oriental and African Studies.

(19) E. B. Ceadel, “Impression of Post-war Japan”, *Bulletin of the Japan Society of London*, No. 6 (February 1952):12.

(20) *Report of the Governing Body, Statement of Accounts and Departmental Reports for the Session 1954-55*, London: School of Oriental and African Studies, 1955: 124.

(21) Izumi K. Tytler, “The Japanese Collection in the Bodleian Library”, in *British Library Occasional Papers 11: Japanese Studies,* London: British Library, 1990: 120.

追記　本稿を執筆した後のことであるが、拙著『戦争と図書館――英国近代日本語コレクションの歴史』(勉誠出版)を二〇一八年一一月に出版した。本稿の内容と重なる部分もあり、参考にしていただければ幸いである。

［第三部　蔵書形式と知の体系］

米国における日本語蔵書の可能性
――米国議会図書館所蔵の戦前戦中検閲資料から

和田敦彦

なぜ米国の日本語資料を問題にするのか

日本を除けば、米国は世界でもっとも豊富で多様な日本語資料を所蔵しているといってよいだろう。昨年のデータでは、米国議会図書館の日本語蔵書は一二三万四〇〇〇冊、そして一五の研究図書館が一〇万冊を超える日本語文献を所蔵している。(1) もっとも、昨今は各種オンラインデータベースや電子書籍の増加で、物理的な書籍や雑誌の冊数の意味や評価は単純ではないが、それでも一つの目安とはなろう。

とはいえ、単に量から言えば、例えば早稲田大学の場合、日本語の図書のみで三七〇万冊を所蔵する。(2) さらに他大学との相互貸借や国立国会図書館によるデジタル化された図書データの送信サービスも考え合わせれば、米国を含め、わざわざ海外の日本語図書館の蔵書を調査し、用いる必要があるだろうか。もしあるとしたら、それはどういうことだろうか。

ここでは、まず米国における日本語蔵書の重要性、より正確にはそれらの蔵書についての研究がはらむ可能性を述べておきたい。これは単に図書館という限られた空間にとどまる問題ではない。後に詳述するように、米国における日本学や日本語教育の形成、通訳や翻訳学、さらには日米両国の国際文化戦略や両国間の関係の変化といった多様なテーマに結びついていく問題なのである。

こうした点をふまえたうえで、具体的な米国内の蔵書として、特に米国議会図書館所蔵の日本語蔵書、特に戦前、一九四五年以前に日本で内務省が検閲していた日本語書籍について焦点をあてたい。これらは日本占領期に接収されて米国に渡った資料であり、一部分日本に返還されたものの、その多くは米国に所蔵されてきた。これらの資料が、日本の国立国会図書館と米国議会図書館との協力事業で電子化され、昨年二〇一七年、日米両国内で閲覧が可能となった。(3) 実に接収以来七〇年近い歳月を経て、日本国内で接することができるようになったわけである。

さて、まず米国、あるいはさらには海外における日本語蔵書をとらえる重要性はどこにあるのか。むろん、単純に日本に所蔵されていない書物は重要であろう。近代以降に刊行された書籍に関して言えば、こうした所蔵がある程度の規模で確認できるのはメリーランド大学プランゲ文庫や米国議会図書館といったごく限られた事例となる。だが、もともとの現存する点数が少ない古典籍の場合には、戦前に大規模な購入を行っていた米国議会図書館やイェール大学、戦後で言えばカリフォルニア大学バークレー校や、ミシガン大学等、日本国内に所蔵のない文献は各地大学に様々な規模で見られよう。(4)

しかし、米国における日本語蔵書の可能性は、日本における所蔵の有無といった単純で、またどちらかといえば例外的な一部文献の問題にとどまらない。日米両国に所蔵されている同じタイトルの書籍は、内容は同一でも大きく異なるのがその「移動距離」である。米国の場合のみならず、海外の日本語文献において重要な意味をもってくるのは、何よりそれらが大きな空間を移動した、ということの方なのだ。何が書かれているのか、以上に、なぜそこにあるのか、という点が意味をもってくるのだ。なぜ、誰が、いかにしてそれらの書物をもたらしたのか。そしてまた、それらがどのようにして用いられ、そこで何を生み出していったのかという点を、これらの蔵書から問うていくことに豊かな研究の可能性がはらまれているのである。

この問いは、さらにいくつかの問題領域に結びついていく。第一に、日本語のリテラシー、すなわち日本語を読む人々がなぜ、どのように生じてきたのかという問題に結びついていく。戦前の米国であればハワイ、及び西海岸をはじめとした日系移民の問題に結びついているし、戦中であれば米国の陸海軍が展開した日本語教育や、日本についての専門家の育成、戦後の日本研究や日本学の生成、変化と深く結びつく問題である。

第二に、それらの日本語文献の授受にかかわる問題、すなわちそれら日本語文献を日本から送り出した組織や人物、その背景にあった政策や財源を明らかにしていくことにつながっていく。あるいは逆にそれら文献を米国で収集し、受け入れてきた側についても同様のことが問題にできよう。それは例えば、戦前における日本の対外文化戦略、つまり、日本に対する理解や共感を米国に作り上げていく活動をとらえることともなろうし、日本占領期における米国による日本語文献の接収、ひいては日本や東アジア地域の情報が海外で形作られ、活用されていく過程にも関わってこよう。

第三に、日本から米国に渡った日本語文献の、管理・提供にかかわる問題をそこから考えていくこともできる。日本語の文献が、日本国内とは異なる場で、異なる言語や関心をもつ読者に向けて提供されるには、当然そこに適した分類や配架、さらにはそれを紹介、提供していく多様な工夫が必要ともなろう。また、米国でも急速に進んでいる図書館蔵書の電子化や、その提供の際の制限、著作権の扱いなども含めてよいだろう。米国における日本語蔵書を調査することは、以上のような多様な問題を明らかにしていく糸口となっていく。これ以外にもその可能性はあろうし、ここにあげた三つの観点は、互いに重なり合ってもいる。

そして、以上のような多様な問題を明らかにしていく際に、こうした日本語文献の移動や授受についてとらえるアプローチが有効なのは、何よりそれによって、そこにかかわった「仲介者」の具体的な役割や活動が明らかになってくるからである。つまり、日本語文献を選び、送る人々、運び、売る人々、あるいはそれらを紹介し、教える人々の活動が、そこには含まれている。これら、書物をもたらす多様なアクターを、書物の「仲介者」として私は重視してきた。

こうした書物の仲介者は、国際間の文化交流をとらえる際に、その活動を具体的に担う人々、組織であり、その影響や役割をとらえるうえで有効な視点を提供できよう。分かりやすく言えば、日本から米国への日本語文献の移動は、こうした両国間に作用する文化的な力を、具体的にそれを担う人々の活動から明らかにしていく恰好の糸口となってくれるのである。こうした観点は、国際間の文化交流やその果たした役割をとらえる上でも重要になる。近年では、ソフト・パワー、あるいはパブリック・ディプロマシー、文化戦略といった形で問題化されるが、こうした概念と蔵書や書籍の移動との関係を少し整理しておいた方がよいだろう。

ソフト・パワーの概念を、ジョゼフ・ナイは「自国が望む結果を他国も望むようにする力」とし、自国の価値観を相手に魅力あるものとして共有してもらうことが目的に結びつく点を強調する。(5) その力の源泉の第一を文化におき、政府のみならず財団や学術機関、宗教団体といった多様な人々によってそれは担われる。つまり、日本語を読み、書く能力を広げ、日本の書物を紹介し、さらには海外にその蔵書を作り出していく「仲介者」の活動は、まさにこうした活動としてもとらえることができよう。

こうした研究は、米国側が戦後日本で展開した文化政策でまとまった研究がなされている。日本占領期から、さらに冷戦期にかけて、米国は日本で活発な自国文化の紹介や文化交流政策をとっていくからである。その具体的な分析は、それらを担う民間の財団や大学、そして政府との間で、文化交流にたずさわった人々や組織、制度について問うこととなる。(6) また、こうした米国の文化政策としては、日本国内での米国広報局（ＵＳＩＳ）の活動、ＣＩＥ図書館（後のアメリカ文化センター）や映画、学術交流の展開も明らかにされている。(7)

これらの活動はまた、パブリック・ディプロマシー、あるいは文化戦略という用語でも論じられる。パブリック・ディプロマシー概念は、相手国の政府ではなく、他国の個人や組織へと働きかける活動を指しており、そうした接点を生み出す文化的な活動に関心を向ける。ただ、ソフト・パワー概念とは異なり、活動の担い手を政府及び政府関係機関による、自国の利益や目的に向けた活動に限定して用いる立場もある。(8) とはいえ、例えばアジア太平洋戦争期の日本の対外文化活動のように、民間と政府機関との境界線は実際にはそれほど明確ではない。

いずれの概念も、他国の国民に広く働きかける文化活動を重視しており、その活動を担う組織や人々の活動、そしてそれらが実際に生み出す影響や効果が問題となる。これら研究は、これまでに述べてきた日本語を教え、学び、さらには日本の文化を伝え、広げるための活動や、それらと連動する日本語蔵書についての研究の有効性を示してくれる。また、それらの活動を単なる一方的なプロパガンダではなく、国境を越えるアクターの活動や、そこにうまれる多様な関係としてとらえる必要があることもこれら研究は示唆してくれよう。

米国日本語蔵書と仲介者たち

前節では、米国の日本語蔵書は、その移動にこそ特性がある点を述べてきた。そしてまた、その移動を担った「仲介者」の研究は、日米の文化戦略をとらえるうえでも有効な糸口ともなってくれる。これは私自身、こうした仲介者の活動を追いながら、実感したことでもある。そのことにここで具体的にふれておきたい。

以前私は日本から米国への日本語図書の移動に様々な形でかかわった一人の人物を追いながら、当人への聞き取り調査もふまえつつ、米国内の日本語蔵書の形成、変化についてまとめたことがある。(9) そのときに私が選んだのは、第二次大戦中にコロラド州の海軍日本語学校で日本語教育を受けた、フォレスト・ピッツ(Forrest R. Pitts)という人物だった。そして、彼の軌跡は、日本について学び、調べ、教える、文化的な営為が、日米間における、さらには冷戦期における文化戦略を具体的に担うアクターを考える糸口にもなっていった。

ピッツは、一九四四年からコロラドの海軍日本語学校で日本語を学び、終戦後、一九四六年からワシントン文書センターで働くこととなる。後にふれるが、日本占領期に米国が日本から接収した膨大な資料はここに集積され、整理、分析されることになる。ミシガン大学は一九四七年にロバート・ホール(Robert B. Hall)を所長として日本研究所を設置する。除隊後のピッツはここに学び、先述のワシントン文書センターに集められた資料の目録作成にも関わっている。さらに、ミシガン大学の日本研究所が一九五〇年に日本の岡山に設けた研究所で研究を続けることとなる。後に、オレゴン大学やピッツバーグ大学、そしてハワイ大学で教鞭をとることになるが、日本での調査の後に彼が調査のフィールドとするのは沖縄であり、さらに韓国に移る。日本語を学び、日本を研究し、日本語文献の整理や収集にかかわった人物の調査は、冷戦期に米国政府の支援のもとで急成長していく地域研究の動きとも重なっていた。冷戦期に緊張関係にあった地域にそって展開していく彼の軌跡は、日本を研究するという営為が負う政治的な役割を具体的に考えていく糸口となっていったわけである。

ここでふれた戦時期の連合国側における日本語教育は、その後の占領期における連合国軍の統治政策や、日米関係にも大きく作用していくこととなる。私自身、米海軍日本語学校についての調査に関わってきた。そこで教育を受けた人材が、日本占領期に日本語文献の接収や翻訳にかかわってくるからであり、また、各大学の日本学科整備や日本語資料の大規模な購入活動に実際に関わった人々が多数含まれていたためでもある。米海軍日本語学校の教育プログラムについては、現在コロラド大学がそのアーカイブズを管理、運営している。[10] 当時の教材や、寄贈された実際の試験答案、ノートなども保管されており、今後ユニークな研究のリソースともなろう。米海軍日本語学校の出身者や関係者らとの通信もその活動の一つとしており、ここでふれたピッツへの聞き取り調査もそのアーカイブズの協力によって可能となった。

米国の陸軍が展開していく米陸軍情報部日本語学校（ＭＩＳＬＳ）については、自身その出身者でもあるハーバート・パッシンの著述があるが、加えて、日本語教育プログラムの中での日系人に焦点をあてたジェームズ・マクノートンの大部の著作も、今年、二〇一八年に邦訳され刊行されている。[11] 武田珂代子は極東国際軍事裁判における通訳、翻訳体制について具体的に明らかにしているが、そこでは、通訳やモニターとして関わることになったＭＩＳＬＳ出身の日系二世の関係資料やその分析が有効に活用されている。[12]

このように、書物の仲介者を追っていくうちに、それが米国における戦時期の日本研究、教育の問題へ、さらにはその多方面への影響にまで問題がつながっていくことが実感できた。こうした米国での日本語教育、日本研究の歴史は、さらには米国が日本を統治していく上での軍政教育にも結びつく。米国で学んだ日本についての知識や認識が、日本の統治政策にも影響することとなる。米国陸海軍は、一九四二年以降、日本語学校のプログラム以外にも、占領地での軍政を担う要員の軍政学校を作り、「占領下の日本で起こると予想した主要な軍政問題のすべてに対する総合的なアプローチ」を展開していく。[13] 米国各地大学でも、民事訓練学校（ＣＡＴＳ）のコースが設けられ、日本占領を想定した教育がなされていく。小川忠は、これら軍政要員が受けた日本についての教育が、米国の沖縄での文化戦略に具体的にどう結びついていったかを丹念に明かしている。[14]

戦時期の日本研究が、対日戦、さらに日本の占領統治に結びつくとともに、日本語文献の国際的な動きと連動するのは、米国においてのみではない。大庭定男『戦中ロンドン日本語学校』は、英国軍における日本語コースの歴史を追った労作だが、同時に卒業生の占領期日本での活動をあわせて記述することとなる。(15) そしてまた、英国内の日本語蔵書の構築、すなわち日本占領期に行われたフランク・ダニエルズ（Frank J. Daniels）の日本語の大規模な購入活動や、ロンドン大学日本学科の拡充、あるいはそれらの購入された日本語文献の整備に携わり、後に大英博物館図書館で日本との図書交流にあたるケニス・ガードナー（Kenneth Gardner）の活動等、日本語文献の動きを描き出すことにもなっている。また、やはり同コースで教鞭をとっていたフランク・ホーレー（Frank Hawley）は、言うまでもなく琉球文献の収集で著名な人物であり、日本語文献との関わりは横山学が明らかにしている。(16)

以上のように、日本語文献の移動への関心、さらにはその活動をになってきた仲介者への関心は、国際的な文化戦略の役割を具体的にときほぐしていくことに結びついていく。そしてまた、米国の日本語蔵書は、前節で述べたように、こうした文献の移動とあわせ問題にすることで、その可能性が生きてくる。この点は、以下に述べるように、今日、米国の日本語図書館においても、かなり意識されているように思われる。

今年、二〇一八年の春、米国東アジア図書館協会（CEAL）の日本語資料部会では、占領期史料を包括的にとらえるシンポジウムを開催している。メリーランド大学、ミシガン大学、そしてハワイ大学の日本語資料担当司書による報告がなされている。いずれも数多くの日本語蔵書を抱える研究図書館だが、ここでは、日本語蔵書というよりも、日本占領期についての一次資料を含めた多様な資料体をターゲットとしたシンポジウムであることが注意を引く。(17)

メリーランド大学の場合は、日本占領期の検閲資料からなるプランゲ・コレクションがすぐに思い浮かぶが、そればかりではなく連合国軍総司令部（GHQ／SCAP）の関係者、民政局のチャールズ・ケーディス（Charles L. Kades）文書や長崎軍政部司令官のヴィクター・デルノア（Victor E. Delnore）文書をはじめ、大学に寄贈されている多くの文書資料が紹介されている。ミシガン大学からは同じく民政局に属し、日本国憲法の制定にも関与したアルフレッド・ハッシー（Alfred R. Hussey）文書、ハワイ大学からは民間検閲支隊（ＣＣＤ）で歌舞伎の脚本検閲にあたっていたスタンレー・カイザワ（Stanley Kaizawa）文書、カイザワからの聞き取りを行った同大学のジェームズ・ブランドン（James Brandon）文書などの所蔵資料が紹介されている。

これらの多くは日本語資料ではない。日本語文献の移動や紹介、翻訳に関わった人々の資料である。そしてそれゆえに、米国の日本語蔵書の意味をとらえる上で重要な資料ともなる。米国の日本語蔵書は、仲介者や文化戦略を担った人々とあわせて考えることによってその研究の可能性が大きく広がるのだ。こうした米国の日本語蔵書の可能性を広げてくれる資料はまだまだ米国各地に存在する。

米国議会図書館の検閲資料から

先述の米国東アジア図書館協会の会合では、日本の国立国会図書館による報告もあり、そこにはここで述べる米国議会図書館所蔵日本語資料の公開についての、大きな進展が報告されてもいる。米国議会図書館は、日本語文献の収蔵機関としては海外では最大の機関であり、それら日本語文献がそこに至り、蔵書が構成されてきた経緯も、これまで述べてきた問題と深く関わっている。ここではその日本語蔵書の歴史について簡単にふれたうえで、具体的にその蔵書について話を進めたい(18)。

米国議会図書館は、大規模な購入としては、当時イェール大学で教鞭をとっていた朝河貫一を通して、一九〇六年に日本から九〇〇〇点あまりの図書購入を行う。その後も日本語図書の寄贈や購入は断続的になされている。一九三八年に日本語文献が独立したセクションとして運営されるようになり、日本語文献の専門家として坂西志保がそこで活動をはじめ、これら文献が本格的に整備、収集されるようになっていく。日本占領期に米国は膨大な日本語文献をワシントン文書センターを通して日本から接収するが、これらのうちから米国議会図書館に移された資料群によって日本語蔵書は飛躍的に増加していく。

米国議会図書館の日本語蔵書形成についての調査のために、私が同館で聞き取りや文書の調査を始めたのは二〇〇五年で、その調査をもとに同館の日本語蔵書史についてまとめ、刊行した。ただ、その後の一〇年の間に、同館の日本語資料は、占領期の接収日本語文献を含めて、整理や公開状況も変わってきている。

坂西志保は、一九四一年に米国によって拘束、日本へ送還されるまでに、米国議会図書館で日本からの図書購入を進めながら、米国内の各地大学の司書や日本学研究者らと広範なネットワークを形作り、日本研究の情報基盤の整備に力を注いだ。同館に保管されている坂西文書は、この時期の書簡を大量に含んだものであり、米国議会図書館のみならず、戦前の米国の日本学や日本語蔵書の形成をとらえるうえで極めて重要な資料といえる。自身もずいぶんその資料に助けられたが、あまり研究がなされていない状況にあった。これらについては、その後、横山学によって特に坂西志保の日本からの図書購入活動に関する資料を中心に翻刻、公開がなされている。[19] また、戦前に坂西と米国議会図書館で働いた経験をもち、収書活動にも協力した福田なおみについて小出いずみによる研究もなされた。[20]

米国議会図書館所蔵資料では、接収された日本語文献の整備や公開も進められてきた。接収文献のうち、図書資料を主に収蔵してきた米国議会図書館には、戦前の日本の内務省や陸海軍の学校、研究機関の所蔵図書が残されている。調査にあたっていた当時、検閲のために出版社から内務省に提出され、検閲を受けた正本が多数含まれていることが確認できた。これらのうち一部分は一九七六年から七八年にかけて日本に返還されていたが、多くは米国に残されたままであった。

米国議会図書館の書庫内ではこれらの文献はほぼ同じ場所に一括して保管されており、これら資料の目録化作業にあたっていた藤代真苗によれば、検閲の痕跡のあった書籍はできるかぎり目録データ入力の折に「Censorship collection」のタグを付しているため、オンラインでの検索や特定も可能な状態になっていた。(21) これら資料をまとめての撮影や電子化は可能と思われたため、これまでにもその必要性について指摘してきた。また、二〇〇九年の著作権法の改正により、いまだ著作権保護期間にある書籍も、国立国会図書館によって資料保存のために一括して電子化できる道が開けてきた。(22)

昨年、二〇一七年に国立国会図書館と米国議会図書館によって公開された資料は、これらの文献にあたる。日本では戦前、戦中において、出版物は検閲のために内務省に二部提出することとなっており、一部は副本として保管され、検閲官は正本を点検し、問題箇所があれば正本の当該箇所や表紙に意見や処分、担当者名等が記される。検閲に用いられ、処分の対象となった図書は内務省に保管されていたが、関東大震災でそれらが消失して以降、帝国図書館でも保存していくようになっていった。(23)

したがって、内務省に提出された出版物で処分の対象となったものは、帝国図書館に保管されて今日国立国会図書館に引き継がれているもの、内務省から占領期に米国に接収されて戦後返還され、国立国会図書館で現在所蔵されているもの、そして、いまだに米国の議会図書館に保管されているものと、大きく三つに群に分かれることになる。米国議会図書館に保管されているこれら占領期接収資料群のうち、新聞、雑誌についてはこれまでにマイクロフィルムが作成されており、国立国会図書館でも閲覧可能となっている。(24) しかし、図書については、撮影、公開はなされてこなかった。

今回日本で電子版の形で閲覧可能となったのはこの三つ目の図書群で、国立国会図書館が米国議会図書館の協力を得て二〇一二年から電子化を開始し、公開に至った一三二七点の書籍である。(25) 戦前、戦中の検閲をめぐっては、これまでにも研究が蓄積されてはきたが、それらの研究では米国に所蔵されていたこれら検閲資料はほとんど用いられていない。とはいえ、これらの資料は検閲処分となった正本を多く含んでいるため、前述の書き込みや検閲官の指示、判断をうかがううえで貴重な情報を豊富に含んでいる。

戦前、戦中における検閲資料、特に検閲業務にあたった人々によるまとまった記録は必ずしも多くはない。戦後ではあるが、一九二七年から二九年にかけて内務省警保局図書課長の職にあった土屋正三、一九二六年に内務省に入省し、図書課での検閲にあたるとともに後に情報局にも勤務する佐伯慎一（郁郎）については聞き取りがなされている。(26) また、土屋や、同じく図書課長を務めた生悦住求馬、宇野慎三らは、いずれも戦前に出版法制度についての著述を刊行してもいる。(27)

ただ、これらの資料からは法制度の運用の実務や、個々の出版物への具体的な対応を追うことは難しく、かつ図書課長や事務官のもとで検閲の実務にあたっていた検閲官の読み方についてはうかがうことができない。内務省で映画検閲にあたっていた田島太郎の『検閲室の闇につぶやく』や、戦中に刊行された佐伯郁郎『少国民文化をめぐって』は、検閲するべき内容や具体的な検閲業務への踏み込んだ記述がなされているが、こうした著述はごく限られている。(28)

これに対して、検閲に用いられて処分が下された正本には、その冒頭部分に図書課での処理印や検閲官による複数のコメントが見られる。むろん、内務省によって作成された『出版警察概観』からは、具体的な検閲の基準をうかがうことが可能であり、また一九二八年から月ごとに出されていた『出版警察報』の特に「禁止要項」からは、個々の禁止出版物への短い言及を拾うこともできる。(29) とはいえ、それらはごく限られた言及であり、検閲官の間の意見の揺れや判断の幅、本文における着目箇所の情報を豊富に含んだ今回の資料群の公開は、検閲の具体的な運用をとらえるうえでも、またこれら資料の当時の読者への受容をとらえる上でも貴重なリソースとなろう。

このため、ここでは、公開された一三七二件のデータのうち文学関係のもの、すなわち小説や詩、随筆、また映画、演劇脚本やそれらの研究に類する図書をすべてチェックし、そのうちで検閲によるコメントが書き込まれているものについて、そのコメントを翻刻し、一覧の形で最後に掲げることとした(30)。そのすべてについて言及することはできないが、いくつかのデータについてここではふれておくこととしたい。

これらの図書については、米国で付された付票やコメントも見られ、そこで関心が向けられた点もあわせてうかがえる。先述のように、これらの図書はワシントン文書センターが収集、利用し、後に米国議会図書館に移された資料である。このため、ワシントン文書センターの付票や、場合によってはコメントが付されてもいる。金原銀行の行友会誌『清新』の場合、もともと、ノモンハンでの日本軍の毒ガス使用に言及があったために、内務省の検閲官による削除指示が記されている。そこに米国側で、特に毒ガス使用に検閲が言及している点を英文で注記している(31)。他にも前田河広一郎がアプトン・シンクレアの著述を訳した『協同組合』についても長文の英文コメントが付されている(32)。

このこととあわせて注意したいのは、これらの図書に、日本での検閲の際に付されていた文書を含んでいる事例がいくつか見られる点である。県から内務省への稟申書が二例、出版社からの手紙と見られる文書が一例含まれていた。稟申書は、高知県知事から内務省警保局長宛のもの、愛知県知事から内務大臣宛のものが含まれている。高知県の事例からは、県内の出版物について商工会議所に送られ、そこで内閲され、処分にあたると思われる出版物があればその理由とともに内務省に稟申し、判断を仰ぐ形をとっていることが分かる。愛知県の場合も同様の事例である(33)。

出版社からの手紙は『プロレ諸大家最近傑作選集』に付されており、「此訓にある百頁（以上あるらしい）全部を切取るからアト大目に見て貰いたいかソーして下さいませんか、大売捌にはもう沢山はなく、小売のはとても責任は負はれぬから」とある。[34]一覧には、これ以外にも一九二五年以降、「削除」箇所を警視庁に通牒している事例は多く、出版社を呼び出し、その部分を切り取っての販売、頒布という形で運用されている様子がうかがえる。[35]とはいえ、すでに小売書店に流通している場合、削除対応は実質的には一定範囲でしかできなかったことも分かる。

警察によって差し押さえの対象となった雑誌については、問題箇所を切り取って出版社に還付される制度が一九二七年九月から運用される。[36]一方で書籍については一九二五年段階で、印刷後の図書をもとに切り取り箇所を指示し、その指示に従わない場合に発禁、という形もとられていることがうかがえる。

また、『プロレタリア詩集』についてのコメントには「脱字表」とあわせての処分が記されている。伏せ字についていては、伏せ字にした出版社側で、不明部分を示す多様な方法がとられていた。牧義之は具体的な事例を引きつつその詳細を明しているが、このコメントは、検閲する側でもそうした方略について注意を向け、かつ入手している状況がうかがえよう。[37]

こうした手続き上の情報もさることながら、具体的な検閲官の読み方をうかがうことができることがやはり重要である。検閲官としてのコメントを記している佐伯慎一（郁郎）は言うまでもなく詩人でもあり、検閲課に勤務しつつも創作活動を続けていく。[38]また、この時期に同じく検閲の実務にあたっていた内山鋳之吉は東大英文科出身で、池谷信三郎、村山知義らと劇団「心座」で演劇活動を続けていたことが指摘されている。[39]いずれも芸術、創作活動への高い関心と共感を持っていたと思われるが、彼らの中で、高度な表現を追求していくことと、表現の自由を規制していくこととの両者は併存していた。

検閲の際の記述からは、こうした意識を可能とするものとして、読者を差別化していく思考が大きく作用していることが分かる。つまり（自身を含めた）教養ある読者と、大衆的な読者とを区分し、後者の読者がいるからこそそのために規制する、という思考である。例えば『スター』での言及では、表現のみならずそれが「此の種の読者」あるいは「不良少年など」といった受け手にとって悪影響を及ぼすという危惧から処分という判断を下している。あるいは『聊斎志異』については文学史上の価値を認め、「学究的」として不問とする意見に対して、「高級文芸」であることを認めつつも「ふり仮名やゝ通俗的に過ぎる」という観点からの禁止意見が出されている。『暗黒街往来』に対する「大衆向の点を重視し禁止意見」や、『創作集越天楽』に見られる「大衆版ニツキ削除意見に同意する、といった言及も同様である。(40) 当時の検閲処分の基準としても、内容的な基準のみではなく「読者の範囲」が「特殊的標準」として挙げられているが、これは単に頒布する範囲や相手の多寡のみではなく、読者の差異を視野に入れたものと思われる。(41)

こうしたメディアの受け手を意識化、差異化していく検閲の際の思考は、映画検閲にあたっていた先の黒田三郎の場合には「小学校の生徒だつて見る」とより明確に意識化され、規制の正当化に結びつく。また、佐伯郁郎の場合には、読者を差異化し、「児童」という読者を見いだしていくことになる。

童謡特に童謡集の場合、読者層は、一体誰なのだらうか。子供か、子を持つ親か、それとも芸術的鑑賞眼の高い知識人か。(42)

内務省は、一九三八年から児童向け出版物の調査、指導に乗り出し、発禁や削除処分が児童向けの出版物にまで及んでいく。佐伯は児童文化統制をそこで唱えていくこととなるが、それは児童という読者が差異化され、規制対策として「新たに」見いだされていったからに他ならない。

ここでは、文学関係図書に付された検閲の際のコメントについて一覧として掲げて検討をしたが、むろん本文に線、マークでの記載が見られる文献や、他領域の文献の考察もこれからなされよう。(43) そしてまた、米国における日本語蔵書、そしてその場所と移動をあわせてとらえることによる研究の進展とその可能性をも、この事例は示してもいるのである。

注

(1) CEAL Statistic Database, https://ceal.unit.ku.edu/
(2) 早稲田大学図書館『早稲田大学図書館年報二〇一七年度』(二〇一八年六月)。
(3) 国立国会図書館「米国に残された戦前の検閲の痕跡　LC所蔵 内務省検閲発禁図書」(『国立国会図書館月報』二〇一七年、六八〇号)。
(4) 米国内各地大学の日本語蔵書の形成、及びそれに関する史料類については拙著『書物の日米関係』(新曜社、二〇〇七年二月)を参照。
(5) ジョゼフ・ナイ『ソフト・パワー』(山岡洋一訳、日本経済新聞社、二〇〇四年九月)。
(6) 松田武『戦後日本におけるアメリカのソフト・パワー』(岩波書店、二〇〇八年一〇月)。
(7) 藤田文子『アメリカ文化外交と日本』(東京大学出版会、二〇一五年四月)。
(8) 金子将史・北野充編『パブリック・ディプロマシー』(PHP研究所、二〇〇七年一〇月)。
(9) 拙著『越境する書物』(新曜社、二〇一一年八月)。
(10) The US Navy Japanese/Oriental Language School Archival Project, https://lib-ebook.colorado.edu/sca/archives/interpreters.htm
(11) ハーバート・パッシン『米陸軍日本語学校』(加瀬英明訳、TBSブリタニカ、一九八一年九月)、J・C・マクノートン『もう一つの太平洋戦争』(森田幸夫訳、彩流社、二〇一八年八月)。
(12) 武田珂代子『東京裁判における通訳』(みすず書房、二〇〇八年一二月)。
(13) 沖縄県文化振興会公文書管理部史料編集室編『沖縄県史資料編一四(現代二)和訳編』(沖縄県教育委員会、二〇〇二年二月)。

(14) 小川忠『戦後米国の沖縄文化戦略』(岩波書店、二〇一二年一二月)。
(15) 大庭定男『戦中ロンドン日本語学校』(中央公論社、一九八八年二月)。
(16) 横山学『書物に魅せられた英国人』(吉川弘文館、二〇〇三年一〇月)。
(17) 2018 CEAL Meeting in Washington, DC, http://www.eastasianlib.org/cjm/meetings.html
(18) 拙著『書物の日米関係』(前掲)参照。
(19) 横山学「坂西志保宛横山重書翰(昭和十二年九月~昭和十六年八月)(本文篇)」(『生活文化研究所年報』二五、二〇一二年三月)。同、「坂西志保の集書活動と横山重　戦前の米国議会図書館蔵日本古典籍」(『生活文化研究所年報』二四、二〇一一年三月)。
(20) Koide Izumi, Catalyst for the Professionalization of Librarianship in Postwar Japan: Naomi Fukuda and the United States Field Seminar of 1959,『アジア文化研究』三九(二〇一三年三月)。
(21) 藤代真苗。著者による聞取り、二〇〇七年九月一六日。
(22) 「著作権法の一部を改正する法律」が二〇〇九年に成立、公布、翌年一月より施行。
(23) 内務省での検閲図書の接収、移動の詳細は『越境する書物』(前掲)を参照。国立国会図書館への内務省、及び米国議会図書館からの検閲資料移管の流れについては大滝則忠「戦前期出版警察法制下の図書館　その閲覧禁止本についての歴史的素描」(『参考書誌研究』二号、一九七一年一月)、大塚奈奈絵「受入後に発禁となり閲覧制限された図書に関する調査」(『参考書誌研究』七四号、二〇一〇年一一月)に詳しい。
(24) これらの米国議会図書館所蔵の新聞、雑誌資料については、水沢不二夫『検閲と発禁』(森話社、二〇一六年一二月)が扱っており、継続的に研究がなされている。
(25) 藤本守「アメリカにおける日本占領関係資料収集の現在　二〇一〇年~二〇一五年」(『参考書誌研究』七七号、二〇一六年三月)。
(26) 内政史研究会『土屋正三氏談話速記録』(内政史研究会資料第五九、六〇集、内政史研究会、一九六七年一二月)。滑川道夫『体験的児童文学史』(国土社、一九九三年八月)。
(27) 宇野慎三『出版物法論』(巌松堂書店、一九二二年一二月)、土屋正三『出版警察法大要』(大学書房、一九二八年一〇月)、生悦住求馬『出版警察法概論』(松華堂書店、一九三五年六月)。生悦住には回想記『思ひ出之記』

（一九八七年五月、奥付なし）があるが検閲業務自体についての記述は少ない。

（28）滑川道夫『体験的児童文学史』（国土社、一九九三年八月）、及び映画検閲田島太郎『検閲室の闇に呟く』（大日本活動写真協会、一九三八年一〇月）。検閲官安田新井による日記が確認されているが、検閲した出版物に対する具体的な叙述については報告されていない（牧義之「ひとりの検閲官の素顔」『「内務省委託本」調査レポート』一二号、二〇一六年三月）。

（29）内務省のこれら内部刊行物の復刻、詳細は由井正臣他『出版警察関係資料　解説・総目次』（不二出版、一九八三年一月）を参照。

（30）ここではコメント部分のみを掲げた。それ以外の受入印や処分印を含めた情報はウェブサイトに掲載（http://www.f.waseda.jp/a-wada/literacy/database.html）。

（31）金原銀行友会『清新』（金原銀行友会、一九四〇年五月、国立国会図書館他機関デジタル資料、内務省検閲発禁図書）。

（32）アプトン・シンクレア『協同組合』（前田河広一郎訳、第一書房、一九三七年六月、国立国会図書館他機関デジタル資料、内務省検閲発禁図書）。

（33）雪代千代治「内務大臣湯沢三千男宛　特秘発兌第一五二号」（一九四二年十一月四日）が小島清『雁宿崖』（小島清、一九四二年十月、国立国会図書館他機関デジタル資料、内務省検閲発禁図書）に、小林光政「内務警保局長宛　特高検発第二四〇六号」（一九三七年二月七日）が古谷音松『尊皇敬神大日本帝国』（古谷長春堂、一九三七年十月、国立国会図書館他機関デジタル資料、内務省検閲発禁図書）に含まれている。

（34）山崎今朝彌『プロレ諸大家最近傑作選集』（解放社、一九二六年五月、国立国会図書館他機関デジタル資料、内務省検閲発禁図書）に含まれる。引用文の『（以上あるらしい）』は原資料の記載。

（35）田中龍夫『富士の如くに』（厚生閣、一九二六年三月、国立国会図書館他機関デジタル資料、内務省検閲発禁図書）。

（36）安野一之「幻の出版検閲改革」（『インテリジェンス』一四号、二〇一四年三月）。

（37）牧義之『伏字の文化史』（二〇一四年一二月、森話社）。

（38）村山龍「〈文学のわかる〉検閲官　佐伯慎一（郁郎）について」（『「内務省委託本」調査レポート』一五号、二〇一七年三月）。
（39）安野一之「ある検閲官の肖像　内山鋳之吉の場合」（『「内務省委託本」調査レポート』一六号、二〇一七年三月）。
（40）池田渓水『スター　秘話恋の文がら』（成行社、一九二七年七月）、柴田天馬訳『聊斎志異　第一巻』（第一書房、一九三三年一〇月）、近衛直麿『創作集越天楽』（岡倉書房、一九三五年一〇月）、和田信義『暗黒街往来』（第一書房、一九三三年十月）いずれも国立国会図書館他機関デジタル資料、内務省検閲発禁図書。
（41）内務省警保局『出版警察概観』（龍渓書舎、一九八一年一月）。
（42）佐伯郁郎『少国民文化をめぐって』（日本出版社、一九四三年一一月）。
（43）例えば椋鳩十『鷲の歌』（春秋社、一九三三年十月、国立国会図書館デジタルコレクション）の場合、冒頭部分での記載はなくここには掲げてはいないが、注意箇所が本文の方で多数マークされている。

表　書き込み一覧(文学関連図書)

木下尚江『霊か肉か　上編』(1908年)　大正二年三月十二日帯屋町ノ貸本者原常太郎方ニテ差押　第四参号ノ壱
馬場孤蝶 他訳『露西亜文学講話』(1920年)　禁止可然哉　佐峠
平澤計七『一の先駆』(1924年)　禁止可然哉　佐峠
十菱愛彦『処女の門　長編小説』(1925年)　丸ビルに巣食う二女性を中心に神の名に隠れて性欲にあくるなき牧師、会社員等の夜の生活、醜悪なる肉の生活、快楽から快楽を追ふて事もなげに行ふ、放縦な肉体の開放、恋愛の共有。等作者の真意が奈辺にあるかは少頃問はずとするも余りに醜き不愉快な読物です。禁止可然哉[印　赤星]
石川巌『新選絵入西鶴全集　驕楽編　第5巻』(1925年)　禁止可然哉[印　千葉]
菊池寛『第二の接吻　長編』(1925年)　東京大阪朝日新聞ニ連載セラレ自三七二頁　至三七四頁注意サル[印　千葉]／削除可然哉[印　千葉]／十二月十五日警視庁電話通牒スミ
近代社『仏蘭西近代傑作集』(1925年)　一三四以下　一四四以下　三九六頁以下禁止カ削除ヲ相当と認ム／同月十五日削除ヲ命ジタルモノ[印　千葉]
田中幸雄『憂鬱は燃える　詩集』(1925年)　削除可然哉[印　千葉]／自159頁　至162頁　自209頁　至212頁　自231頁　至234頁　255　256頁　削除
倉田百三『赤い霊魂』(1926年)　本文中赤い霊魂第二部第三場は改造(本年五月号)に掲載せられ本年四月一九日左の趣意に依り厳重注意に処せられしもの／本戯曲はボル・アナ宗教家、労働者、遊説等討論ノ状況ニシテ議論激調暴力革命ヲ主張スル箇所アルモ要所ハ伏字ヲ用ヒ居ルヲ以テ注意程度ト思料ス(高野)／四七三頁ヨリ五二二頁迄削除可然哉[印　千葉]／削除ハ折ッテアルトコロダケデ可ト思料／p575-8　499-502　505-506　509-510　十一月十八日午後四時削除方警視庁通牒(安田受)
三田村鳶魚『瓦版のはやり唄』(1926年)　二十三日午後一時提出　削除可然哉[印　千葉]／七月二十八日　社員島原四郎ニ直接提示／二千部印刷　著者十部　其他　四五部
原田譲 訳『サアニン』(1926年)　猥雑ノ箇所抄訳シタルモノニ付禁止可然哉[印　千葉]
鈴木行三『三遊亭円朝全集巻の8』(1926年)　27頁-30頁　35頁-36頁　51頁-52頁　十二日警視庁へ削除方ヲ命ズ(望月受)／二八頁ノ挿画　三五、三六、五二頁削除　十月十二日提出[印　千葉]
石川巌『新選絵入西鶴全集　驕楽編　続編』(1926年)　好色一代男　明治四十年四月二日禁止　好色二代男　明治四十年四月九日禁止／禁止可然哉(秘密出版)[印　千葉]
石川巌『新選絵入西鶴全集　驕楽編　第3巻』(1926年)　禁止可然哉[印　千葉]
加藤朝鳥 訳『農民夏　4』(1926年)　老父ボリナの死後長男アンテク出獄迄のボリナ家の葛藤アンテク対老父の後妻ヤグナとの恋愛関係を叙し、ヤグナと若き牧師の媾引に配するに二、三男女関係を記したるものにして其の筆致さほど醜悪の感なきも所々不穏当なる箇所も認め得れば削除可然哉[印　千葉]／五月二十一日　自二八三頁　至二八四頁、自五四九頁　至五五〇頁　削除方警視庁ニ電話通牒スミ
椎名其二 訳『野へ』(1926年)　削除可然哉[印　千葉]／二日削除方通牒[印　千葉]
田中龍夫『富士の如くに』(1926年)　呼出シタル上十九頁切取ルコト／三月三十日警視庁へ通牒スミ[印　千葉]
山崎今朝彌『プロレ諸大家最近傑作選集』(1926年)　或農夫の一家は本年一月号雑誌解放に掲載せられ注意　丸焼けは同じく四月号に掲載注意処分になりしもの／別に印刷セルモノニ非ス残本利用ニ付削除可然哉[印　千葉]／1000部印刷　五月三十一日左記頁削除方警視庁へ電話通牒スミ(大谷氏受)　9-10頁　13-14　17-18　19-20　21-22　23-24　41-42　43-44　8ヶ所

梅田寛 訳『ヤーマ』(1926年)　7頁-8頁、29頁-30頁、45頁-48頁、59頁-60頁、65頁-74頁、135頁-136頁、173頁-176頁、205頁-206頁、271頁-272頁、275頁-276頁、309頁-312頁、449頁-450頁、467頁-472頁、475頁-476頁、501頁-502頁　大正十五年九月十八日午前削除ヲ命ズ　削除ガ不可能ナラバ禁止ノ要ヲ認アリト認ム[印　事務官　久慈]／九月十六日納本　九月十七日提出[印　千葉]
池田渓水『スター　秘話恋の文がら』(1927年)　何処といふて捉へどころなきも全編歯の浮くやうな映画俳優への恋文哉は女優が誘惑される場面等を一括せるものにして、此種の読者を考慮するとき甚だ寒心に堪へざる種類の本と認められ、却って不良少年などの好奇心を助長せずやと懸念さるゝに就き断然禁止可然哉[印　不明]／善良ナル思想誘導ノ趣旨ヨリシテ大体禁止シタルモ尚九一-九四頁ノ如キ風俗壊乱ノ理由ニ依リ禁止セラレ得ベキモノナリ／疑問ナルモ九一-九四頁ノ記事ノ如キハ少クモ宜シカラサルヘシ
上脇進 訳『流血の日曜日　労働者クラブ劇』(1927年)　昭和二年十一月十九日　禁止
外村史郎／蔵原惟人 訳『露国共産党の文芸政策』(1927年)　本書ハ「ロシア共産党ノ文芸政策」マルクス書房発行(昭3.5.20)ノモノト同内容全然同一ナリ　禁止可然哉
蔵原惟人 訳『階級社会の芸術』(1928年)　(プレハーノフ)プロレタリア芸術論ナルモ現在ノ情勢ニ対スル直接的指導力ナシ絶版程度ノモノト認ム　佐峠
沼田流人『監獄部屋　地獄に呻く人々』(1928年)　坑夫生活ノ内面生活ヲ描写セルモノナルモ余リニ惨虐非道ニ就テ禁止可然哉[印　佐伯]／昭和三年五月十九日訓第七三一号禁止
前田河廣一郎 訳『地獄　四幕』(1928年)　現国家ニ於テ暴力革命ニ依ツテプロレタリア独裁ヲ説クモノト認メラル　禁止可然哉　仰御高裁[印　佐伯]／芝居ニ興行ハ許シ難キモノナルヘキモ本書自体ノ感シハ五十頁以下数ヶ所ヲ除キ大シタ影響ヲ与ヘサルモノト思料ス　吉井
昇曙夢『マルクス主義芸術論』(1928年)　マルクス主義的階級観ニ立ツ芸術論　禁止可然哉　佐峠
稲村順三 訳『無産階級の戦術と宣伝について』(1928年)　無産階級統一戦線、コミンテルンノ結成、戦術、及宣伝ニ付テ具体的ナル叙述アリ不穏ナリ　安寧禁止
小林多喜二『蟹工船』(1929年)　削除処分モノ　第二十一頁「天皇陛下」ナル文字及ビ第一二三頁「献上品」ナル文字ト次頁ノ随所文字削除　昭和五年二月八日決裁／三輪／安寧禁止　昭和五年二月十五日付決裁(削除命令ヲ遵奉セザルヲ禁止)／五年二月十五日安寧禁止
西条八十／矢野目源一『画譜一千一夜物語上巻』(1929年)　昭和四年十月十一日付不問トナルモノナルモ頒布中ノモノハ更ニ五枚ノ挿画ハ風俗ヲ害スルモノナルヲ以テ昭和五年七月十日風俗禁止[印　山崎]／十月十一日風俗不問[印　山崎]
幸徳伝次郎『幸徳秋水思想論集』(1929年)　我国初期ノ社会主義運動ニシテ、本書ハ社会民主々義、サンヂカリズム、無政府主義ノ主張ガ序次表明セラレ在リテ一貫セルモニ非ズ　所々ニ不穏箇所アリ(折込箇所)影響力少キモノト思料セラルヽモ禁止可然哉　佐峠
杉本良吉 訳『宰相と錠前工　ルナチャルスキイダントンの死』(1929年)　プロ小説ニ付禁止可然哉　佐峠
広岡光治『ソヴエート女教師日記』(1929年)　共産主義ノ教育ニ対スル方針ヲ標示シタル小説　絶版程度ノモノト認ム　絶版可然哉
下条雄三 訳『ペルシア・デカメロン』(1929年)　風俗禁止　4.11.6　手配スミ
青野季吉『マルクス主義文学闘争』(1929年)　禁止可然哉　佐峠
中野晴介『クレムリンの労働日　詩集』(1930年)　過日ノ廃棄ノモノト同内容ナリ
別府重夫 訳『工場新聞』(1930年)　工場獲得ノ為メニハ工場新聞発行ノ必要ナル所以ヲ説キ其ノ製作、頒布、財政、効果等ニ付詳述シタルモノ禁止可然哉[印　山野辺]／此等ノ外共産革命戦術ノ宣伝又ハ革命意識ノ培養ヲ目的トスル主張等多キニ付禁止賛成[印　宮崎]

多田基一 訳『獄底の暗に歌ふ　多田基一獄中歌集』(1930年)　ブルジョワ権力ニ対スル憎悪ヲ主トシテ表現セルレーニズム信奉者ノ歌　禁止　佐峠
全国農民芸術連盟『新興農民詩集』(1930年)　十一月二十五日　宿直員千葉手配
星野準二 訳『パンの略取』(1930年)　神奈川ー佐藤　千葉ー斎藤　埼玉ー石渡　静岡ー久保　電話　警視庁、越川　ヲ除キ電報　内地手配済　後三時
木村利美 訳『文学の社会学的批判』(1930年)　絶版可然哉　本書ハマルクス主義文学観ヲ披瀝シタルモノナルモ特ニ刺激的ナル記述ナリ絶版程度ノモノト認メラル　佐峠
新興映画社『プロレタリア映画運動理論』(1930年)　扇動的記述ヲ満載ス　禁止可然哉　佐峠
産業労働調査所『労農日記　1931』(1930年)　后五時半受　分散的ナルモ不穏ナル文字多ク殊ニ非合法ヲ支持シソノ団体ノ現勢ヲ記スモノアリ　禁止可然哉　(ミワ)／十二月二十一日体は夷　内地全部
外村史郎／蔵原惟人 訳『露国共産党の文芸政策』(1930年)　ロシア共産党ノ文芸政策ノ紹介宣伝ナリ　禁止相成可然哉　小平　(第二次ニ於テ処分済)
清水真澄『兄よ最後まで頑張ろうぜ』(1931年)　十六、十七、二九、三二頁不問可然[印　千葉]／池貝年内争議を背景とし争議の団結をを[ママ]主張多少ストライキ煽動的筆致ある程度軽しと思料[印　宮崎]
岩崎昶『映画と資本主義』(1931年)　プロレタリア映画論集ニテ芸術ノボルシェヴィキ化ヲ絶叫セリ。過激ナルモノニ付禁止処分程度ノモノト認メラル　佐峠　p.251　252　255　257　260　261参照
速水純 訳『黄金閻魔帳』(1931年)　昭和四年三月七日禁止ノ『ウィーンの裸体倶楽部』ト内容同一ニシテ(多少ノ削除箇所アルモ)同書ノ改訂版ニ相当スルモノ。　昭和六年七月二日付風俗禁止
外村史郎『静かなるドン1』(1931年)　プロレタリア小説絶版可然哉　大城
津島驍 訳『ストライキ』(1931年)　階級意識ニ立ツ闘争小説　禁止可然哉　佐峠
鉄塔書院『プロレタリア・エスペラント講座４』(1931年)　文例ニ於テ階級戦ニ於ル団結組織ノ必要ヲ断定的ニ記述スルアリ。又「エスペラント」運動ガ文化闘争ノ一部門トシテ政治闘争ニ密接ナル関係ニアル可キコトヲ序ル点アリ(二〇八頁以下)
叶沉『蜂起』(1931年)　プロレタリア小説集(支那語原作)
小林多喜二『沼尻村』(1932年)　昭和七年十一月四日付安寧禁止[印　三輪]
北山二郎 訳『文化の解析』(1932年)　五月九日付禁止　軽キ　禁止可然哉[印　大石]　3　21　34　37　38　41　42　47　49　参考別冊通リ決定ノモノ禁止／警視庁(関)内地植民地手配　五月九日決定
中台一郎『プロレタリア歌集』(1932年)　屡々禁止ト[二字不明]ハ禁止可然哉／同意見[印　宮崎]
プロレタリア詩人会『プロレタリア詩集』(1932年)　禁止可然哉　相当伏字ヲ採用セルモ脱字表ヲ添付ニアリ完全ニ判読スル事ヲ得[印　大石]　12　59　60　61　92　111　112
斎藤野火『没落する階級』(1932年)　禁止可然哉　法廷闘争、没落する階級、外ニ三ノ創作ヲ収ム筆致甚シク過激ニハ非ザルモ共産党肯定、労働者農民政府樹立、官憲ノ非合法的惨[破損]宣伝等各所ニ渡ル不良箇所アリ序[破損](11、33、45、47、58、59)[印　栗原]／五八　五九　不穏ト認ム、他ハ不問程度ト思料軽イ禁止意見[印　宮崎]／警視庁済み　越川　二月十二日　土屋
北守廣『まだ朝にならぬ　詩集』(1932年)　一七頁、一八頁ノ詩ハ皇室ノ尊厳ヲ冒涜スルモノト認メラル　安寧禁止可然哉　佐伯／同意見[印　宮崎]／警視庁岡山へ通牒　石川県特高　高橋氏電話通牒済
北条鉄夫『溶解炉』(1932年)　特に不穏と見る可きものはないが全て闘争歌であり共産党支持は明瞭である。　禁止可然哉／同意見
竹尾弌 訳『我等の対立』(1932年)　本著作ハ序論ニ解説セル通リノモノ、不良箇所23、39、40、44、47、53、56-60、61、63、65、66、67、70、75, 80、等ニテ国家ノ役割ヲ曲解シ私有財産制否定ノ為ノ革命ヲ強調ス　禁止削除　大石[印　佐峠]

小野十三郎『アナーキズムと民衆の文学』(1933年)　警視庁(望月)削除　記入スミ　内地手配[印　三輪]
池長孟『戯曲集　狂い咲き』(1933年)　十二月十五日「窓」二一五頁-三四二頁削除[印　山崎]
田中中尉『血の叫び』(1933年)　8.11.15　記入スミ　警視庁(越川)　一、四頁　二、八頁　三、九-十一頁削除
佐藤正男『童話集　もぐらと光』(1933年)　第三十三頁ハ可ナリ露骨ナル反戦記述ナリ[印　宮崎]　禁止可然哉(九一一九六頁等)[印　吉井]　第九七頁以下(検閲省略)／9.19　安寧禁止　福島県(加藤)内殖手配済　記入スミ
加藤吉治『野良着　加藤吉治詩集』(1933年)　P、11、17、25、28、32、36、39、45、47　全般現社会制度ヲ強ク呪フモノニ付禁止可然哉[印　不明]／十七頁次版訂正意見[印　宮崎]／山形県(佐藤)示達方手配スミ
柴田天馬 訳『聊斎志異　第1巻』(1933年)　山東省海川ノ人蒲松齢ノ名著デ全十六巻四百四十四編ヨリ成リ鬼、狐、仙、怪ヲ誌ルシタモノ支那文芸復興期トモ称スベキ明末清初ノ怪異譚ヲ網羅シ、支那文学史上ニ於テモ耀然タル存在ヲ占メ、怪異叢書中ノ完璧ト称セラレルモノデアル、従来部分的ニハ屡々翻訳ガ試ミラレテ居ル。折込箇所中注意程度ノ部分アルモ、訳者ノ態度学究的ニシテ、且ツ特種ナルモノレバ、不問可然哉[印　不明]／高級文芸作品なるもふり仮名やゝ通俗的に過ぎる嫌いあり禁止意見[印　内山]／11.2内地殖民地手配済警視庁岩長記入スミ
プロレタリア作家クラブ『労農文学　第1巻　第1号』(1933年)　三五頁ー四五頁「怒濤」ヲ主トシ禁止意見[印　小川]／三七　三九　四三　四五頁ニヨリ　禁止意見[印　宮崎]／3.33　警視庁(久保)　内地植民地電報済
原浩三『ロップス画集』(1933年)　主任　本書ハ未納本ニシテ警視庁ヨリ申報ノモノ　折込ノ絵画ニ於テ幾分扇情的モノアルモ処分ノ程度ニハ至ラスト思料セラルヽヲ以テ　不問相成可然哉[印　山崎]／禁止意見[印　不明]／4.20　風俗禁止　禁止意見[印　吉井]
佐々木民夫 訳『エゴール・ブルイチヨフと他の人々』(1934年)　一、第三頁　削除(解説文)　一、戯曲本文･･･不問／10.11　警視庁(清水)内地植民地手配　記入スミ[印　三輪]
山科正美 訳『激情の嵐』(1934年)　口絵接吻写真削除可然哉[印　吉井　林]
大竹博吉『新露西亜風土記』(1934年)　絶版可然哉　佐峠
勝野金政『ソ連邦脱出記　入党から転向まで』(1934年)　ロシア共産党員タリシ著者カ入党関係ヨリ祖国日本ニ目覚メ転向セル迄ノ経過ヲ記述セルモノ(既ニ内閲済)参考[印　内山　八田]／当局ノ指定以上ニ削除コレアリ
短歌建設発行所『短歌建設作品集2』(1934年)　p.2　52　59　94　130　不問相成可然哉[印　山崎]／64　65　如シモ政治的意味ヲ歌ヘル短歌程度軽シ　不問意見／二頁ノ記事ハ国家機関ヲ搾取階級ノ協同者ト看做ス主張ノ如キニ付不穏ト思料[印　宮崎]／九月二十日電報手配済　二頁削除　記入済[印　山崎]
佐野欽一／和沢昌治『鉄柵の歌』(1934年)　留置場ニ於ケル感ジヲ歌ヘルモノ多シ積極的ナ「アジ」「プロ」ノ類ナシ不問可然哉[三輪]／全般ニ階級意識ヲ強調シ闘争ヲ煽動スルガ如キ字句見エ禁止意見[内山]／禁止意見[印　宮崎]／10.15　石川局電報手配記入スミ
平田小六『囚はれた大地』(1934年)　10.3　削除　警視庁(斎藤)内地手配、記入スミ　第五五頁削除
桶谷寸花『マドロス物語』(1934年)　昭和九年七月十日　五四頁ヨリ五九頁迄削除[印　米長]／兵庫県(松本)警視庁酒井(印刷中の五百部全部削除セリ)
峰尾格『民謡の和泉』(1934年)　九八頁、一五三頁朱線ノ民謡ハ稍ヽ卑俗ニ過グ本版削除可然哉　尚一〇〇頁ノモノハ不問相成可然哉[印　山崎]　十一月五日　通知済(電話)　大阪／同意見[印　内山]　九八頁、一五三頁　風俗削除
伊藤整 他訳『ユリシイズ　後編』(1934年)　中年女ノ淫蕩想像描写　風俗禁止

直麿『創作集越天楽』(1935年)　本書ニハ前版ノ目次中小説ヨリハ「泥酔の小説家」、式部卿の宮」ノ二編ヲトリ戯曲ヨリハ「木の芽の頃」ト「破蝶」ヲ「破ラレタル翅」と改題シ掲載ス。年表後記ハ同シ。／一、添付ノモノハ非売品トシテ知己ニ頒布スル程度ノモノトシテ不問ニ止メシモ、今回ノ如ク売買トナル場合ハ新ニ措置スルヲ適当ト思料セラル。一、第十頁ニ於ケル花山院ニ関スル記事ハ本作品中ニ藤原某作歴史物語ニアリトスルモ創作ノ都合ナリ一、用語適切ナラズト認メラル／次版削除可然哉　前版ノモノトノ関係上[印　三輪]／大衆版ニツキ同意見[印　内山]／削除／警視庁(清水)記入スミ　10.19
永井哲二『転向手記』(1935年)　本書は治安維持法違反の罪に問はれ入獄してより転向に至る迄のプロセスを手記したるものにして不良ヶ所を認めず　p.27　33　36　不問可然哉[印　不明]／内閲セシモノ不問意見[印　内山]／6.15安寧不問
永井哲二『転向手記』(1935年)　本書転向者ノ手記ニシテ、マルクス主義ニ入リ込ミタル経緯ヨリ転向スルニ至リタル道程ニ於ケル種々ナル心境ヲ叙述セルモノナルガ、文中マルクス主義ヲ信ジツヽアル過程ニ於ケル反社会的言辞及プロレタリア解放ノ使命等ノ言辞ハ徒ラニ読者ヲシテ同主義ニ対スル憧憬ノ念ヲソヽルガ如キ嫌ヒアリ後段転向後ノ記述ニ比較シ悪影響ノ方重キカト思料セラルヽ二依リ、治警措置可然哉[印　大島]　(在庫品)／不問意見[印　関]
小松龍太郎『取憑かれた一家』(1935年)　一、本書ノ内容ハ精神病的親子ノ生活状態ガ極メテ不可解ナ言葉ヲ以テ述ベラレテ居ル。書中男女同衾ノ箇所アリ。字句ハ必ズシモ露骨ニ過ギルトハ思ハレヌガ、如何ハシキモノデアル。一、筆者自身ガ既に精神病デハナイカト思ハレル。一、カヽル錯乱シ陰惨醜悪ナル書ノ存在自体ガ問題トモ考ヘラレル。タトヘ精神病トハ云ヘ全頁ヲ貫イテ骨肉相食ム事項ガ展開サレテ居ル。[印　三輪]　別紙「カード」[印　大島]／全国手配　11.26
藤江康夫『歌集　日は虚し』(1935年)　一月三十一日　十八頁安寧削除[印　山崎]／(松本)通知済　記入済
熊沢復六 訳『文芸評論』(1935年)　第三九一四〇頁　安寧削除　10.7[印　三輪]／10.10.7
中村鬼十郎『蒼白いヒロイズム　中村鬼十郎創作集』(1936年)　プロ創作七編ヲ集ム　p36ハ共産主義ヲ肯定シp34ハ階級差別ヲ云々スルモノニ付削除可然哉[印　山下]／削除意見[印　内山]
和田信義『暗黒街往来　隠語・符牒辞典』(1936年)本書ハ暗黒社会ニ於テ使用スル隠語・符牒ヲ蒐録シタルモノナルガ性ニ関スルモノ多ク淫猥ナル印象ヲ与フルモノニシテ社会風教上百害アリテ一利ナク且ツ大衆向キパンフレットナルニ付キ　p.15　19　29　33　37　39　40　46　50特に不良[印　不明]／大衆向の点を重視し禁止意見／風俗禁止可然哉[印　塩瀬]／風俗禁止　7.25／警視庁(廣富)記入スミ
山崎映城『俺は生きてゐた　一九三一年の詩集』(1936年)　折込の箇所に依り禁止相成可然哉[印　米原]／同意見[印　宮崎]／昭和六年十一月九日禁止済　手配スミ[印　米原]
仲好会『詩華船』(1936年)　詩作ヲ輯ムp90　91　92　93　95劣情昂奮ノ点扇情的ニ付削除可然哉[印　山下]／／9.5手配済(岡)[印　山下]／89　90　91削除意見
織田正信 訳『死んだ男』(1936年)　昭和十一年二月八日削除
五島富士夫『全日本を震駭させた二月二十六日』(1936年)　当局発表事項を中心とし市中の散見記等にして新聞紙に表れたるものを蒐録したるものと認む具体的に事件の内容に亘らず其他差止事項に抵触する点なし　一八頁ノ記事、犯行賞揚の程度に至らずと認めらる／一、一三、一八頁削除　13 p　18 p 削除意見
安田卯八郎『月見草後編』(1936年)　本書ハ著者ガ四十二年間税務官吏タリシ体験談ヲ収録シタルモニシテ629頁乃至674頁及675頁-695頁震災余談手柄の竹槍ト題スル記事ハ関東大震災当時不逞鮮人ニ関スル流言ヲ取扱ヒタル箇所多キモ刺激的ナラザルニ因リ不問可然哉[印　塩瀬]／675－694削除　本書が非売品ニシテ知友ニノミ配布サルモノト思料サルモ六七五乃至六九四ハ鮮人虐殺ヲ恰モ当然ノ事ノ如クセル戯曲ニツキ削除意見[印　内山]／九月十四日　六七五-六九四頁削除、
大山達雄 訳『トルストイをどうみるか？』(1936年)　マルクス主義的階級観ニ立ツテトルストイノ芸術ヲ批判シタル。レーニン、プレハーノフノ論文ノ紹介ト敷衍デアル。禁止相当ノモノト認ム　安寧禁止可然哉
熊沢復六 訳『リアリズム』(1936年)　階級観ニ立ツ文学論　禁止可然哉　佐峠

足立重 訳『恋愛詩集』(1936年)　第五三、一九三頁　風俗削除　11.4.11[印　三輪]／「カード」[印　大島]／限定版ニツキ内殖手配セズ　警視庁(小高)
福島健吉『彼女はなぜ脱走したか　スパイ跳梁下のデパート合戦』(1937年)　本書は遊女の悲惨な生活を暴露したものなるがp7の記述は醜悪に付き処分を要するものと思料せる。　7p風俗削除　9p前葉の写真風俗不問　可然哉[印　塩瀬]／同意見[印　内山]／電報手配ス
前田河廣一郎 訳『共同組合　長編小説』(1937年)　稟申　昭和十七年八月十九日報　伊勢佐木
大竹博吉『ゴリキイ文学論』(1937年)　マルクス階級観ニ立脚スルプロレタリア文学論集(折込箇所参照)　絶版可然哉　佐峠
古谷音松『尊皇敬神大日本帝国』(1937年)　特高検発第二四〇六号　昭和十二年十二月七日　高知県知事　小林光政　内務省警保局長殿　出版物取締ニ関スル件　東京市京橋区宝町二丁目三番地　発行所　古谷長春堂　右者ヨリ管下高知商工会議所宛別添ノ如キ印刷物「尊皇敬神大日本帝国」ヲ郵送越アリタルヲ内閲スルニ第六頁ニ　さて天地は御一神御一君に在しまして世界万邦至る処同胞なる人類でありますが(中略)却って尊き神授[1行トビ]の如き戦争でありますが之皆天理人道を知られず自ら求め得らるゝに等しき矛盾反対の行為に有られる世人の不認識に起因するを能く分らして頂きました(中略)茲に於て人が知らず中に矛盾をなし遂には戦争の惨禍迄を惹起し」等ノ事項アリ不穏当ナルモノト認メラレ候條一応及申報候也
高松観光協会『高松情緒』(1937年)　高松市芸妓娼妓カフェー女給ヲ紹介ス。娼妓写真不問　九四頁ノ遊興費削除可然哉[印　東条]／73-94削除意見[印　内山]
平野峰蔵『皇軍を慰問して』(1938年)　本書ハ皇軍ヲ慰問シタル著者ノ講演ヲ記述シタルモノニシテp.5ニ於テ鴨緑江ノ下流ニ設ケラレントスル発電所ノ発電量ヲ記述セルハ、総動員法ニ抵触セルモ、位置ヲ明示セザルヲ以テ次版改訂方注意相当ト思料セラル。尚p.39ノ「白色人種」ハ「ロシヤ人」ヲ指スコト明カナルヲ以テ安寧不問相当ト思料サル(憲兵司令部守屋ト連絡済)／p.5　次版改訂可然哉／17.11.7　警視庁　田中／
潮文閣『戦争文学全集　9巻』(1939年)　14.12.30　削除／p.205-208　232-234　p.270／12.30　警視庁(岡部)手配(宿直)日報禁項記入済
新庄嘉章 訳『アンドレ・ジイドの日記　第6巻』(1940年)　5.25　安禁　警視庁(布上)全国植民地電報／記入済　日報済　15.5.25
金原銀行行友会『清新』(1940年)　ノモンハン戦に於て我軍毒瓦斯使用したる記事あるも瓦斯は我軍に不利なるのみならず対外的にも極めて悪影響ありと被認に因り　安寧削除可然哉[印　大城]／15.6.3　削除／15.6.3警視庁(清水)記入済
植村敏夫 訳『夢と愛の小説』(1940年)　p.47-48　p.87-88　風俗削除　警視庁(布上)全国植民地電報手配
大道寺浩一『ふるさとの馬に』(1941年)　16.5.8　手配(警視庁矢地全国電報)記入日報スミ　杉崎
小島清『雁宿崖　小島茂追憶集』(1942年)　杉崎検閲係殿　十月二日電話御願ヒ申上候分何分ノ御指示御願ヒ申上候(係吉田)／[別紙　特秘発兇第一五二号　昭和十七年十一月四日　愛知県知事　雪沢千代治　内務大臣　湯沢三千男殿　折込箇所ノ如キ指令抵触ノ記事アルニ因リ出版物掲載記事取締方稟申ニ関スル件　一、題号　雁宿崖　昭和十七年十月十日付　発行所　名古屋市外守山町幸心　発行人　小島清　二〇〇部印刷　一九〇部未頒布(憲兵司令部守屋ト連絡済)(別添現品朱線箇所)掲記出版物ハ発行人ニ於テ戦死者(実弟)ノ追悼ノ目的ヲ以テ発行ノモノナルガ掲載記事中第四頁「前略…以下戦歴を軍隊手帳より抜粋す…昭和十三年二月二十五日軍令陸甲第九号ニ依リ独立混成旅団歩兵第一及第五大隊要員トシテ転属ヲ命ズ…後略」第三八六頁「前略…近くに名古屋野砲第三連隊の後尾さんもゐて毎日こぼしてゐるが…後略」等他三〇ヶ所ニ亘リ陸軍省令ニ抵触シ又ハ安寧ヲ害スル虞レアリト思料セラルヽ箇所有之候條是ガ取締方ニ関シ何分ノ御指示相仰度追而本出版物ハ二〇〇部ヲ印刷シタルモ任意頒布ヲ一時中止セシメ置ケリ　右及稟申候也]

大日本国防婦人会徳島地方本部『国婦銃後の花』(1942年)此書ハ大日本国際婦人会徳島地方本部ノ沿革並ニ事業報告ナルガ、p12　p13　p.14ニ於ケル記述ハ人種戦ヲ論ジヲレルヲ以テ安寧上面白カラズ、次版改訂処置相当ト思料サル(憲兵司令部守屋ト連絡済)／p.12　p.13　p.14　次版改訂可然哉／17.10.14　徳島(浦上)
梶浦正之『三種の神器　詩集』(1942年)　次版並ニ将来ニ対スル指導注意可然哉／三種ノ神器ヲ特集ノ題トスルハ不敬ニ渡ル嫌アルニ因リ今後コノ種ノ取扱セザル様注意願度　尚カットに神器ラシキモノヲ使用セルモ次版方注意シ度　神器ヲ歌ヘル最初ノ三編ノ内容ハ稍特異ノ構想ヲ有スルモノナルモ不問程度ト思料ス。／表題ハ特ニ神器ト云フ文字ノ利用ト見ラレル点アリ同意見[不明印]
映画配給社関西支社宣伝課『マレー戦記』(1942年)　本書ハ開戦前ノ準備行動一艦隊ノ護衛ノ下ニ輸送船団カ十一月中旬出発シタル事実、其ノ到着及ビ山下最高指揮官トノ会見等ヲ述ベタ箇所不良ト認メラルヽニ因リ安寧削除可然哉　新聞検閲係連絡済／同二頁終リニ、十二月八日シンゴニ上陸ノ記事アルヨリ見レバ十一月出発ヲ削ルモ頭隠シテ尻隠サズノ感ハアルモ新聞トノ折合モアリ削除同意　主査　外山

あとがき

本書は早稲田大学文学学術院で行ってきた、文部科学省の「私立大学戦略的研究基盤形成事業」の研究プロジェクト「近代日本の人文学と東アジア文化圏――東アジアにおける人文学の危機と再生――」（代表：李成市教授、平成二六～三〇年度）の第一グループ（「近代日本と東アジアに成立した人文学の検証」）による共同研究の成果である。

我々の第一グループでは、近代日本に成立した人文学の特徴を、ヨーロッパの学知と東アジアの伝統的な学知との相克と融合の両面から検討し、さらにそれがいかに東アジア世界に影響を与えたかという問題について研究を行ってきたが、共同研究が進む過程で、近代日本の人文学の成立をめぐって最も検証が必要な問題として、次の三つのテーマが浮かび上がった。

第一は、日本の近代人文学の学知がいかに編制され、アカデミズムにおいてどのように学問が構築されたのかという問題である。第二は、翻訳・翻案などを通じて過去や異文化の知識がいかに受容され、新しい人文学の学知の形成に貢献したのかという問題である。第三は、近代の図書館の蔵書形成においていかに蔵書が収集され、新しい知の分類が体系化されたのかという問題である。

我々はこれらの問題を扱う論文集を刊行し、研究活動の成果にすることに決め、第一グループに属する河野貴美子氏、陣野英則氏、甚野の三名が原案を作成し、この三名を編者とする論文集を刊行することにした。本書は、上記の三つのテーマを検討すべく、第一部「「学知」編制の系譜」、第二部「越境する言葉と概念――他者との邂逅」、第三部「蔵書形成と知の体系」の三部構成とし、また執筆者としては「基盤形成事業」の研究分担者に限らず、当該のテーマで刺激的な研究を行っている研究者にも依頼することで、第一グループの共同研究の問いかけを、近代人文学の問題に関心をもつ多くの方々と共有できればと考えた。

近代人文学の成立に関わる問題を多面的に扱ったが、「人文学の危機」といわれる現代において、近代人文学がいかに成立したかを問うことは危機克服のために大きな意義を有すると確信する。というのは、現在の「人文学の危機」は、明治以来の近代日本が作り上げた人文学の学知に対する根本的な問い直しを求めるものだからである。とりわけ、最近の人文学では、従来の「哲・史・文」の枠組みに収まらない多くの新しい学問分野（たとえば表象文化論、メディア研究、ジェンダー研究など）が誕生しており、文学部における「哲・史・文」という明治期に形成された学知の編制が現在、大きく揺らいでいる。

また、大学によっては、文学部の蛸壺的なコースのあり方を止めて、学際的、広領域的なコースに再編する大学も増え、文学部の名称を変えて、他の名称の新しい学部として生まれ変わったところもある。さらに、急速に進むグローバル化が、「国際日本学」のような日本という枠組に収まらない新しい人文学の分野も生み出したように、現在、ナショナリズムを超えた世界市民的な立場からの人文学も求められている。このような状況で、明治以降の「哲・史・文」の学科編制や、国民国家を指向してきた人文学の意味を改めて考えることは意義あることだろう。

本書において我々は、近代人文学の再考のための新たな視点を提示できたと考えているが、日本の近代人文学がいかに成立したかという大きな問題は、とうてい本書だけで解明できるものではない。今後、多くの方々からご叱正とご助言を賜れば幸いである。本書の刊行にあたっては、勉誠出版の吉田祐輔さんに大変お世話になった。心からお礼申し上げる。

二〇一九年一月一八日

甚野尚志

執筆者一覧

編者

甚野尚志（じんの・たかし）

一九五八年生まれ。早稲田大学文学学術院教授。

専門は中世ヨーロッパ史。

著書に『中世ヨーロッパの社会観』（講談社学術文庫、二〇〇七年）、『十二世紀ルネサンスの精神――ソールズベリのジョンの思想構造』（知泉書館、二〇〇九年）、『福島県立図書館所蔵 朝河貫一資料目録』（改訂版、共編、福島県立図書館、二〇一九年）などがある。

河野貴美子（こうの・きみこ）

一九六四年生まれ。早稲田大学文学学術院教授。

専門は和漢比較文学、和漢古文献研究。

著書に『日本霊異記と中国の伝承』（勉誠社、一九九六年）、『日本「文」学史 第一冊 「文」の環境――「文学」以前』（共編著、勉誠出版、二〇一五年）、『日本「文」学史 第二冊 「文」と人びと――継承と断絶』（共編著、勉誠出版、二〇一七年）などがある。

陣野英則（じんの・ひでのり）

一九六五年生まれ。早稲田大学文学学術院教授。

専門は平安時代文学、物語文学。

著書に『源氏物語の話声と表現世界』（勉誠出版、二〇〇四年）、『平安文学の古注釈と受容』第一集～第三集（共編、武蔵野書院、二〇〇八～二〇一一年）、『源氏物語論――女房・書かれた言葉・引用』（勉誠出版、二〇一六年）などがある。

執筆者（掲載順）

廣木　尚（ひろき・たかし）
一九七七年生まれ。早稲田大学大学史資料センター講師（任期付）。
専門は日本近現代史。
論文に「近代日本の自治体史編纂におけるアカデミズム史学と地域意識――『足利市史』編纂をめぐって」（『日本史研究』五七九号、二〇一〇年）、「黒板勝美の通史叙述――アカデミズム史学による卓越化の技法と〈国民史〉」（『日本史研究』六二四号、二〇一四年）、「一九八〇年代のアカデミズム史学――自立化への模索」（松沢裕作編『近代日本のヒストリオグラフィー』山川出版社、二〇一五年）などがある。

伊川健二（いがわ・けんじ）
一九七四年生まれ。早稲田大学文学学術院教授。
専門は日本中近世対外関係史。
著書に『大航海時代の東アジア』（吉川弘文館、二〇〇七年）、『Alessandro Valignano S.I., uomo del Rinascimento, ponte tra Oriente e Occidente』（Adolfo Tamburelloほか編、イエズス会歴史研究所、共著、二〇〇八年）、『世界史のなかの天正遣欧使節』（吉川弘文館、二〇一七年）などがある。

渡邉義浩（わたなべ・よしひろ）
一九六二年生まれ。早稲田大学文学学術院教授。
専門は古典中国学。
著書に『三国志よりみた邪馬台国』（汲古書院、二〇一六年）、『全譯後漢書』（汲古書院、二〇〇一～一七年）、『「古典中国」における小説と儒教』（汲古書院、二〇一七年）などがある。

飯山知保（いいやま・ともやす）
一九七六年生まれ。早稲田大学文学学術院准教授。
専門は華北社会史。
著書に『金元時代の華北社会と科挙制度――もう一つの「士人層」』（早稲田大学出版部、二〇一一年）、論文に"A Tangut Family's Community Compact and Rituals: Aspects of the Socie-ty of North China, ca.1350 to the Present," *Asia Major*, 27-1, Academia Sinica, 2014. "Genealogical Steles in North China during the Jin and Yuan Dynasties," *The International Journal of Asian Studies*, vol.13-2, Cambridge University Press, 2016. などがある。

新川登亀男（しんかわ・ときお）
一九四七年生まれ。早稲田大学名誉教授。
専門は日本古代史。
著書に『上宮聖徳太子伝補闕記の研究』（吉川弘文館、一九八〇年）、『漢字文化の成り立ちと展開』（山川出版社、二〇〇二年）、『古代史を生きた人々』（大修館書店、二〇〇七年）などがある。

上原麻有子（うえはら・まゆこ）
一九六五年生まれ。京都大学文学研究科教授。
専門は日本哲学、翻訳学、女性哲学。
著書に*Philosopher la traduction / Philosophizing Translation*（編著、南山宗教文化研究所・知足堂、二〇一七年）、論文に「西田哲学の再解釈――行為的直観としての顔の表情」（『思想』岩波書店、二〇一五年）などがある。

冬木ひろみ（ふゆき・ひろみ）
一九五五年生まれ。早稲田大学文学学術院教授。
専門はイギリス演劇・シェイクスピア。
論文に「『二人の貴公子』の二重のまなざし」（『ことばと文化のシェイクスピア』、編著、早稲田大学出版部、二〇〇七年）、「『夏の夜の夢』の視覚と変容をめぐって」（共編著『シェイクスピアの広がる世界――時代・媒体を超えて「見るテクスト」』彩流社、二〇一一年）、「記憶と五感から見る『ハムレット』」（『甦るシェイクスピア――没後400年記念論文集』日本シェイクスピア協会編、研究社、二〇一六年）などがある。

常田槙子（つねだ・まきこ）
一九八七年生まれ。早稲田大学文学学術院助教。
専門は翻訳された平安時代文学の研究。
論文に「19世紀フランスにおける和歌集の編纂――レオン・ド・ロニーの実践」（『中古文学』第一〇二号、中古文学会、二〇一八年）、「19世紀ヨーロッパが日本の和歌に出会ったとき／Rencontre européenne avec la poésie japonaise au XIXe siècle」（常田槙子・唐仁原エリック〈共編〉『日本文学のネットワーク――重なり合う言説・イメージ・声』日本文学・文化国際研究会、二〇一八年）、Tsuneda, Makiko. 'Gender and Education in Translation: A Case Study of Arvède Barine's Partial Translation of *The Tale of Genji*' (*Waseda Rilas Journal*, No.4, 2016.) などがある。

橋本一径（はしもと・かずみち）

一九七四年生まれ。早稲田大学文学学術院教授。専門は表象文化論、思想史。

著書に『指紋論』（青土社、二〇一〇年）、訳書にアラン・シュピオ『法的人間』（嵩さやかとの共訳、勁草書房、二〇一八年）、論文に「人間はいつから病気になったのか」（『Cancer Board Square』vol. 1, no. 1, 2015からvol. 4, no. 3, 2018に連載）などがある。

パトリック・シュウェマー（**Patrick SCHWEMMER**）

一九八二年生まれ。武蔵大学人文学部専任講師、上智大学国文学科非常勤講師。

室町末期・江戸初期に言葉と所作がいかに権力と価値を発揮したか追究している。

論文に“Found in Translation: The Jesuit Japan Letters as a Source of Early-Modern European Images of Japan,” *Japan on the Jesuit Stage* (Brill, 2019)、「バレト写本福音書朗読集と幸若舞」（『軍記と語り物53』二〇一七年）、「大坂城本丸の能舞台をイエズス会日本報告の原本から読み解く」（『能と狂言13』ぺりかん社、二〇一五年）などがある。

雪嶋宏一（ゆきしま・こういち）

一九五五年生まれ。早稲田大学教育・総合科学学術院教授。

専門は図書館情報学、人文社会情報学、西洋書誌学、書物史。

著書に『アルド・マヌーツィオとルネサンス文芸復興』（東京製本倶楽部、二〇一四年）、論文に「コンラート・ゲスナーと16世紀ヨーロッパの図書館」（『図書館文化史研究』№34、日本図書館文化史研究会、二〇一七年）、「西洋におけるページ付けの起源と発展過程について」（『学術研究（人文科学・社会科学編）』六六号、早稲田大学教育学部、二〇一八年）などがある。

牧野元紀（まきの・もとのり）

一九七四年生まれ。昭和女子大学人間文化学部准教授、東洋文庫文庫長特別補佐。

専門はベトナムのキリスト教史、太平洋島嶼の近代史。

著書に『時空をこえる本の旅50選』（責任編集、東洋文庫、二〇一〇年）、『東インド会社とアジアの海賊』（監修・責任編集、勉誠出版、二〇一五年）などがある。

小山　騰（こやま・のぼる）
一九四八年生まれ。元ケンブリッジ大学図書館員。
専門は図書館史。
著書に『日本の刺青と英国王室——明治期から第一次世界大戦まで』（藤原書店、二〇一〇年）、『ロンドン日本人村を作った男——謎の興行師タナカー・ブヒクロサン1839-94』（藤原書店、二〇一五年）、『ケンブリッジ大学図書館と近代日本研究の歩み——国学から日本学へ』（勉誠出版、二〇一七年）などがある。

和田敦彦（わだ・あつひこ）
一九六五年生まれ。早稲田大学教育・総合科学学術院教授。
専門は日本近代文学、近代の書物流通や読者の歴史に関する研究。
著書に『読むということ』（ひつじ書房、一九九七年）、『書物の日米関係——リテラシー史に向けて』（新曜社、二〇〇七年）、『読者の歴史を問う——書物と読者の近代』（笠間書院、二〇一四年）などがある。

編者略歴

甚野尚志（じんの・たかし）
1958年生まれ。早稲田大学文学学術院教授。
専門は中世ヨーロッパ史。

河野貴美子（こうの・きみこ）
1964年生まれ。早稲田大学文学学術院教授。
専門は和漢比較文学、和漢古文献研究。

陣野英則（じんの・ひでのり）
1965年生まれ。早稲田大学文学学術院教授。
専門は平安時代文学、物語文学。

近《きん》代《だい》人《じん》文《ぶん》学《がく》はいかに形《けい》成《せい》されたか
——学知・翻訳・蔵書

編者 甚野尚志
河野貴美子
陣野英則

発行者 池嶋洋次
発行所 勉誠出版㈱
〒101-0051 東京都千代田区神田神保町三―一〇―二
電話 〇三―五二一五―九〇二一㈹

二〇一九年二月二十五日 初版発行

印刷 製本 中央精版印刷

© JINNO Takashi, KONO Kimiko, JINNO Hidenori
2019, Printed in Japan

ISBN978-4-585-20068-0 C3000

日本「文」学史

第一冊「文」の環境――「文学」以前

第二冊「文」と人びと――継承と断絶

日本の知と文化の歴史の総体を、思考や社会形成と常に関わってきた「文」を柱として捉え返し、過去から現在、そして未来への展開を提示する。

河野貴美子・Wiebke DENECKE 他編

本体各三八〇〇円（＋税）

近代学問の起源と編成

近代学問の歴史的変遷を起源・基底から捉えなおし、「近代」以降という時間の中で形成された学問のフィルター／バイアスを顕在化させ、「知」の環境を明らかにする。

井田太郎・藤巻和宏 編・本体六〇〇〇円（＋税）

近代日本の偽史言説

歴史語りのインテレクチュアル・ヒストリー

近代日本に、何故、荒唐無稽な物語が展開・流布していったのか。オルタナティブな歴史叙述のあり方を照射し、歴史を描き出す行為の意味をあぶりだす画期的成果。

小澤実 編・本体三八〇〇円（＋税）

戦争と図書館

英国近代日本語コレクションの歴史

敵国語としての日本語教育や敵国財産として接収された日本語書籍などの遺産によって支えられた発展を、戦争とのかかわりから読み解く。

小山騰 著・本体三八〇〇円（＋税）